2019 개정 누리과정 반영

유아과학교육 3판

2019 개정 누리과정 반영

3판

유아과학교육

| 조형숙 · 김선월 · 김지혜 · 김민정 · 김남연 공저 |

학지사

3판 머리말

4차 산업혁명과 코로나19로 인한 뉴노멀 시대를 맞이하며 그 어느 때보다 과학기술에 대한 관심이 높아지는 요즘, 과학기술의 발달이 가져올 혁신적 변화가 우리의 삶에 미칠 영향에 대해 생각하게 된다. 그만큼 과학이 우리 삶에서 중요한 위치를 차지하고 있음은 자명하며, 그 영향력과 변화의 속도는 계속해서 더 많은 화제와 이슈를 만들어 내고 있다. 그러나 과학이 언제나 우리 삶에 긍정적인 영향만 주는 것은 아니다. 도시화 · 공업화로 인한 자연환경 파괴와 전쟁 기술, 살인 무기 등의 발달은 과학이 발달하면서 그에 따라 파생된 문제들이다. 따라서 이제는 과학이 만든 문제를 다시 과학으로 해결하기 위한 노력이 필요하며, 그러한 일을 제대로 감당하고 수행해 나갈 인재를 양성하는 일이 매우 중요해졌다.

교육부는 미래사회를 주도하는 창의적 융합인재 양성을 목표로 STEAM 교육을 확대하는 등 과학교육 강화를 위한 정책을 실행하고 있다. 과학에 대해 올바른 인식을 가지고 과학을 즐겁게 경험하고 행할 수 있는 소양은 어린 시기부터 그 기초가 다져져야 한다. 이러한 인식에 따라 2019 개정 누리과정에서도 과학교육의 내용과 방향을 중요하게 제시하고 있다. 그렇다면 유아기 과학교육은 어떤 내용을 가지고 어떻게 이루어져야 하는가? 그리고 유아교육기관에서의 과학교육 성패가 교사의 교수능력에 달려 있음은 분명한 사실인데, 그렇다면 어떤 내용과 방법으로 교사를 양성해야 과학교육에 적극적이고 유능한 교사로 길러 낼 수 있을 것인가? 저자들은 그동안 이런 문제에 관하여 많은 고민을 해 왔다.

교사양성과정에서의 교육은 향후 교사가 되어 어떤 교육철학과 교수방법으로 교육을 행할 것인가에 매우 중요한 영향을 미친다. 교사양성과정에서 사용하는 수업 교재는 유아과학교육의 내용과 방법에 대한 방향을 짚어 주며, 교사교육의 방향을 올바르게 제시할 수 있어야 한다. 저자들은 2019 개정 누리과정의 고시로 모든 유아교육기관이 이에 기초한 과학교육을 실천해야 하는 상황에서, '최근 과학계의 흐름은 어떻게 가고 있는가?' '유아기에 배워야 할 과학내용은 무엇이고, 유아기에 효율적인 교수방법은 무엇인가?' '유아들의 주도적 놀이를 통해 의미 있는 과학경험이 이루어질 수 있도록 효과적으로 지원하는 능력은 어떻게 키워 줄 것인가?'에 대한 새로운 논의를 하면서 이 책을 부분적으로 개정하게 되었다.

3판은 최근의 사회적 요구와 개정 누리과정이 추구하는 방향을 고려하여 유아 주도의 과학놀이를 지원하는 방법을 제시하고, STEAM을 통한 과학교육 접근법을 소개하고자 일부 내용을 수정 · 보완하였다. 3판을 내놓으면서 저자들이 갖는 바람은 예비교사들이 이 책을 통해 과학교육에 대한 인식을 새롭게 하고, 유아들의 과학놀이를 지원하는 방법을 배우며, 실제 유아교육 현장에 나가 즐겁고 자신 있는 태도로 과학교육을 실천하는 것이다. 또한 현직교사들은 이 책에 담긴 과학교육의 실제를 유아들과 함께 실행해 봄으로써 융합시대 유아과학교육을 적극적으로 실천하는 교사로 거듭나기를 바라는 마음이다.

앞으로도 저자들은 유아교육과정의 변화와 과학교육의 흐름에 대해 지속적으로 연구하여 가장 새로운 내용을 다룬 교재로 거듭날 수 있도록 노력하고자 한다. 우리나라 학생들의 국제성취도 비교 결과에서 과학 성적만 오를 것이 아니라, 하위권에 머물러 있던 과학에 대한 흥미도까지 쑥쑥 올라가는 그날을 기대하며…….

저자 일동

차례

실제편

2 봄 • 231

3 나와 가족 • 255

4 동식물과 자연 • 274

5 여름 • 296

이론편

1 과학교육을 즐기는 유능한 교사 되기

과학은 인간의 보다 나은 생활을 위해 자연세계를 정확히 이해하고 활용하여 문제 해결을 해 나가는 탐구과정이며, 이러한 과정을 통해 축적된 과학적 지식을 의미한다. 또한 통제된 실험과 지속적 관찰, 객관적 추론에 의해 결론을 도출하는 학문으로, 상식에 비추어 성급한 판단을 하거나 주관에 비추어 결론을 내는 것은 과학이라 할 수 없다.

과학의 이러한 특성은 일반인으로 하여금 '과학은 어렵고 특별한 것, 나의 일상과는 거리가 먼 것'이라는 인식을 갖게 한다. 과학자에 대한 인식 역시 자신만의 호기심을 충족하기 위해 폐쇄된 세계 속에서 각종 기구를 사용해 어려운 지식세계를 탐구하는 남다른 존재라고 보는 것이 일반적이다.

과학은 정말 과학자와 같은 전문인만이 수행하고 공유할 수 있는 어려운 학문이고, 현실과는 단절된 폐쇄적 학문일까? 만약 그렇다면 과학 기술력이 그 어느 때보다 강조되는 오늘날, 우리는 어떻게 과학교육을 해야 하는 것일까?

이 장에서는 이러한 의문에 대한 답을 찾기 위해 '과학에 대한 인식 바로 하기'를 통해 과학의 정의와 특성, 가치를 살펴본 후, '교사의 과학적 소양 키우기'를 위한 여러 방안에 대해 살펴보기로 한다.

1 과학에 대한 인식 바로 하기

과학의 본질은 '과학의 정의, 특성, 가치' 등의 관련 내용을 살펴봄으로써 더욱 잘 이해할 수 있다. 다음에서는 이러한 내용에 대해 살펴보고자 한다.

1) 과학의 정의

과학(science)은 라틴어의 'scientia'에서 그 어원을 찾을 수 있다. 이는 '알다(to know)'라는 뜻이며, 명사형인 'knowledge'는 지식을 나타내는 말이다. 정명호(2000)는 Knowledge를 인식과정의 결과로서의 지식으로, to know를 인식과정 그 자체를 의미하는 앎(knowing)으로 정의하고 있다.

이처럼 '알다'라는 말은 모르는 것을 깨닫는 행위로서, 지식은 그렇게 알게 된 내용 또는 사물로 정의된다. 지식은 객관적으로 확증된 성과이며, 인식에 의해 얻어지는 것이다. 이는 넓은 의미로 보면 사물에 대한 개개의 단편적이고 사실적 · 경험적인 인식을 말한다. 더욱 엄밀한 뜻으로는 원리적 · 통일적으로 조직되어 있어서 객관적인 타당성을 요구하는 판단의 체계를 말한다(이희승, 1994).

요약하여 정리하면, 과학은 세상에 대해 아는 것, 알아 가는 과정 그 자체를 의미한다고 볼 수 있다. Rutherford와 Ahlgren(1990) 역시 '과학은 지식을 생산하는 과정'이라고 하여 과학과 지식의 관계에 대해 정의하고 있다.

과학은 다루고 있는 지식의 형태와 대상, 목적 등에 따라 형식과학, 경험과학, 자연과학, 사회과학 등으로 다양하게 분류된다.

'과학' 하면 흔히 떠올리게 되는 물리학, 화학, 생물학, 지질학, 천문학 등은 과학의 다양한 분야 중에서 물리적 세계를 대상으로 탐구하는 과정과 산물을 포함하는 '자연과학'의 영역이라 할 수 있다. 이러한 자연과학은 목적에 따라서 기초과학, 응용과학, 과학기술로 나뉜다.

그렇다면 사회학이나 경제학, 정치학, 인류학 등도 과학의 한 영역일까? 보통은 이 학문들을 과학과는 무관한 영역이라고 생각하기 쉬우나, 이 역시 '사회과학'이라고 하는 엄연한 과학의 한 영역이다. 이 학문들은 탐구 대상에 따라 세분화된 사회

과학의 한 학문 영역이다. 이것은 사회적이고 문화적인 현상, 즉 인간 및 그 집단과 그들 간의 관계에 대해 탐구하는 과학인 것이다. 하지만 일반적으로 '과학교육'이라 할 때의 과학은 '자연과학'에서의 교육을 의미한다.

과학세상 보기

과학과 지식

어떻게 보면, 우리는 지식의 거품(a bubble of the known)에 둘러싸여 있다. 우리는 무엇인가를 알 때, 우리 주변의 세상을 우리가 이해할 수 있는 방식으로 어떻게 수용하고 이해할 것인지를 알게 된다. 지식의 거품에 둘러싸여 사는 것은 편안하고 편리하다. 우리는 우리가 알고 있고, 이해하는 것이 무엇인지를 안다. 하지만 탐구를 하기 위해서는 자신이 가진 지식의 한계(the limits and the boundaries of his knowledge)를 알고 있어야 한다. 그리고 알고 있는 것들이 정말 참된 앎인지에 대해서도 살펴보아야 한다. 이것이 과학자가 하는 일이다. 과학자는 자신이 가진 지식으로 세상에 대해 설명하지 못하는 부분을 인식하려고 노력한다. 과학자는 항상 '아는 것에서 모르는 것으로 가는 문'을 찾는다. 그래서 그 문을 당기거나 밀어서 지식의 거품을 확장해 간다. 자신의 지식의 한계에 진지하게 도전하는 그 행동과 과정이 바로 과학이다.

출처: National Science Foundation (1999), pp. 109-110.

생각 나누기

예비교사의 과학에 대한 인식

다음은 '과학에 대해 어떻게 생각하나요?' '과학 하면 떠오르는 것이 무엇인가요?' 라는 질문에 대한 예비교사의 인식입니다.

"전 다른 것보다도 학교 다닐 때 선생님들이 떠올라요. 하하! 지구과학 선생님은 숱도 많지 않으신 머리를 9 대 1 가르마를 하시는 등 머리모양이나 체형, 외모가 범상치 않으셨어요. 게다가 목소리도 작고 발음도 부정확하셔서 지구과학 시간만 되면 졸리고, 내용도 어려워서 정말 괴로웠어요. 화학 선생님은 너무 히스테리컬하셔서 매주 시험 보고 혼나곤 했던 기억이 나요. 그래서 대부분의 친구들은 '과학은 좀 힘든 과목이다.' 이렇게 생각했던 것 같아요. 물론 저도 그랬고요. 가끔 실험하는 경우도 있지만, 약품이나 비커, 이런 거 만질 수 있는 친구는 몇 명으로 정해져 있어서 나머지 친구들은 그냥 들러리 서듯이 보기만 했던 것 같아요. 그런데 신문이나 텔레비전의 〈스펀지〉 같은 프로를 보면 재미있는 것도 많이 소개해 주잖아요? 그런 걸 보면 또 과학이 재미있는 것 같기도 하고……. 여하튼 학교에서 배우거나 경험한 과학은 좀 지루하고 힘들었어요. 하지만 우리가 쉽게 사용하고 또 즐기는 것이 과학이 될 수도 있지 않을까 하는 생각? 희망사항? 뭐 그런 것도 있지요. 친하지는 않은데, 친하고 싶다고 표현해야 할까요?"

이 글을 읽고 있는 (예비) 선생님은 '과학' 하면 어떤 것이 떠오르세요? 다음 빈칸에 자유롭게 자신의 생각을 적어 보세요.

'과학' 하면, ____________________

2) 과학의 특성

과학과 다른 학문 영역의 차이점을 알고, 우리가 일반적으로 인식하는 과학의 특성을 검토해 보면 과학의 특성을 제대로 인식할 수 있다. 이를 통해 교사는 과학교육의 본질을 살려 교육할 수 있는 소양을 가질 수 있을 것이다.

그렇다면 과학은 '인문학'이나 '예술'과 어떤 차이점을 갖고 있는 것일까?

'인문학(人文學)'은 인간이 처해진 조건에 대해 연구하는 학문 분야로, 인간과 인간으로부터 비롯된 모든 것을 탐구하는 학문이다. 인문학은 자연과학과 사회과학에서 주로 사용하는 경험주의적 접근보다는 분석적이고, 비판적이며, 또는 사변적인 방법을 주로 사용한다. 인문학의 분야로는 철학, 문학, 언어학, 여성학, 예술, 음악, 역사학, 고고학, 종교학 등이 있는데, 이를 보면 인문학의 영역이 매우 넓은 것을 알 수 있다. 과학은 인문학이라고 하는 큰 학문의 영역에 그 바탕을 두고 있으나, 접근 방법에서는 인문학과 다른 것임을 알 수 있다.

'예술(藝術)'은 미적(美的) 작품을 형성시키는 인간의 창조 활동으로, '아름다움'과 '창조'라는 기본 요소가 포함되어야 한다. 즉, 기존의 것을 단순히 모방하는 것이 아니라 나름의 재해석을 통해 새로운 것을 만들되, 그것이 아름다워야 한다는 것이다. 아름답다고 하는 것은 지극히 주관적이므로 예술에 대한 해석은 조심스러워야 하며, 절대적이기보다는 상대적이어야 할 것이다. 반면, 과학은 무엇인가에 대해 알아 가는 과정인 동시에 그 결과 알게 되는 것으로, 아름다움을 창조하는 예술과는 차별성이 있음을 알 수 있다. 하지만 핸드폰, 노트북 등의 기기나 첨단 인테리어 혹은 미디어아트 등의 과학적이고도 미적인 기능을 고려해 볼 때, 과학과 예술 사이에는 긴밀한 연결고리가 있음을 알 수 있다.

하지만 우리는 과학의 이러한 본질적 특성을 제대로 이해하지 못하고 있는 것이 사실이다. 따라서 다음에서는 과학의 본질에 대해 우리가 갖고 있는 오개념을 소개하고, 이에 대한 현대적이고 실제적인 개념을 실제 사례와 함께 살펴보고자 한다. 이를 통해 과학의 특성을 보다 구체적이고 현실적으로 인식할 수 있을 것이다.

모든 과학지식은 실험과 자료의 수집으로 생성된다.

vs. 많은 과학적 지식은 관찰 현상을 기초로 창의적으로 재구성한 가설로부터 생성된다.

일반적으로 알고 있듯, 대부분의 과학적 지식은 수많은 실험과 자료 수집을 통해 형성되는 것이 맞다. 대표적으로 6,000번의 실패 끝에 탄생한 Edison의 전구나 곤충에 대한 자료 수집을 한 Fabre 등을 그 예로 들 수 있다. 하지만 모든 과학지식이 그렇다고 할 수는 없다. Newton이 사과가 떨어지는 현상을 보고 영감을 얻어 중력에 대해 깨닫고 이를 확증하기 위한 추후 실험을 수행한 것이나, Darwin이 갈라파고스 섬의 생명체들을 관찰한 후 이전에는 없었던 진화론을 생각해 낸 것을 보면, 관찰을 바탕으로 하여 창의적으로 재구성한 가설도 곧 과학이 될 수 있음을 알 수 있다.

과학은 모든 문제에 대한 올바른 답을 제공한다.

vs. 과학이 어떤 문제에 답을 주면, 그 답은 또 다른 문제를 야기한다.

과학은 알지 못하는 것에 대해 알아 가는 과정이며, 그런 결과를 통해 알게 된 지식이 모인 것이다. 과학을 통해 인류는 많은 지식과 지혜를 갖게 되었고, 나아가 현실의 많은 문제도 해결할 수 있었다. 하지만 유전자 조작 식품이 식량 부족의 해결책을 제시했을 수 있으나, 환경이나 건강, 윤리적인 측면에서 새로운 문제를 야기한 것도 사실이다. 오늘날 인류 공통의 문제라 할 수 있는 핵, 환경오염, 인공위성을 통한 정보의 노출, 복제 등은 과학을 통해 해결받고자 했던 인류의 노력이 그 이상의 문제를 야기한 사례라고 볼 수 있다. 즉, 과학 '덕분에' 윤택하고 편리해진 동시에 과학 '때문에' 위협받게 된 것이 우리의 현실이다.

과학적 법칙과 과학적 개념은 절대적인 진리다.

vs. 과학적 법칙은 한계를 지니며, 언제라도 바뀔 수 있다.

과학적 법칙이나 개념은 과학적 과정과 검증을 통해 완성되기 때문에, 이것은 깨지지 않는 절대 불변의 진리처럼 받아들여지는 것이 일반적이다. 하지만 모든 것이 변화하듯 과학법칙 역시 언제든 바뀔 수 있는, 계속하여 진화하는 과정 중의 것임을 인식해야 한다. 대표적인 예로, 과거의 인류는 지구가 평평하여 지구 끝까지

가면 떨어져 죽을 것이라고 믿었으며, 지구는 가만히 있고 해와 달이 돈다는 지구 평면설과 천동설을 진리로 받아들였다. 하지만 오늘날 이를 믿는 사람은 아무도 없다. 이렇듯, 오늘날 우리가 절대적인 진리로 믿고 있는 과학 이론이나 법칙이라 하더라도, 언제든 바뀔 수 있음을 염두에 두어야 한다.

일반적이고 보편적인 과학적 방법이 있다.

vs. 어떤 과학적 방법도 보편적으로 적용되지는 않는다.

과학자는 자신의 상상력, 창의력, 선행지식, 인내심으로 문제를 해결한다.

대부분의 경우, 관련된 지식을 알기 위한 방법들이 기본적으로 제시될 수는 있을 것이다. 하지만 그 이상의 경우일 때 과학자 자신의 관심 분야에 대해 스스로 실험을 구성하고 변인을 조작하는 등의 창의력과 인내심을 발휘해야 하는 것 또한 사실이다. '아시아 조충'이라고 하는 기생충을 발견하고 미국 의대 교과서에도 이름을 올린 엄기선 교수의 경우, 당시 알려져 있지 않은 아시아 조충의 존재를 밝혀내기 위해 직접 이들 유충 다섯 마리를 삼키고 5년간 자신의 배 속에서 키우며 다양한 실험을 하여 관련된 자료를 수집, 발표하기도 하였다.

과학과 과학적 방법은 모든 질문에 답할 수 있는 수단이다.

vs. 과학은 도덕적, 윤리적, 사회적, 수사학적 질문에 답하기 어렵다.

과학과 과학적 방법은 모든 질문에 대답을 할 수 있다기보다는, 대답을 하기 위한 과정 그 자체라고 볼 수 있다. 도덕적, 윤리적, 사회적인 질문에 대해서는 답을 하지 않으며, 복제인간 같은 이슈에 대해서도 명확한 답을 할 수 없을 것이다. 또한 아름다움, 비류함 등과 같은 인간의 감성에 관련된 주관적인 질문에 대해서도 과학적인 대답을 하지 못하는 한계를 갖는다.

과학과 과학기술은 동일한 것이다.

vs. 순수과학은 그 자체를 위해 지식을 추구하는 것이며,

과학기술은 과학의 활용이다.

'과학' 그 자체는 순수과학을 말한다. 이는 과학자 자신이 알지 못하는 것에 대한 지속적인 탐구의 과정으로서, 궁극적으로는 우리 지식의 범주를 확장하거나 심화

하는 영역이라 할 수 있다. 반면, '과학기술'은 과학에 대한 활용이라 할 수 있다. 쉬운 예로, 레이저 빛의 특성을 알아내는 것은 순수과학이지만, 레이저를 활용해서 점을 제거하거나 피부 관리를 하는 등 다양한 형태의 미용 목적으로 활용하는 것은 과학기술이라고 볼 수 있다.

3) 과학의 가치

과학은 인류의 삶과 더불어 시작되었고, 지금도 여전히 강력한 영향력을 발휘하면서 인류와 공존하고 있다. 과학의 역사에 대해 연구하는 과학사학자는 '인류의 역사는 과학의 역사'라고 이야기한다. 구석기, 신석기, 청동기, 철기로 인류 고대의 문명을 구분하는 것에서 알 수 있듯이, 도구의 소재나 만드는 방법에 따라 사회의 형태와 문화 수준이 달라졌다. 이후 오늘날에 이르기까지 자연을 이해하고 이를 활용하는 과학적 능력에 따라서 문화권이 번성하기도 하고 쇠퇴하기도 하였다. 현대 사회는 이러한 과학과 기술의 사회적인 역할이 더욱 강조되고 있음을 알 수 있다.

예를 들어, 철기의 등장은 강력한 지배력을 가진 로마제국의 등장을 지원했고, 웅장한 건축, 정교한 도로망과 수도, 쟁기의 등장은 로마제국과 봉건제도의 등장에 원동력이 되었다. 나침반을 이용한 장거리 항해와 총, 대포, 증기기관의 출현은 신대륙의 개척에 이은 산업화를 가능하게 만들었다. 인쇄술의 등장은 지식의 보급을 가속화시킴으로써 서구 사회를 근본적으로 바꿔 놓았다. Newton에 의한 근대과학 혁명은 산업혁명을 거친 진화론으로 이어져 20세기 녹색혁명, 생명과학, 정보화시대를 가능하게 만들었다(이덕환, 2008).

이렇게 인류는 역사적으로 과학의 힘을 빌려 의식주 문제를 다양하고 진보된 방식으로 해결해 왔다. 또한 과학은 생존도구로서만이 아니라 사회, 정치, 그리고 예술, 문화에도 영향을 미쳐 왔다(조형숙, 2009). 이것이 바로 과학의 핵심적인 가치다. 이 외에 과학의 가치에 대한 여러 학자(Alsop & Hicks, 2001; Kind & Taber, 2005; Martin et al., 1997)의 의견을 종합하면 다음과 같다.

과학세상 보기

서구사회의 근본을 바꾼 인쇄 혁명

정혜경

〈Gutenberg의 금속활자〉

지난 세기말 영국 국립도서관은 Gutenberg를 밀레니엄 인물로 선정했다. 그가 발명한 인쇄술 덕분에 근대 유럽사회가 글을 통해 지식과 생각을 나누는 문자 문화 시대로 발돋움했음을 인정한 것이다.

사실 문자의 역사는 6,000년이 넘지만, 문자를 이용한 글은 오랫동안 극소수의 전유물이었다. 대부분의 사람들은 무지의 세계에서 살아야만 했다. 그러다가 인쇄술의 등장으로 글을 통해 지식이 널리 보급되기 시작했고, 종교개혁과 새로운 문명의 시대가 열렸다.

McLuhan이 주장했듯이, 새로운 '구텐베르크 은하계'가 펼쳐지기 시작한 것이다.

출처: 국가과학기술자문회의(2007).

첫째, 과학사는 과학지식이 진화적으로나 격변적으로 변화하는 과정을 보여 준다.

앞서 언급한 것처럼 과학의 역사는 곧 인류의 역사다. 과학사를 통해 과학지식의 변천과 인류에의 영향력을 알 수 있으며, 이를 기초로 앞으로의 변화의 흐름도 예측할 수 있다.

둘째, 과학은 흥미를 일으키며, 알고 이해하고자 하는 지적 열망을 자극한다.

과학이라고 하는 영역의 출발점은 '모르는 것에 대해 알고자 하는 열망'이다. 이러한 맥락에서 유아는 타고난 과학자라 할 수 있다. 또한 이미 습득한 지식은 다음의 탐구를 위한 토양이 되므로, 앎에 대한 열망은 꼬리에 꼬리를 물고 유기적인 관계를 맺게 된다.

셋째, 과학을 통해 자연현상은 물론 일상의 현상에 대해 더욱 잘 이해하게 되며, 유용한 지식, 기술, 태도를 통해 보다 합리적인 생활인이 될 수 있다.

저기압이 될 때 새들이 지면 가까이 날게 된다는 것을 안다면, 새들이 낮게 나는 것을 보고도 우산을 준비할 수 있을 것이다. 또한 뜨거운 공기는 위로, 차가운 공기는 아래로 움직이는 대류현상에 대한 이해가 있다면, 더운 여름철에 에어컨을 켤 때 풍향을 위에서 아래로 향하게 할 것이다. 이처럼 우리는 과학을 통해 주어진 환경에서 보다 여유 있고 합리적인 행동을 할 수 있게 된다.

넷째, 과학은 과장되게 표현하지 않으며 표절하지 않는 등 지적으로 정직한 작업이다.

과학은 누구든 같은 결과를 얻을 수 있고, 특정 현상에 대해 같은 해석을 할 수 있는 하나의 잣대를 제공하는 역할을 한다. 예를 들어, 누가 관찰해도 해는 동쪽에서 뜨고, 누가 물과 기름을 섞더라도 기름이 물 위에 뜨는 것에는 변함이 없다. 이러한 특성을 가진 과학 경험을 통해, 객관적이고 솔직한 태도로 문제에 접근하려는 소양을 갖게 된다.

다섯째, 과학은 즉각적으로 판단하기보다는 판단을 유보하게 하며, 행동에 대한 책임감을 갖게 한다.

과학을 하는 과정 기술 중 하나인 '판단 유보'는 오늘날 매우 중요한 덕목이라 할 수 있다. 판단 유보는 성급하게 판단하거나 결론을 내리지 않고 확실한 증거에 의해 지지될 때까지 사실로 받아들이지 않는 태도로서, 다양한 변인에 대한 충분한 고려를 거치게 되므로, 보다 책임감 있는 결정을 내리고 행동하도록 도와준다.

여섯째, 과학은 사회적 · 문화적 전통의 일부다.

인간은 저마다 주어진 환경 속에서 과학을 활용하여 생존해 왔다. 같은 과학적 원리라 하더라도, 자신이 살고 있는 지역의 기후나 문화권에 따라서 조금씩 다른 양상을 띠게 된다. 그 예로, 우리나라의 가마솥은 우리나라에서 생산되는 품종의 쌀을 가장 맛있게 조리할 수 있는 형태와 재질로 제작된 것이라 할 수 있다. 이 밖에 된장이나 고추장, 김치 같은 전통음식의 조리법이나 보관법 역시 우리나라 고유의 문화적 전통이라 할 수 있다.

과학의 가치는 과학자에게는 지켜야 할 규칙이나 목적이 된다. 이뿐만 아니라 직업적으로 과학을 하는 사람이 아닌 일반인의 경우에도 과학에 대해 배우고 생활 속에서 과학을 해야 하는 목적과 이유가 될 수 있다.

이처럼 가치 있는 과학을 동시대인에게 전달함은 물론, 과거로부터 축적되어 온 과학과 기술을 습득하는 것은 그 사회의 발전을 가늠하는 열쇠라 해도 과언이 아니다. 따라서 이러한 과학의 가치를 전수할 수 있는 과학교육이 더욱 절실하다고 할 수 있다.

'과학교육'은 말 그대로 과학을 가르치는 일이다. 앞에서 과학의 정의와 특성 등에 대해 구체적으로 살펴보았는데, 이러한 과학의 총체를 교육하는 것이 바로 과학교육이다. 그러므로 넓은 의미로는 과학에 관한 지식과 태도를 교육함은 물론, 지속적으로 과학적 탐구를 수행할 수 있는 능력을 함양하는 것을 목적으로 하는 교육이라 할 수 있을 것이다.

그렇다면 유아교육기관부터 초 · 중 · 고등학교에 이르기까지 과학을 가르치는 이유는 무엇일까?

Wellington(2000)은 과학교육의 가치를 본질적(intrinsic) 가치, 공리적(utilitarian) 가치, 시민권적(citizenship) 가치의 세 부분으로 나누어 설명하고 있다.

본질적 가치는 '과학하는 것이 좋고 재미있어서 한다.'처럼 즐거움이나 만족과 같은 내적인 가치라 할 수 있다. 반면, 공리적 가치는 '좋은 성적을 받기 위해, 좀 더 편리한 생활을 위해'와 같이 실제 쓰임에 대한 것으로 실용적 가치와 같은 말이다. 마지막으로 시민권적 가치는 '과학적인 기본 교양을 갖추기 위해 공부했다.'와 같은 입장으로, 현대사회를 살아가면서 올바른 의사결정을 하는 데 필요한 가치라 할 수 있다. 따라서 본질적 가치가 내적 가치라고 하면, 공리적 가치와 시민권적 가치는 외적 가치라고 구분할 수 있다.

하지만 이러한 가치들은 완전하게 분리될 수 있는 것이 아니다. 상황에 따라서 이들 맥락이 상호 연관되는데, 예를 들어 '제비가 낮게 날면 비가 온다.'라는 과학적 지식을 교육하고 앎으로써 자연현상에 대한 이해를 할 수 있으며, 농경사회에서는 이를 농작물에 최적의 환경을 제공하는 데 활용할 수 있었을 것이다. 그리고 이러한 종류의 과학적 지식을 알고 활용하는 것을 즐겁게 여기고, 관련된 자연현상을 더욱 적극적으로 관찰하고 탐구할 수 있을 것이기 때문이다.

이상의 내용을 종합할 때, 과학교육을 하는 이유는 과학하는 것 자체에서 즐거움의 욕구를 충족하고, 사회적 성취와 공익에 기여하는 보람을 누리며, 사회적으로 적응하기 위해 필요한 것이라 할 수 있다.

2 교사의 과학적 소양 키우기

앞서 과학의 특성과 가치에 대해 살펴보면서, 과학은 인간 삶의 기반이며 인류 역사와 함께하는 것임을 알아보았다.

과학이 인간의 삶과 맞닿아 있음을 알기 위해서는 멀리서 과학을 찾을 것이 아니라 나의 주변에 이미 들어와 숨 쉬고 있는 과학이 어디에 어떤 모습으로 자리 잡고 있는지를 찾고 인식하는 일이 필요하다. 그리고 적극적으로 나의 생활에 과학을 적용하여 보다 행복한 생활을 만들어 가고자 하는 노력이 필요하다. 개발된 과학기술이나 지식을 잘 알고 활용하는 '과학적 소비자'로서뿐만 아니라, 과학기술이나 지식을 직접 창안하는 '과학적 생산자', 더 나아가 삶의 다방면에서 과학과 함께하기를 즐기는 '과학적 생활인'으로서의 면모를 두루 갖추어야 할 것이다.

유아가 과학적 생활인으로 성장하도록 돕기 위해서는 무엇보다도 교사의 역할이 중요하다. 생활 속에서 인식하지 못했던 재미있는 현상이나 개념에 대한 인식과 도전, 문제 해결의 과정을 통해 교사 스스로가 과학과 함께하는 것을 즐기게 된다면, 유아도 자연스럽게 과학적 생활인으로 성장하는 데 필요한 경험의 기회가 많아질 것이기 때문이다.

하지만 과학교육이 유아의 발달 및 성장에 지대한 영향을 미친다는 사실은 인정하면서도, 실제로 유아 교실에서의 과학교육은 타 영역에 비해 많은 관심을 받지 못하고 있는 것이 현실이다. 특히 교사의 절대다수가 여성인 유아교육 현장에서는 더더욱 그러하다. Barton(1998)은 여성이 남성보다 과학을 잘하지 못하거나 덜 즐기는 이유가 본성적 차이 때문이 아니라 사회문화적 맥락에 의해 거리를 둘 수밖에 없었던 영향 때문이라고 하며, 페미니즘 과학교육의 필요성을 제기하였다.

조형숙(2007)은 Barton(1998)이 제안한 페미니즘 과학교육의 방향에 기초하여 우리나라 유아교사의 과학교수 효능감을 증진하기 위한 교사교육모형을 개발하였다.

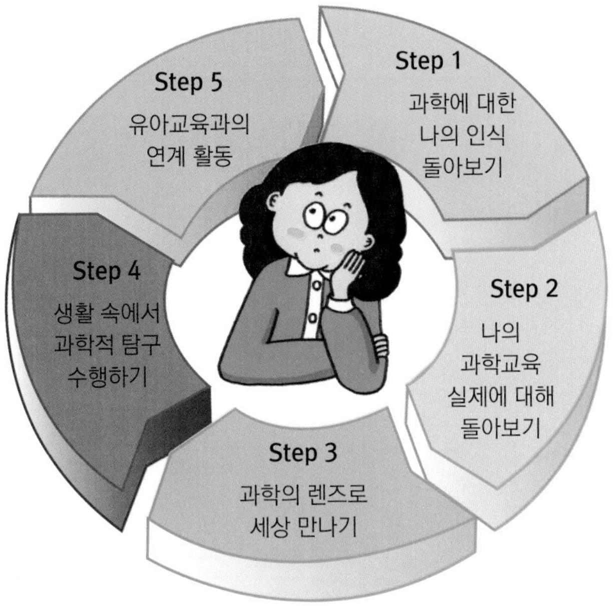

그림 1-1 교사의 과학적 소양 증진을 위한 자기학습모형

다음에서는 이러한 교사교육모형을 기초로 하여 과학을 스스로 즐기며 유능하게 교육할 수 있는 교사의 소양을 키우기 위한 '자기학습모형'을 제시하고, 그 구체적인 내용과 방법에 대해 살펴보고자 한다.

1) Step 1. 과학에 대한 나의 인식 돌아보기

나의 과학 및 과학교육에 대한 인식을 반성적으로 사고해 봄으로써 과학에 대한 나의 태도와 인식을 돌아본다. Koch(1999)는 교사가 어린 시절에 가졌던 과학적 자아를 내면으로부터 다시 끌어내서 과학적 소양을 형성하기 위해서는 자신의 경험에 대해 반성적으로 사고(reflective thinking)하는 과정을 갖는 것이 중요하다고 제안하였다. 이를 위한 구체적인 방법으로는 '과학 개념망 만들기' '과학 저널 쓰기' 등이 있다.

생각 나누기

과학 개념망 만들기

!? '과학' 하면 떠오르는 것

'과학' 하면 떠오르는 것은 무엇인지 브레인스토밍한 후 관련된 이야기를 나누어 보자.

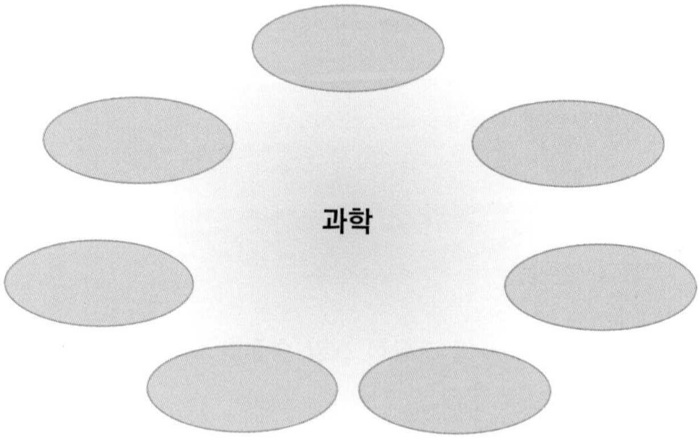

예시자료

!? '과학' 하면 떠오르는 것

'과학' 하면 떠오르는 것은 무엇인지 브레인스토밍한 후 관련된 이야기를 나누어 보자.

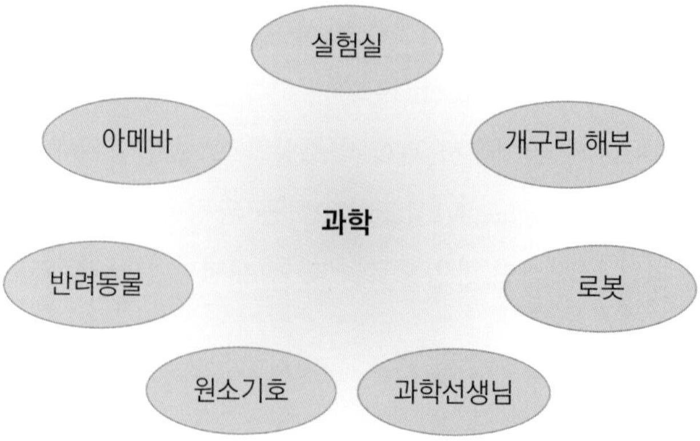

생각 나누기

과학 저널 쓰기

!? 내가 과학을 전공하지 않은 이유

내가 '과학을 전공하지 않은 이유'를 자유롭게 써 보자.

〈사례: 교육대학원에 재학 중인 현직교사들〉

A: 과학을 평생 하면서 살면 따분할 것 같아요. 그리고 과학을 전공하기 위해서 어느 정도 선천적인 천재성이 있어야 한다는 생각이 들잖아요. 저도 뭐 역시 천재성이 있기는 하지만, 하하하. 일단 과학과 수학 점수가 좋지 않았던 게 이유죠.

B: 저도 그래요. 복잡한 과학 공식을 이해하고 외우는 게 싫었어요. 동물을 좋아하지도 않고, 특히 생쥐는 너무 싫어요!

C: 저는 연구실 안에서만 일하는 게 싫어요. 과학을 하면 평범한 생활을 누릴 수 없을 것 같았고, 과학은 왠지 특별한 사람만 할 것 같잖아요. 그리고 제가 고등학생 때는 일반적으로 이과는 남자가 선택하는 것이라는 생각이 많았어요.

A: 맞아요. 혹시 유머가 넘치는 총각선생님을 만났으면 과학을 했을 수도 있으려나? 하하. 그리고 전 한 가지에만 파고들고 시간을 들이기엔 엉덩이가 너무 가벼운 사람이었던 거죠. 이성적인 판단보다 감성적인 판단이 앞서니까 과학이랑은 거리가 멀죠.

이러한 반응을 통해 교사는 과학이나 과학자에 대해 스스로 가진 편견을 발견하게 된다. 또한 과학에 대한 고정관념이 어디에서 출발한 것인지, 과학에 대해 부정적인 인식을 하게 된 계기에 대해 돌아볼 수 있는 기회를 가질 수 있다.

!? 기억에 남는 과학수업

학창 시절 기억에 남는 과학수업을 떠올려 보도록 한다. '언제, 어떤 과학수업이었는가?' '무엇을 얻고 또 무엇을 잃은 수업이었는가?' 등을 생각하며 자유롭게 써 본다.

〈사례: 예비교사〉

중학교 때로 기억이 나는데, 생물시간에 양파의 세포 관찰을 했던 기억이 특별한 경험으로 남아 있다. 사실, 그 전까지는 생물은 물론이고 과학을 하는 즐거움을 별로 느껴 본 적이 없었다. 그런데 선생님이 세포와 세포핵 등에 대한 용어를 교과서를 통해 설명하시더니 양파를 하나 꺼내시고는 그 자리에서 조그만 조각으로 잘라서 책상마다 놓아 주셨다. 그리고 필통에서 칼을 꺼내 얇게 양파막을 오려 내고 창문에 붙여 보라고 하셨다.

과학실도 아닌 교실에서, 그리고 유리판이나 현미경과 같은 특별한 실험도구도 없이 실험을 하는 것이 좀 특별하게 다가왔다. 그리고 가장 강렬했던 것은 참기 힘든 눈물이었다. 친구들은 모두 양파의 매운 향에 눈물, 콧물을 흘리기 시작했고, 순식간에 교실은 동요되었다. 그때 선생님께서 양파에는 휘발성 성분이 있는데, 수용성이니 눈 아래 물을 바르면 괜찮아질 거라며 설명해 주셨고, 친구들과 함께 눈 밑에 물을 바르고 진정효과를 보면서 몹시 신기해했던 기억이 난다.

그리고 창문에 붙인 양파 막은 육안으로도 관찰이 가능할 정도로, 책에서 보았던 세포의 형상을 보여 주었다. '책에서 사진으로만 보던 양파막을 별다른 실험도구 없이도 이렇게 직접 보게 되다니!' 순식간에 교실은 탄성으로 가득 찼고, 우리의 실험은 이렇게 요란스럽고 또 행복하게 마무리되었다. 이후에 양파를 보면 그 실험이 생각이 났고, '다른 야채도 같은 방법으로 세포를 볼 수 있을까? 사람도 이런 세포로 둘러싸인 존재겠지.' 하는 생각들도 함께 했던 기억이 난다.

2) Step 2. 나의 과학교육 실제에 대해 돌아보기

예비교사의 경우 실제 수업을 해 본 경험이 없으므로 교육계획안 분석을 통해 수업 실제에 대한 활동을 진행할 수 있을 것이다. 또한 현직교사라면 연간 과학교육의 실행 정도나 자신의 교실에 있는 과학 영역의 운영 양식, 수업 상황 등을 이야기하면서 자신의 과학교육 실제에 대해 검토해 볼 수 있을 것이다.

생각 나누기

예비교사 - 수업 계획안 분석

다음은 현장에서 흔히 하는 과학 실험 중의 하나인 '물에 뜨고 가라앉는 것' 활동의 교육계획안이다. 이를 살펴보고 수정, 보완하거나 좋은 점에 대해 분석하여 기록해 보도록 하자.

활동명	물에 뜨고 가라앉는 것	분석 내용
활동목표	1. 물에 뜨고 가라앉는 것의 특성을 이해한다. 2. 물에 뜨고 가라앉는 것을 분류할 수 있다.	
활동자료	수조, 나무블록, 플라스틱 블록, 돌멩이, 클립	
활동내용	1. 준비된 자료를 살펴본다. – 이것의 이름은 무엇이니? – 어디에서 보았니? 2. 물에 뜰 것과 가라앉을 것 같은 것을 예측한다. – 어떤 것이 물에 뜰 것 같니? 3. 직접 물에 넣어 보고 결과를 관찰한다. 4. 물에 뜨거나 가라앉는 이유에 대해 생각해 본다. – 나무와 플라스틱은 왜 물에 뜰까? – 돌멩이와 클립은 왜 가라앉을까?	
참고사항	물에 옷이 젖을 수 있으므로 주의한다.	

예시자료

예비교사 - 수업 계획안 분석

다음은 현장에서 흔히 하는 과학 실험 중의 하나인 '물에 뜨고 가라앉는 것' 활동의 교육계획안이다. 이를 살펴보고 수정, 보완하거나 좋은 점에 대해 분석하여 기록해 보도록 하자.

활동명	물에 뜨고 가라앉는 것	분석 내용
활동목표	1. 물에 뜨고 가라앉는 것의 특성을 이해한다. 2. 물에 뜨고 가라앉는 것을 분류할 수 있다.	본 활동에서는 물에 뜨고 가라앉는 현상과 물체의 특성을 관련지어 보는 추론하기가 중요한 교육내용이 될 수 있으므로 목표에 추론하기에 관한 목표를 기술하는 것이 바람직할 것이다.

활동자료	수조, 나무블록, 플라스틱 블록, 돌멩이, 클립	유아가 직접 가지고 온 사물을 활동에 이용하면 유아가 보다 적극적으로 참여할 수 있을 것이다.
활동내용	1. 준비된 자료를 살펴본다. – 이것의 이름은 무엇이니? – 어디에서 보았니? 2. 물에 뜰 것과 가라앉을 것 같은 것을 예측한다. – 어떤 것이 물에 뜰 것 같니? 3. 직접 물에 넣어 보고 결과를 관찰한다. 4. 물에 뜨거나 가라앉는 이유에 대해 생각해 본다. – 나무와 플라스틱은 왜 물에 뜰까? – 돌멩이와 클립은 왜 가라앉을까?	1. 준비된 자료 탐색은 느낌이나 무게, 재질, 크기 등에 대해 집중할 수 있는 질문이어야 할 것이다. 2. 바닥에 닿지만 않으면 떴다고 할 것인지, 수면 위로 물체가 나와야 떴다고 할 것인지처럼 '물에 뜬다'는 것에 대한 정의를 내리기 위한 토의과정도 중요한 교육적 의미를 가질 것이다. 4. 물에 뜨거나 가라앉는 것은 재질이나 무게가 아닌 부력과 밀도에 따라 결정되는 것이다. 결론을 교사가 내리는 것 같아 아쉽다.
참고사항	물에 옷이 젖을 수 있으므로 주의한다.	뜨는 것을 가라앉게 만들기를 하는 등의 연계 활동에 대한 언급이 있으면 좋겠다. 그리고 실험 결과를 표상할 수 있는 방법(신체표현, 기록지 등)에 대해서도 생각해 보아야 할 것이다.

생각 나누기

현직교사 – 자신의 과학교육 현황에 대해 이야기하기

현재 유아교사로 근무하는 교육대학원 학생들에게 '일반적으로 과학교육을 어떻게 운영하고 있는지'에 대해 질문했을 때 다음과 같은 내용을 이야기하였다.

A: 우리 유치원에서는 요리 활동 같은 경우 연간 교육과정이 계획되어 있어요. 한 달에 한 번씩 하고 있고, 그 활동에 대한 사전 · 사후 활동을 하고 있고요. 연간 주제에 각 주제별로 해서 한 달에 하나씩 넣었어요. 실험이나 관찰은 1년짜리 프로그램을 샀어요. 사슴벌레, 올챙이 이런 식으로 1년의 프로그램이 있어요. 활동마다 활동지가 있는데 이게 좋지는 않아서 주로 변형해서 하는 편이고, 또 아이들이 그때그때 제기하는 질문을 가지고 수업을 해요. 예를 들면, 사인펜 뚜껑을 닫았을 때와 아닐 때 비교하는 걸 유아들이 해 보고 싶어 할 때는 그렇게 하는 거죠. 1년짜리 활동을 짜 놓고 하니까 놓치지 않고 하게 되고, 부담도 덜하고, 또 필요한 활동은 추가해서 하니까 좋다고 생각해요.

B: 그렇게 짜는 걸 쓰거나 계획해서 하면 좋을 것 같아요. 사실 전 파견 교사가 오는 것도 좋을 것 같아요. 저는 과학 활동이 참 어렵거든요. 왜냐하면 아이들에게 어떤 지식전달, 뭘 알려 줘야겠다, 원리를 알려 줘야겠다는 생각이 많기 때문에 더 그런 것 같아요. 저희 같은 경우는 병설이기 때문에 아이들은 많고 교사가 한 명밖에 없잖아요. 보조교사 없이 진행하다 보면 대집단으로 보여 주기 활동밖에 잘 안 되거든요. 행정업무도 많고요. 그래서 솔직히 말하면 과학 활동은 거의 안 하는 편입니다. 다음에 하게 되면 저희도 여기 옆 반 선생님처럼 1년치 요리 프로그램으로 해서 과학 활동으로 연결해 봐야겠어요. 아니면, 텃밭 가꾸기를 지금 하고 있거든요. 그래서 올 초부터 텃밭에서 기르기 활동을 해서 관찰하고 물을 주는 활동을 많이 하고 있고요. 저의 경우 만 4세 어린 반이어서 자유선택활동에서 그 과학 영역을 아예 없앴어요. 제게 과학적인 지식도 별로 없고요. 솔직히 '내가 뭘 해도 아이들이 그만큼 따라 와 줄까?'라는 생각에 과학 활동은 거의 접었어요. 주로 하는 것은 대집단으로 할 수 있는 요리 활동이나 텃밭 가꾸기 위주로 하고 있는 셈이네요. 아, 과학 쪽으로 보면 저는 완전 문제 교사인 것 같아요.

A: 선생님은 혼자서 다 하고, 알려 주려 하고, 너무 잘 하려고 하니까 더 부담스러운 것 같아요. 그냥 같이 알아본다고 생각하고 하면 흥미로울 텐데요.

과학을 어떻게 운영하고 있는지 이야기 나누면서 서로가 하고 있는 것에 대한 유용한 정보의 교환과 자기반성, 위로와 격려 등이 자연스럽게 이루어지고 있는 것을 알 수 있다.

3) Step 3. 과학의 렌즈로 세상 만나기

교사 스스로 자신의 일상을 과학적 렌즈로 들여다보려는 노력, 일상적인 현상이나 사물에 대해 관심을 갖고 관련된 정보를 수집하는 태도가 필요하다.

실제 과학자가 과하을 하는 과정을 살펴보면, 그늘 역시 과학적 생활인으로서의 관심이나 호기심에서 세계적인 연구를 시작한 경우가 많다. '하늘을 날고 싶다.'는 관심에서 Wright 형제의 비행기가 탄생하게 되었고, '종이가 찢어지고 잉크가 번지는 만년필'에 불편함을 느낀 언론가이자 화학자였던 Biro 형제에 의해 볼펜이 개발된 것이 그 사례다. 최근 오스트리아 의학계의 권위자 Bischinger 박사는 '코를 파서 코딱지를 먹는 것은 괜찮을까?'라는 다소 엽기적인 생활 속 궁금증에서 출발한 연구를 통해, '코를 파는 것은 코 속을 청결하게 유지해 줄 뿐 아니라, 코에서 파낸 것을 먹으면 면역체계를 강화시켜 주기 때문에 건강에 좋다.'는 결과를 발표하기도 하였다.

이처럼 과학자의 과학적 업적은 일상생활 속에서 적극적으로 관심이나 호기심을 갖는 것에서 출발하여, 직접 해결해 보고자 하는 탐구의 실천을 통해 이루어진 것이라 할 수 있다. 그렇다면 우리도 일상생활 속에서 관심 있거나 궁금했던 것들에 대해 직접 실천해 봄으로써 과학하는 즐거움과 성취감을 느낄 수 있는 것은 없을까?

다음에서는 우리의 생활 속에서 만날 수 있는 과학, 간단하게 해 볼 수 있는 과학에 대한 내용 몇 가지를 소개하고자 한다.

과학세상 보기

신 귤, 달게 먹고 싶다면 두드려라

같은 상자에 있는 귤이라도 어떤 귤은 신맛이 강하고, 또 어떤 귤은 단맛이 강한 것을 경험하게 된다. 이때 귤을 위로 던졌다가 받기를 하거나 약하게 주무르는 등 약간의 충격을 가해 준다면 같은 귤이더라도 단맛이 더 강해지게 된다. 그 원리는 귤 속에 있는 신맛이 충격에 매우 약하기 때문이다. 귤을 적절한 힘의 세기로 두드리는 등의 충격을 주게 되면, 신맛보다는 단맛의 비율이 높아지므로 상대적으로 당도가 더 높아진 귤을 먹을 수 있게 된다.

티백, 깔끔하게 마시고 싶다면 물과 뽀뽀를

녹차나 커피 등 다양한 음료가 티백 형태로 보급되고 있는데, 가장 큰 원인은 그 편리성 때문일 것이다. 하지만 차가 충분히 우러난 티백을 찻잔에서 꺼낼 때 티백에 남아 있던 물이 테이블이나 컵받침으로 흐르게 되어 지저분해지게 된다. 이때 표면장력을 이용하면 깔끔하게 티백을 즐길 수 있다. '표면장력'이란 물 분자가 서로 당기는 힘이 물의 표면에도 작용하는 것으로, 물 표면에 있는 잡아당기는 힘을 말한다. 티백의 아랫부분을 찻잔의 물 표면에 2초 정도 살짝 갖다 대면 티백과 물표면 사이에 이러한 표면장력이 작용해서 티백 속에 남아 있던 물이 찻잔 속으로 단시간 내에 흡수된다. 2초 정도 찻잔에 담긴 물과 뽀뽀한 티백은 옮길 때에도 물이 흐르지 않아 깔끔하다.

음료에 생기는 앙금, 사랑하는 사람의 이름을 써 보자

바쁜 아침 건강식으로 먹는 선식과 추운 겨울날 생각나는 따뜻한 코코아! 이들 음료는 분말을 물에 타서 먹는 음료 종류다. 하지만 먹을 때마다 마시고 나면 찻잔 바닥에 끈적끈적한 앙금이 남는다. 이 앙금은 혼합물이 분리되면서 생기는 침전물이다. 물 분자와 가루 분자가 더 잘 혼합되도록 섞어 주면 이러한 현상을 완화시킬 수 있다. 이들을 혼합할 때 차 스푼으로 동그랗게 젓는 것이 일반적인데, 차 스푼으로 알파벳 W를 쓰거나 사랑하는 사람의 이름을 쓰면 바닥에 앙금이 생기지 않는다. 왜냐하면 물 분자와 가루 분자의 운동 방향이 불규칙적이 되어, 더 많은 충돌이 생겨 그만큼 더 잘 섞이기 때문이다. 이러한 현상을 '터빈현상'이라고 한다.

쓰다 남은 조각 비누, 전자레인지로

어느 정도 사용한 비누는 납작해져서 잘 잡히지 않거나, 작은 조각으로 부스러져 떨어지는 것이 일반적이다. 이때 조각 비누를 전자레인지에 넣고 10초 정도 가열해 보자. 비누의 종류에 따라 차이는 있지만 3~5배 정도의 크기로 부푸는 것을 볼 수 있다. 참고로 수제로 만든 천연비누는 버터처럼 녹아내린다. 전자레인지가 음식을 조리하는 원리는 전자파를 통해 음식 속의 물 분자를 운동시켜 열을 내는 원리다. 비누 역시 같은 원리로, 전자레인지의 마이크로파를 받은 비누 속의 수분은 열을 받아 부피가 큰 수증기로 변하게 된다. 하지만 비누는 이 수증기를 내보낼 공기 구멍이 없기 때문에 결국 비누 자체가 부풀게 되는 것이다.

줄어든 니트, 헤어트리트먼트에

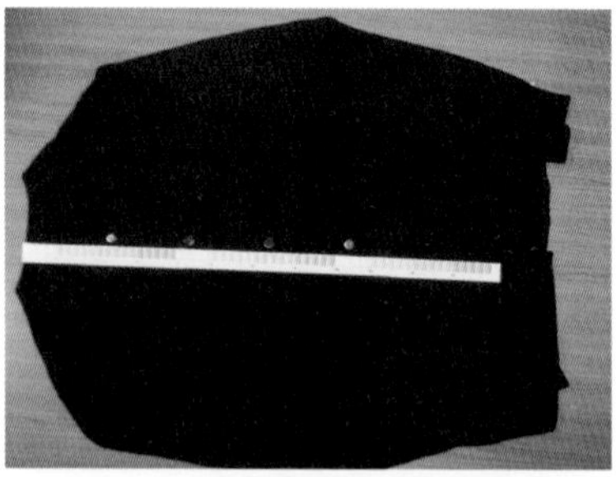

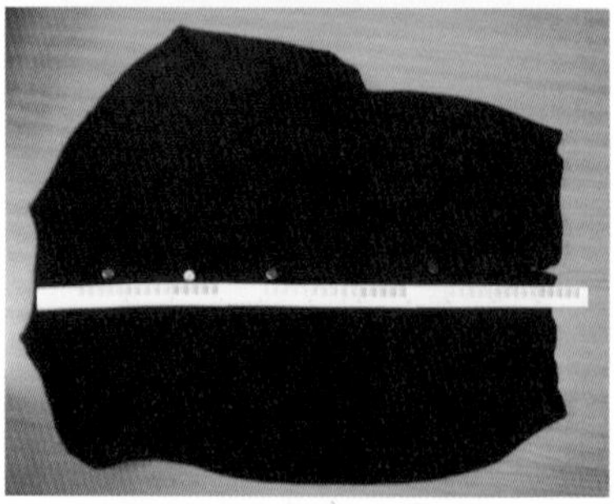

여름철을 제외하고는 꾸준하게 사랑받는 니트류는 세탁 과정에서 수축되어 입지 못하는 경우가 종종 생긴다. 니트류는 양모나 앙고라, 캐시미어 등 동물성 직물인데 수축이 되는 이유는 세탁 과정 중에 영양분이 손실되기 때문이다. 이때 모발관리 영양제인 헤어트리트먼트(hair treatment) 적당량을 물에 넣고 잘 휘저어 희석시킨 다음, 니트류를 넣고 약 30분간 담가 두었다가 가볍게 탈수한 후에 건조대에 널어 잘 말리면 손실된 영양분이 공급되어 크기가 원상복구된다. 이러한 원리는 합성섬유나 혼방 의류에는 크게 효과를 보지 못하는 것도 참고해야 한다.

코피 자국, 콜라를 부어 주세요.

양탄자나 커다란 이불 등에 코피 자국이 생기면 전체를 세탁하는 것이 어려울 때가 있다. 이때 카펫이나 이불 뒷면에 마른 수건을 대고 핏자국 위에 콜라를 몇 숟가락 떨어뜨리고 그 위에 수건을 대고 가볍게 두드리면 쉽게 핏물을 지울 수 있다. 콜라는 pH 2.8 정도의 인산을 주요 성분으로 하는 강산성 음료로, 이 정도의 pH이면 보통 크기의 못을 4일 내에 녹여 버릴 수 있을 정도의 위력이다. 단백질 성분인 피 역시 콜라를 이용하면 단시간에 녹아서 지워지게 된다.

생각 나누기

앞에 소개한 내용 중 하나를 선택하여 직접 실험해 보고, 그 느낌이나 소감을 글로 쓴 후 함께 이야기 나누어 보자.

예시자료

앞에 소개한 내용 중 하나를 선택하여 직접 실험해 보고, 그 느낌이나 소감을 글로 쓴 후 함께 이야기 나누어 보자.

'쓰다 남은 조각 비누, 전자레인지로'를 하고 나서

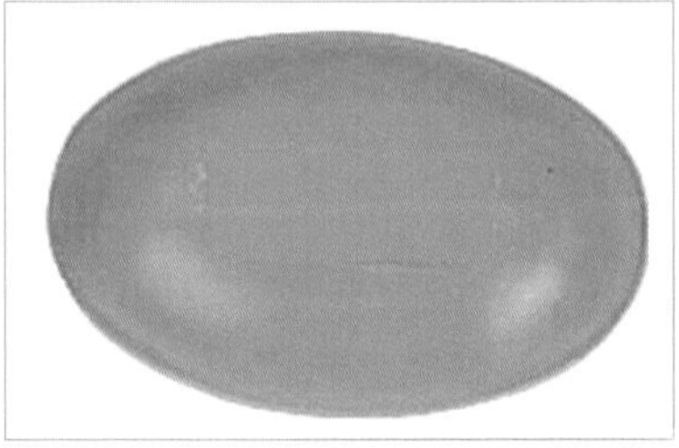

조각 비누를 전자레인지에 넣으면 부풀어 오르지 않을까? 아니면 버터처럼 녹아서 액체 상태로 되려나? 혹시라도 폭발? 읔! 여러 가지 생각이 들었다. 일단 전자레인지에 비누를 넣고 10초를 돌렸다. 만약의 사태를 대비해서 멀찍이 떨어져서 지켜보았다. '땡' 소리와 함께 멈춰진 전자레인지 앞에서 떨리는 맘으로 문을 열어 보았다. 하지만 기대와는 달리 별다른 변화가 보이지 않았다. 일단 위험하지는 않으니 시간을 더 두고 돌려 보기로 했다.

이번에는 1분을 맞추고 변화를 살펴보았다. "와!" 약 30초 정도가 지나자 저절로 탄성이 나왔다. 비누가 점점 커지고 있는 것이 아닌가! 너무 신기하고 재미있었다. 그리고 이렇게 만들어진 비누는 모양이나 질감이 우둘투둘하게 부풀어 올라 꼭 팝콘 같은 느낌이 났다. 그리고 이건 손을 씻으면서 발견한 것인데, 이렇게 만들어진 비누는 물에 넣으면 배처럼 둥둥 떠다닌다. 생각해 보니까, 속에 공기가 들어가 있으니 풍선이나 튜브처럼 밀도가 상대적으로 낮아져서 물에 뜨게 되는 것은 아닐까 생각해 보게 되었다. 문득, 비누의 종류에 따라서 부풀어 오르는 정도가 다르지는 않을까 하는 궁금증이 생겼다. 꼭 실험을 해서 알아보고 싶다.

4) Step 4. 생활 속에서 과학적 탐구 수행하기

자신의 일상과 관련이 있는 주제를 중심으로 과학적 탐구를 다음과 같이 수행해 볼 수 있다.

- 생활 속 건강, 미용, 식생활 등에서 궁금하거나 흥미로운 대상 발견해 보기
- 이를 확인할 수 있는 실험 및 방법 수행하기

예시자료

교육대학원을 다니고 있는 현직교사들에게 '생활 속에서 궁금한 것을 찾고 이를 나름의 방법으로 해결해 볼 것'을 제안하였다. 다음은 그 결과물 중 일부다.

변비 퇴치!! 키위가 해법?

지난주에 제가 변비에 걸려 고생을 했거든요. 그래서 여러 가지 음식물을 섭취하고 그 결과를 알아보기로 했는데, 솔직히 실험군이 완벽하게 통제되지 않았기 때문에 걱정이 많이 되긴 했지만, 그런 미묘한 상황들이 저에게는 아주 재미있었어요. 제 생활과 직접적인 관련이 있었고, 또 저에게 구체적인 도움이 되었으니까요. 그리고 껍질 채 사과 먹기나 청국장 가루 먹기 같은 것도 주변 사람을 통해 알게 되었고, 새로운 지식들을 알게 되었어요. 또 마침 다른 사람한테도 적용해 볼 수 있는 기회도 생겼고, 인터넷 지식 검색으로 더 정확한 정보도 알아낼 수 있었고요.

제가 한 실험의 제목은 '변비 퇴치'인데 저는 시간 간격을 두고 각각 '물 1ℓ, 술, 섬유질이 많은 야채, 그리고 키위 2개'를 먹어 보았어요. 물을 마셨을 때는 새벽에 소변을 배출하기 위해서 화장실을 다녀왔고, 병맥주 3병을 마셨을 때는 오히려 소변 배출이 힘들었어요. 샐러리나 파프리카 같은 섬유질이 많은 야채도 먹었는데, 이때는 그동안 누적된 것에 의한 결과인지 화장실을 다녀오긴 했지만 시원한 변비 해결은 아니었어요. 키위 2개를 먹었을 때는 몇 시간이 지난 후에 갑자기 배가 아프더니 화장실에 가서 시원하게 변비를 해결했어요.

이 실험의 결과로, 키위 2개가 변비에 효과가 가장 좋다는 결과를 얻었어요. 하지만 이 방법은 정확하게 주변 요인들을 통제한 실험이 아니기 때문에 변비로 고생하는 두 명의 실험군에게 키위를 먹여 보았어요. 첫 번째 사람은 금연으로 변비에 걸린 남자였는데 저녁에 키위 2개, 아침에 키위 1개를 먹고 출근하던 중 갑자기 배가 아프더니 지하철에 내려 바로 화장실로 갔고 모처럼만에 시원하게 변비를 해결했다고 해요. 이후 계속 하루에 키위 2개씩 먹고 있으며, 가벼운 나날을 맞이하고 있다고 하더라고요. 두 번째 실험군은 생리 주기 전에 변비에 걸린 여자였는데, 이틀 동안 아침에 키위 2개 먹고는 오후에 바로 화장실을 갔다고 해요.

생활 속 과학적 탐구 후 느낀 점

과학이라는 개념을 일상생활 속에서 경험하게 됨으로써 한 층 더 가깝게 느껴지는 것 같은데요. 누군가는 엉터리라고 말할 수도 있겠지만, 저에게는 어렵고 멀기만 했던 개념이 실천 지식으로 다가온 듯했고, 관심도 높아진 것 같아요. 일상생활의 모든 현상을 달리 볼 수 있는 눈을 가지게 된 듯 말이에요. 요즘 아이들에게도 과학영역을 재미나게 소개해 줘서 그런지, 아이들이 교실에서 가끔씩 나타나는 거미나 다른 벌레에 대해서도 많은 관심을 가지는 것 같아요.

생각 나누기

생활 속에서 흥미가 있거나 궁금한 것을 찾아서 직접 실험을 구성해서 활동해 보자.

- 알아보고자 하는 것:

- 진행 과정:

- 결과:

5) Step 5. 유아교육과의 연계 활동

교사 자신의 일상과 관련된 과학 탐구 활동을 유아들과 함께 해 볼 수 있는 과학 활동으로 활용하는 방안을 생각해 본다.

생각 나누기

유아교육과의 연계 활동

- 비누에 붙은 머리카락을 떼어 내며 정리하는 과정에서 '머리카락을 잘 떼어 낼 수 있는 방법'에 대해 검색을 통해 찾아봄으로써 문제를 해결한다. 나아가 이를 해결할 수 있는 방법과 관련하여 유아와 함께할 수 있는 활동을 해 보도록 한다.

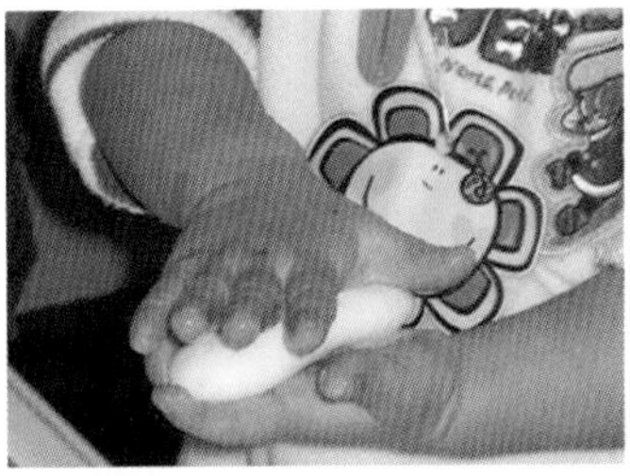

• 생활 속에서 생기는 호기심: 누구나 한두 번은 머리카락이 붙어 지저분해 보이는 비누에서 머리카락을 떼어 내 본 경험이 있을 것이다. 쉽게 머리카락을 떼어 낼 수 있는 방법은 무엇일까?

• 해결 방법: 엉덩이를 따뜻한 물에 적신 뒤에 비누를 문지른다.

• 숨어 있는 과학 원리 및 개념: 같은 성질의 물질끼리 뭉치는 힘, 즉 '응착력' 때문에 떨어진다. 머리카락은 엉덩이 피부와 마찬가지로 단백질로 되어 있다. 머리카락이 붙은 비누를 엉덩이에 대고 문지르면, 머리카락은 비누와는 달리, 같은 단백질로 구성되어 있는 피부 쪽에 달라붙는다. 그래서 머리카락이 비누에서 떨어진다. 특별히 엉덩이에 문지르는 이유는 엉덩이는 비누를 감싸 안을 정도의 넓이와 탄력이 있기 때문이다.

- 앞에서 살펴본 응착력에 대한 실험을 한 후 "재미있었니?"의 수준에서 마무리하기보다는 실험을 통해 습득한 '응착력'이라고 하는 개념을 유아의 실생활에서 발견할 수 있거나 활용할 수 있도록 하면 효과적일 것이다. 유아가 생활 속에서 같은 것끼리 잘 붙는 성질인 '응착력'을 경험할 수 있는 대표적인 것으로는 방충망이나 에어컨 필터의 더러움을 제거하는 실험이 있을 수 있다. 일반적으로 방학하기 전에 대청소를 할 때나

환경오염 등의 주제를 다루면서 방충망이나 필터를 함께 살펴보고 청소하는 경우가 있는데, 여기에 붙어 있는 오염물질은 기름때로 지용성이다. 때문에 물을 이용해서 청소하기보다는 같은 기름 성분을 이용해서 청소하는 것이 더욱 효과적이다. 유아의 추측에 따라서 다양한 재료를 활용해 볼 수 있으나, 나일론 소재로 만들어진 옷솔을 이용하면 효율적으로 더러움이 제거되는 것을 관찰할 수 있다. 그 원리는 나일론의 원재료가 석유나 석탄과 같은 기름 성분이기 때문에 기름때가 기름 성분인 옷솔에 가서 붙게 되는 것이다.

활동명	방충망을 깨끗하게 청소하려면?
활동목표	1. 실험을 통해 같은 성질의 물질끼리 뭉치는 힘(응착력)이 있음을 안다. 2. 방충망을 깨끗하게 만들 수 있는 방법에 대해 실험을 구성해 본다.
활동자료	물, 더러운 방충망, 나일론으로 만들어진 옷솔, 유아가 제안하는 재료(예: 신문지, 비누, 물파스 등)
활동내용	1. 교사의 경험에 대해 함께 이야기를 나눈다. – 비누에 붙은 머리카락은 어떻게 하면 잘 떼어질 것 같니? – 선생님이 해 보니까 엉덩이에 대고 문지르면 깨끗하게 떨어져. – 머리카락이랑 엉덩이는 모두 단백질이라서 서로 달라붙는단다. – 이걸 응착력이라고 해. 2. 응착력에 대해 이야기를 나눈다. – 우리 주변에 같은 것끼리 잘 붙는 것에는 또 뭐가 있을까? 3. 더러운 방충망을 함께 살펴본다. – 오늘은 이 방충망을 깨끗하게 청소해 보려고 해. – 방충망의 먼지 색은 어떠니? 만졌을 때 느낌은 어떠니? 4. 방충망을 청소할 때 필요한 것에 대해 생각해 보고 그 이유에 대해 이야기를 나눈다. – 방충망을 깨끗하게 청소하려고 할 때 무엇이 있어야 할까? – 왜 세제가 있어야 할 것 같니? – 생각이 다른 친구는 없니? 5. 저마다의 생각에 따라 실험을 해 본다. – 방충망을 문지르는 것만 빼고 다른 것은 똑같이 만들어 주도록 하자. – 몇 번씩 문지르도록 할까? 6. 결과를 관찰하고 이유에 대해 추론해 본다. – 어떤 것으로 닦은 부분이 가장 깨끗하게 닦였니? – ○○이는 왜 옷솔로 닦은 부분이 가장 깨끗하게 닦였을까? 7. 활동에 대해 평가하며, 새롭게 알게 된 사실에 대해 이야기를 나눈다.
참고사항	1. '활동내용 1'의 경우, 사후 확장이나 연계 활동으로 활동 순서를 변경할 수 있다. 2. 하나의 방충망을 교실에 꺼내 놓고, 한쪽에 세워 둔 다음 구획을 나눠서 동시에 지워 보도록 한다.

2 유아과학교육의 방향

1 유아과학교육의 개념

앞에서 과학은 인간의 보다 나은 생활을 위해 자연세계를 정확히 이해하고 활용하기 위해서 지속적으로 문제를 해결해 나가는 탐구과정이며, 이러한 과정을 통해 축적된 과학적 지식이라고 정의하였다. 여기서는 유아과학교육은 어떠한 목적을 두고 어떤 것을 교육하고자 하는 것인지 유아과학교육의 개념을 살펴보고자 한다.

Koch(1999)는 유아과학교육이란 과학적 사실과 원리를 암기하도록 지원하는 것이 아니라, 창의적인 사고를 중심으로 과학자처럼 사물을 관찰하고 의문을 가지며 새로운 사실들을 발견해 가는 과정 속에서 유아 스스로 이론을 형성해 가도록 돕는 것이라고 하였다. 또한 Holt(1993)는 과학을 통해서 유아는 현재의 생활에 적응하게 되고, 직면한 문제에 대처할 수 있는 능력을 기르며, 오늘과 더불어 다가올 내일을 위해 인생을 즐기도록 도울 수 있다고 하였다. 이경우와 이정환(1996)은 과학적 소양을 가지고 바람직한 인간으로 성장하여 합리적인 사회생활을 할 수 있는 기초를 만들어 주는 것이 곧 유아과학교육이라고 하였다. 유아과학교육에 대한 학자들의 견해를 정리해 보면, 유아과학교육은 유아의 호기심으로 출발하여 과학자적인 성향을 발현하도록 환경을 마련하고 지원하는 것, 그리하여 습득한 과학적 태도와 탐구 능력이 유아의 삶에 긍정적으로 영향을 미치게 하는 것이라고 할 수 있다.

일상생활 속에 내포된 과학적 지식과 개념을 이해하기 위해 유아와 성인 중 누가 더욱 적극적이고 활발한 일련의 탐구 행위를 하게 될까? 본래 과학자적 성향을 타고난(Harlen, 1985; Koch, 1999) 유아에게는 길을 걸으며 만나는 지렁이 한 마리도, 선풍기 바람에 날아가는 종이 한 장도, 그리고 계절에 따라 색을 달리하는 나뭇잎 하나도 모두 신기하고 궁금증을 유발하는 대상이 된다. 유아는 주변에 있는 사물과 다양한 현상을 관찰하고 탐색하며, "이게 뭐예요?" "언제요?" "어디서요?" "왜요?" "어떻게요?"와 같이 여러 질문을 쏟아 내는데, 그들의 호기심을 대변하는 이러한 질문은 유아로 하여금 주변 환경을 적극적으로 탐색하도록 유도하고, 탐구의 방향을 설정하도록 도와 갈등을 해소해 주는 동시에 과학적 개념을 형성할 수 있게 한다. 이것이 바로 유아기에 적합한 과학교육의 방향이라고 할 수 있다.

이와 같이 유아과학교육이 탐구 중심을 주요 내용으로 하는 이유에 대해 유아의 과학자적인 본성적 특성을 살펴보고, 유아의 질문과의 관계 측면을 통해 살펴보도록 하자.

첫째, 유아는 누구나 과학적 자아를 갖고 있다.

유아는 자신의 삶 속에서 만나게 되는 다양한 사물과 현상에 대해 "이게 뭐예요?" "왜 그래요?"라는 질문들을 연발하며 끊임없이 호기심과 의문을 나타낸다. 이러한 궁금증은 질문으로만 그치는 것이 아니라 유아로 하여금 질문에 대한 답을 찾기 위해 적극적인 행동을 취하도록 한다. 예를 들어, 수도꼭지에 물을 틀어 놓고 손을 가까이 대자 물살이 퍼져 나가는 것을 본 2세 영아가 수도꼭지에 더 가까이 손을 대는 행동을 반복하고 수도꼭지 안을 들여다보며 물줄기 모양을 다양하게 변화시키는 모습을 보인다든지, 달팽이가 먹는 음식에 따라 똥의 색깔이 변화하는 것을 관찰한 5세 유아가 당근과 나뭇잎을 한꺼번에 먹었을 때에는 어떤 색의 똥이 나올지를 궁금해하며 직접 먹이를 줘 보자고 제안하기도 하는 것이다. 이러한 유아의 모습이 일반적인 과학자의 성향이나 행동 특성과 닮아 Koch(1999)는 이를 과학적 자아(scientific self)라고 표현하였다. 그에 따르면, 과학적 자아에 의해 유아는 성인에

생각 나누기

과학자와 유아의 탐구과정 비교

위대한 발명과 업적을 남긴 과학자의 이야기를 접해 보면, '역시 과학자는 일반인과 다른 특성을 가지고 있다.'는 생각이 든다. 호기심을 갖고, 질문하고, 연구하고, 실험하기를 반복하는 그들! 그러면 유아들은 어떨까? 유아들의 일상적인 모습 속에서 과학자다운 면모를 발견해 보자.

과학자의 탐구과정	유아의 자발적 탐구과정
Edison이 거위 알에서 방금 깨어난 새끼 거위를 보며 다양한 궁금증에 휩싸인다. "어떻게 알을 깨고 나올 수 있었을까?" "거위가 알을 품고 있는 것처럼 내가 알을 품으면 거위가 태어날 수 있을까?" "얼마나 오랫동안 품고 있어야 새끼 거위가 나올까?"를 궁금해하며, Edison은 식사도 거른 채 거위 알을 가슴에 품고 거위가 깨어나기를 기다린다.	어머니와 함께 유모차를 타고 나들이를 나간 1세 영아가 손에 들고 있는 딸랑이를 땅에 떨어뜨렸다. '딸그닥' 하며 떨어지는 소리에 웃음을 보이더니, 어머니가 다시 손에 쥐어 준 딸랑이를 일부러 땅에 떨어뜨리며 눈을 딸랑이로 향한다. '딸그닥' 소리가 나자 만족스러운 웃음을 보이던 영아는 몇 차례 똑같은 행동을 반복한다.
침팬지의 행동에 대해 연구했던 Jane Goodall은 야생 침팬지를 관찰하기 위해 직접 숲 속으로 들어가 생활하기 시작한다. 인간을 두려워하는 침팬지의 특성 때문에 1년 동안을 하루하루 망원경과 노트를 가지고 조사하러 다녔고, 노력을 통해 신뢰를 쌓은 Jane은 결국 침팬지와 친구가 되어 가까이 지내게 된다. 결국 Jane은 그들의 행동과 생활, 그리고 가계(家系)에 대해 지속적인 관찰을 하여 우리 인류에게 침팬지에 대한 새로운 사실들을 전해 줄 수 있었다.	화창한 여름 날, 물놀이를 하던 3세 아이가 물뿌리개에 물을 담아 바닥에 뿌리기 시작했다. 가만히 서서 물을 뿌리던 아이는 물뿌리개를 조금씩 흔들더니 "봐봐! 물이 꼬불꼬불해!"라고 외친다. 그러고는 물뿌리개를 들고 제자리에서 돌아 보기도 하고, 뛰어다니기도 하면서 물줄기가 변화하는 모습을 관찰한다.
자전거 수리공이었던 Wright 형제는 어느 날, 하늘을 나는 물체를 만들어 보겠노라 결심을 하고 수백 권의 책을 읽으며 하늘을 날 수 있는 방법에 대해 연구하기 시작했다. 연구를 통해 생각한 것을 직접 실험해 보았지만 계속 실패를 거듭했던 Wright 형제. 그러나 그들은 계속되는 실패에도 좌절하지 않고 결국 기존에 알려져 있던 바람과 날개에 대한 이론들이 잘못된 것임을 밝히고, 꾸준히 연구하여 실험한 끝에 결국 사람이 하늘을 날 수 있는 날을 앞당기게 되었다.	모처럼 안경을 끼고 온 교사를 한참 쳐다보던 5세 유아가 "선생님은 왜 안경을 꼈어요?"라고 묻는다. 교사가 눈이 잘 보이지 않아서 그렇다고 하자, "안경은 그냥 유리 아니에요? 그런데 어떻게 더 잘 보이게 해요? 안경이 돋보기예요?"라고 묻는다. 자신이 한번 써 보면 안 되겠냐고 묻는 아이에게 안경을 내어 주자, 안경을 눈에 가까이 댔다가 떼기도 하고, 뒤집어 보기도 하며 안경 렌즈로 세상이 다르게 보이는 것을 관찰한다.

비해 더욱 적극적으로 세상을 탐구하는 시도를 하게 된다. 유아는 자신의 눈에 띄고 손에 잡히는 사물과 현상에 대해 놀람의 감탄사를 반복하며 질문하고, 탐구하는 과정을 되풀이하는 가운데 앎의 즐거움을 찾는다.

둘째, 유아는 본성적으로 세상에 대한 질문을 갖는다.

유아는 주변 환경을 능동적으로 탐색하며 자연스럽게 생겨나는 호기심을 질문의 형태로 표현한다. 많은 학자가 영유아의 질문에 관심을 가지고 연구해 왔는데, John Dewey가 질문을 '지적 호기심의 싹'이라고 표현한 것과 같이 특정한 사물에 대한 또는 사회적·물질적 인과성에 대한 호기심이 질문을 유발한다. 심리학에서는 2~3세에 시작되는 질문이 6세가 되면 절정을 이룬다고 하여 이 시기를 '질문 연령(questioning age)'이라고 일컫기도 한다. 이 시기 유아의 질문을 일정한 유형과 내용으로 범주화하는 연구들이 이루어져 왔는데, 주현정(2009)은 여러 연구를 기초로 하여 영아들의 질문 유형을 〈표 2-1〉과 같이 분류하였다.

표 2-1 영유아의 질문 유형(주현정, 2009)

내용 범주		질문의 예
설명형 질문	상대방에게 정보에 대한 정확한 밝힘을 요구하는 질문	• 이거 뭐예요? • 너희 집은 어디니?
확인형 질문	미심쩍은 것에 대해 확인하거나 알고 있는 것을 명확하게 밝히기 위해 하는 질문	• 초콜릿 먹으면 이빨 썩죠? • 너, 나 좋아해?
동의형 질문	자신의 생각에 대해 상대방의 동의를 얻기 위해 하는 질문	• 이거 엄청 매운 떡볶이지? • 선생님! 이거 진짜 웃기죠?
제안형 질문	상대방에게 제안을 하기 위해 하는 질문	• 우리 병원놀이 할까? • 같이 점심 먹을래?
허락형 질문	상대방에게 허락을 얻기 위해 하는 질문	• 선생님! 이거 봐도 돼요? • 내가 들어가도 돼?

유아의 질문 내용은 크게 자연, 인간생활, 인공물 등으로 나눌 수 있는데, 이것은 유아의 흥미와 관심사가 반영된 결과라고 할 수 있다.

이렇게 다양한 형태와 내용을 가지고 유아가 쏟아 내는 질문은 교수학습과정에서 유아의 사고와 이해 수준 및 흥미와 호기심에 대한 정보를 얻을 수 있는 귀중한

표 2-2 유아의 질문 내용

내용 범주	
자연	자연현상—기상, 지구 및 우주, 물리적 현상, 화학적 현상, 물질
	생물—동물, 식물, 우주 생명
인간생활	성—남녀의 역할, 이성에 대한 관심, 결혼, 임신, 출산
	인체—신체의 구조와 기능, 역할, 남녀의 신체 구조 차이, 성장, 변화
	생활—개인의 생로병사로 미래와 과거의 문제
인공물	생활용품—학용품, 이름, 음식, 주택
	기계—TV, 전화, 시계, 컴퓨터, 우주선, 로봇

자원이며, 이와 동시에 학습 과정의 중요한 출발점이 된다.

유아의 여러 질문 중에서 특히 '과학적 질문'이란 물리적 세계에 대한 관찰, 실험, 검증 등을 포함하는 과학 과정기술을 경험함으로써 질문에 대한 해답을 도출해 낼 수 있는 질문으로(Koch, 2005), 유아가 가지고 있는 과학적 사고와 개념 및 관심사가 반영되어 나타나게 된다. 과학적 질문은 해답을 얻기 위해 주의 깊고 지속적인 관찰을 필요로 하는 것, 변인을 예상하며 실험을 구성하고 결과를 탐색하도록 하는 것, 다른 사람이 관찰과 실험을 계속하도록 지원할 수 있는 것 등으로 나누어 볼 수 있다. 과학적 질문이 교육적으로 가치가 있는 것은 질문이 유아로 하여금 문제해결 기술을 발달시키는 내적 동기가 되고, 탐구에 기초한 과학교육을 위한 자연스러운 학습맥락을 제공하기 때문이다.

표 2-3 유아의 과학적 질문의 예(조형숙 외, 2005)

예시
• (친구가 가져온 거북이를 보며) 등껍질이 뼈보다 더 단단해? • (책의 물고기를 가리키며) 근데, 다른 물고기도 다 이렇게 반짝이 비늘 있어요? • (과학관 견학에 대한 교사의 이야기를 듣고) 선생님, 진짜 공룡이에요? • (모래놀이를 하면서) 이 흙(씨앗 심었던 흙)이랑 모래랑 합치면 어떻게 될까? • (펜으로 그린 그림을 보면서) 종이가 젖어서 색깔이 퍼지는 거예요? • 게는 껍질이 뼈예요? • 이 꽃은 물을 안 줘서 죽은 거죠? • 왜 비가 와요?

생각 나누기

과학적 탐구의 시작, 유아의 '질문'

사육상자 속에서 조용히 움직이고 있는 고슴도치 한 마리. 고슴도치를 보면서 여러분의 머릿속에 떠오르는 질문들을 적어 보자.

- ______________________________
- ______________________________
- ______________________________
- ______________________________

과학 영역에서 고슴도치를 만난 3, 4, 5세의 유아는 고슴도치를 관찰하며 어떤 질문을 하였는지 살펴보자.

- 고슴도치는 왜 가시가 있어요?
- 고슴도치 가시에 풍선이 닿으면 터져요?
- 고슴도치는 얼마나 살아요?
- 고슴도치가 왜 몸을 동그랗게 만들어요?
- 고슴도치는 새끼로 낳아요, 알로 낳아요?
- 고슴도치가 가시를 세우면 화난 거예요?
- 고슴도치 엉덩이가 왜 빨간 거예요?
- 고슴도치는 어디에서 살아요?
- 먹이는 어떤 거예요?
- 고슴도치의 적은 누구예요?
- 고슴도치는 몸을 왜 헐떡헐떡해요?
- 고슴도치는 하루에 똥을 몇 번 싸요?
- 고슴도치도 독이 있어요?
- 고슴도치도 개미처럼 작은 거 잡아먹을 수 있어요?
- 생선 가시를 빼서 고슴도치 등에 꽂은 거예요?
- 고슴도치를 TV 위에 올려놓으면 어떻게 돼요?
- 사육상자에 물을 담아놓으면 고슴도치도 수영할 수 있어요?

출처: 문가영(2009).

문가영(2009)은 동물에 대한 3, 4, 5세 유아의 질문을 탐색하였는데, 유아는 고슴도치를 관찰하면서 '몸과 생김새' '서식지' '먹이' '움직임' '생태' '생리현상'과 관련된 질문들을 하였고, 많은 질문이 과학 과정기술(관찰, 비교, 예상, 분류, 추론 등)에서 비롯된 것이었다. 연령별로 질문의 내용을 살펴보면, 3세의 경우 '먹이' '몸과 생김새'에 대한 질문을 가장 많이 하였고, 4, 5세의 경우에는 '몸과 생김새' '움직임'에 대한 질문이 가장 빈번하게 나타났다. 또한 3세에 비해 4, 5세는 다양하고 더욱 구체적인 질문을 하는 것을 볼 수 있었다. 연구자는 유아들이 고슴도치에 대해 새로운 것을 알아 가기 위해, 또는 알고 있는 것을 더욱 정교화하기 하기 위해 끊임없이 다양한 질문을 하고 있음을 지적하였다.

수업사례

유아의 과학적 질문

레인스틱에서 신기한 소리가 나는 이유는 무엇일까?

남아메리카 원주민이 즐겨 사용하는 '레인스틱'이라는 악기의 소리를 탐색하는 유아의 질문을 들여다보자.

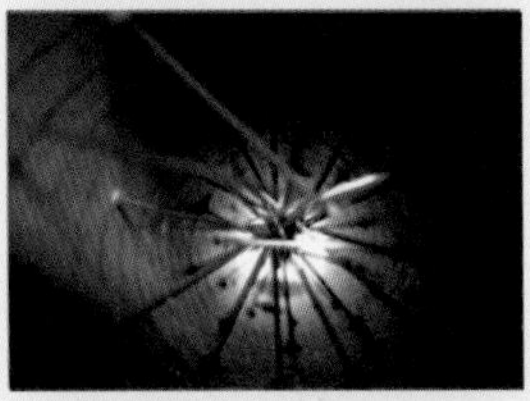

교사: 어떤 소리가 나는지 들어 보자.

유아들: 따다다다다, 또로로로록…….

교사: 무슨 소리처럼 들리니?

유아 1: 비가 오는 것 같아요.

유아 2: 마라카스 소리랑 비슷해요! 안에 콩 넣었죠?

교사: 마라카스 소리와 비슷한 것 같니?

유아 2: 그런데 마라카스는 한 번에 확 떨어지는 소리고, 이거는 천천히 떨어지는 소리예요.

유아 3: 어떻게 만든 거예요?

교사: 글쎄. 어떻게 만든 것일까?

유아 1: 속 안에 뭐가 더 들어 있는 거 아니에요?

교사: 뭐가 들어 있을까?

유아들: 잘 모르겠어요. 보여 주세요.

(악기의 속에 핀들이 꽂혀 있는 것을 관찰한 후)

유아 2: 알겠다. 콩이 떨어질 때 핀이 막아서 그런 거 아냐?

유아 3: 콩이 핀에 부딪히는 소린가?

유아 2: 아! 콩이 걸리면서 떨어져서 그런 거야!

유아 1: 선생님! 그런데 핀이 몇 개 꽂혀 있는 거예요?

교사: 몇 개를 꽂았을 때 이런 소리가 날까?

유아들: 10개? 13개? 35개?

교사: 핀의 개수에 따라 소리가 달라질까?

유아들: 한번 해 봐요.

(핀의 개수를 0개, 10개, 20개, 30개로 달리 만들어 본 후)

유아 3: 핀을 20개 꽂으니까 10개보다 더 천천히 떨어져요.

유아 1: 30개 꽂았을 때 가장 천천히 떨어져요.

유아 2: 그럼 100개 꽂으면 어떻게 될까?

유아 3: 으악~ 막혀서 소리가 안 날 걸.

교사: 정말 그럴지 한번 만들어 보자.

유아의 질문을 분석해 보자.

- 앞의 사례에서 나타난 유아의 과학적 질문은 어떤 것들인가?
- 주의 깊고 지속적인 관찰을 이끌어 내는 질문은 무엇인가?
- 변인을 예상하며 실험을 구성하고 결과를 탐색하도록 돕는 질문은 무엇인가?
- 관찰과 실험이 계속되도록 지원하는 질문은 무엇인가?

〈주의 깊고, 지속적인 관찰을 이끌어 내는 질문의 예〉

- 마라카스 소리랑 비슷해요! 안에 콩 넣었죠?
- 어떻게 만든 거예요?
- 속 안에 뭐가 더 들어 있는 거 아니에요?

〈변인을 예상하며 실험을 구성하고 결과를 탐색하도록 돕는 질문의 예〉

- 콩이 떨어질 때 핀이 막아서 그런 거 아냐?
- 콩이 핀에 부딪히는 소린가?
- 그런데 핀이 몇 개 꽂혀 있는 거예요?

〈관찰과 실험이 계속되도록 지원하는 질문의 예〉

- 그럼 100개 꽂으면 어떻게 될까?

2 과학교육의 동향

소위 '트렌드'라고 하는 유행에 가장 민감한 분야는 의상이나 화장품 등의 패션시장일 것이다. 패션 분야에서는 '한 계절, 일 년을 빠르게 산다.'는 말처럼 계절을 앞당겨 다음 컬렉션에 대한 비전을 제시하는 것이 일반적이다. 그렇다면 시대적 변화나 요구에 가장 민감한 분야는 어디일까? 그에 대한 답은 바로 '교육' 분야일 것이다.

고대로부터 수렵에서 농경사회로, 농경에서 산업화, 정보화로 이어져 내려오는 큰 변화의 패러다임이 가능할 수 있었던 원동력을 '과학'이라고 할 때, 이러한 변화를 가장 민감하게 읽어 내고 적절한 대응을 해 온 분야, 그리고 전달하고 양성해야 하는 분야는 바로 '교육'이었다. 아무리 훌륭한 과학적 발견이나 결과물이 있다고 하더라도 이를 제대로 활용하지 못한다면 소용이 없을 것이고, 과학자 역시 그동안의 과학적 성과들을 교육을 통해 습득했기 때문에 그 이상의 성취를 할 수 있었을 것이기 때문이다. 역사적으로 그 시대를 선두하고 풍미한 교육사조가 있음을 유추한다면 이해가 더욱 쉬울 것이다.

이 절에서는 '과학교육'의 동향에 대해 소개하고자 한다. 그동안 변화의 새로운 패러다임을 열어 온 '과학', 그리고 이를 가능하게 하고 풍부하게 만드는 원동력인 '교육'이 합쳐진 '과학교육'이 거쳐 온 발자취를 살펴봄으로써 시사받을 수 있는 내용이 있을 것이기 때문이다.

과학교육의 발자취에 대해 어떤 학자들은 연도에 따라서 구분하기도 하지만, 근대과학이 17세기 이후에 시작되었고, 그 이전의 과학교육이 도제 방식으로 진행되어 왔음을 고려할 때 이는 적합한 접근이 아니라고 할 수 있다.

이에 따라 과학교육의 흐름이 변화하는 시점을 구분하여 접근하는 것이 일반적인데, 어떤 학자들은 '새 과학교육 운동기' '과학교육개혁기' 등의 명칭으로 구분하여 제시하기도 한다. 또는 과학과 대중의 커뮤니케이션 측면에서 1960년대부터 1980년대까지 '과학문맹퇴치(Scientific Literacy)', 1985년부터 1990년대까지를 '대중의 과학이해', 1990년대 중반 이후부터 '과학과 사회의 관계'라고 하는 세 가지 패러다임으로 구분하기도 한다.

과학세상 보기

도제제도(徒弟制度, apprenticeship system)

근대과학이 시작되기 전의 과학교육은 전문가에게 개별적으로 특정 기술을 비형식적인 교육과정을 거쳐 전수받는 '도제' 형식으로 진행되어 왔다. 도제제도란 무엇일까?

고대 이집트와 바빌론에서는 무기를 만들거나 악기를 만드는 등의 특별한 기술을 가진 장인의 기술력과 장인 수를 확보하기 위해 수공업기술 훈련을 조직적으로 시행하였다. 이처럼 장인으로부터 특정 기술을 전수받고 연마하며 훈련하는 제도를 '도제'라고 한다.

도제가 되는 연령은 10~16세로, 2~7년 정도의 수업기간 동안 도장인의 집에서 침식을 함께하며 기술을 연수하는 것이 일반적이며, 도제 과정을 마치면 다시 3년 정도 장인 과정을 거친다. 장인 과정이 끝나면 길드(일종의 동종조합)에서 하는 기능심사에 합격한 뒤에 도장인으로 독립할 수 있다.

중국 무협영화에서 '사부'와 함께 침식하며 취권, 용호권과 같은 신기의 무술을 연마하던 장면을 떠올려 본다면 이 도제의 의미를 보다 쉽게 이해할 수 있을 것이다. 단, 연마하는 것이 무술이 아닌 연금술이나 의술 등의 과학 관련 분야라고 내용 요소만 변경하면 될 것이다.

중세 사회에서는 길드에서는 물론이고 대학교, 특히 의과대학 등에서 이와 같은 도제원칙을 받아들여 학업 이수 기준을 만들었다. 따라서 순수과학뿐 아니라 응용과학의 경우 그 명맥을 유지하고 발전시킨 근간이 이 도제제도라고 해도 과언이 아닐 것이다.

여기서는 '과학교육을 통해 달성하고자 한 지향점'을 중심으로 과학교육의 역사를 제시하고자 한다. 과학교육의 역사를 살펴보면, 그 지향하는 바가 기존 연구의 결과에 따른 인식의 변화와 시대적인 요구에 따라서 변화되어 왔음을 알 수 있기 때문이다.

표 2-4 과학교육의 동향

시기	1957~1980년대	1980년대 중 · 후반	1990년대	2000년대 이후~
목표	유능한 과학자	과학의 대중화	대중의 과학화	과학의 인간화
내용	관찰과 실험 중심의 다양한 과학적 경험을 제공함으로써 소수의 과학적 엘리트 양성 ('과학을 배워서 과학자가 되자.')	모두가 과학적 소양을 가진 사람으로 성장할 수 있도록 과학적 지식을 쉽고 친숙하게 전달 ('쉽게 알려 줄 테니 모두 배우자.')	과학을 잘할 수 있는 소양뿐 아니라 일상생활 속에서 과학 이해와 합리적 문제 해결 능력 증진 ('생활 속에서 과학을 만나고 활용하자.')	과학이 우리 삶과 가까이 맞닿을 수 있도록 인본주의적이고 간학문적인 측면에서 과학 접근 ('과학으로 삶의 가치를 추구하자.')
과학과 대중의 관계	계몽		이해	관계

따라서 다음에서는 시대적 변화와 교육적 요구에 기초하여 과학교육의 목적에 따라 구분한 조형숙(2009)의 정리를 소개하고자 한다. 조형숙은 과학교육의 동향을 〈표 2-4〉와 같이 '유능한 과학자 양성' '과학의 대중화' '대중의 과학화' '과학의 인간화'의 4기로 정리하여 제시하였다. 시기별 연도의 구분은 서구를 중심으로 과학교육의 강조점이 대두되고 확대된 시점을 기술한 것이지만, 사실상 '유능한 과학자 양성' 시기를 제외한 나머지 동향들은 각각 구분되는 것이 아니라 함께 공존하는 것이라 할 수 있다.

1) 유능한 과학자(1957~1980년대)

산업혁명을 통해 농경사회에서 산업사회로의 격변 이후, 과학기술의 활동이 증가하였으나 이 시기는 새로운 과학기술의 개발이 천천히 이루어지던 시대였다. 그래서 과학이라는 학문 영역은 일반인이 쉽게 인식하거나 접근하지 않는 분야로, 소수의 과학자가 소수의 엘리트 집단을 대상으로 과학교육을 수행하였다. 따라서 일반인은 과학교육의 대상이 아니었을 뿐만 아니라, 과학과는 무관한 삶을 사는 존재로 인식되었다.

하지만 1957년 10월 구소련의 스푸트니크호의 발사는 미국 사회에 교육에 대한 전반적이고 대대적인 반성의 기회를 제공하게 되었다. 이 사건을 계기로 미국은 구소련과 같은 과학기술을 확보하고자 과학 · 수학 등의 직접적으로 연관이 있는 학문 분야에서의 개혁을 시작하였으며, 이러한 결과로 진행된 과학교육의 변혁은 전세계적으로 영향을 주게 되었다.

이 시기의 미국 과학교육은 새 과학교육과정의 개발을 통해 새로운 관심을 불러

과학세상 보기

1957~1980년대 미국의 새 과학교육과정 프로그램

- ESS(Elementary Science Study)

  1960년대 초에 개발된 프로그램으로, 유치원부터 초등학교 6학년을 대상으로 지구과학, 물리학, 생물학, 컴퓨터 및 수학적 적용에 관한 56개 단원 구성
  - 물리 영역: 프린트, 모빌, 악기 제작, 햇빛과 그늘 및 균형
  - 생물 영역: 교실 내에서 동식물 기르기(콩, 나비, 올챙이 기르기)

- SCIS(Science Curriculum Improvement Study)

  유치원부터 초등학교 6학년까지를 위한 프로그램으로 12개의 단원을 '탐색, 창안, 발견' 또는 '탐색, 개념, 적용' 등의 학습 주기로 경험하도록 함
  - 유아를 위한 활동 내용: 색깔, 모양, 질감, 냄새, 소리, 크기, 위치, 생물체 등

- Nuffield Science 5-13

  영국의 Nuffield 재단 등에서 개발한 것으로, 만 5세에서 초등학교 6학년을 대상으로 한 과학 프로그램. 유아를 위한 교육과정은 다음의 10개 단원으로 구성되어 있으며, 일상생활의 경험과 연관 지어 개념이 확장되도록 함
  - 맑은 날에 볼 수 있는 것들
  - 소리에 귀 기울이기
  - 사물을 비교하기
  - 성장하는 것들
  - 음식 만들기
  - 사물 관리하기
  - 겨울날
  - 움직임
  - 사물 관찰하기
  - 비 오는 날

일으켰는데, 이전에 비해 무엇보다 달라진 것은 과학교육의 방법을 교과서에 의존하여 지식을 암기하는 것이 아니라, 풍부한 실제 자료를 바탕으로 학생이 직접 관찰하고 실험하는 등 직접 조작 활동에 참여함으로써 개념을 이해할 수 있도록 한 것이다.

새 과학교육과정이라는 이름으로 개발된 이 프로그램들은 500여 종이 넘는데(Spodek, 1982), 이 가운데 ESS(Elementary Science Study), SCIS(Science Curriculum Improvement Study), SAPA(Science-A Process Approach) 프로그램, Nuffield Science 5-13 등은 가장 대표적인 것으로, 우리나라 유치원 및 초등학교 과학교육과정에도 많은 영향을 주었다(엄기영, 1999).

이 프로그램들은 실험과 관찰을 위한 직접 조작 활동 중심이었으며, 그에 필요한 자료들을 세트화하여 제공하였다. 또한 교사를 위해서는 상세한 활동 전개 방법과 교육을 위한 구체적인 지침을 명시하였다.

이러한 변화와 노력을 통해 이루고자 한 궁극적인 목표는 과학기술을 이끌어 갈 과학 엘리트, 즉 유능한 과학자를 양성하는 것이 그 목적이었다고 할 수 있다.

하지만 그 가능성을 가진 대상은 과학적 능력을 갖춘 소수에 국한되는 한계를 보였다. 따라서 산업화된 시대에 국가의 발전과 경쟁력 강화에 기여할 수 있는 '창의적이고 유능한 과학 엘리트를 양성'하기 위한 목적이 강조되어 대중적 과학교육은 활성화되지 않았다.

2) 과학의 대중화(1980년대 중 · 후반)

1960년부터 1970년대의 미국을 중심으로 진행된 과학교육 분야에서의 대대적인 변화의 움직임은 실제적으로 효과가 미미한 것으로 밝혀지게 되었다. 동시에 과학과 사회가 급진적으로 변화함에 따라 새로운 과학교육의 필요성이 대두하게 되었다.

정보화 시대에 접어들기 시작한 1980년대 중반, 미국의 과학진흥위원회(AAAS)에서 과학교육의 개혁이 이루어졌는데, 'Project 2061'이 바로 그것이다. 이는 1985년부터 오늘날까지 지속 중인 대대적인 개혁 프로그램이라 할 수 있다(Rutherford & Ahlgren, 1990).

이 프로젝트는 헬리 혜성이 지구에 접근해 온 1985년에 시작되어 이 혜성이 또다시 지구에 다가올 것으로 예상되는 2061년까지 모든 미국인이 생활 속의 과학을 이해하고, 과학에 관련된 사회적 문제에 대해 올바른 인식을 하며 의사결정을 할 수 있는 능력을 갖출 것을 지향한다는 의미에서 'Project 2061'이라 칭하게 되었다. 헬리 혜성을 보기 위해 남녀노소 구분 없이 천체와 우주에 전에 없는 관심과 애정을 갖고 과학적 현상을 즐기는 것을 보고, 과학이 나아가야 할 바는 '모두'가 동참하고 즐길 수 있는 것이어야 한다는 영감을 얻게 된 것이다.

Project 2061은 산업과 정보 중심의 과학문명이 급속한 발전을 이루고 있는 지금의 사회에서는 과학을 소수의 엘리트 집단만이 관심을 갖는 분야로 인식해서는 안 된다고 보았다. 또한 모든 평범한 국민이 과학을 이해하고 실생활에 활용할 수 있는 과학적 소양(scientific literacy)을 지닌 사람으로 성장할 수 있는 과학교육의 방향을 제시하였다. 이러한 방향에 따라 소수의 과학자 양성이 아닌, 과학의 전공 여부와는 무관하게 모든 사람이 과학을 이해하고 활용할 수 있는 능력을 갖출 수 있도록 과학적 지식을 대중에게 이해시키는 것을 중요한 목적으로 하였다. 즉, 모두를 위한 과학(science for all), '과학의 대중화(popularization)'를 지향한 것이라고 할 수 있다.

요약하면, 과학의 대중화란 과학을 보다 쉽게 안내함으로써 대중 모두가 과학적 지식이나 태도를 함양하는 것에 목표를 두고 있다.

이러한 과학의 대중화를 실현하기 위한 실질적인 움직임은 두 가지 축으로 이루어졌다. 첫째는 여성을 위한 과학 및 과학교육의 개념화와 실천이었고, 둘째는 일반인에게 과학을 쉽게 이해하고 활용하도록 하기 위한 과학친밀화 작업이었다. 이 중 먼저 여성과학의 등장에 대해 살펴보면 다음과 같다.

(1) 여성과학

『Feminist Science Education』의 저자인 Barton(1998)은 과학으로부터 소외되는 것은 사회로부터 소외되는 가장 대표적인 형태라고 규정하고 과학으로부터 소외받은 모든 사람, 특히 여성을 위한 과학교육의 필요성을 강조하였다.

여성이 과학으로부터 소외된 대상이 된 것은 과거로부터 남성을 '객관성, 이성'의 영역과 연관 짓고, '주관성, 감정'을 여성의 영역과 연관 짓는 경향이 있었는데, 과학은 주관적이거나 감정적이기보다는 남성의 영역이라 할 수 있는 객관성과 이성에 연관되어 있기 때문에 남성이 과학을 독점하는 경향을 보였다는 것이다(류효숙,

2001). 또한 과학이 남성의 분야라는 전통적 사고에서 비롯된 편견에 의해 '꼼꼼함, 섬세함, 유연성, 관계성' 등의 여성성이 갖는 장점을 부각시키지 못한 까닭도 있다(여성생명과학포럼, 2004).

그러나 다음의 사례를 보면, 일반적으로 과학과는 반대의 영역이라 여겨 왔던 '정의적 측면, 여성스러움'이라는 맥락적 요소 역시 과학과 맞닿아 있음을 알 수 있다.

과학세상 보기

Feminist Science Education

'여성성'이 갖는 특징을 잘 발현한 과학의 사례를 살펴보도록 하겠다.

1. 사람도 향기를 발할 수 있다면 과연 나의 향기는 어떤 것일까?

김선민

유난히 냄새에 민감한 내가 어렸을 때 가장 좋아한 향기는 여름밤 산들바람을 타고 숨어들던 달콤한 아카시아 꽃향기도 아니요, 불타는 사랑의 정열을 자극하던 화려한 장미꽃향기도 아니었다.

그것은 엄마 품에서 솔솔 풍기는 '엄마 냄새'였다. 말로 표현할 수 없는 그 향기 속의 평안함과 만족감은 마약과도 같아서 집에서 엄마 그림자를 발견할 수 없을 때는 엄마 젖을 찾아 온 방을 헤매는 젖먹이마냥 코를 킁킁거리며 엄마의 옷자락이나 소지품에 배어 있는 냄새를 좇아 온 집안을 돌아다니곤 했다. 그러면서 '엄마한테는 어떻게 이런 좋은 냄새가 날까?' 하는 의문과 함께 '나한테도 이런 좋은 냄새가 난다면 얼마나 좋을까?'라는 생각을 했다. 어린 호기심에 엄마가 쓰던 화장품을 몰래 발라 보기도 했지만 나에게서는 그런 향기를 느낄 수가 없었다. ……(엄마의 향기에 대한 동경은 이후 진로에도 영향을 주었고, 결국 일본으로 유학을 가서 '향기성분'에 대해 연구를 하게 되었다는 내용 중략)…… 나는 한국문화에 대한 이해가 깊었던 지도교수의 배려로 마늘의 향기성분을 연구주제로 선택할 수 있었다. 강력한 마늘냄새 때문에 동료의 실험 데이터를 뒤죽박죽 만들었던 일은 지금 생각해도 아찔한 경험이었지만 향기물질들의 섬세한 성질을 연구하다 보니, 어렸을 때 궁금했던 엄마의 향기를 규명할 수 있는 지식을 얻을 수 있었다. ……(중략)…… 이렇듯 일찍부터 왕성했던 호기심과 실험정신, 그리고 향기와의 인연이 천연물의 향기성분 연구에 깊은 인연을 맺고 있는 지금의 나를 있게 한 것 같다.

2. 어머니의 본성이 여성을 과학계의 리더로

박세문

원자력은 겉으로는 딱딱하고 어려운 분야인 듯 보이나 의외로 치밀하고 섬세한 분야가 많아 여성이 활약하고 기여할 부분이 많다. 지금 처한 현실을 살펴보아도 여성의 역할이 절실히 필요하다. 하지만 관련 전공자가 매우 적을 뿐 아니라 원자력 업무를 직업으로 선택하는 여성도 적은 실정이다. ……(중략)……

모든 과학은 끊임없는 창의력을 필요로 한다. 이 때문에 언뜻 여성에게는 어렵게 느껴질 수도 있을 것이다. 그러나 다소 엉뚱하게 들릴지 모르지만 아이를 양육하며 진정한 어머니가 되는 일보다 훨씬 쉬운 일이 과학이 아닐까 생각해 본다. 대부분의 여성은 어머니가 되는 일에는 주저하지도 않고 갈등도 별로 겪지 않지만, 과학을 선택하는 데는 엄두를 내지 못하는 경우를 많이 본다.

어머니로서 아내로서 한 분야의 전문가로서 경험을 해 본 사람으로서, 나는 여성들에게 이야기하고 싶다. 어린이를 어른으로 키워 내는 노력과 정성으로 과학을 대한다면 그 어떤 분야의 여성도 못 해낼 일이 없다고…….

출처: 한국여성과학기술단체총연합회(2005).

Barton(1998)은 여성이 남성보다 과학을 잘 하지 못하거나 덜 즐기는 이유가 본성적 차이가 아니라 사회문화적 맥락에 의해 거리를 둘 수밖에 없었던 영향 때문이라고 하였다. 따라서 이러한 자신의 모습이 만들어진 맥락을 극복하고 과학과 새로운 관계를 형성할 수 있는 기회를 주어야 한다고 하였다.

그러기 위해서는 학습자가 어떤 과학적 경험을 가져 왔으며, 과학에 대한 자기 정체성이 어떻게 구성되어 왔는지, 현재 학습자의 과학적 성취가 갖는 역사적 의미가 무엇인지를 이해하고 교사 중심의 교육이 아닌 학습자 친화적인 과학교육을 통해 과학에 대한 인식과 능력을 개선할 수 있는 교육적 기회를 제공하는 데 관심을 가져야 할 것이다(조형숙, 2007).

이러한 맥락에서 볼 때 페미니즘 과학교육에 대한 관심은 유아과학을 위한 교사교육 분야에 새로운 시각과 대안을 제공해 주었다고 할 수 있다. 기존의 유아과학을 위한 교사교육에서 유아를 위한 활동을 제공하고 적절하게 전달하는 것에만 주안을 주었던 것에 비해, 이제는 교사 스스로의 과학적 소양에 대해 신중하게 고려하게 되었기 때문이다.

(2) 과학친밀화

과학의 대중화를 위한 움직임 두 번째는 일반인의 과학친밀화 작업이다. 과학에 친밀감을 갖고 쉽게 이해하는 일반 대중을 양성하기 위한 노력을 정리하면 다음과 같다.

먼저, 과학지식을 과거의 딱딱한 과학교과서식이 아닌 생활과 연관 지어 쉽게 읽을 수 있는 만화나 수필식으로 엮어 낸 책들이 봇물처럼 쏟아져 나온 것은 과학의 대중화를 위한 노력의 흔적이라 할 수 있다. 우리나라도 이러한 흐름에 영향을 받아 2000년대 들어 다양한 과학 대중서적들이 등장하였다. 또한 대표적 문화산업 중 하나인 영화를 소재로 하여, 영화 속의 현상이나 특수효과 등을 과학적인 시각으로 해석하는 서적들도 많이 출간되었다. 이러한 접근은 영화를 보는 또 다른 묘미를 제공할 뿐만 아니라, 과학은 재미없고 어렵다는 편견을 깨는 데도 일조하였다.

과학세상 보기

과학으로 영화 보기: 투명한, 그래서 텅 빈 과학자의 비극

영화 〈할로우 맨(Hollow man)〉의 주 무대는 미 국방성이 지원하는 일급 프로젝트를 수행 중인 실험실이다. 팀의 리더인 Sebastian Caine은 '인간을 투명하게 만드는 물질'을 개발한 뒤 자신이 직접 실험대 위에 오른다. 그러고는 '투명인간' 영화사상 가장 사실적인 장면이 뒤를 잇는다. 한순간 증발해 버리는 디졸브기법이 아니라, 피부에서부터 근육, 내장, 뼈에 이르기까지 신체의 일부가 하나씩 사라져 가는 장면을 차례로 보여 줌으로써 가히 '해부학적'이라 불릴 만한 장면을 연출한 것이다. ……(중략)…… 그러나 이 장면을 곰곰이 따져 보면 뭔가 이상한 점을 발견할 수 있다. '신비의 묘약'은 혈관을 지나고 심장으로 흘러들어 온몸으로 퍼진다. 그렇다면 묘약이 혈관을 통해 처음 효과를 발휘하는 곳은 혈관이 관통하는 심장과 주요 장기 부분이다. 따라서 심장과 주요 장기가 사라진 뒤 모세혈관으로 연결된 피부는 마지막으로 사라져야 한다.

그러나 영화 속 장면은 이상하게도 피부에서부터 안쪽으로 들어가면서 사라지기 시작한다. ……(중략)…… 이 장면은 시각 효과를 위해서 과학적인 (혹은 논리적인) 구성이 희생된 영화 속 장면의 대표적인 예다. 피부가 맨 마지막으로 사라진다면 신체 내에서 벌어지는 일들을 보여 주기 힘들 것이고, 그러면 극적 긴장감도 떨어질 테니, 과학적인 부분을 희생하는 대신 시각적인 부분을 살리자는 것이 Paul Verhoeven 감독의 생각이었을 것이다. 영화 〈할로우 맨〉은 특수효과가 과학적인 논리 구조를 대체해 버린 지 오래인 할리우드 SF 영화의 정점에 서 있는 것이다.

출처: 정재승(2002).

유아를 대상으로 한 서적들의 경우 이러한 동향에 민감하게 반응하였고, 결과적으로 『신기한 스쿨버스』『WHY?』 시리즈와 같이 과학적 지식을 쉽고 재미있게 전달하고자 하는 다양한 노력의 산물들이 빛을 보게 되었다.

과학세상 보기

유아 및 아동 대상의 과학서적

『신기한 스쿨버스(Magic School Bus)』 시리즈

지구과학 · 천문학 · 고생물학 등 과학 전 분야를 어린이의 눈높이에 맞춰 흥미롭게 풀어 낸 『신기한 스쿨버스』는 1986년에 처음 나온 뒤 세계 14개 나라에서 5,300만 부 이상 팔렸으며, 국내에서는 700만 부 이상 판매되었다. 만화영화로도 만들어져 미국 PBS에서 방영을 시작한 이후 40여 개 나라에서 방영되었으며, 미국에서는 에미상, 국제교육협회상 등을 수상했다.

『Why?』 시리즈

과학학습만화 시리즈 『WHY?』는 1989년 첫 출판된 이래 2009년 7월 현재까지 총 2,500만 권의 판매 기록을 세운 대히트 시리즈로, 아동학습만화의 신화가 된 작품이다. 만화 형식으로 '공룡, 동굴, 바다, 발명과 발견, 사춘기와 성, 유전과 혈액형, 독이 있는 동식물' 등의 주제에 대해 과학적 지식을 광범위하면서도 깊이 있게 전달하고 있다.

이러한 과학 대중화의 시도는 최근 들어서도 지속되고 있는데, 다양한 매체를 활용하여 과학을 전하고 소통하려는 움직임이 강조되고 있다. 과학 기술인들은 대중을 직접 만나는 전통적인 매체인 책이나 강연에서 벗어나 이제는 음악, 동영상 등을 담은 멀티미디어 매체를 널리 이용하고 있다. 인터넷 이용자가 늘면서 웹을 기반으로 한 소통 시도들도 뚜렷한 흐름이 되고 있다. 최근에는 과학자들이 개인 블로그나 실험실 블로그를 마련해 자신의 전문 연구 분야에 대한 정보와 더불어 소소한 이야기를 공개하면서, 여러 블로그 독자 사이에서 인기를 누리는 일도 늘고 있다.

과학계의 많은 사람은 과학의 대중화 노력이 대중에게 과학적 지식을 많이 알게 함으로써 과학적 소양을 길러 줄 수 있을 것이라 생각하였지만, 실제 과학적 지식이 많은 것과 과학을 이해하고 활용하는 것은 별개의 문제다.

유아의 경우 다양한 매체와 경험을 통해 '마찰'이라는 과학적 개념을 알고 있다고 하더라도, 생활 속에서 이를 인식하고 활용하지는 못하는 것을 볼 수 있다. 즉, 반바지나 치마를 입고 미끄럼틀을 탈 때는 왜 잘 미끄러지지 않는지, 실내화의 바닥은 어떤 재질로 되어 있는지, 신발 바닥에는 왜 다양한 무늬가 있는지를 연결하지 못하는 한계가 있다는 것이다.

또한 '과학의 대중화'라는 말에는 '아는 과학자'가 '모르는 대중'에게 과학을 가르치고 전파한다는 일방향적인 의미가 내포되어 있음을 알 수 있다. 새로운 지식의 전파를 기다리는 대중과 소통하려는 것이 아니라 더 넓은 생활세계에서 풍부한 경험을 하며 살아가는 대중과 소통하려는 태도가 필요함을 알 수 있다. 게다가 대중 자체가 달라졌다. 대중은 이제 더 많은 매체 속에서 더 많은 전문가와 정보에 쉽게 접근할 수 있기 때문에 과학인이 원하는 방향으로 지식과 정보를 받아들이지 않기 때문이다(오철우, 2008).

과학과 대중이 평형관계가 아닌 상하 수직의 관계 속에서 일방적인 의사소통을 시도하였기 때문에, 실제 생활에서 과학을 의미있게 만나고 활용하는 과학적 소양 증진에는 한계가 있었음을 알 수 있다. 즉, 절반의 성공이자 절반의 실패인 셈이다.

과학세상 보기

과학 관련 사이트

- 한국과학창의재단(www.kofac.or.kr)
  과학문화 페스티벌, 과학문화 기반 조성, 청소년 과학 탐구활동 지원 등의 다양한 리소스가 있으며, 생활과학교실도 운영한다.

- 네이버캐스트(www.navercast.naver.com)
  하위 메뉴 중에 '오늘의 과학'을 클릭하면 '노란 콧물의 공포, 흰 토끼는 알비노, 시큼시큼 산'과 같이 과학에 관련된 재미난 이야기들이 매일 업데이트된다.

3) 대중의 과학화(1990년대)

앞서 살펴본 과학의 대중화는 '과학과 대중' '과학적 지식과 상식' 사이의 분리를 전제로 하고 있다. 이때의 과학적 지식은 공식지(formal knowledge)이며, 과학이 아닌 분야에서의 일반적 지식(상식)은 민간지(lay knowledge)라 할 수 있다(김동광, 2002). 즉, 과학적인 지식은 일상생활과는 관련이 없는 지식이라는 전제가 있는 것이다.

하지만 민간지는 평범한 보통 사람이 갖는 과학지식으로 일반인은 의식하든 못하든 간에 일상적인 삶의 영역에서 경험과 통찰을 통해 끊임없이 학습하고 사물에 대해 나름대로의 안목과 지식을 축적한다. 즉, 상황에 따라서는 민간지가 공식지보다 문제해결에 더 유용할 수 있다는 것이다(이영희, 2000). 따라서 과학과 일상을 구분하기보다는 과학을 통해 일상이 보다 풍요로워지고 합리적이 될 수 있도록 해야 한다.

실제 최근 들어 과학과 사회와의 관련성이 보다 밀접해지고 과학이 양산하는 긍정적 측면뿐 아니라 부정적 폐해의 증가, 그리고 현대인의 정서적 약화와 상생적 관계 형성의 중요성 등이 제시되면서 과학교육에 새로운 패러다임을 요구하게 된 것이다. 즉, 과학적 소양이 과학을 잘할 수 있는 소양뿐 아니라 시민적 소양으로서,

개인적으로 생활 주변에서 당면한 문제를 합리적이고 창의적으로 해결할 수 있는 문제해결능력을 기르고, 과학기술에 관해 이해할 수 있도록 하는 교육이 강조되는 것이다(조형숙, 2009).

즉, 과학적 경험이 보다 합리적인 문제해결을 할 수 있는 능력의 기초가 된다는 점을 인식하고 '대중의 과학화'가 과학교육의 궁극적 목적으로 대두되고 있는 것이다. '대중의 과학화'란 과학적 지식의 보급보다는 모든 대중이 과학적 태도와 탐구능력을 갖춤으로써 일상생활문제뿐 아니라 사회적 문제해결을 위해 보다 과학적인 사고방식과 태도로 임할 수 있는 소양을 함양하는 것이다.

대중의 과학화에 대한 인식이 매우 낮은 것은 바로 대중 자신에게 첫 번째 이유가 있다. 일반적으로 우리는 과학은 머리 아픈 것, 특별한 사람만 하는 것, 일반 사람은 몰라도 되는 것이라는 인식을 강하게 갖고 있다. 하지만 실제로 우리 모두는 과학의 세상 중심을 살아가고 있고 직접 그 혜택을 누리고 있다.

컴퓨터를 비롯하여 여러 가전제품에 이르기까지 우리는 주변에서 친숙하게 과학을 접하고 있으면서도 과학에 대해 너무 무지하고 심지어 두려워하기까지 한다. 그냥 학교에서 배웠던 딱딱한 지식 중심의 교과서만 생각해 낼 뿐 실제의 생활이 과학임을 잘 인식하지 못하는 경향이 있다. 하지만 생활 가운데 존재하는 과학에 관심을 갖고 이해하려는 노력이 필요하다. 이 상식으로서의 과학을 배우고 이해할 의무가 미래를 준비하는 우리에게 던져졌다고 말할 수 있을 것이다(김성원, 1991).

대중의 과학화를 통해 보다 합리적인 상생의 방안을 모색할 수 있는 소양을 기를 수 있는데, 이때 과학적 경험이 중요한 역할을 한다. 예를 들어, 집안에 있는 개미를 퇴치하기 위해 개미가 나올 때마다 짜증을 내며 약을 반복해서 뿌리는 사람보다는 개미의 이동경로를 관찰하여 개미집을 발견한 후 구멍을 막아 버리거나, 개미를 유혹하는 단 음식을 노출시키지 않는 사람이 과학적 소양을 가졌다고 할 수 있다. 나아가 이러한 과학적 소양을 가진 사람은 그렇지 않은 사람에 비해 보다 편안하고 합리적이며 여유롭게 생활을 할 수 있음을 짐작할 수 있다.

다음에서는 대중의 과학화에서 지향하는 '일상생활 속에서 과학적이고 합리적으로 의사소통함으로써 삶의 질을 향상'시킬 수 있는 구체적인 접근방법에 대해 함께 살펴보도록 하자.

대중의 과학화를 위한 유아과학교육은 탐구과정을 중시한다. 물론 대중의 과학

생각 나누기

누가 '과학화된 대중'일까?

Q: 요즘 남자친구와 자꾸만 다투게 돼요. 그의 마음이 변한 걸까요? 헤어져야 할까요?

우선 이러한 문제가 있을 때, 나라면 어떻게 할 것인가? 나의 대응방식은 다음 중 어떤 유형에 속하는가?

- 인고형: 요즘 힘이 들어서 그럴 거야. 내가 참아야지. 그냥 기분 나쁜 것처럼 보여도 못 본 척, 기분 나쁜 말을 해도 못 들었다 생각하고 조금 더 지내 보자.
- 무수리형: 가만히 생각해 보면 화를 낼 때 터프한 매력이 있는 것 같아. 기분이라도 풀어 줄 겸 깜짝이벤트라도 준비해 줄까?
- 낙천형: 나도 화낼 때 있는데 뭐. 저러다 말겠지. 애들도 싸우면서 큰다는데, 싸우면서 정도 들고 그런 거 아니겠어? 그냥 둘까?
- 과학형: 어떨 때 싸우게 되는 거지? 어디에서 만날 때? 내가 어떤 말을 하는 것을 싫어하는 거지? 너무 피곤할 때 만났나? 다이어리를 꺼내 살펴보자.

짐작했듯이, 과학형을 제외하고는 서로가 '윈-윈(win-win)' 하지 못하는 결과를 맞이하는 반면, 과학형의 경우는 오랫동안 알콩달콩 행복한 연애를 하는 해피엔딩을 맞이할 수 있을 것이다.

과학형의 경우 남자친구와 만날 때, 그리고 그때마다의 관계에 대해 메모를 하면서 싸움을 일으키는 요소를 발견하였다. 바로 '장소' '끼니' '빈도'가 그것이었다. 즉, 실외에서 만날 때보다 실내에서 만날 때, 배가 고픈 상태일 때, 늦은 저녁 피곤한 상태에서 만났을 때 다투게 되거나 관계가 별로 좋지 않았던 것이다.

그래서 다음부터는 카페나 쇼핑센터에서 하던 데이트 장소를 가능하면 공원, 산책로 등으로 옮겨 변화를 주었고, 식사시간을 지켜서 식사를 하고, 늦은 저녁보다는 주말 오전 시간 등으로 데이트 시간을 변경하였다. 이처럼 불쾌한 요소를 제거함으로써 즐거운 데이트를 할 수 있게 되었다.

화를 지향하는 과학교육에서 과학적 지식이나 개념을 전혀 다루지 않는 것은 아니다. 과학적 지식 또한 합리적 사고방식을 형성하는 데 중요한 역할을 한다. 다만, 과학적 지식을 학습하는 과정에서 유아가 직접 과학적 과정기술을 활용하고 과학적 태도를 형성해 갈 수 있도록 해야 함을 강조하는 것이다.

예를 들어, 유아의 옷이나 가방에 유성펜이나 물감이 묻는 문제 상황이 생겼다면 이를 지울 수 있는 방법에 대해 함께 고려해 보고 관련 실험을 해 볼 수 있을 것이다. 또는 조형 영역에서 빵 묶는 끈과 스팽글이 섞여 있을 때 손으로 골라내라고 하거나 자석을 이용해서 빵끈만 골라내자고 교사가 제안하기보다는, 이러한 문제 상황에 대해 유아가 관심을 갖고 주도적으로 참여할 수 있는 분위기를 제공하고 이들을 서로 분리해 내는 방법에 대해 고민해 보는 과정 자체를 격려할 수 있을 것이다.

4) 과학의 인간화(2000년대 이후~)

인류는 역사적으로 과학의 힘을 빌려 의식주 문제를 보다 진보된 방식으로 다양화하여 해결해 왔다. 과학은 이러한 의식주의 생존 도구로써만이 아니라 사회, 정치, 예술, 문화에도 지대한 영향력을 미쳐 왔다.

그런데 이러한 과학의 영향력은 항상 장밋빛 결과만을 안겨 주지는 않았다. 대량살상무기의 개발로 생명경시풍조가 나타나고 전쟁이 발생하는 등 인류에게 비극적인 일들이 벌어지게 되었다. 또한 환경 면에서는 인류의 생존을 위협하는 위험 수위가 점점 높아지고 있는 상황이다.

이러한 위기의식 속에서 새로운 과학의 지향점을 모색해야 하는 상황에 봉착하게 되었고, '지속 가능한 발전'이라는 개념이 태동하게 되었다. 지속 가능한 발전이란 '생태계가 수용할 수 있는 한계 내의 발전으로 미래 세대의 필요를 충족시킬 수 있는 여건을 파괴시키지 않으면서 현재 세대의 필요를 충족시키는 발전적인 활동'을 말한다(WCED, 1987).

2002년 요하네스버그에서 개최된 '지속 가능한 발전을 위한 세계정상회의'에서는 지속 가능 발전을 경제, 사회, 환경 보전을 균형적으로 달성하는 새로운 발전 모델로 제안하고 있으며, 이를 실현하기 위한 방안으로 사람을 키우는 교육의 필요성이 대두되었다. 즉, '지속 가능 발전 교육'의 필요성이 대두된 것이다.

지속 가능 발전 교육이란 '지속 가능한 미래와 사회 변혁을 위해 필요한 가치, 행동, 삶의 방식을 배울 수 있는 사회를 지향하는 교육'이라 할 수 있다(유네스코한국위원회, 2008).

지속 가능 발전 교육에서 다루는 핵심적인 교육 개념은 '인권존중, 생태적 다양성 존중, 문화적 다양성의 존중'이다(유네스코한국위원회, 2008). 즉, 자연과 사람의 다양성과 개성을 존중하고 함께하는 공존적 의식의 함양과 실천을 위한 태도, 기술, 지식교육을 말하는 것이다.

이러한 지속 가능 발전 교육의 대두는 과학이 가진 본질에 가까운 모습으로 재정립을 해야 할 필요성을 제시하는 것이라 하겠다. 즉, 과학의 본질은 바로 사람의 삶의 질을 향상하고 생존적 · 문화적 욕구를 충족하기 위해 자연을 이해하고 활용하기 위한 노력의 과정이다. 그러므로 과학의 결과가 인간의 생존과 도덕적, 문화적 삶을 해친다면 과학의 본질이 왜곡되는 것이다. 즉, 과학을 통해 보다 더 행복하고 인간적인 가치를 실현할 수 있는 진정성 있는 '인간화'를 추구하는 것이어야 하고, 실현할 수 있는 것이어야 한다는 것이다.

이러한 추세에 따라 과학의 모습이 우리 삶에 보다 가까이 맞닿을 수 있도록, 인본주의적인 과학의 모습을 드러낼 수 있도록 하는 노력이 다양하게 이루어지고 있다. 과학의 대중화, 대중의 과학화에 이어 과학과 인문학의 만남, 과학과 예술의 만남 같은 융합화의 노력은 과학의 인간화를 위한 새롭고 의미 있는 시도라 하겠다.

과학세상 보기

과학, 예술을 만나다

1. 과학, 미술과 만나다. — 2050 Future Scope

사비나미술관은 올해 초 '2050 Future Scope: 예술가와 과학자의 미래실험실' 전을 열었다. 예술가와 과학자가 함께 '미래'라는 주제로 워크숍을 한 후 작품을 만드는 방식으로 1년간 진행된 협업 프로젝트의 결과였다. 우선미 큐레이터는 '환경' '뇌과학' '가상현실' '나노 기술'이 '우리의 삶에 가장 많은 영향을 미칠 이슈'라고 판단해 소주제로 삼았다고 하였다. 이

프로젝트에 참여한 아주대학교 박영무 기계공학과 교수는 "학문은 사람을 사람답게 살도록 만들어 주는 것이다. 융합되지 않은 '낱개 지식'은 그런 역할을 하지 못한다."고 지적했다. 과학과 예술은 사회와 소통하며 발전하고 또 사회의 변화를 이끌어 내야 한다는 뜻이다.

출처: 주간한국(2009. 4. 7.).

2. 과학, 연극과 만나다. — 과학하는 마음 3

다음 사진은 3월 24일부터 서울 종로구 두산아트센터에서 '과학연극시리즈'의 첫 작품으로 공연되었던 연극 〈과학하는 마음 3-발칸동물원〉(이하 〈발칸동물원〉)의 한 장면이다.

연극 내내 선불리 대답할 수 없는 질문들이 쏟아진다. 뇌 이식은 뇌사한 사람에게 뇌를 이식하는 것인지, 뇌만 남은 사람에게 다른 신체 부위를 이식하는 것인지, 온몸 중 인공장기가 몇 퍼센트 있을 때까지를 '인간'이라고 할 수 있는 것인지 등이다. 최근 과학과 예술이 본격적으로 '융합'한 결과물들이 선보였다. 과학지식을 알기 쉽게 전달하는 방식으로 예술 형식을 빌려오거나, 예술에 과학 소재를 도입한 초기 시도들의 수준을 넘어선 것들이다. 일본의 원작을 번안한 〈발칸동물원〉은 그 대표적인 사례이자 본보기다. 히라타 오리자 원작의 이 연극은 2010년 미래 사회를 배경으로 장기이식, 뇌 과학 등의 과학 이슈를 연구실에서의 일상적 에피소드로 풀어냈다. 연구실 내부를 조명했지만, 내용은 극이 쓰인 1997년 당시의 시대상을 아우르고 있다. ……(중략)…… 이 연극에서 과학은 단순한 지식이 아닌, 현실의 문제들을 조망하고 해결 방향을 판단하는 근거이자 논리다. 아동의 자폐증을 치료하기 위해 유전자 조작으로 자폐증 원숭이를 '만들어' 연구하는 과학자의 에피소드에서는 연구윤리 문제가 제기된다. 2009년 3월 31일 두산아트센터에서 열린 '왜, 과학연극인가' 포럼에서 서강대 이덕환 화학과 교수가 지적한 것처럼, '자연에 대한 정확한 관찰과 논리적 분석을 통해 얻어낸 과학지식이 사실 우리가 세상을 이해하는 세계관의 핵심'임을 잘 드러내는 것이다. ……(중략)…… 한국 사회에는 인간에 대해 질문하는 작업이 관념적이거나 감정적인 영역이라는 고정관념이 있는 듯하다. 하지만 생명과학을 통해 인간을 고민할 수도 있다. 과학연극은 인간을 설명하는 또 하나의 '눈'을 준다는 점에서 의미가 있다.

출처: 주간한국(2009. 4. 7.).

3. 과학, 문학과 만나다. —『눈먼 시계공』

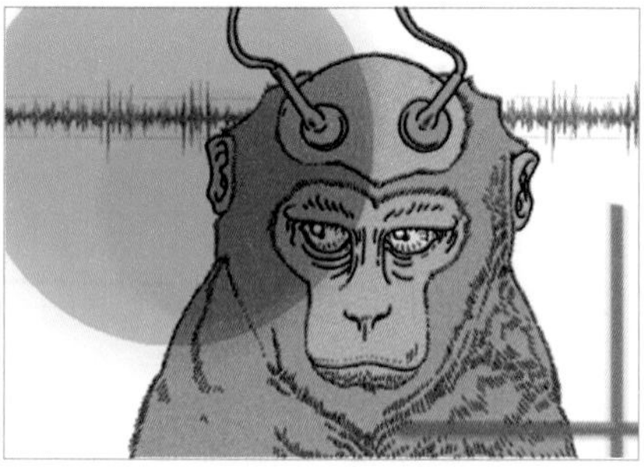

파트너인 단발머리 남앨리스 형사 역시 초조한 듯 손톱을 깨물었지요. 석범은 관련 자료를 최종 점검하다가, 연구 노트 속지에서 프로젝트 첫날 끄적인 메모를 발견했답니다. '기억은 내 몸의 세포를 바꾼다. 기억은 마음에 남는 것이 아니라 세포 하나하나에 아로새겨진다. 경험은 세포의 화학적 성질을 변화시키고 세포 사이 연결 방식을 송두리째 바꿔 새롭게 반응하도록 만든다. 세포의 변화가 곧 '기억'이다. 경험이 끔찍할수록 세포들은 미세한 것까지 다 기억한다.' 빠르게 돌아가는 석범의 검은 눈동자엔 긴장감이 서렸지요. 수십 번도 넘게 연습한 도입부를 다시 외웠습니다. "특별시립 뇌박물관 학예팀과 함께 개발한 '단기기억 재생장치' 스티머스(STEMERS: Short-term Memory Retrieval!! System)의 원리는 간단합니다."(정재승, 김탁한, 2010)

카이스트 문화기술대학원 정재승, 김탁환 교수는 2010년 초부터『동아일보』에 과학소설『눈먼 시계공』을 연재하였다. 첨단 뇌과학을 이용한 살인사건과 로봇의 격투기 대회 등의 에피소드가 등장하는 가까운 미래 배경의 SF 추리 소설이다.

물리학자와 소설가의 협동 작업으로는 최초다. 두 필자가 매일 각자 일정 분량을 쓴 뒤 바꾸어서 퇴고하는 식으로 함께 쓴다. 정 교수의 표현처럼 '화학적인 과정'이다. 이런 과정은 결과물의 내용에도 영향을 미친다. 물리학자인 정 교수가 사건들의 관계, 인물들의 역할 같은 얼개를 짜면, 소설가인 김 교수가 거기에 세부 요소를 더한다. ……(중략)…… 낯선 상황이 펼쳐지지만, 이 소설의 메시지는 근본적이다. "인간은 평생 숫자에 갇혀 산다. 때론 불편함을 호소하더라도 기대면 편하고 든든한 것이 숫자다. 그 숫자를 버리고 탈주하려는 인간 역시 적지 않다. 나를 숫자 따위로 규정하지 말라. 난 숫자 이상이다. 로봇은 언제 인간이 되는가. 숫자 이상을 이해하고 의지를 품을 때다." 같은 구절을 통해 '인간이란 무엇인가'를 고민한다. 배경을 가까운 미래로 정한 것도 현실과 너무 거리를 두지 않기 위해서다. 필자들이 일간지 연재를 결심한 것은 '이 정도 과학 소설은 대중적으로 받아들일 수 있는 시기라고 생각'했기 때문이다. 정재승 교수는 "과학의 발전은 실험실에서 이루어지는 것이 아니다. 과학이 발전하는 순간은 사회 구성원들이 새로운 과학지식을 세계관으로 받아들일 때다. 그렇게 되기 위해서는 과학이 문화가 되어야 한다."고 말했다.

과학과 인간화 노력의 일환이라고 볼 수 있는 일로, 우리나라 과학기술부(현 과학기술정보통신부)에서 2006년부터 2007년까지 4회에 걸쳐 개최한 '새로 보는 과학기술' 포럼을 들 수 있다. 각각의 포럼 주제는 다음과 같다.

- 1 주제 - 과학기술, 인간을 만나다
- 2 주제 - 과학기술, 예술을 만나다
- 3 주제 - 과학기술, 사회를 만나다
- 4 주제 - 과학기술, 종교를 만나다

'새로 보는 과학기술' 포럼은 인간부터 종교에 이르기까지 우리 삶에서 중요한 가치, 감성, 사회, 영성을 과학에서 담아내야 한다는 화두를 제시한 시도다. 이제 과학이 이러한 인간적 가치를 담아내지 않으면 지속 가능한 발전도, 진정한 의미의 인간세상도 희망하기 어렵다는 메시지를 전해 주는 것이라 할 수 있다.

과학은 사람에 의해, 사람을 위해 존재하는 것이다. 진정으로 사람을 위해 존재하기 위한 과학은 세상에 대한 따스한 관심, 배려, 가치지향, 감성을 담아낼 수 있어야 한다. 무엇을 바라보고 무엇을 지향하기 위해서는 그 대상에 대해 진정한 관심을 갖는 것이 기본이 되어야 할 것이다.

누군가를 배려하는 방법을 모색해 보는 활동은 일반적으로 사회생활 영역에 관련된 것으로만 인식하였다. 예를 들어, 유아와 함께 어깨가 뻐근한 어른의 상황에 관심을 갖고 도움을 줄 수 있는 것에 대해 고민해 보는 활동의 경우, '다른 사람의 입장 이해하기, 돕기'라는 교육 내용만이 포함된 사회생활 활동으로 판단할 것이다. 하지만 할머니를 돕기 위한 문제해결을 위해 안마기의 원리나 근육 뭉침의 원리에 대해 함께 살펴보고, 할머니와 할아버지, 부모를 위한 안마용 장갑을 유아와 함께 개발해 보는 과정으로 진행된다면, 과학적 탐구 능력과 문제 해결 능력의 함양이 주요 교육 내용으로 함께 포함될 수 있는 것이다. 또는 매일 사무실에서만 근

과학세상 보기

나눔의 과학기술

과학의 인간화를 실천하는 대표적인 예로 미국기독과학자협회(ASA)와 사단법인 나눔과 기술, 2005년 창립된 크리스천과학기술포럼 등의 활동을 들 수 있다. 2008년 5월에는 '나눔의 과학기술-가난한 사람들을 위하여'라는 포럼을 통해 전 세계 90%의 과학자가 10%의 부자를 위한 과학기술 개발에 매달린 반면, 90%의 가난한 이들을 외면했음에 대해 반성해야 한다고 자성의 목소리를 높였다. 과학이 '배려' '나눔'이라는 인본주의적 가치를 실천해야 한다는 것이다. 나아가 이들은 최근 미얀마를 휩쓴 사이클론과 중국 쓰촨성의 대지진, 케냐의 심각한 물 부족 현상에 대해 "과학기술의 오만과 에너지 남용이 빚은 결과"라며 "에너지 남용과는 거리가 먼 90%가 넘는 세계의 가난한 사람들을 위한 대책이 시급하다."고 강조하였다. ……(중략)…… 이재영 한동대 교수는 "특정 연료만이 가능한 내연기관과 같은 에너지 변환장치는 가난한 자들에게 적합하지 않다."며 "마사이 부족이 사용하는 말린 소똥을 연료로 하는 엔진 같은 새로운 기술개발이 필요하다."고 말했다. 이 교수는 태양열 냉장기, 스터링 엔진, 박테리아를 이용한 연료전지, 나노입자를 이용한 그레첼 태양전지 등 현재 한동대가 개발 중인 대체에너지 사례를 소개했다. 미국을 비롯한 전 세계의 크리스천 과학자들은 1달러짜리 의족, 물을 나르기 위한 큐드럼, 간단한 물 필터링 장치 등 가난한 사람들을 위한 기술을 속속 선보이고 있다.

출처: 국민일보(2008. 6. 3.).

◀ 생명의 빨대(Life Straw, 라이프스트로)

강물이나 오염된 물에 직접 기구를 대고 물을 마실 수 있도록 개발된 발명품으로, 세균을 죽이는 필터가 내장되어 있다. 1달러만으로 살 수 있다.

물을 길어 나르는 큐드럼 ▶

물통과 끈의 모양이 'Q' 모양인 이 드럼은 어린아이도 약 100리터의 물을 손쉽게 운반할 수 있게 설계되어 있다.

무하는 아버지를 위해 무토(無土) 잔디(흙이 없이도 자랄 수 있는 특수 잔디로, 부직포 처럼 잔디가 자라고 있는 특수 토양을 가위로 잘라서 다양한 모양으로 만들 수 있음)를 이용하여 슬리퍼를 만들어 드릴 수도 있을 것이다.

과학세상 보기

배려의 과학

식수가 부족한 아프리카 사람을 위해 과학자들이 개발해 낸 '생명의 빨대' '큐드럼'과 같이 과학기술력이 응축된 생명을 살리는 제품은 물론이고, 방귀냄새와 소리를 함께 방지해 주는 'gas be gone cushion', 좁은 길을 갈 때 부딪힘을 최소화할 수 있는 '예의 바른 우산'과 같이 일상생활 속에서 다른 사람을 배려하는 기능을 가진 제품들은 모두 배려의 과학, 즉 과학의 인간화의 사례라고 할 수 있을 것이다.

예의 바른 우산(polite umbrella)

복잡한 도시, 좁은 길을 우산을 쓰고 통행하다 보면 서로 어깨나 우산이 부딪혀 불편함을 경험하게 되는데, 이를 방지할 수 있는 우산이다. 다른 사람을 배려하여 우산의 아래 달린 줄을 당겨 우산의 양쪽이나 한쪽 폭을 줄이는 것이 가능한 우산으로, 백주연 디자이너의 작품이다.

➡

사진 출처: 중앙일보(2009. 7. 20.).

이러한 활동의 경우 사회생활 영역의 활동으로만 국한하기보다는, 복잡한 과학적 원리가 활용된 것은 아닐지라도 과학적 원리에 근거하여 인간을 위한 고려와 배려가 있는, 인간적 가치를 담고 있는 의미 있는 과학 활동이라고 할 수 있을 것이다. 이러한 형식과 내용을 포함한 교육활동이 '과학의 인간화'를 지향하는 과학교육에서 좋은 실천 방안이 될 수 있다.

구체적으로 유아교육현장에서 '과학의 인간화'를 실현할 수 있는 접근 방안을 제시하면 다음과 같다.

- 생태과학
- 배려의 과학
- 예술로 빛나는 과학
- 나를 위한 과학

첫째, '생태과학'의 경우 숲 체험을 하거나 달팽이를 키우거나 자연물을 통한 교육 등과 같이 일반적으로 하고 있는 자연친화교육의 맥락에서 이해하면 될 것이다. 단지 '숲을 다녀왔다.' '달팽이를 키워 보았다.'의 경험 차원에서 그치거나 달팽이에 대한 지식 습득 차원에서 그치는 게 아니라 달팽이와 정서적인 교감을 나누고 그로 인해 생명체를 존중하는 내적인 변화의 차원에 집중해야 할 것이다.

둘째, '배려의 과학'은 앞서 예를 든 것처럼 과학적 기술력을 사리사욕을 채우는 도구로 소비해 버리는 것이 아니라 도움이 필요한 이들의 삶의 질 향상을 위한 선한 도구로 활용하는 것을 의미한다.

셋째, '예술로 빛나는 과학'은 음악이나 미술 등 예술적인 분야에서 진가를 발휘하고 있는 과학을 인식하고 활용함으로써 인간 본연의 미적 욕구나 자기표현의 욕구를 충족시켜 주는 것을 의미한다.

넷째, '나를 위한 과학'은 효능감이나 태도와 관련된 부분이다. 과학을 활용하여 흥미로워지고 윤택해질 수 있는 영역이 있다 하더라도 스스로가 과학을 인식하고 즐기지 못한다면 의미가 없을 것이다. 따라서 유아가 일상의 삶을 통해 과학을 발견하고, 활용하고, 즐김으로써 과학적 소양을 기르도록 하는 접근을 의미한다.

이러한 다양한 접근방안으로 과학을 통해 더 따뜻해지는 세상, 과학 덕분에 인간다운 삶이 가능한 세상이 올 것이라 기대한다.

3 유아과학교육의 목적

여기에서는 앞에서 살펴보았던 과학교육의 흐름에 기초하여 유아과학교육의 목적은 무엇이 되어야 하는지에 대해 생각해 보고자 한다.

과학교육은 사회적 요구와 필요에 의해 목적과 내용을 달리해 왔다. 총 4기로 나누어 구분해 볼 때, 1950년대 후반부터 1980년대까지 과학교육의 목표는 '유능한 과학자'를 양성하는 것이었다. 이는 모든 국민이 과학적으로 유능해지기를 기대하기보다는 산업기술시대에 새로운 과학을 만들어 낼 수 있는 창의적이고 유능한 과학 엘리트를 양성하려는 것이었다.

1980년대 중반부터 1990년대 정보화 시대로 접어들면서 과학교육의 목표는 '과학의 대중화'로 큰 변화를 꾀하게 된다. 즉, 과학을 소수의 엘리트 집단만이 관심을 가지는 분야로 인식할 것이 아니라 평범한 모든 국민이 과학을 이해하고 실생활에 활용할 수 있는 과학적 소양을 지니도록 교육하고자 한 것이다. 그러나 과학의 대중화 속에는 과학 전문가가 일반 대중에게 과학을 가르치고 전파하는 일방적인 커뮤니케이션이 존재하였기 때문에 일반 사람으로 하여금 실제 실생활에서 과학을 의미 있게 만나고 활용하는 과학적 소양 증진에는 한계가 있었다.

'과학의 대중화'의 한계를 극복하기 위해 1990년대 초부터 후반까지는 '대중의 과학화'를 추구하였다. 즉, 과학적 지식의 보급보다는 과학적 소양 가운데 과학적 태도와 탐구능력을 모든 대중이 갖춤으로써 일상생활 문제뿐 아니라 사회적 문제해결을 위해 보다 과학적인 사고방식과 태도로 임할 수 있는 소양을 함양하는 것을 과학교육의 목표로 삼았다.

그러나 근래에 이르자 과학이 우리의 삶을 편리하게 해 준다는 긍정적인 영향 이면에 생명 경시 풍조, 전쟁의 발발, 환경문제 등의 부정적 영향도 있음을 인식하기 시작하였다. 이러한 추세에 따라 우리 삶과 보다 가까이 맞닿을 수 있도록 하는 인본주의적 과학이 요구되었다. 과학이 진정으로 사람을 위해 존재하기 위해서는 과학교육이 세상에 대한 따스한 관심과 배려, 가치지향, 예술적 감성을 담아낼 수 있어야 하고, 무엇을 바라보고 무엇을 지향하기 위해서는 그 대상에 대해 진정한 관심 갖기를 기본으로 삼아야 함을 강조하게 되었다.

이처럼 시대에 따라 과학교육의 목표가 변화되어 온 것처럼, 유아과학교육의 목표도 사회적 변화에 따라 다른 지향점을 갖게 된다. 21세기 사회에서는 일상생활 속에서 과학을 이해하고 활용할 수 있는 능력을 요구하고, 과학의 발달이 가져온 문제점에 대해 과학적 지식과 이해에 기초해서 의사결정할 수 있는 능력, 즉 과학적 소양(scientific literacy)을 갖춘 과학적 교양인이 되는 것을 요구한다. 이러한 사회적 요구에 비추어 본다면, 유아과학교육은 유아가 생활 속에서 맞닥뜨리는 과학적 문제를 인식하고 해결하려는 태도와 능력을 갖춘 과학적 소양인의 기초를 다지는 것이라고 하겠다.

이러한 유아과학교육의 흐름 속에서 과학교육을 통해 유아에게 길러 주어야 할 소양을 구체적으로 제시하면 다음과 같다.

첫째, 일상생활 속에서 접하는 사물과 현상에 대해 호기심을 갖는다.

호기심을 갖는다는 것은 곧 관심을 갖고 사물과 현상을 바라보는 것을 의미하고, 그것은 아무런 의미 없이 지나칠 수 있는 경험에서 새로운 것을 탐구하고자 하는 욕구를 만들어 내는 원동력으로 작용한다.

유아가 일상생활 속에서 만나는 다양한 사물과 현상에 관심을 갖고 그것으로부터 느끼는 호기심을 '왜?' '어떻게?' 등의 질문을 통해 표현할 수 있도록 격려한다. 이러한 질문은 유아로 하여금 호기심의 대상을 적극적으로 관찰하게 하고, 궁금증을 해결할 수 있는 방안을 고안하며, 유아 나름의 방법으로 행해지는 실험을 통해 유아의 호기심을 더욱 구체화하고 확장되게 만들 수 있다.

둘째, 주변에 대해 의문을 갖고 적극적으로 탐구하려는 과학적 태도를 기른다.

과학적 태도란 끊임없이 문제를 제기하고 찾으려는 적극적인 태도, 실패를 긍정적으로 극복하려는 융통성과 개방적인 태도 등을 의미한다. 유아의 호기심에서 비롯된 궁금증이 합리적으로 해결되기 위해서 반드시 과학적 태도를 가지고 문제에 접근해야 한다.

"흙 속에 심은 씨앗은 어떤 곳에서 싹을 더 빨리 틔울까?"라는 의문에 대한 답을 찾기 위해 "당연히 햇빛이 있어야 한다."라는 과학지식을 순순히 받아들이기보다는 변인을 발견하고, 변인 조작을 통해 어떠한 차이가 나타나는지 직접 실험해 봄으로써 의문을 해결하는 경험이 중요하다.

셋째, 생활에서 활용하는 간단한 과학적 도구 및 기계를 비판적으로 활용하는 능력을 갖춘다.

컴퓨터와 인터넷의 보급으로 다양한 소통의 길이 열렸고, 과학의 발달은 하루하루 우리에게 편리한 삶을 제공해 주고 있다. 이러한 시대를 살아가는 유아에게 생활 속에서 접하는 과학적 도구와 기계 등을 능숙하게 조작할 수 있는 능력이 요구되고 있으며, 동시에 유아는 편리한 기계와 도구의 폐해를 인식하고 조절할 수 있어야 한다.

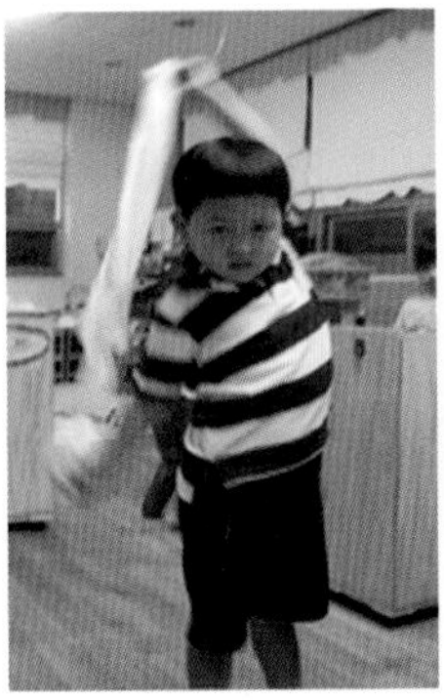

컴퓨터는 우리의 삶을 편리하게 해 주는 장점이 있지만, 지나치게 많이 사용할 경우는 건강을 해칠 수도 있다. 이러한 문제점을 해결하기 위한 방법으로 유아에게 운동기구 만들기를 제안하였고, 문제가 되는 신체 부위를 탐색하며, 그에 알맞은 운동기구를 고안하였다.

넷째, 과학 과정기술을 증진한다.

과학 과정기술이란 과학적 탐구의 수행을 위해 필요한 탐구 기능을 말한다. 유아기 과학 활동은 과학을 행하는(sciencing) 방식, 즉 관찰을 통해 생긴 의문을 해결하기 위해 나름대로의 방식으로 탐구하면서 의문을 해결해 가는 과정을 경험할 수 있도록 해야 한다.

콩이 어떤 곳에 떨어질 때 가장 큰 소리를 만들지 예측하고, 유아들이 제안한 것(플라스틱 통, 비닐, 천 등)에 따라 직접 실험을 해 봄으로써 플라스틱 통에 떨어질 때 가장 큰 소리를 만든다는 결론을 얻고, 플라스틱 용기를 이용해 마라카스를 만들기로 하였다.

다섯째, 유아의 생활 및 경험과 관련된 과학적 지식을 습득한다.

유아와 친숙하지 않은데 그것으로 유아의 탐구욕을 촉진하는 것은 어렵고 무의미한 일이다. 유아는 자신이 이미 경험하거나 알고 있는 사물과 현상을 탐구할 때, 보다 적극적으로 자신의 생각을 표현하고 새로운 것을 발견하고자 하며, 이를 통해 얻은 과학적 지식은 유아가 일상생활 속에서 합리적으로 문제를 해결하는 데 도움을 준다.

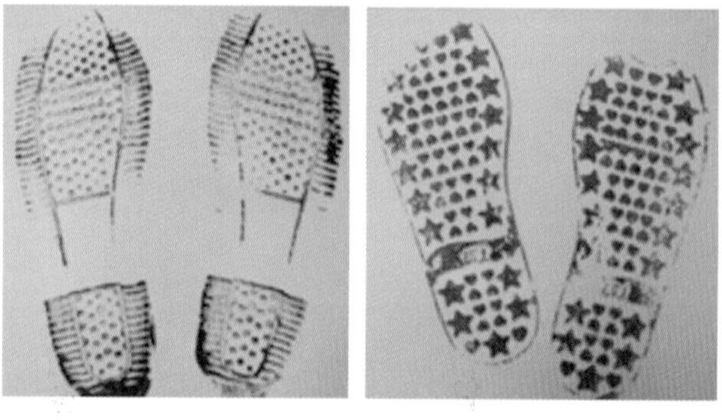

물이 있는 곳을 지나면서 실내화를 통해 느껴지는 느낌이 평소와 다르다는 것을 느낀 유아들이 실내화의 바닥이 어떻게 생겼는지를 탐색하며 무늬에 따라 잘 미끄러지는 것과 그렇지 않은 것이 있음을 발견할 수 있었다.

여섯째, 자연에 대한 체험을 통해 자연 환경의 중요성과 가치를 인식한다.

과학의 폐해로 환경문제가 대두되는 요즘에는 유아에게 자연을 가까이하는 경험이 무엇보다 중요하다. 유아는 자연물과의 만남 속에서 관심을 가지고 지속적인 관찰을 하게 될 것이고, 탐색 활동은 자연에 대한 이해를 하도록 도우며 인간이 자연과 함께 더불어 살아가는 존재임을 인식함으로써 자연 환경을 소중히 다루는 태도가 길러질 수 있다.

다양한 나무와 나뭇잎들을 관찰하며 나무를 직접 끌어안아 보기도 하고, 냄새를 맡아 보기도 하며, 때로는 나뭇잎 그늘에 앉아 쉬어 보는 활동들을 통해 나무에 대해 이해하고, 나와 함께 살아가는 생명체로 인식해 가는 것을 볼 수 있다.

일곱째, 창의적이며 비판적인 사고력을 기른다.

유아는 탐구과정 속에서 문제해결을 위해 자신의 경험과 지식을 바탕으로 창의적인 사고를 하도록 격려받으며, 합리적이고 객관적인 결론에 도달하기 위해 비판적으로 생각하는 능력이 향상된다.

유아들은 계란에서 병아리를 부화시키는 방법으로 따뜻하게 해 주면 가능할 것이라 생각하였다. 구체적으로는 가슴에 품고 다니기, 이불 속에 넣어 두기, 바지 주머니에 넣고 다니기 등의 방법을 제안하였다. 그러나 다른 유아들로부터 "가슴에 품고 있으면 손을 마음대로 못 써!" "모르고 밟아서 깨질 수 있어서 안 돼!" "깨질까 봐 미끄럼틀을 탈 수 없어!"라는 문제점이 제기되었고, 마지막으로 전기 방석 위에 올려놓자는 유아의 의견에 동의하고, 함께 실험해 보기로 하였다.

여덟째, 과학의 가치를 인식한다.

과학의 발달로 우리의 삶이 나날이 편리해지고 있음을 인식하고, 과학을 활용하여 나뿐만 아니라 모든 사람이 편리한 삶을 살아갈 수 있도록 한다. 더불어 과학 문명의 혜택을 받지 못하는 이들을 도와줄 수 있는 유아로 성장하는 것이 필요하다.

서점 견학을 간 유아들에게 "이 많은 책을 모두 어떻게 옮겼을까?"라고 묻자, 책이 무겁기 때문에 들어서 옮기기보다는 바퀴가 있는 수레를 이용하면 무거운 것도 쉽게 움직일 수 있다고 하며 바퀴의 역할에 대해 이야기를 나누고 있다.

아홉째, 과학과 사회의 관계에 대해 인식한다.

유아가 과학이 사회에 미치는 영향에 관해 인식하고, 실생활에서 과학을 활용할 수 있도록 하기 위해서는 유아와 직접 관련된 주변 문제로부터 과학교육이 이루어져야 한다.

에너지원 고갈에 따른 문제에 대해 이야기를 나누며, 미래를 위해 에너지를 절약하면서도 빛을 얻을 수 있는 대안들을 조사하였다. 그 예로 석유를 이용하는 전기 대신 삼겹살 기름으로 불을 켜 보는 활동을 하고 있다.

열째, 생활 속에서 과학을 활용할 수 있는 능력을 길러 준다.

과학적 지식을 적용하고 탐구하는 일련의 과정이 교실 안에서만 이루어지는 것이 아니라, 실생활 속에서 직면하는 문제들을 합리적이고 지혜롭게 해결하는 데에도 활용되도록 해야 한다.

유아들이 만든 악기를 이용하여 다른 친구들에게 음악회를 보여 주려고 하는데, 어떤 장소에서 들려줄 때 친구들이 가장 소리를 잘 들을 수 있을지를 알아내기 위해 장소별로 소리를 탐색하며 비교하고 있다.

열한째, 과학자로서의 삶에 대해 관심을 갖는다.

과학자의 삶이 담겨 있는 탐구 이야기를 들어 보면, 과학자는 과학적 태도와 탐구 능력이 출중한 사람으로서 궁금한 것을 해결하기 위해 부단히 노력하는 모습을 볼 수 있다. 과학자적인 성향을 가진 유아와 크게 다를 것이 없는 과학자의 삶을 살펴보면서, 유아는 탐구과정을 즐기는 사람으로 성장할 수 있을 것이다.

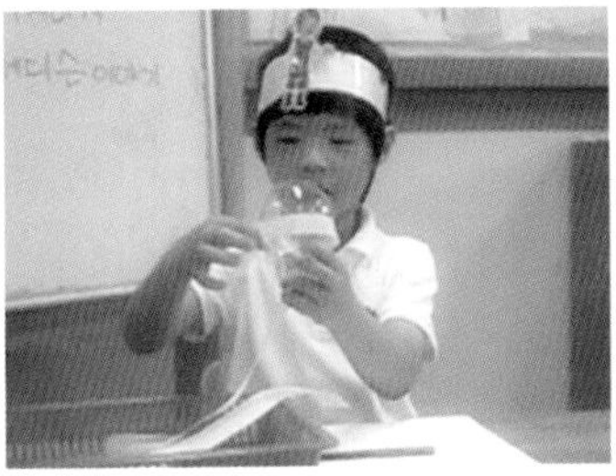

6,000번의 실패에도 좌절하지 않고 꾸준히 노력하여 전구의 필라멘트를 개발한 Edison을 동극으로 표현하고 있다. 호기심 많고 실패를 두려워하지 않았던 Edison의 이야기를 통해 그가 과학자로 성공할 수 있었던 특징을 살펴보고, 동극을 통해 Edison의 삶을 간접 경험해 볼 수 있다.

4 유아과학교육의 내용

바람직한 과학교육은 과학적 내용이나 과정만으로는 이루어질 수 없다. 이는 과학의 내용 3요소(한국유아교육학회, 1996)인 태도의 개발, 탐구능력인 과정기술의 개발, 유용한 아이디어 또는 결과의 구성이 모두 달성되어야 한다. Martin(1997)에 따르면, 유아는 과학에 흥미를 가지고 탐구하는 능력이 있을 때, 과학적 태도가 올바르게 형성되고, 그로부터 과학적 지식을 잘 형성할 수 있게 된다. 다음에서는 과학교육의 내용 3요소인 과학지식, 과학 과정기술, 과학적 태도에 대해 구체적으로 알아보고자 한다.

1) 과학지식

과학지식이란 일반적인 지식과 구분하여 과학적 탐구활동을 통해 생성된 지식을 일컫는다(권용주, 최상주, 박윤복, 정진수, 2003). 유아는 과학적 개념을 획득해 감에 따라 자신이 알고 있음을 의식하게 되며 그것을 언어로 정의 내리고, 자신이 이해한 것을 표현하는 것이 명료해진다(Berk & Winsler, 1995). 과학적 지식은 과학적 사실, 개념, 이론, 법칙으로 나누어 볼 수 있는데(Martin, 2003), 구체적인 내용은 〈표 2-5〉와 같다.

표 2-5 과학지식의 체계

과학지식	특징	예
과학적 사실 (scientific facts)	• 개념, 이론, 법칙의 바탕이 되지만, 예상하거나 현장의 원인을 설명하는 기능은 없음 • 직접 관찰할 수 있고, 관찰을 통해 언제라도 검증할 수 있는 특성을 지님(Chiappetta & Koballa, 2006)	• 물은 추울 때 언다. • 하늘은 파랗다. • 금속을 통해 열이 전달된다.
과학적 개념 (scientific concepts)	• 물체, 성질, 현상, 사건 등에 관해 사람이 공통적으로 가지고 있는 생각 • 이름, 정의, 준거, 실례 등으로 본성을 나타내는 요소들이 통합되어 생기는 종합적 의미 구성(Chiappetta & Koballa, 2006)	• 액체 물질이 고체로 변하는 상태 변화를 '응고'라고 한다. • 접촉에 의해 열이 전달되는 것을 '전도'라고 한다.
과학적 이론 (scientific theories)	• 자연의 현상과 사물에 대한 가정적 · 추상적 속성 • 사실, 개념, 법칙 등을 설명하며 계속적으로 수정 · 보완되거나 기각됨 • 추상적인 속성이므로 모형이나 비유로 표현 가능함(Chiappetta & Koballa, 2006)	• 상대성 이론($e=mc^2$) • 진화론
과학적 법칙 (scientific laws)	• 개념들 사이의 관계를 진술한 복합 언명(complex statement) • 가정이나 가설에 바탕을 두지 않고, 관찰한 자연현상에 나타나는 규칙성을 그대로 진술	• 공기는 열을 가하면 늘어난다. • 질량이 있는 모든 물체 사이에는 끌어당기는 힘이 있다. • 작용 반작용의 법칙

과학지식은 그 구성요소들 간에 긴밀하게 상호 연관되어 있으며, 인간의 관찰을 통한 사실에 기초하여 구성된다. 그런 만큼, 인간의 외부에 있는 절대적인 개념이 아닌 개인적으로 구성되는 지식의 일부로서 지속적인 과학 탐구의 과정을 통해 생성되고 변화 · 발달 · 소멸되는 가변성과 역동성을 지닌다(김민정, 2008).

2) 과학 과정기술

과학자는 떠오르는 의문을 해결하기 위해 끊임없이 탐색과 탐구활동을 하였고, 이 과정을 통해 다양한 과학지식을 발견해 왔다. 이것이 바로 과학자가 과학을 행하는(sciencing) 모습이라 할 수 있다. 과학자는 과학 과정기술(science process skills)을 활용하여 과학을 행한다. 많은 사람이 세상에 존재하는 사물과 현상에 대해 관심을 갖고 다가가지만, 이러한 행위가 과학적인 일로 연결되기 위해서는 객관적 절차와 합리적 사고 과정이 요구된다. 이를 가능하게 하는 것이 바로 과학 과정기술이다. 따라서 유아가 나타내는 세상에 대한 호기심을 과학화하기 위해서 우리는 유아들에게 과학 과정기술을 경험하고 제대로 활용할 수 있는 기회를 제공해야 한다. 이 과정 속에서 유아는 스스로 문제를 제기하고 나름대로의 방식으로 탐구하면서 자신이 가지고 있던 의문을 해결해 가는 과정을 경험하게 될 것이다. 과학교육에서 '내용(contents)'과 '과정(process)'은 모두 중요한데, 우리가 잊지 말아야 할 것은 내용은 탐구해 가는 과정을 통해 자연스럽게 습득되는 결과일 뿐, 내용 자체가 교육의 근본적인 목적이 되어서는 안 된다는 점이다. 이것이 과정을 강조하면서 동시에 적합한 과학의 내용을 접목시키는 것을 중요시하는 구성주의적 접근법과 맥을 함께한다(Chaille & Britain, 2002). 이런 이유로, 유아기 과학교육은 과학 과정기술을 토대로 유아들 스스로가 문제를 제기하고 나름대로의 방식으로 탐구하면서 의문을 해결해 가는 과정을 경험하는 것이 필요하다.

과학 과정기술의 구성요소는 관찰하기, 분류하기, 측정하기, 예측하기, 추론하기, 의사소통하기, 실험하기, 변인 통제와 증명하기, 가설 설정하기, 자료 해석하기, 조작적 정의하기, 모델 구성하기 등이다. 이 가운데 유아 수준에서 가능한 요소들을 중심으로 각각의 과학 과정기술은 어떤 태도를 의미하며, 유아에게 경험해 볼 수 있도록 하는 방법은 무엇인지 살펴보기로 한다.

(1) 관찰하기

관찰(observation)은 한마디로 하면 어떤 것을 보는 것이다. 그러나 단순히 어떤 것을 유심히 쳐다보는(looking) 것을 관찰한다고 이야기하지 않는다. 관찰은 무엇인가를 발견하겠다는 목적을 가지고 다양한 감각을 활용하여 보는(seeing) 것을 의미한다. Bailer, Ramig, Ramsey(2006)는 관찰하는 것은 오감각을 이용해서 보고 듣고 만지며 냄새를 맡아 보고 맛을 보는 행위를 통해 사물과 현상 그리고 사건에 대한 정보를 수집하는 방법이자 기능이라고 하였다. 단순히 보는 것과 다양한 감각을 통해 보는 것에는 상당한 차이가 있다. 봄꽃이 만발한 길을 똑같이 지나더라도, 어떤 목적을 가지고 꽃을 관찰한 사람과 그렇지 않은 사람이 기억하는 꽃에 대한 정보는 차이가 있다. 예를 들어, 무심코 길 옆의 꽃을 본(looking) 사람은 '봄이네.' '예쁘네.' 정도의 기억을 할지 모른다. 그러나 이 꽃을 '꽃잎이 몇 개지?' '수술이 어디 있나?' 하는 질문을 갖고 들여다보는(seeing) 사람은 오랫동안 쳐다보고, 세고, 만지고, 생각하며 의문에 대한 답을 얻게 된다. 이렇게 목적을 가지고 보고 과학적 행위를 이끄는 것이 진정한 의미의 관찰이다.

관찰은 모든 과학의 시작이며 핵심이므로 우리가 가진 의문점을 어떠한 과학적 방법으로 조사할 것인지를 결정짓는 요소가 되고, 이는 성과에까지 영향을 미치게 된다(김미경, 2003). 그러므로 유아기에 관찰 기술이 발달할 수 있도록 적극적으로 관찰을 할 수 있는 기회를 제공하여 유아가 인식한 것을 묘사하고 기술하도록 격려해야 한다. 다양한 관찰을 함으로써 그 사물과 현상에 대해 자신의 아이디어와 이해를 넓히게 되고, 다른 문제나 상황에 적용할 기술을 발달시키게 된다.

유아에게 관찰할 수 있는 무언가를 제공해 주는 것으로 교사의 역할이 끝나는 것이 아니다. 유아가 적극적이고 지속적으로 관찰에 참여할 수 있도록 다음과 같은 점들을 기억해야 한다.

첫째, 제한된 면에 집중하여 묻고 답하는 식의 질문(예: 나뭇잎이 무슨 색깔이니? 나뭇잎 끝이 어떻게 생겼니?)이 아니라 개방적인 질문(예: 나뭇잎을 보면서 새롭게 발견한 점은 무엇이니?)을 통해 자발적으로 나뭇잎의 특징을 다양하게 관찰하여 얻어진 정보를 이야기할 수 있도록 한다.

둘째, 관찰을 위한 적절한 도구를 제시한다. 도구 없이 직접적인 경험을 통한 관찰로부터 시작하여 필요에 따라 세부적인 정보를 얻을 수 있도록 돋보기, 실물화상

생각 나누기

관찰 - 나뭇잎이 서로 달라요

가을의 어느 날, 가까운 공원으로 산책을 나가 보자. 여러 종류의 나무는 제각기 다른 모습의 나뭇잎들을 가지고 있다. 다른 모습을 하고 있는 나뭇잎 두 개를 주워서 자세히 관찰해 보자. 무엇을 보았는가? 어떤 차이점을 발견하였는가?

유아가 생김새가 다른 나뭇잎들에 관심을 갖고 적극적인 관찰을 할 수 있도록 어떻게 이야기를 나누면 좋을까? 상호작용을 구체적으로 적어 보자.

예시자료

〈유아의 관찰을 격려하는 상호작용의 예〉

- 여기에 무엇이 있니?
- 나뭇잎이 어떤 모습을 하고 있는지 자세히 살펴보자.
- 관찰해 보니, 첫 번째/두 번째 나뭇잎에 대해서 무엇을 발견했니?
- 비슷한 점/다른 점은 무엇이니?
- 어떻게 알 수 있었니?(예: 눈으로 보고요, 냄새를 맡아 보고요, 손으로 만져 보고요 등)
- 또 어떤 방법으로 나뭇잎을 자세히 살펴볼 수 있을까?(예: 돋보기로 봐요 등)
- 너희들이 새롭게 발견한 것을 이야기해 보자.

〈돋보기〉

〈실물화상기〉

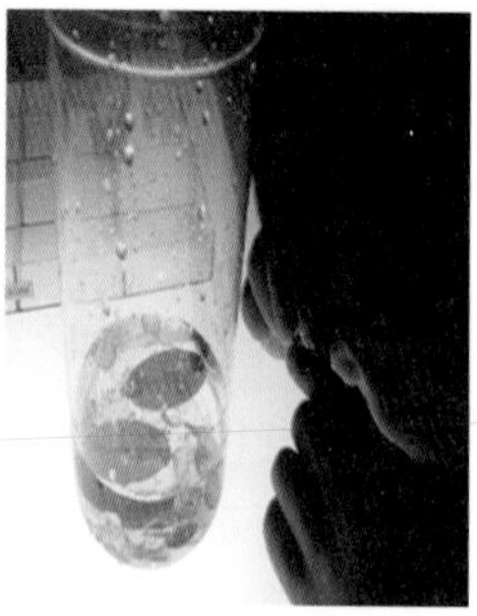
〈라이트 테이블〉

기, 라이트 박스(테이블) 등과 같은 도구를 제공한다. 이러한 도구들은 더욱 다양하고 명확한 관찰을 할 수 있도록 돕는다.

셋째, 관찰한 내용을 그림, 글, 입체물 등과 같이 다양한 방법으로 표상하는 과정을 통해 더욱 세밀한 관찰 능력을 기를 수 있다. 관찰한 것을 어떤 방식으로 표상할 것인가는 유아의 수준과 관찰 대상에 따라 적절하게 조절해야 한다.

넷째, 유아가 더욱 적극적으로 관찰하도록 격려하기 위해서 비교 관찰활동을 제공한다. 비교 관찰하는 활동은 두 개 이상의 관찰 대상을 내어 주고 그것들의 유사점과 차이점을 찾아내는 것이다. 유아는 활동을 수행하기 위해 관찰하는 것을 반복하게 되고, 그 과정에서 관찰력이 신장될 수 있다(김현주, 2001).

(2) 분류하기

분류하기(classifying)란 유사한 특성이나 준거에 따라 대상(사람, 물체, 사건 등)을 서로 함께 묶어 보거나 그 관계를 연결하는 과정으로, 유사한 물체의 공통점을 추상화하는 능력이 요구된다. 분류하기가 과학에서 중요한 이유는 바로 개념화하는 데 기초가 되기 때문이다. 예를 들어, 생물과 무생물의 개념화는 살아 있는 것과 아닌 것의 특징을 비교하여 분류하는 것부터 시작된다. 이러한 분류하기 능력은 자발적으로 나타나지 않기 때문에 일상적인 상황에서 다양한 방법으로 물체를 분류해 보는 경험을 제공해야 하는데, 유아는 발달을 통해 융통성과 논리를 가지고 사고하면서 점점 더 복잡한 방식으로 분류하는 능력을 발전시켜 간다. 분류 활동이 충실히 이루어지기 위해서는 유아가 나름의 방법으로 분류를 완성한 후에 그 분류의 준거를 명확하게 설명하도록 유도하여야 한다.

유아의 분류하기 활동을 돕기 위한 세부적인 교육방법은 다음과 같다. 첫째, 분류하기는 세심한 관찰이 기본이 되어야 한다는 것을 인지하여 충분한 관찰 기회를 준 후 분류하도록 한다. 둘째, 분류하기의 기준을 제시할 때 처음에는 광범위한 기준을 제시하여 1차적인 분류가 이루어지고 난 후, 각 집단을 다시 세부적인 기준으로 분류해 보도록 하여 체계적인 분류 방법을 익히도록 한다.

생각 나누기

분류 - 돌멩이를 비슷한 친구끼리 나누어 보아요

바닷가에서 또는 산책길에서 주워 온 다양한 돌멩이들이 있다. 각각의 돌멩이들이 어떤 특성을 가지고 있는지를 관찰한 후에 비슷한 점이 있는 돌멩이들끼리 나누어 보는 활동을 통해 분류 활동을 경험해 보자.

사진과 같은 다양한 돌멩이를 분류할 수 있는 기준은 무엇이 있을까? 떠오르는 대로 이야기해 보자.

예시자료

〈분류 기준의 예〉

색깔(무색과 유색, 각각의 색), 모양(둥근 것과 뾰족한 것), 크기(100원짜리 동전보다 큰 것과 작은 것), 무늬(무늬가 있는 것과 없는 것, 점이 찍힌 것과 그렇지 않은 것), 광택(윤기가 있는 것과 그렇지 않은 것), 주워 온 곳(바닷가와 산책길) 등

(3) 측정하기

측정(measuring)이란 단위를 사용하여 사물의 길이, 무게, 부피 등을 수량화하는 것을 말한다. 측정의 세부 내용에는 적절한 측정의 유형 선택하기, 적절한 측정 단위 선택하기, 적합한 측정 도구 사용하기, 측정 기술 적절하게 적용하기 등이 있다(Martin, 2003).

초기의 측정은 정확한 도구를 사용하기보다는 어림하기를 통해 이루어진다. 예를 들어, 친구의 다리 길이를 손 뼘으로 재거나, 토마토 모종의 키가 자라는 것을 색 테이프로 표시하는 것, 돌멩이들을 무거운 순서대로 놓아 보기 위해 두 손에 각각 얹어 놓고 비교하거나 우유상자에 고무줄을 달아 만든 저울로 측정하는 것 등이다. 과학교육에서 측정하기가 중요한 이유는 탐구과정에서 나타나는 결과들이 측정에 의해 의미가 왜곡될 수 있으므로 적절한 방법을 이용하여 적절한 단위로 측정하는 능력이 요구되기 때문이다.

생각 나누기

측정 – 가장 무거운 과일을 찾아라!

작은 포도알부터 커다란 파인애플까지 다양한 과일이 모여 있다. 과일들을 어떤 특성에 따라 순서대로 서열화할 수 있을까? 길이에 따라, 무게에 따라 서열화하기 위해서 어떤 방법으로 측정할 수 있을까?

과일을 가지고 측정할 수 있는 것은 무게와 길이 정도다. 각각을 측정하기 위해 상호작용하는 예는 다음과 같다.

〈무게 측정하기〉

- 과일들을 가장 무거운 것부터 순서대로 놓아 보면 어떨까?
- 과일들 중에서 가장 무거운/가벼운 것은 어떤 것일까?
- 어떤 것이 더 무거운지 어떻게 알 수 있을까? (예: 손으로 들어 보기, 양팔 저울에 올려 보기, 저울로 무게를 재어 보기 등)
- 무거운 것부터 차례대로 놓아 볼 수 있을까?

〈길이 측정하기〉

- 과일들을 가장 긴 것부터 순서대로 놓아 보면 어떨까?
- 과일들 중에서 가장 긴/짧은 것은 어떤 것일까?
- 어떤 것이 더 긴지 어떻게 알 수 있을까? (예: 손 뼘으로 재어 보기, 리본 테이프로 재어 보기, 스티커를 붙여 보기, 서로 대어 보기 등)
- 긴 것부터 차례대로 놓아 볼 수 있을까?

(4) 예측하기

예측하기(predicting)란 현재 알고 있는 지식이나 관찰을 토대로 앞으로 일어날 일을 미리 짐작하는 것이다. 예측하기는 주의 깊은 관찰을 통해 자료를 수집하기, 사건의 패턴 조사하기, 원인과 결과의 관계 조사하기, 예측에 대한 신빙성 실험하기 등을 통해 정확도가 높아진다. '만약, ~하면 어떤 일이 생길까?' 하는 질문은 유아의 예측하기를 격려하는데, 이러한 질문을 받은 유아는 탐구의 대상을 좀 더 면밀히 관찰하고 그 속에서 패턴이나 인과관계를 발견하고, 또한 '만약 ~하면'에 해당하는 어떤 조작을 해 보게 된다. 예측하기가 과학에서 중요한 이유는 과학은 객관화를 하는 것인데, 보다 정확한 예측을 위해서는 선개념과 경험에서 보다 객관적인 근거를 선정해 관계 지어 보는 사고를 격려하기 때문이다.

유아가 예측하기 활동에 적극적으로 참여하도록 돕기 위해서는 유아가 구체적 자료를 조작해 보며 결과를 예측해 보는 경험을 충분히 제공해 주어야 한다. 이때 실제적인 결과가 너무 오랜 시간이 소요되거나 추상적인 것에 대해 질문하는 것은

생각 나누기

예측 - 어떤 것이 물에 뜨고 가라앉을까?

뜨거운 여름, 아이들은 수영장에서 물놀이를 하며 다양한 놀잇감 중에서 물에 뜨는 것과 가라앉는 것이 무엇인지 경험해 보았다. 이번에는 여러 가지 과일과 채소를 내어 주고, 뜨는 것과 가라앉는 것을 예측해 보려고 한다. 어떻게 이야기를 나누면 좋을까?

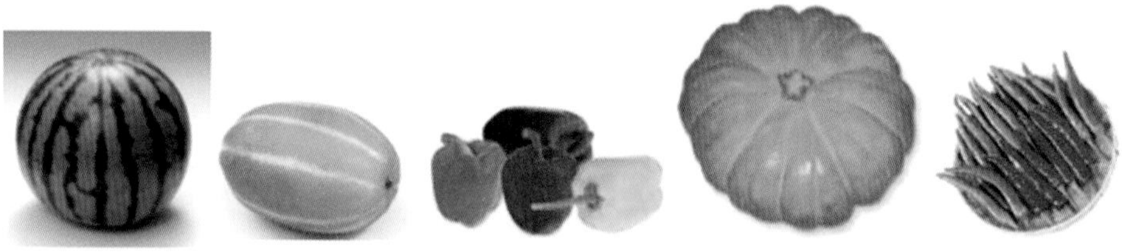

〈유아와의 상호작용의 예〉

- 놀잇감들 중에서 물에 뜨는 것은 무엇이었니?
- 어떤 특징을 가지고 있는 것이 물에 떴니?
- 여기에 있는 과일과 채소 중에서 어떤 것이 물에 뜰 것 같니?
- 만약 호박을 물에 넣는다면 어떻게 될까?
- 왜 그렇게 생각했니?
- 우리가 생각한 것처럼 되는지 물에 넣어 보자.

유아의 실제적 관심을 끌기 어려우므로 즉각적으로 결과가 나타날 수 있는 것에 대해 질문하는 것이 바람직하다.

예를 들어, 유아에게 갑작스럽게 "내일은 비가 올까?"와 같은 예상 질문을 한다면 유아는 당황스러울 것이다. 그러나 만약 유아와 지속적으로 구름의 모양과 날씨를 기록해 왔다면, 그에 기초해서 유아가 나름대로의 예상을 할 수 있으므로 유의미한 질문이 될 수 있다. 또한 "물에 가라앉은 점토를 얇고 넓게 편다면 어떤 일이 생길까?"와 같은 질문은 유아가 즉각적으로 점토 모양을 바꾸어 물에 넣어 봄으로써 결과를 알아볼 수 있으므로 좋은 예상하기 질문이 된다.

(5) 추론하기

추론하기(reasoning)란 어떤 결과를 관찰하고 이러한 결과의 원인을 되짚어 설명하는 것을 말한다. 추론하기가 과학에서 중요한 이유는 과학은 논리적 관계를 중시하는데, 추론은 보여지는 현상과 논리적 관계를 갖는 근거를 연결 짓도록 하기 때문이다. 일반적으로 추론하기는 유아에게 어려운 작업일 수 있다. 그러므로 복잡하게 얽히거나 추상적인 것에 관해 "왜 이렇게 되었을까?"와 같은 추론을 요구하는 질문을 하기보다는 유아의 경험이 많은 사물이나 현상에 대해서 질문을 하고, 유아가 즉각적으로 실험해서 확인할 수 있는 것에 대해서는 추론하기 질문을 하는 것이 바람직하다.

예를 들어, 잘 자라고 있던 고추 모종의 잎들이 힘없이 늘어져 있는 것을 발견하고 "왜 고춧잎들이 이렇게 되었을까?"라고 묻는다면, 유아는 식물이 자라는 데 물이 필요하다는 것을 떠올리며 정확하고 과학적인 설명은 아니더라도 나름대로 적절한 아이디어를 구성할 수 있을 것이다. 그래서 "물을 많이 마시지 못해서요."라고 대답한다면, 실제로 물을 주고 난 후 어떻게 변화해 가는지를 직접 확인해 봄으로써 유아의 추론이 적합한 것이었는지를 알 수 있을 것이다.

생각 나누기

추론 - 왜 이렇게 되었을까?

시간의 흐름에 따라 모습이 바뀌어 가는 것들이 많다. 이런 변화는 어떤 요인에 의한 영향력이 작용한다. 우리의 사전 지식과 경험을 토대로 그 영향력을 보이는 현상과 연결 지어 보도록 하자.

- 예쁘게 피어 우리의 마음을 설레게 했던 장미꽃이 어느 날 보니, 이렇게 변해 버렸다. 장미꽃의 모습이 변하게 된 이유는 무엇일까?
- 헬륨 가스를 넣어 하늘로 곧 올라갈 것처럼 떠다니던 풍선이 시간이 흐르자 바닥으로 내려앉아 더 이상 올라가려 하지 않는다. 그 이유는 무엇일까?

(6) 의사소통하기

의사소통(communication)이란 단순히 사람들 간에 말을 주고받는 것뿐만 아니라 몸짓, 그림, 만들기 등과 같은 다양한 방법으로 서로의 생각을 이해하기 위해 활용하는 모든 수단이다. 과학 활동에서 의사소통은 유아가 자신이 발견하거나 관찰한 것을 서로 주고받으면서 스스로 개념을 명료화하고 협동적인 탐구 학습을 촉진하며 유아가 자신의 생각을 표현하고 다른 사람의 의견에 귀를 기울이는 능력을 길러 주기 때문에 중요하다. 최근 과학이 세상과 소통하는 것을 중시하는 경향으로 볼 때, 과학 경험을 통해 의사소통 능력을 길러 주는 것은 더더욱 중요해졌다.

유아의 의사소통 능력을 길러 주기 위한 방법으로는 과학 활동 중에 어떤 발견이나 생각을 표현할 수 있는 개방적인 분위기를 조성하고, 결과를 그림으로 표현하기, 그래프, 관찰일지 등에 기록하기, 발표하기, 전시하기 등의 활동을 전개하는 것이 좋다.

생각 나누기

의사소통 – 내 생각을 소개할게

'썬더드럼(천둥소리)'[1] 악기에서는 어떻게 소리가 나는 것일까? 내가 생각하는 소리의 원리를 친구들에게 어떻게 알려 줄 수 있을까?

〈유아의 발표 내용〉

통 속에 '소리'가 들어 있어서, 흔들면 소리끼리 부딪치면서 소리가 나요.

〈유아와의 상호작용의 예〉

- '썬더드럼(천둥소리)' 악기에서 어떤 소리가 나니?
- 어떻게 이런 소리가 나는 것일까?
- 소리가 나는 이유를 생각해 본 후에 친구들에게 너희의 생각을 소개해 보자.
- 어떤 방법으로 내 생각을 알려 줄 수 있을까? (예: 그림으로 그려요, 이야기로 해요, 몸으로 보여 줘요 등)

의사소통 – 태양의 힘은 얼마나 갈까?

태양의 힘으로 작동하는 계산기. 계산기에 햇빛이 닿지 않으면 얼마 후에 계산기의 숫자들이 사라지는지를 예상해 본 후, 직접 실험을 한다. 친구들과 실험 결과를 공유하기 위해서 어떻게 하면 좋을까?

〈유아와의 상호작용의 예〉

- 시간이 얼마나 지나면 계산기의 숫자가 없어질까?

[1] 드럼과 같이 생긴 원기둥형의 틀의 한 면을 막고 가운데에 스프링을 꽂아 흔들면, 스프링이 움직이면서 원기둥 내에 진동을 일으켜 천둥소리와 비슷한 소리가 연출된다.

- 너희들이 생각한 것처럼 되는지 실험해 보자.
- 너희들이 생각한 것, 그리고 실험한 결과를 친구들에게 어떻게 알려 줄 수 있을까? (예: 말로 알려 줘요, 화이트보드에 써 줘요, 도화지에 써서 붙여 놓아요 등)
- 이 표에 어떤 이야기들이 쓰여 있니?
- 우리가 생각한 것/실험한 결과는 어떤 칸에 써야 할까?
- 실험을 같이 하지 않았던 친구들이 이 표를 본다면 잘 이해할 수 있을까?

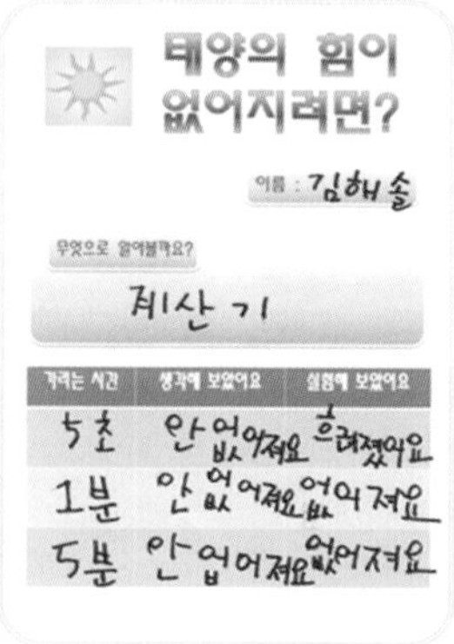

(7) 실험하기

실험하기(experimenting)는 앞서 제시한 모든 기술이 통합적으로 요구되는 과학 과정이다. 이는 궁금한 것을 알아보기 위해 구체적인 자료들을 마련하고 과정을 계획하여 직접 조작함으로써 결과를 알아보는 것이다.

보통 실험이라고 하면 실험실에서의 복잡한 실험을 생각하기 쉽다. 그러나 어떤 곳에서 빨래가 잘 마르는지를 알아보기 위해 젖은 손수건을 하나는 놀이터에, 다른 하나는 교실 안에 널어 놓고 관찰하는 것도 실험이다. 그러므로 유아의 질문을 기초로 실험을 직접 구성해 보거나 교육 주제에 관련된 실험 활동을 준비하여 유아가 적극적으로 탐구하는 경험을 제공함으로써 유아로 하여금 마치 과학자가 된 듯 탐구과정에 참여하도록 격려할 수 있다.

생각 나누기

실험 - 센 바람을 만들려면?

우리가 직접 바람을 만들어 프로펠러를 돌려 보자. 무엇을 이용해서 바람을 만들면 가장 센 바람이 될까? 예상한 것을 직접 실험해 보자.

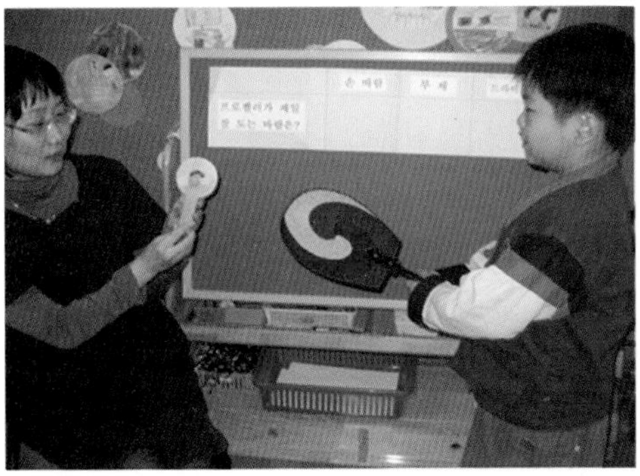

〈유아와의 상호작용의 예〉

- 프로펠러가 돌아가려면 무엇이 필요할까?
- 우리가 직접 바람을 만들 수 있을까?
- 무엇으로 바람을 만들 때, 프로펠러가 가장 잘 돌아갈까? (예: 손을 흔들어서, 부채를 부쳐서, 드라이기를 켜서 등)
- 너희들이 이야기한 것처럼 손, 부채, 드라이기를 이용해서 바람을 만들고, 프로펠러가 돌아가는 것을 같이 살펴보자.

3) 과학적 태도

과학적 태도란 과학적으로 사고하는 습관으로서, 문제를 해결할 때 또는 아이디어나 정보를 평가할 때 취하는 특별한 행동양식을 말한다(유경숙, 1999). 유아의 과학적 태도는 과학적으로 문제를 해결하고 과학적 지식을 구성하는 데 도움을 주기 때문에 과학적 탐구과정을 경험하고 과학적 개념을 알아 가는 것 못지않게 중요하다. 과학적 태도의 구성요소는 학자들에 따라 다양하게 구분된다. 그중에서 여러 학자(이경민, 2000; 이상용, 2000; Lind, 1996; Martin, 1997)가 공통적으로 제시한 것을 정리해 보면, 과학적 태도란 유아가 과학 활동을 하는 과정에서 문제를 해결하거나 아이디어와 정보를 평가할 때 취하는 특별한 양식을 의미하는 것으로 호기심, 자진성과 적극성, 솔직성, 객관성, 개방성, 비판성, 판단 유보, 협동성, 끈기성을 들 수 있다. 각각의 구성요소가 의미하는 것은 다음과 같다.

(1) 호기심

호기심은 신기한 것을 탐구하려고 하는 정서로, 이는 문제해결이나 학습의 동기가 된다(이영미, 1997). 이것은 질문 자주 하기, 새로운 대상에 관심 기울이기, 문제가 있을 때 원인을 찾으려고 노력하기 등으로 나타난다. Lind(1996)는 새로운 관점에서 사물을 보기 위해서는 호기심이 필요하며, 직접적인 탐구 경험을 통한 학습이 자연스럽게 유아의 호기심을 일으킨다고 하였다.

〈물레방아를 관찰하는 유아〉
교사가 물레방아에 물을 붓자, 다른 유아들은 "우와~" 하며 신기해하는 것에 비해, 이 유아는 "어떻게 된 거지?"라고 하며 물레방아의 속을 들여다보고 있다.

(2) 자진성과 적극성

자진성과 적극성은 실험이나 학습, 그리고 문제 해결 과정에 자진해서 적극적으로 참여하고 활동하려는 태도다. 이는 실험이나 활동에 스스로 참여하기, 문제 해결에 적극적으로 임하기, 의문 나는 점을 해결하려고 시도하기 등의 행동으로 나타난다.

〈다양한 기름을 탐색하는 유아들〉

교사: 여러 종류의 기름이 어떻게 다른지 알아보자.

유아 1: 기름을 만져 봐도 될까요?

교사: 기름을 만졌을 때 어떤 느낌인지 알아보고 싶구나. 그러렴.

유아 1: 미끌미끌해요. 너도 해 봐!

유아 2: 난 싫어!

유아 1: 나처럼 이렇게 하면 된다니까.

(3) 솔직성

솔직성은 관찰 및 실험 결과를 왜곡하거나 선택적으로 취하지 않고, 편견 없이 사실을 제시하는 태도다. 이는 자신이 예상한 점이나 관찰한 점을 그대로 나타내기, 어려운 점이나 안 되는 점은 그대로 나타내기, 활동 결과를 그대로 나타내기 등이 있다.

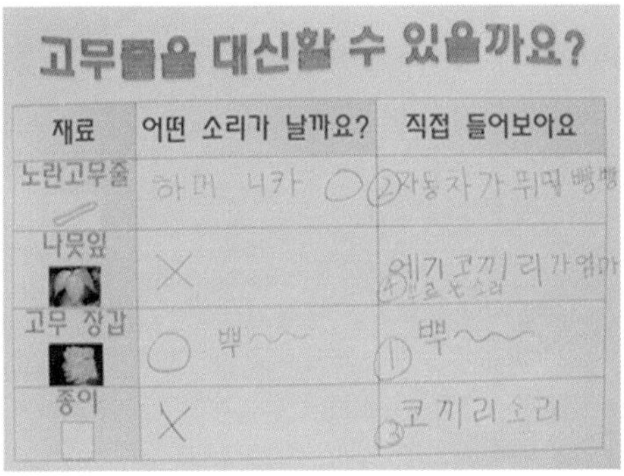

〈가설과 결과 비교하기〉

교사: 고무줄 대신 나뭇잎을 이용했을 때에는 어떻게 될 것이라고 생각했니?

유아 1: x요. 소리가 안 날 것이라고 생각했어요.

교사: 그런데 직접 나뭇잎으로 만들어 보니까 어땠니?

유아 1: 소리가 났어요.

유아 2: 꼭 아기 코끼리가 엄마를 부르는 것 같은 소리였어요.

(4) 객관성

객관성은 주관적인 생각이나 가설에서 벗어나 가설에 반대되는 증거를 수집하여 결론을 내리기 전에 가능한 한 많은 자료로부터 객관적인 결론을 내리려는 태도다. 객관성은 결론을 내릴 때 실험 결과를 근거로 하기, 문제 해결에서 몇 가지 가능한 해결책을 고려하기 등으로 나타난다.

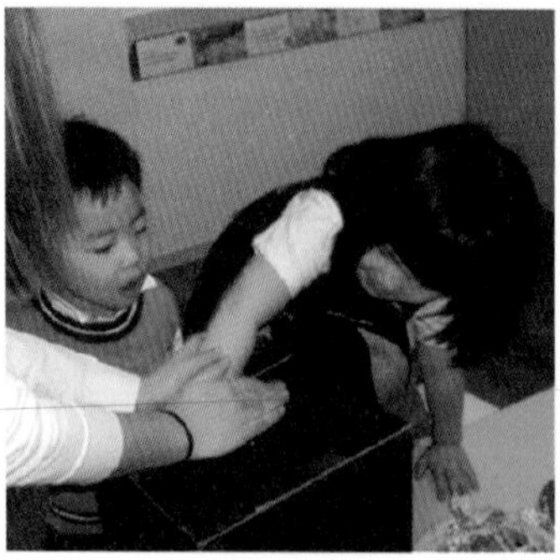

〈다양하게 탐색하여 상자 속 음식 알아맞히기〉
교사: 비밀 상자 속에 무엇이 들어 있는 것 같니?
유아 1: 고구마인 것 같아요.
교사: 왜 그렇게 생각했니?
유아 1: 손으로 만졌을 때, 조금 길쭉한 동그라미면서 물렁물렁했어요.
교사: 그런 것은 고구마밖에 없을까?
유아 1: 냄새를 맡았을 때 군고구마 냄새 같은 게 났어요.

(5) 개방성

개방성은 새로 밝혀진 근거에 따라 자신의 주장을 변경하는 태도, 반대의 견해나 결론도 기꺼이 수용하고 새로운 아이디어와 방법을 기꺼이 추구하려는 태도다(Lind, 1996). 개방성을 나타내는 행동으로는 자기 주장에 대한 비판을 수용하기, 실패한 것에 대해서 기꺼이 수용하기, 한 가지 문제에 대해 여러 가지 의견을 듣기 등이 있다.

〈거위 알을 부화시키는 방법에 대한 이야기 나누기〉
교사: 거위가 알에서 깨어나려면 어떻게 해야 할까?
유아 1: 따뜻하게 가슴에 품고 있으면 돼요.
유아 2: 가슴에 품고 있으면 에디슨처럼 밥도 못 먹을 텐데…….
유아 3: 그러면 따뜻한 이불 속에 넣어 두면 되잖아.
유아 1: 이불 아래에 있는 것을 모르고 밟으면 깨지잖아.
유아 3: 그렇구나. 그러면 전기 방석 위에 놓아두면 어떨까?
유아 2: 좋은 생각이다. 진짜 되는지 해 보자.

(6) 비판성

비판성은 타인의 결론이나 설명에 대해 옳고 그름을 판단하기 위해 증거를 요구하고 논쟁하려는 태도다. 이는 다른 사람의 의견에 대해 옳고 그름을 판단하기, 결론을 내릴 때 신중하기, 어떤 주장에 대한 대안을 제시하기 등이 있다.

〈거미에 대한 궁금증을 해결하는 유아들〉
끈끈한 거미줄에 거미는 왜 붙지 않는가에 대해 이야기를 나누고 있다.
유아 1: 거미 발에는 거미줄에 붙지 않게 하는 뭐가 있는 것 같아.
유아 2: 거미는 천천히 발을 떼면서 다녀서 그런 거야.
유아 3: 누구 말이 맞는지 책에서 찾아보면 어떨까?

(7) 판단유보

판단유보는 성급히 판단이나 결론을 내리지 않고, 확실한 증거에 의해 지지될 때까지 사실로 받아들이지 않는 태도다. 결론을 내리기 전에 많은 자료 찾기, 신중하게 결론 내리기, 확실한 증거로 지지되지 않는 것은 다시 한번 생각해 보기 등의 행동을 보인다.

〈진짜 쑥을 판별하는 유아들〉
쑥을 찾아 유치원 주변을 돌아다니던 유아들은 생김새가 비슷한 민들레 잎사귀를 보며 쑥을 찾았다고 소리쳤다.
유아 1: 쑥처럼 생겼네.
유아 2: 쑥은 앞면하고 뒷면의 색깔이 다르다고 했잖아. 그런지 보자. (잎사귀의 앞면과 뒷면의 색깔이 똑같은 것을 확인한 후) 이거 쑥 아니잖아. 뒤가 조금 회색이어야 쑥이라고 했어.

(8) 협동성

협동성은 개인보다는 집단의 이익을 먼저 생각하고 행동하며 이견이 있을 때 서로 협의하는 태도다. 협동성을 나타내는 행동으로는 집단 내의 이견을 서로 협의하기, 실험도구를 나누어 사용하기, 실험 후 정리 정돈 함께하기, 집단 전체의 생각을 따르기, 실험에서 역할 분담하기 등이 있다.

〈음식이 가지고 있는 에너지를 조사하는 유아들〉
우리가 즐겨 먹는 간식이 얼마나 많은 에너지를 가지고 있는지를 조사한 후 기록하고 있다. 직접 조사하는 유아, 결과를 알려 주는 유아, 받아 적는 유아 등 각자의 역할을 충실히 하고 있다.

(9) 끈기성

끈기성은 해결되지 않는 문제를 포기하지 않고 지속적으로 해결하려고 노력하는 태도다. 끈기성을 나타내는 행동으로는 실험 도중 실패했을 때 반복하여 실험 결과를 찾으려고 노력하기, 해결되지 않은 문제는 계속해서 해결하려고 노력하기, 한 문제가 해결되면 또 다른 문제를 해결하려고 노력하기 등이 있다.

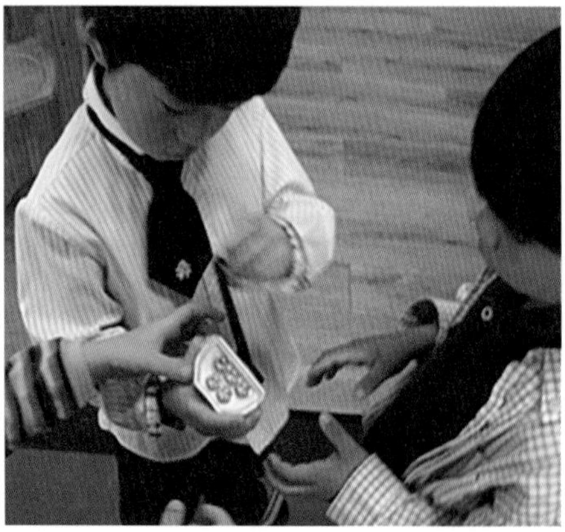

〈자가발전 손전등❷을 탐색하는 유아들〉
유아 1: 생긴 건 손전등 같은데……. 어떻게 켜는 걸까?
유아 2: 건전지 넣는 데 있어?
유아 1: 없어. 전기 코드 꽂는 데도 없어.
유아 3: 고장 난 거 아닐까?
유아 1: 아니야. 켜는 방법이 있을 텐데…….
(한참 동안 관찰하고 만지고 돌려 본 후에)
유아 2: 손잡이를 돌리는 거 아닐까?
유아 1: 내가 해 볼게. 와! 켜졌다!

---

❷ 손잡이를 돌려 동력을 만들어서 불이 켜지는 손전등으로, 건전지나 전기에너지가 필요 없는 기계다.

5 2019 개정 누리과정 기반 유아과학놀이와 교사의 지원

1) 2019 개정 누리과정에서의 과학교육 내용

「2019 개정 누리과정」 고시문(교육부 고시 제2019-189호, 보건복지부 고시 제2019-152호)을 토대로 누리과정의 개정 취지에 근거하여 유아과학교육의 내용을 살펴보고자 한다. 2019 개정 누리과정은 '유아 · 놀이 중심 교육과정'을 표방하여 유아가 자신에게 가장 적합한 방식으로 놀이하며 배운다는 점에 기반하여 유아의 주도적 놀이를 강조하고 있다. 따라서 유아는 혼자 또는 또래들과 함께 놀이하며 그 속에서 과학과 관련된 경험을 하게 되는데, 3~5세 유아가 경험해야 할 과학교육의 내용을 2019 개정 누리과정의 '자연탐구' 영역을 중심으로 살펴보면 다음과 같다.

2019 개정 누리과정 자연탐구영역 목표

탐구하는 과정을 즐기고, 자연과 더불어 살아가는 태도를 가진다.

1. 일상에서 호기심을 가지고 탐구하는 과정을 즐긴다.
2. 생활 속의 문제를 수학적 · 과학적으로 탐구한다.
3. 생명과 자연을 존중한다.

2019 개정 누리과정에서의 유아과학교육 목표는 유아가 일상에서 만나는 사물이나 자연에 대해 호기심을 가지고 탐구하는 과정 자체를 즐기며 생활 속 문제들을 과학적으로 탐구하면서 더불어 생명과 자연을 존중하는 소양을 기르는 것이다. 이러한 목표 아래 자연탐구영역은 '탐구과정 즐기기' '생활 속에서 탐구하기' '자연과 더불어 살기'의 세 가지 내용범주로 구성된다. '탐구과정 즐기기'는 유아가 주변 세계와 자연을 호기심을 가지고 탐색하는 소양을 갖추는 것을 반영하였으며, '생활 속에서 탐구하기'는 생활 속 문제를 과학적 방식으로 탐구하는 경험을 풍부하게 하는 소양을 갖도록 하는 것이 반영된 것이다. 또한 '자연과 더불어 살기'는 지속 가능한 사회를 위한 삶의 태도를 형성하는 것을 강조하여 새롭게 편

성된 것으로 유아가 생명과 자연환경의 소중함을 경험하며 자연과 상생하기 위한 소양을 기르는 내용이 반영된 것이다. 각 내용범주별 내용은 연령 구분 없이 3~5세 유아가 공통적으로 경험할 수 있는 내용으로 제시되어 있다. 유아는 자신의 발달 정도와 관심에 따라 놀이를 하며 배움으로 나아가기 때문에 교사는 각 내용과 관련하여 활동을 조직적으로 계획하거나 직접적으로 가르치는 것에 중점을 두지 않고, 유아주도적인 놀이를 통해 의미 있는 과학적 경험을 할 수 있도록 환경을 마련하고 적절한 상호작용 등의 지원 역할에 중점을 두는 것이 중요하다.

자연탐구영역의 내용범주와 내용을 과학교육과 관련된 것으로만 정리하여 표로 제시하면 〈표 2-6〉과 같다.

표 2-6 2019 개정 누리과정의 자연탐구영역 내용('생활 속에서 탐구하기' 중 과학교육 관련 내용)

내용범주	내용
탐구과정 즐기기	주변 세계와 자연에 대해 지속적으로 호기심을 가진다.
	궁금한 것을 탐구하는 과정에 즐겁게 참여한다.
	탐구과정에서 서로 다른 생각에 관심을 가진다.
생활 속에서 탐구하기	물체의 특성과 변화를 여러 가지 방법으로 탐색한다.
	도구와 기계에 대해 관심을 가진다.
자연과 더불어 살기	주변의 동식물에 관심을 가진다.
	생명과 자연환경을 소중히 여긴다.
	날씨와 계절의 변화를 생활과 관련짓는다.

(1) 탐구과정 즐기기

'탐구과정 즐기기'는 과학교육의 현대적 동향을 잘 반영한 것으로 학문적 지식의 축적보다는 과학적 소양(scientific literacy)의 기초로서 유아가 주변의 사물과 자연에 대해서 지속적으로 호기심을 갖고, 궁금한 것을 해결하기 위해 관찰, 예측, 추론 및 의사소통을 통해 물리적 세계를 탐구하는 과정을 즐기는 것에 초점을 맞추고 있다. 이러한 탐구과정에 적극적으로 참여하면서 함께하는 다른 사람의 생각에 관심을 가지고 의사소통하는 내용을 포함하고 있다.

각 내용을 세부적으로 알아보면, '주변 세계와 자연에 대해 지속적으로 호기심을 가진다.'는 유아가 물체와 물질, 동식물, 자연현상 등에 호기심을 가지고 지속적으로 궁금한 것을 찾아가거나 표현하는 내용이다. '궁금한 것을 탐구하는 과정에 즐겁게 참여한다.'는 유아가 궁금한 것을 해결하기 위해 관찰, 비교, 분류, 예측, 실험 등의 과학 과정기술을 활용한 탐구과정에 적극적이고 자발적으로 참여하며 즐기는 내용이다. 마지막으로 '탐구과정에서 서로 다른 생각에 관심을 가진다.'는 유아가 탐구하는 과정 중에 자신의 생각을 또래친구 또는 교사와 함께 공유하면서 서로 다른 생각이 있음에 관심을 가지는 내용이다.

유아 과학적 탐구 경험의 실제 -
관찰, 예측하기, 의사소통하기를 통해 선풍기 작동방법 탐구하기

유아들이 손이 닿으면 작동을 멈추는 '안전 선풍기'를 탐색한다. 아인이가 "어떤 부분에 손이 닿아야 멈추는 거야?"라고 말한다. 효린이가 날개가 있는 부분을 짚으며 "여기 선풍기 얼굴에 닿을 때에만 멈추겠지."라고 하자, 서재는 "그럼 뒤에를 만지면 계속 돌아갈까?" 하고 궁금해한다. 유아들은 "한번 해 보자! 어떤 곳을 만져야 멈추는지!"라고 이야기하며 차례대로 선풍기의 곳곳을 만지면서 선풍기가 멈추는지를 살펴본다.

(2) 생활 속에서 탐구하기

유아가 여러 가지 물체와 물질을 다양하게 탐구하고 다루어 보는 것을 포함하여 도구와 기계에 관심을 가지고 생활 속에서의 문제를 다양하게 탐구하는 내용이다.

세부적으로 '물체의 특성과 변화를 여러 가지 방법으로 탐색한다.'는 유아가 주변에서 흔히 발견할 수 있는 친숙하거나 새로운 물체 및 물질의 기본적 특성, 즉 크기, 모양, 색, 냄새, 소리, 질감, 기능, 작동원리 등에 관심을 갖고 과학 과정기술을 활용해서 탐구하는 내용이다. 또한 그 물체나 물질을 다양한 방법으로 변화시켜 보며 변화되는 특성과 변화되지 않는 특성에 대해 탐구하고 변화의 원인(예: 물은 높은 온도의 열에 의해 끓는다. 작동 단추를 누르면 선풍기가 돌아간다.)을 탐구해 보는 내용이다. '도구와 기계에 대해 관심을 가진다.'는 유아가 일상생활에서 편리하게 사용하는 다양한 도구와 기계에 관심을 가지고 직접 사용해 보면서 각각의 도구와 기계가 주는 삶의 편리에 대해 관심을 가지는 내용이다.

유아 과학적 탐구 경험의 실제 – 도구와 기계에 관심 갖기

유아들의 생활 주변에 있는 QR코드를 태블릿으로 직접 촬영해 보고 있다. 은우가 태블릿으로 QR코드를 인식시키며 "너 이거 해 본 적 있어?"라고 묻자, 서희가 "응. 이거 핸드폰으로도 찍을 수 있어!"라고 했다. 은우는 선생님에게 "QR코드가 있으면 내가 누구인지도 알려 주죠?"라고 묻자, 선생님은 "은우가 어른들이 QR코드를 사용하는 것을 본 적이 있구나."라고 말한다. 서희는 "그런데 이걸로 동화도 볼 수 있어요! 전에 봤었는데."라고 한다.

(3) 자연과 더불어 살기

유아가 주변의 동식물에 대해 관심을 가지고, 생명과 자연환경을 소중히 여기며, 날씨와 계절의 변화를 생활과 관련짓는 내용이다. 세부적으로 '주변의 동식물에 관심을 가진다.'는 유아가 생활 속에서 접할 수 있는 동식물을 관찰하거나 직접 길러 보며 관심 있는 동식물의 고유한 특성에 관심을 가지고 탐구하는 내용이다. '생명과 자연환경을 소중히 여긴다.'는 유아가 동식물을 생명체로서 소중히 여기며 이들이 살아가기에 좋은 환경에 대해 관심을 가지고 돌보는 내용이다. '날씨와 계절의 변화를 생활과 관련짓는다.'는 유아가 계절, 날씨, 낮과 밤 등의 변화를 느끼고, 자연의 변화에 따라 옷차림과 놀이 등 일상생활에도 영향이 있다는 것을 이해하고 적절하게 대처하는 내용이다.

유아 과학적 탐구 경험의 실제 - 식물이 자라기에 좋은 환경을 마련하여 돌보기

창의반에서 키우던 나팔꽃의 잎사귀 색깔이 누렇게 변하고 있는 것을 발견한 유아들은 교사에게 "잎사귀 색깔이 왜 이래요?"라고 물었고, 교사는 전체 유아들과 함께 이야기를 나누어 보기로 하였다. 유아들은 나팔꽃잎을 주의 깊게 관찰하면서 잎사귀에 힘이 없고 바스락거리는 느낌이라고 이야기하면서, 물이 너무 없어서 그리고 자신들이 잘 돌보아 주지 않아서 나팔꽃잎이 시들어 가는 것이라고 하였다. 교사는 유아들과 함께 나팔꽃잎이 다시 푸르러질 수 있도록 하기 위해서 얼마나 자주 물을 주어야 하는지 인터넷에서 정보를 찾은 후, 잊지 않고 물을 줄 수 있는 방법에 대해 이야기를 나누었다. 유아들은 순서를 정해 물을 주기로 하고 하루에 한 번씩 나팔꽃을 눈으로 보면서 "사랑해" "쑥쑥 자라렴!" "물 잘 먹어!"라고 말하며 돌보아 주기로 하였다.

2) 제4차 표준보육과정에서의 과학교육 내용

「제4차 어린이집 표준보육과정」 고시문(보건복지부 고시 제2020-75호)을 토대로 영아들을 대상으로 하는 과학교육의 내용을 살펴보고자 한다. 제4차 표준보육과정 또한 영아와 놀이를 중심에 둔 보육과정 운영을 강조하고 있다. 따라서 영아가 흥미와 관심에 따라 자유롭게 놀이에 참여하며 즐기는 가운데 과학 관련 경험이 이루어지도록 해야 한다. 2세 이하 영아들을 위한 표준보육과정의 구성과 내용은 앞에서 제시한 2019 개정 누리과정과의 연계성 속에서 유사한 맥락으로 구성되어 있다.

0~1세와 2세 영아의 발달적 특성을 고려할 때, 과학적 개념을 이해하기 위한 과학 경험보다는 여러 가지 감각을 활용하여 사물이나 자연을 탐색하는 활동이 지속적으로 이루어질 수 있도록 하여 과학탐구의 기초를 다지는 것이 매우 중요한 시기라고 할 수 있다. 따라서 표준보육과정의 자연탐구영역에서는 0~1세 영아들이 주변 환경과 자연에 관심을 가지고 탐색을 시도하며 감각과 간단한 조작을 통해 주변 사물과 자연환경에 대해 지각하는 것을 목표로 한다. 2세 영아의 경우, 주변 세계에 대해 관심의 폭을 넓히고 좀 더 주도적으로 탐색하는 과정을 즐기며 사물과 자연환경을 인식하는 것을 목표로 한다. 3~5세 표준보육과정 자연탐구영역의 내용범주는

제4차 어린이집 표준보육과정 자연탐구영역 목표

[0~1세]
주변 환경과 자연에 관심을 가진다.
1. 일상에서 탐색을 즐긴다.
2. 주변 환경을 탐색한다.
3. 생명과 자연에 관심을 가진다.

[2세]
주변 환경과 자연을 탐색하는 과정을 즐긴다.
1. 일상에서 탐색하는 과정을 즐긴다.
2. 주변 환경에 관심을 가지고 탐색한다.
3. 생명과 자연에 관심을 가진다.

2019 개정 누리과정과 동일하며, 동일 연령 내 수준 구분 없이 해당 연령이 공통적으로 경험해야 하는 내용으로 간략화되어 있다. 0~2세를 위한 표준보육과정에 제시된 과학과 관련된 내용들을 중심으로 과학교육의 내용을 살펴보면 다음과 같다.

(1) 0~1세 보육과정

내용범주	내용
탐구과정 즐기기	주변 세계와 자연에 대해 호기심을 가진다.
	사물과 자연 탐색하기를 즐긴다.
생활 속에서 탐구하기	친숙한 물체를 감각으로 탐색한다.
자연과 더불어 살기	주변의 동식물에 관심을 가진다.
	날씨의 변화를 감각으로 느낀다.

0~1세 보육과정 자연탐구영역의 '탐구과정 즐기기'에서는 주변 사물과 자연에 대해 호기심을 가지고 감각을 이용해 탐구해 보도록 함으로써 탐구의 과정을 즐기고 향후 의도적인 탐색으로 이어지도록 하는 내용을 담고 있다. '생활 속에서 탐구하기'에서는 일상생활 주변에서 접할 수 있는 친숙한 물체를 감각을 통해 탐색하며 그 기초적인 특성에 관심을 갖도록 하는 것을 내용으로 제시한다. 마지막으로 '자연과 더불어 살기'에서는 주변에서 경험할 수 있는 동식물에 관심을 가지고 감각을

통해 날씨의 변화를 느껴 보는 것이 포함된다.

(2) 2세 보육과정

내용범주	내용
탐구과정 즐기기	주변 세계와 자연에 대해 호기심을 가진다.
	사물과 자연을 반복하여 탐색하기를 즐긴다.
생활 속에서 탐구하기	친숙한 물체의 특성과 변화를 감각으로 탐색한다.
	생활 도구에 관심을 가진다.
자연과 더불어 살기	주변의 동식물에 관심을 가진다.
	날씨와 계절의 변화를 감각으로 느낀다.

2세 보육과정 자연탐구영역의 '탐구과정 즐기기'에서는 호기심을 가지고 지속적으로 주변 사물과 자연을 탐구하는 것을 즐기도록 하는 내용을 담고 있다. '생활 속에서 탐구하기'에서는 일상에서 친숙한 물체의 특성뿐만 아니라 변화를 감각적으로 탐구하는 것과 더불어 0~1세의 경험보다 그 폭을 넓혀 생활 도구에 대해서도 관심을 가지도록 하는 내용이 포함된다. 마지막으로 '자연과 더불어 살기'에서는 주변의 다양한 동식물에 관심을 가지고 날씨뿐만 아니라 계절의 변화에 대해서도 감각을 통해 느껴 보는 것을 포함한다. 2세 영아들의 경우 좀 더 주도적이며 능동적으로 주변을 탐색하며 호기심을 가지게 되므로 이들의 흥미와 관심에 대해 적극적으로 반응해 주며 그 관심의 폭을 넓혀 주는 기회를 충분히 제공하고 과학탐구를 위한 기초적인 탐색활동이 다양하게 이루어질 수 있도록 도와야 한다.

3) 유아주도 과학놀이의 의미

유아의 과학 관련 경험과 배움은 교사가 계획한 활동을 통해서 이루어지기도 하고, 유아가 스스로 만들어 가는 자발적이고 유아주도적인 놀이 속에서 의미 있는 배움이 이루어진다. 다음은 꽃집에 현장학습을 간 유아들이 꽃에 대해 호기심과 흥미를 느끼며 시작된 놀이가 확장되어 가는 유아주도적인 과학적 탐구의 과정을 나열한 것이다. 그 속에서 유아들이 과학과 관련하여 어떤 경험을 하게 되는지, 그리고 그 경험을 어떻게 바라보고 이해해야 할 것인지에 대해 생각해 보기로 하자.

햇살반 교사는 꽃이 만발하는 봄을 맞이하여 유아들과 꽃가게로 현장학습을 갔다. 교사는 유아들이 여러 종류의 꽃을 탐색해 보도록 하며 미리 찍어 둔 꽃 사진과 색깔 카드를 이용하여 꽃의 생김새와 특징을 관찰할 수 있게 하였다. 유아들은 자신이 그간 보아 왔던 것보다 색깔과 형태, 향기 등이 다양한 꽃을 보며 강한 흥미를 느꼈고 직접 꽃을 키워 보고자 하는 욕구를 표현하였다. 교사는 유아들의 요구에 따라 종류가 다른 꽃화분을 구입하여 유치원에서 함께 키워 보기로 하였다.

꽃가게에서 사 온 여러 가지 꽃을 관찰하며 손으로 만져 보기도 하고 코로 냄새도 맡으며 감각을 활용해 즐겁게 탐색하였다. 그 과정에서 식물에 있는 아주 작은 벌레를 발견하기도 하였다. 유아들은 각각의 꽃이 가진 특징에 대해 발견하며 친구들과 이야기를 나누고 꽃에 대해 궁금한 점을 교사에게 물어보기도 하였다.

유아들은 꽃잎의 촉감과 색깔에 큰 관심을 보이며 꽃잎을 떼어 보고 싶어 하였다. 이에 꽃잎을 만지기도 하고 그림도 그려 보고 장식도 해 보고 싶다는 유아들의 의견을 받아들여 꽃을 별도로 구입하기로 하였다. 유아들은 탐색하며 놀이해 보고 싶은 꽃으로 장미꽃을 꼽았다.

여러 가지 색의 장미꽃을 한 다발씩 사 와서 유아들에게 주었다. 유아들은 많은 꽃에서 풍겨오는 장미 향기에 감탄을 하고 이 색 저 색의 장미를 살펴보기 시작했다. 이 장미로 무엇을 하고 싶은지 물어보자, 꽃잎 떼기 놀이, 꽃다발 만들기, 그냥 만져 보기, 그림 그려 보기 등 많은 이야기가 나왔다. 유아들이 제안한 대로 놀이가 시작되었다.

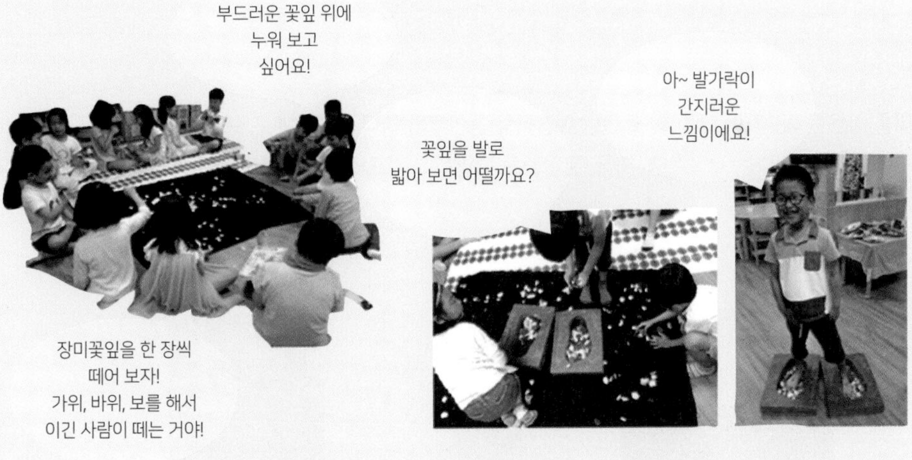

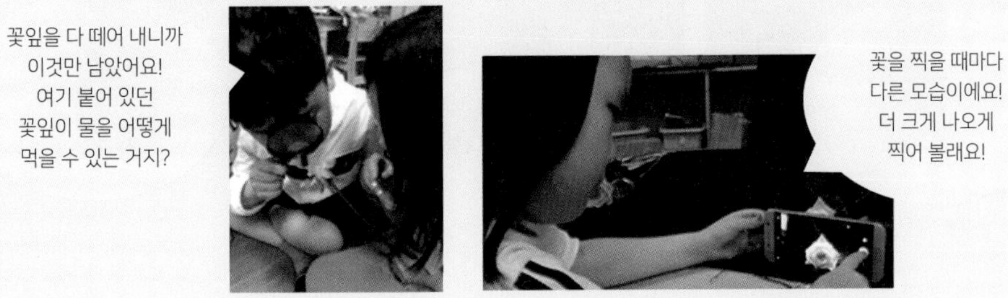

이론편

유아들이 찍은 꽃 사진들을 모두 함께 감상하면서 다양한 위치에서 본 장미의 아름다움뿐만 아니라 미처 발견하지 못했던 새로운 모습을 발견하게 되었다. 특히 꽃잎 뒷면과 앞면의 색깔이 다르다는 것, 꽃대의 형태, 줄기에 있는 가시 등 장미가 가지고 있는 다양한 특성에 대해 큰 호기심을 보였다.

장미꽃 사진을 보며 수채색연필로 그림 그리기를 하는 유아도 있었는데, 유아들은 꽃잎 끝에만 색이 있는 장미, 전체가 색으로 덮인 장미 등 장미가 가진 아름다움에 흠뻑 빠져들었다.

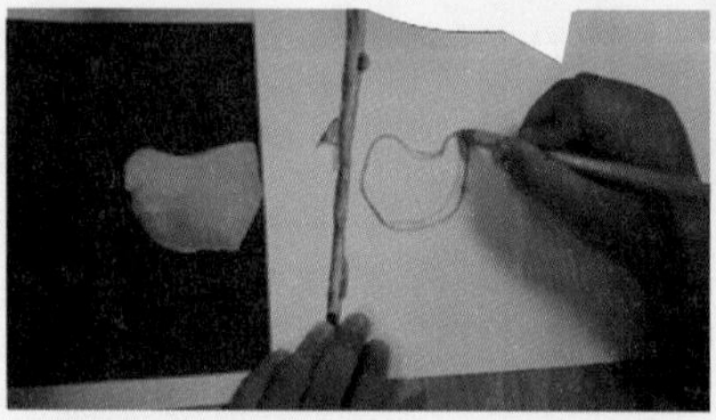

장미를 이용한 예술작품, 장미를 표현한 예술작품 등을 감상하다 흥미롭게도 보자기를 빙글빙글 돌려 장미를 쉽게 표현할 수 있다는 것을 알게 되자, 유아들도 다양한 스카프와 보자기를 이용하여 장미를 표현해 보기 시작하였다.

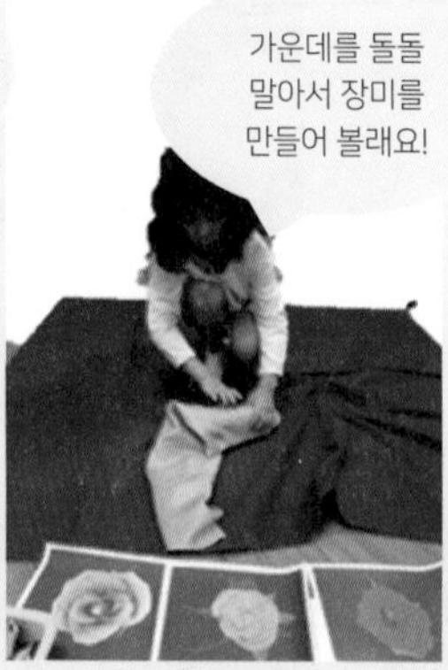

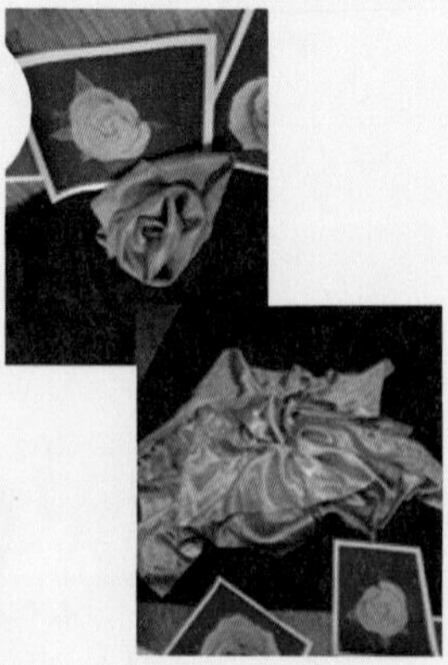

앞의 사례는 유아가 자신의 주변에서 만날 수 있는 꽃에 대해 관심을 갖고, 탐색 및 과학적 탐구와 놀이를 통해 꽃에 대한 과학적 궁금증을 해결해 가는 과정을 보여 준다. 교사가 바라본 유아의 과학적 놀이 경험과 배움의 내용을 구체적으로 기술해 보면 다음과 같다.

봄이 되어 사람들이 자연스레 꽃을 심고 가꾸며 주변을 아름답게 만들어 간다는 것에 관심을 갖게 된 유아들이 꽃가게를 방문하면서 꽃을 키우고 싶어 하게 되었고, 원하는 꽃을 몇 가지 구입해 유치원으로 가지고 왔다. 유아들은 꽃 화분을 자세히 관찰하면서 꽃을 키우기 위해 무엇을 알아야 하는지 생각하게 되었다.

유아들은 꽃에 물을 주고 햇빛을 쬐어 주는 것 이상으로 꽃잎에 대해 관심을 보이며, 직접 만지고 뜯어 보고 싶은 욕구를 표현했다. 이에 교사는 유아들에게 꽃을 따로 사서 놀이하면 어떨지 제안했고, 이에 찬성한 유아들은 그들이 잘 알고 있는 장미꽃을 제안하여 장미를 이용한 놀이를 시작했다.

여러 가지 색의 장미꽃으로 꽃잎 떼기, 꽃잎 촉감 느끼기, 꽃다발 만들기, 그냥 만져 보기, 사진 찍기, 그림 그려 보기, 스카프로 꽃 만들기 등의 놀이가 이루어졌다. 더불어 관찰할 꽃을 화병에 담아 장식하기, 묶어서 다발을 만들어 꽃 말려 보기, 꽃으로 만들어진 작품들 감상하기 등의 활동이 이루어졌다.

이런 과정 속에서 유아들은 꽃이 그저 바라보고 소중히 다루는 대상만이 아니라, 신체로 느껴 보고, 언어로 표현하고, 자세히 들여다보며, 예술적으로 표현하는 좋은 대상이 됨을 경험하게 되었다. 이러한 경험 속에서 꽃의 특징과 성장에 관련된 과학적 지식과 관찰, 예측하기, 추론하기, 의사소통하기 등의 과학 과정기술을 활용하고 학습하는 기회를 가졌다.

4) 교사의 과학놀이 지원방법

교사는 유아의 놀이와 배움을 지원하는 교육과정의 주체라고 할 수 있다. 2019 개정 누리과정의 효율적인 실행을 위해 유아의 놀이를 이해하고 지원하는 교사의 역할이 무엇보다 중요하다. 다시 말해, 2019 개정 누리과정에서는 유아의 흥미와 경험에 기초한 놀이에서 유의미한 의미를 파악하고 유아의 놀이를 확장하여 배움으로 이끄는 놀이 지원자로서의 교사의 역할이 부각된다(유재경, 황지영, 박은미, 2020).

과학놀이에 있어서도 교사는 유아의 자발적인 과학놀이의 흐름을 따라가면서 가장 적합한 교육적 지원이 무엇인지를 상황에 따라 판단하고 실천해야 한다. 여기서

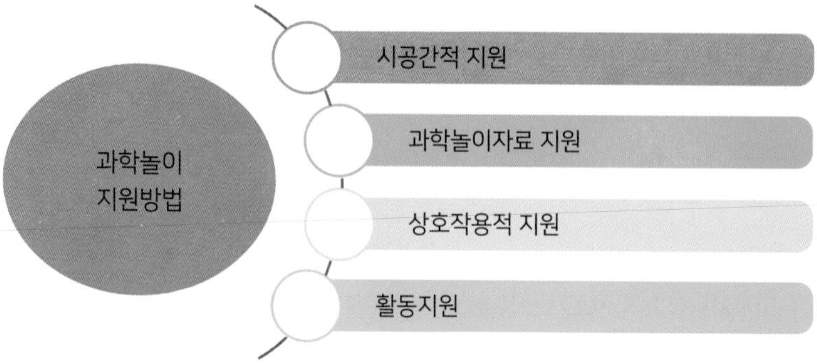

그림 2-1 교사의 과학놀이 지원방법

중요한 것은 유아의 자발성과 주도성을 존중하는 방향으로 교사의 과학놀이 지원이 이루어져야 한다는 것이다. 교사의 과학놀이 지원방법은 다음과 같다([그림 2-1] 참조).

(1) 시공간적 지원

2019 개정 누리과정에서는 유아들이 놀이의 흐름이 끊어지지 않고 충분히 놀았다고 느낄 수 있도록 놀이 시간을 편성하는 것이 매우 중요하다. 마찬가지로 유아가 과학놀이에 흥미를 보이며 몰입하기 위해서는 충분한 놀이 시간 제공이 필수적이다. 교사는 과학놀이의 흐름을 중단했을 때 유아의 중요한 배움의 순간을 놓칠 수 있다고 판단이 된다면 놀이시간을 융통성 있게 연장할 수 있다. 다음은 과학놀이 시간 연장에 대한 교사의 지원 사례다.

자유놀이 시간에 과학영역에서 유아들은 자석놀이에 몰입해 있다. 유아들은 도장 모양의 자석 2개를 이용하여 게임판, 손바닥 등에 자력을 관통시키며 다양한 과학놀이를 하고 있다.

정현: 자, 봐봐. 이렇게 게임판 아래에 자석을 대고 판 위에서 자석을 움직이는데 잘 움직이지? 이 자석 완전 세다!

수형: 진짜네! 그럼 내 손에도 해 봐. 내 손은 두꺼워서 잘 안 될걸?

정현: (자석 하나를 수형의 손바닥 위에, 다른 자석을 손 아래에 놓고 조심스럽게 손을 뗀다) 와! 안 떨어진다! 이거 봐! 진짜 세지?

수형: 이상해! 자석이 내 몸을 뚫었다!

동하: 야! 더 두꺼운 걸로 해 보자! 자석 힘이 안 뚫는 것! 내가 찾아올게!

주변에 있는 유아들도 매우 흥미를 보이며 저마다 교실 곳곳에서 자석의 힘이 미치지 못할 만한 물건들을 찾느라 분주하다. 몇몇 유아는 교사에게도 같이 찾아보자고 제안한다.

교사: 그런데 얘들아, 우리 이제 자유 놀이 정리할 시간인데…….

유아들: 아, 안 돼요. 지금 이거 해야 돼요. 자석이 얼마나 센지 알아봐야 돼요! 제발요!

교사는 정리 시간이 다 되어 가지만 현재 유아들의 자석 탐구놀이가 매우 진지하게 활발히 이루어지고 있다고 판단하여 30분을 더 연장하기로 결정했고, 유아들은 연장된 놀이시간 동안 자신의 실내화, 모자, 인형, 책 등을 통해 사물의 재질과 두께에 따라 자력이 통하는 정도가 다르고 자석마다 힘의 차이가 있다는 것도 알 수 있었다.

한편, 교사는 유아의 놀이를 방해하는 요소가 무엇인지를 관찰하고 유아의 놀이를 지켜보면서 유아가 공간에 부여하는 의미를 이해하고 유아의 의견을 반영하여 놀이공간을 구성하고 운영해 나갈 수 있어야 한다(Edwards & Cutter-Mackenzie, 2011). 즉, 유아의 놀이 요구와 과학놀이의 내용 및 성격에 따라 놀이 공간의 확장, 축소, 통합 등의 환경적 지원을 해야 한다.

과학영역에서 진행되던 과학놀이가 좁은 공간으로 인해 놀이에 한계가 생겨 유아의 제안을 통해 복도와 바깥공간으로 공간이 확장되어 과학놀이가 진행되었다.

다양한 블록 놀잇감을 이용해서 구슬길 만들기 놀이를 하는데 더 길고 견고한 구슬길을 만들기에는 쌓기영역이 비좁아 놀이의 흥미가 반감되고 있음. 또한 다른 놀이를 하는 친구들에게도 방해가 되어 더 이상 놀이가 확장되지 못함

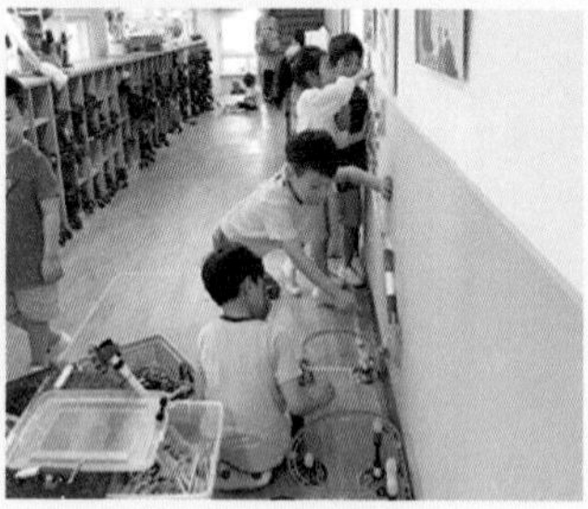

교사가 유아의 요구를 반영하여 교실 밖 복도의 긴 벽면을 허용하자, 유아들은 공간에 구애를 덜 받으면서 길고 복잡한 구조의 구슬길을 만들었음. 이때 구간마다 경사를 조절하여 구슬이 밖으로 최대한 튕겨 나가지 않도록 실험을 거듭했고 다양한 자료들을 활용해서 구슬길의 레일이 떨어지지 않고 잘 지탱될 수 있도록 시행착오를 거치며 놀이에 몰입함

출처: 2019 개정 누리과정 놀이운영사례집, pp. 10, 12.

(2) 과학놀이자료 지원

유아에게 있어서 놀이자료는 세상을 만나고 자신의 감정과 생각을 표상하는 매개이며, 위험하거나 유해하지 않는 한 모든 자료는 놀이자료가 될 수 있다(임명희, 2020). 과학놀이자료를 지원할 때 교사는 유아들에게 친숙한 것으로 제공하는 것이 보다 효과적이다. 사용상의 주의사항이 강조되어 유아들이 다루기가 어려운 자료, 형식적인 자료들은 유아의 자발적인 과학놀이 전개에 바람직하지 않다. 측정을 위해 반드시 비커가 필요한 것은 아니다. 오히려 유아들에게 친숙한 약병이나 플라스틱병이 더욱 적합할 수 있다. 다음은 교사의 놀이자료 지원을 통해 다양한 자료로 스티로폼 공을 굴려 보며 바람의 물리적인 힘에 대해 경험을 하는 유아들의 사례이다.

소희: 입을 모아서 배에 힘을 주고 불면 공이 멀리 굴러간다. 봐봐, 맞지?

성빈: 난 손으로 부채질해서 공을 굴릴 거야. 부채는 시원한 바람이니까!

희승: (빨대를 가져와서) 여기 봐라. 난 빨대로 한다. 공이 잘 굴러가지? 엄청 빨라!

미성: (재활용품 박스에서 케첩통을 가져오며) 선생님! 이거 써도 돼요?

성빈: 그거 내가 로봇 만들 때 쓸 건데 왜? 그걸로 어떻게 하려고?

교사: 미성이는 케첩통으로 바람을 낼 수 있을 거라 생각하니?

미성: 네! 케첩 뿌릴 때 푸푸 소리 나면서 바람 나오는 거 많이 봤어요.

소희: 맞아. 저 통 안에 바람이 있어서…….

교사: 아, 그렇구나. 당연히 사용해도 돼! 혹시 더 바람을 잘 내기 위해서 케첩통 말고도 필요한 자료 있으면 언제든지 선생님에게 이야기해 줘! 선생님도 어떻게 될지 정말 궁금하다.

소희: 아, 그거! 풍선바람 넣는 거 그거 필요해요!

교사: 아하! 알겠어. 선생님이 꺼내다 줄게!

유아의 놀이자료 제안과 교사의 바람 넣는 기구 등의 자료 지원에 의해 유아들의 바람 놀이는 계속 진행되었고, 나아가 자연의 바람, 바람을 활용한 물건 및 기계 등으로 과학놀이는 확장되었다.

〈케첩통 축구놀이를 해요〉

— 이론편 —

과학놀이에서 유아들은 기존의 방식 외에도 자기만의 방식으로 자료를 재해석 및 재창조하여 다양한 과학탐구놀이를 생성해 낸다. 다음은 동네 산책 시 배관 공사를 하는 상황에 관심을 보이던 유아들의 모습에 착안하여, 교사가 배관용 파이프인 PVC관을 놀이자료로 지원함으로써 유아가 자료에 내포된 과학적인 특징 및 현상들을 발견하며 놀이를 이어 간 사례이다.

망원경, 잠망경 놀이	
길고 빠른 구슬길 놀이	
소리 전달놀이	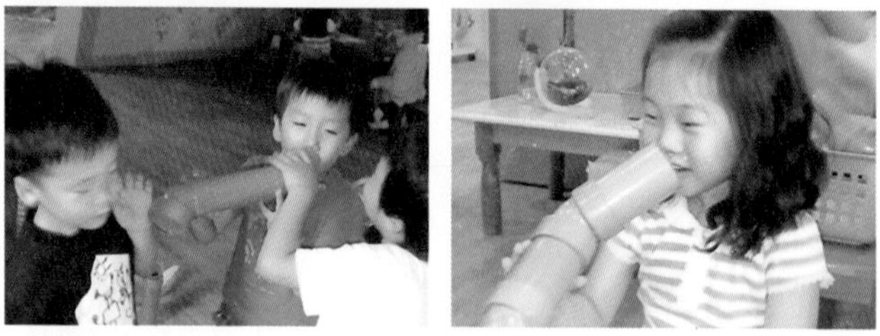
빛 통과놀이	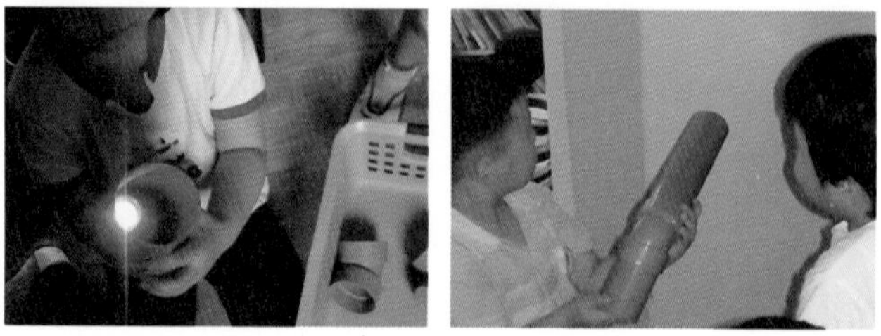

이 외에도 과학적 탐구를 격려할 수 있는 자료와 활동의 예시를 제시하면 다음과 같다.

과학놀이명	과학놀이자료	과학놀이 내용
공기가 느껴져요	 비닐백	• 비닐팩에 공기를 넣고 이리저리 눌러 공기를 이동시키면서 공기의 존재를 경험하기 • 공기의 양을 다르게 비닐백을 채워 본 후 그 차이를 경험하거나 전자저울로 공기의 무게 달아 보기 • 팽팽하게 공기를 넣은 비닐백의 입구를 조금 열고 누르는 압력을 다르게 해서 바람이 빠져나가는 차이를 느껴 보기
어떻게 보일까	 삼면만화경	• 거울시트지와 두꺼운 도화지를 활용해서 만든 삼면만화경에 사물이 넣고 모습을 탐색하기 • 거울면의 수에 따라 다양한 자연물이나 작은 사물들이 어떻게 다르게 보이는지 관찰하기 • 시판되는 만화경으로 다양한 모양과 무늬를 경험하기
진동이 느껴져	 포크와 실	• 포크 손잡이 부분 끝에 실을 두 가닥 연결시킨 후 포크를 탁자나 의자 같은 사물에 살짝 부딪치게 한 후 실 끝을 귀에 갖다 댄 후 진동을 느껴 보기 • 포크가 탁자에 부딪히면 진동을 하고 포크의 진동이 실도 진동시켜 실을 귀에 대면 포크의 진동을 확실히 느낄 수 있음. 즉, 소리 전달의 원리를 경험할 수 있음
자바라 펌프놀이	 자바라 펌프	• 자바라 펌프를 이용해서 물을 옮기면서 원리를 경험해 보기 • 빨간색 손잡이 부분을 누르면 압력차에 의해 물이 빨려 올라가고 안에 작은 문이 닫히며 다른 쪽 호스로 물을 이동시킴 • 자바라 펌프가 생활 속에서 편리하게 사용되는 사례를 찾아보기
빙빙 돌아라	 채소 탈수기	• 세탁기 탈수원리와 같이 손잡이를 빠르게 돌리면 원심력으로 인해 물이 바깥으로 빠져나가는 원리 • 씻은 채소를 넣고 물이 빠져나가는 것을 경험해 볼 수 있음 • 가운데에 동그랗게 자른 종이를 넣고 여러 색의 물감을 짠 후 돌리면 물감이 퍼져 나가는 아름다운 무늬를 경험할 수 있음

빨판아, 붙어라!	 고무빨판	• 발바닥 모양의 고무빨판으로 어떤 용도로 쓰면 좋은지, 또 빨판의 붙는 성질을 이용해서 어느 곳에 잘 달라붙는지 찾아보기 • 문어나 오징어의 빨판을 보며 고무빨판과의 연관성을 살펴보며 원리를 알아보기(공기의 압력차로 달라붙음)
정전기로 먼지를 쓰윽!	 먼지털이	• 얇은 종이를 작게 잘라 책상 위에 놓고 먼지털이를 손이나 옷에 몇 번씩 쓸어내리면서 먼지털이에 종이가 달라붙는 현상을 관찰하기 • 손이나 옷에 쓸어내리지 않고 종이에 대었을 때 차이를 경험해 보기 • 정전기가 잘 생기는 물건과 그렇지 않은 물건을 찾아보기

(3) 상호작용적 지원

유아와 교사 간의 상호작용은 놀이의 시작과 지속, 새로운 놀이로의 전이 및 확장, 마무리 등 놀이의 흐름을 관찰하고 유아의 흥미와 의도를 이해하는 과정에 기반해야 한다. 교사는 유아의 과학 놀이를 관찰하다가 배움이 일어나도록 질문이나 제안을 할 수도 있고 정서적으로 지원하며 상황에 따라 놀이에 직접 참여하는 등의 다양한 상호작용적 지원을 할 수 있다.

관찰하기
교사는 유아가 질적으로 수준 높은 과학놀이를 경험할 수 있도록 지원하기 위해 놀이를 주의 깊게 관찰하고, 지원 시기와 유형에 대하여 민감하게 반응하고 선택할 수 있는 능력이 요구된다. 즉, 유아의 놀이 지원을 위해 즉각적인 개입보다는 유아가 과학놀이에서 보이는 궁금증, 흥미를 보이며 탐색하는 것 등을 관찰하면서 기다리는 것이 우선되어야 한다. 교사는 유아의 과학놀이를 잘 관찰하며 유아가 놀이를 통해 경험하는 것, 스스로 배우는 것이 무엇인지 이해하려고 노력하면서 놀이가 진행되는 과정에서 상호작용하기에 적절한 순간과 방법을 잘 결정하여야 한다.

질문하기

질문은 과학적 탐구 분위기 조성과 활동의 원천이 된다. 교사의 적절한 질문은 유아로 하여금 놀이에서 나타나는 과학적 현상에 집중하도록 지원하고, 유아의 사고 범위를 확장시켜 줄 뿐만 아니라 사고 수준을 높여 주는 역할을 한다. 교사의 질문전략을 종합하면 다음과 같다.

- 설명보다 질문을 많이 하도록 노력한다. 그러나 경우에 따라서는 질문보다 과학적 지식을 전하는 것이 유아의 과학적 탐구가 지속되고 의미 있게 이루어질 수 있도록 하는 효과가 있다. 그러나 교사가 앞서 유아의 과학적 탐구놀이과정에 관련된 과학적 정보나 개념을 앞서 제시하거나 유아의 설명을 요하는 것은 유의해야 한다.
- 질문할 시기를 잘 선택해야 한다. 유아가 과학놀이에 열중하고 있을 때에는 관찰하고 경청하면서 기다려 주는 것이 더 좋다.
- 한 번에 한 가지 질문만 한다. 질문이 너무 많은 경우 오히려 사고하고 탐구할 수 있는 기회를 놓치게 된다.
- 질문 후 유아가 대답할 수 있도록 기다려 준다. 교사의 질문에 유아가 즉각적으로 답을 하지 않았다고 해서 교사 혼자 묻고 바로 대답해 버리는 방식은 유아가 충분히 사고할 기회를 주지 않으므로 주의한다.
- 개방적 질문으로 과학놀이 시 유아의 탐구적 사고를 격려하며 상황에 따라 과정기술을 격려하거나 탐색 및 아이디어를 알아보기 위한 질문 등 적절한 유형의 질문을 활용하도록 한다.
  - 개방적 질문의 예시: 바퀴가 크면 어떤 점이 좋을까?/ 이 종이를 세우려면 어떤 다양한 방법이 있을까? 등
  - 과정기술을 격려하는 질문의 예시: 관찰(이 매미는 지난번에 관찰한 매미와 어떤 점이 다르지?)/ 추론(왜 이렇게 되었다고 생각하니?)/ 분류(어떻게 분류해 볼 수 있을까?)/ 예측(어떻게 될 거라고 생각하니?) 등
  - 탐구 및 아이디어를 알아보기 위한 질문의 예시: 좀 더 센 바람을 만들 수 있는 재료는 무엇일까?/ 장수풍뎅이가 어두운 곳을 좋아하는지 알아보려면 어떻게 해야 할까? 등

정서적 지원하기

유아의 놀이를 효과적으로 지원하기 위해 교사는 놀이에 직접 참여하지 않아도 격려나 미소, 공감의 표정을 보이거나 칭찬과 격려의 말을 통한 정서적 지원을 제공할 수 있다(교육부 외, 2019b).

다음은 곤충에 다소 무서움을 보이는 유아가 교사가 직접 제작한 매미 표본을 보며 교사의 정서적 지원 속에서 매미에 대해 조금씩 관찰해 나가는 사례이다.

수희: 이거 뭐예요?
교사: 친구들이 관찰한다고 가져온 매미야.
수희: (놀라며) 살아 있는 거예요?
교사: 아니, 매미가 생명이 다 되어서 죽어 있는 것 가지고 온 거야.

수희는 안심한 듯 조금씩 다가가며 매미 표본을 살피고 있다. 이때 교사는 용기를 내서 관찰하는 수희에게 미소를 보여 주며 손을 잡아 준다.

수희: (한 발짝 더 다가가서 매미를 살피며) 그런데 매미 날개가 투명해요. 그리고 날개가 몸보다 훨씬 커요.

〈교사가 제작한 매미 표본이에요〉

제안하기

교사는 유아의 흥미와 상관없이 새로운 놀이자료를 일방적으로 제안하거나 교사 주도로 놀이 방법을 이끌기보다는 관찰에 기반하여 과학놀이를 지원하는 것이 좋다. 다음의 사례는 유아의 흥미에 기초한 교사의 제안으로 씨앗 심기 놀이가 진행된 사례이다.

소라: 아까 수박 먹다가 씨앗 안 버렸어.
유라: 왜? 집에 가져가려고?
소라: 심어 보고 싶어서. 그럼 수박 안 사도 되잖아.
유라: 안 될걸? 너무 작잖아. 씨앗이. 수박은 엄청 큰데.
수진: 그럼 포도 씨는 될까?
소라: 사과는 열릴 거 같아. 아, 모르겠다.
교사: 너희들 과일 씨앗 심으면 진짜 열매가 열리는지 궁금한 것 같은데? 그럼 직접 심어 보면 어때?

〈수박과 옥수수 등의 다양한 씨앗을 심었어요〉

사진 출처: 2019 개정 누리과정 놀이이해자료, pp. 75-76.

놀이 참여하기

교사는 필요한 경우 공동 놀이자로 유아의 놀이에 직접 참여할 수 있다. 이러한 과정에서 교사는 놀이의 속성을 더 잘 이해하게 되고, 보다 효과적으로 지원할 수 있게 된다(교육부 외, 2019b). 교사의 놀이 참여는 유아가 과학놀이 중 문제 상황에 부딪혔을 때에 유아들이 문제를 명확하게 이해하고 문제해결을 도울 방법을 찾는 데 도움이 되며, 놀이 중 배움을 위한 적절한 순간에 즉각적으로 지원할 수 있다.

다음은 교사가 놀이에 참여하며 놀이를 통한 유아들의 배움을 지원한 사례이다.

지영: 내 옷은 안 젖어. 만져 봐. 미끌거리지? 이런 건 안 젖는다.

혜영: 진짜? 그럼 물 묻혀 보자. 진짜 안 젖는지!

지영: (화장실에 가서 옷에 물을 묻히며) 안 젖었지? 수건으로 닦으면 물이 없어져. 그렇지?

혜영: 내 옷은 젖어서 축축해. 난 수건으로 닦아도 안 돼. 그럼 네 옷은 비옷 같은 거야?

지영: 비슷한 거야. 비 올 때 입어도 되는 잠바랬어. 엄마가.

혜영: 신기하다! 근데 내 옷은 왜 젖는 거야? 다른 옷도 그럴까?

지영: 몰라. 어떤 건 되고 어떤 건 안 돼. 다른 것에 물 묻히면 선생님한테 혼나나?

혜영: 근데 해 보고 싶다.

교사: 얘들아, 너희들이 하는 것 선생님도 같이 해도 돼?

혜영: 진짜요? 지영이 옷은 물에 안 젖는데 내 옷은 젖었어요. 물에 안 젖는 것이 또 있는지 알고 싶어요.

교사: 그럼 스프레이에 물 담아서 같이 물에 안 젖는 것 한번 찾아보자! 선생님도 정말 재밌을 것 같아.

교사의 놀이 참여로 과학놀이에 탄력을 받은 유아들은 교실의 다양한 자료를 찾아 함께 물을 뿌려 본 후 젖는 것과 젖지 않는 것의 특성을 비교하면서 물의 흡수와 방수에 대한 지식을 넓혀 나갔다.

〈물에 젖는 것과 젖지 않는 성질이 있어요〉

(4) 활동 지원

Pyle과 Danniels(2017)는 유아 주도의 놀이부터 교사 주도의 놀이, 즉 활동까지 연속선상에서 놀이를 통해 배움이 이루어진다고 하였다. 교사는 유아에게 발현된 과학놀이의 주제 및 탐구내용을 확장시키고 심화할 수 있는 '활동'을 계획하여 연계할 수 있어야 한다. 여기서 '활동'이란 유아가 놀이를 통한 배움을 확장해 갈 수 있도록 돕는 교사가 유아놀이의 확장 · 심화 · 의미화를 위해 계획하에 실행하는 지원을 의미한다. 즉, 교사는 유아의 과학놀이를 관찰하고, 놀이가 활발하게 이루어질 수 있도록 지원하는 과정에서 과학놀이와 관련된 이야기 나누기, 노래, 동화, 신체표현, 게임 등 적절한 유형의 활동을 연계하여 운영할 수 있다. 활동의 내용은 과학놀이를 확장하거나 놀이 중의 오개념 등을 정비할 수 있고 유아가 놀이 중에 당면한 문제를 해결하기 위한 내용 등으로 구성할 수 있다. 다음은 유아의 자발적 과학놀이가 활동으로 연계된 사례다.

유아의 과학놀이 상황
햇살 좋은 날, 만 4세 유아들이 바깥놀이에서 그림자밟기 놀이를 하고 있다. 한 유아가 술래로부터 그늘진 장소로 몸을 피하다가 그림자가 생기지 않는 것을 발견하게 되었고, 유아들은 그곳으로 숨어 그림자를 사라지게 하였다. 이런 놀이를 통해 그림자와 빛의 연관성에 대해 큰 흥미를 보이던 유아들은 위치에 따라 다양한 그림자를 만들어 냈고, 교실에 들어와서도 창문의 햇빛이나 손전등을 통해 다양한 그림자 탐구활동을 이어 나갔다.

↓

교사가 계획한 활동
교사는 유아들의 그림자 탐구놀이가 흥미진진하게 지속됨에 따라 놀이의 확장을 돕는 다양한 활동을 계획하였다.

활동명	그림자가 있을까, 없을까?
활동유형	실험활동
활동목표	• 그림자가 생기는 원리를 알아본다. • OHP기기의 용도와 사용법을 경험한다. • 궁금한 것을 적극적으로 탐구하는 태도를 기른다.
교육과정 관련 요소	• 자연탐구영역-생활 속에서 탐구하기-물체의 특성과 변화를 여러 가지 방법으로 탐색한다. • 자연탐구영역-생활 속에서 탐구하기-도구와 기계에 대해 관심을 가진다. • 자연탐구영역-탐구과정 즐기기-궁금한 것을 탐구하는 과정에 즐겁게 참여한다.
활동자료	OHP기기, 블록, 장난감 자동차, 인형, 투명통, 투명컵, 투명 필름, 물
활동방법	1. OHP기기를 살펴보며 용도와 사용방법에 대해 알아본다. • 이것은 어떤 기계일 것 같니? • 왜 그렇게 생각했어? • 우리 주변에 이와 비슷해 보이는 것이 있을까? 예) 카메라/고기 굽는 프라이팬/ 책상 등 • 여기에 있는 빨간 버튼은 무엇일까? 한번 켜 볼까? • 어떻게 되었니? 예) 빛이 켜졌어요/ 벽에도 빛이 비춰요/ 영화 볼 때 쓰는 거 같아요 등 • 여기에 어떤 물건을 올려놓고 싶은데 무엇을 올려 볼까? • 장난감 자동차를 올려 보자. 어떻게 되었니? 예) 그림자가 생겼어요/ 자동차 바닥 같아요/ 이것도 그림자 만드는 거예요? 등 2. OHP기기에 올려놓고 싶은 물건을 가져와서 그림자를 탐색해 본다. • 여러 방향으로 물건을 놓는다면 그림자가 어떻게 될까? 3. 빈 플라스틱통을 올려놓고 탐색한다. • 이 플라스틱통은 어떤 그림자가 생길까? 예) 통이랑 똑같이 생긴 그림자요/ 그림자가 없을 것 같아요 등 • 어떻게 되었니? 예) 그림자가 잘 안 생겼어요/ 흐린 그림자예요/ 검은색이 아니에요/ 그림자가 없는 것 같아요 등 • 이 투명한 필름은 어떻게 됐니? 예) 하나도 그림자가 안 보여요/ 그냥 아무것도 안 올려놓은 것 같아요/ 투명해서 그런가 봐요 등 • 물을 한 방울 떨어뜨려 보자. 어떻게 되었니? 예) 물도 이 필름처럼 까만 그림자가 아니에요/ 테두리만 보여요 등 4. 그림자가 생기지 않는 이유를 추론해 본다. • 그림자가 생기지 않는 물건들의 공통점은 무엇일까? 예) 다 투명해요/ 투명한 건 그림자가 안 생기나 봐요/ 다 비치는 거예요 등 • 그렇구나. 이렇게 투명해서 빛이 통과되면 그림자는 생기지가 않네. 그럼 또 뭐가 그림자가 생기지 않을까? • 집에서도 그림자가 생기지 않는 물건들이 있다면 가져와서 실험해 보자!  

활동명	아름다운 색깔 그림자 세상
활동유형	미술활동
활동목표	• 색 그림자에 호기심을 갖고 지속적으로 탐구한다. • 다양한 색의 아름다움을 감상한다.
교육과정 관련 요소	• 자연탐구영역-탐구과정 즐기기-주변 세계와 자연에 대해 지속적으로 호기심을 가진다. • 예술경험영역-아름다움을 찾아보기-자연과 생활에서 아름다움을 느끼고 즐긴다.
활동자료	OHP기기, 투명색깔 칩, 무지개 투명창 퍼즐, 투명패턴블록
활동방법	1. '투명'에 대해 이야기 나눈다. • 투명하다는 것은 어떤 것일까? 예) 안 보이는 것/ 속이 보이는 것/ 비치는 것/ 그림자가 안 생기는 것 등 • 우리 주변에 투명한 것은 무엇이 있을까? 예) 비닐/ 컵/ 플라스틱통/ 안경/ 유리 등 2. 자료를 보면서 특징을 살펴본다. • 어떤 자료들이 있니? • 공통점은 무엇일까? 예) 색깔이 있어요/ 다 비쳐요 등 3. OHP를 이용해서 색깔 그림자를 만들어 본다. • 색깔 칩을 OHP에 올려놓으면 어떤 그림자가 만들어질까? 예) 색깔이 나올 것 같아요/ 검정색 그림자/ 투명한 그림자 등 • 어떻게 되었니? 예) 예쁜 그림자예요/ 색이 그대로 비쳤어요/ 투명창 퍼즐은 겉이 검정색으로 나와요 등 • 역시 투명한 부분은 그대로 빛이 통과돼서 색 그림자를 만들어 내는구나. 반대로 빛이 통하지 않는 테두리는 검정색 그림자로 나오네! 4. 햇빛을 활용해서 색깔 그림자를 만들어 본다. • 너희들 바깥놀이할 때 햇빛을 이용해서 그림자놀이 많이 했잖아. 그럼 여기 있는 자료들도 햇빛으로 색깔 그림자가 나올까? 예) 당연히 나와요. 햇빛도 빛이니까/ 더 진하게 나올 것 같아요/ 직접 해 봐요 등 5. 활동을 하고 난 느낌을 이야기해 본다. • 다양한 색깔 그림자 세상을 만들어 보니 어떠니? 예) 예쁘고 신기했어요/ 원래 색보다 더 예쁜 것 같아요/ 또 해 보고 싶어요 등    

활동명	그림자 나라 동화를 지어요.
활동유형	동화 짓기
활동목표	• 빛의 위치와 사물과의 거리에 따라 그림자가 다르게 나타나는 현상에 관심을 갖는다. • 책의 이야기에 흥미를 느끼고 자유롭게 상상해 본다. • 이야기를 짓는 활동에 즐겁게 참여한다.
교육과정 관련 요소	• 자연탐구영역-생활 속에서 탐구하기-물체의 특성과 변화를 여러 가지 방법으로 탐색한다. • 의사소통영역-책과 이야기 즐기기-책에 관심을 가지고 상상하기를 즐긴다. • 의사소통영역-책과 이야기 즐기기-말놀이와 이야기 짓기를 즐긴다.
활동자료	OHP기기, 종이, 가위, 연필, 셀로판테이프, 『앗, 깜깜해』 동화(존 로코 저, 김서정 역, 다림)
활동방법	1. 그림책 겉표지를 보며 내용을 유추해 본다. • 오늘 우리가 함께 볼 책의 겉표지를 살펴보자. • 어떤 내용일 것 같니? 예) 빛이 없는 나라의 이야기/ 어느 한 집만 빛이 있어서 그걸 뺏으려고 하는 이야기/ 전기가 고장 난 이야기 등 2. '앗, 깜깜해' 동화를 감상한다.  각자 일에만 푹 빠져 있던 가족들이 갑작스러운 정전으로 한자리에 모여 그 동안 미처 느끼지 못했던 밤의 낭만과 여유를 만끽하는 과정을 친숙하면서도 환상적인 그림으로 펼쳐 보여 준다. 그림자로 장난을 치고, 옥상에서 아름다운 별빛을 보며, 소박한 파티를 즐기고 있는 이웃들과 서로 인사를 나누고, 길거리로 나가 공짜 아이스크림을 나누어 먹기도 하며 행복한 경험을 한다. 3. 동화를 감상한 느낌을 이야기해 본다. • 동화를 듣고 나니 어떤 마음이 들었니? 예) 나도 저렇게 해 보고 싶어요/ 우리 아파트는 정전이 안 돼서 좀 슬퍼요/ 그림자놀이는 많이 해 봤는데 또 해 보고 싶어요 등 4. 그림자 주제로 동화를 지어 본다. • 그림자를 넣어서 동화를 지어 보면 어떨까? • 책의 내용이나 너희들이 그림자 놀이하면서 경험한 것들을 잘 떠올려 보면서 이야기를 지어 보자. • 어떤 내용을 넣어 보고 싶니? 예) 그림자만 있는 나라에 색깔 그림자가 놀러오면서 색을 나누어 주는 이야기/ 아주 센 빛이 나타나서 그림자를 없애는 이야기/ 그림자 마을에 투명이가 놀러 와서 자기만 그림자가 없어서 속상해하는 이야기 등 5. 대강의 줄거리와 등장인물을 정한 후 이야기를 짓고 이야기 내용을 그림자로 표현해 본다. 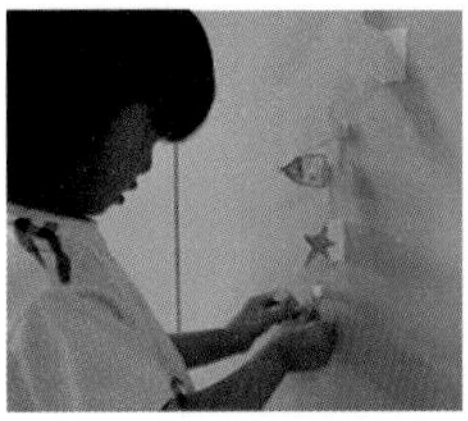  6. 활동을 회상해 보고 느낌을 이야기 나눈다. • 그림자 나라 이야기를 짓고 표현해 보니 어땠어? 예) 책만큼 재미있는 이야기를 지었어요/ 이야기를 그림자로 해 보니까 더 재미있었어요/ 혼자서도 지어 보고 싶어요 등

활동명	그림자 활동 TOP3!
활동유형	이야기 나누기
활동목표	• 그림자 관련 활동을 떠올리며 지속적으로 그림자에 대한 흥미를 갖는다. • 다른 사람의 이야기를 잘 듣고 내 생각을 바른 태도로 말한다.
교육과정 관련 요소	• 자연탐구영역-탐구과정 즐기기-주변 세계와 자연에 대해 지속적으로 호기심을 가진다. • 의사소통영역-듣기와 말하기-바른 태도로 듣고 말한다.
활동자료	그림자 활동 사진이 담긴 PPT자료, 노트북, 빔프로젝트
활동방법	1. PPT를 보면서 이야기 나눈다. • 여기에 너희들이 지금까지 그림자 활동한 다양한 사진이 있어. • 사진을 보면서 어떤 활동이었는지 이야기해 보자. • (그림자밟기 놀이하는 사진을 보며) 이 사진은 어떤 활동이었니? 예) 바깥놀이에서 그림자밟기 놀이하는 사진이에요/ 이 놀이 엄청 재밌었어요/ 그런데 그림자가 없어지기도 했어요 등 • 그림자가 왜 없어졌었지? 예) 햇빛이 안 비치는 곳에 들어가니까 그림자도 없어졌어요/ 그래서 그림자 없는 곳만 찾아 다녔어요 등 • (OHP로 그림자를 만들어 보는 사진을 보며) 이 활동은 무엇이었지? • 이 활동에서 새롭게 알게 된 것은 무엇이었니? 예) 그림자가 없는 물건도 있다는 거요/ 투명하면 그림자가 없어요/ 빛이 통과되면 그림자가 없어요/ 근데 색깔 그림자로 있어요 등 • (색깔 그림자 놀이 사진을 보며) 이 활동은 어땠니? 예) 너무 예쁜 무지개 그림자놀이였어요/ 색깔이 있는 투명한 건 그림자도 예뻤어요/ 그림자 색깔 나라로 갈 것 같아요 등 • (그림자 인형극 하는 사진을 보며) 이건 어떤 놀이하는 거니? 예) 우리가 인형 만들어서 그림자놀이한 거예요/ 할 때마다 이야기가 조금씩 바뀌니까 더 재밌었어요 등 • (공룡 장난감 그림자를 따라 그리는 사진을 보며) 이건 어땠어? 예) 그림자 따라 그리는 거예요/ 이거 재밌었어요/ 자동차도 그렸어요/ 수민이가 생각한 거예요 등 2. 가장 재미있었던 활동 3가지를 뽑아 본다. • 지금까지 선생님과 또 친구들과 함께 했었던 그림자 활동을 살펴봤는데, 이 중 가장 재미있었던 활동은 무엇이었는지 이야기해 볼까? • 왜 가장 재밌었다고 생각해? 이유를 이야기해 볼까? 예) 색깔 그림자놀이는 그림자는 검은색인 줄만 알았는데 아닌 걸 알게 돼서 가장 재밌었어요/ 친구들이랑 그림자밟기 놀이한 게 제일 웃겼어요. 같이 놀아서 좋았어요 등 • 그럼 손을 들어서 가장 신기하고 재밌었던 활동 3개를 뽑아 보자. 3. 선정된 활동의 사진을 출력해서 내용과 함께 벽면에 게시한다.

3 유아과학교육 접근법

유아의 과학적 소양 함양과 탐구 능력을 증진시키기 위해서 다양한 과학교육 접근법을 활용할 수 있다. 교사는 유아의 발달 수준, 교육 상황, 생활 주제 등을 고려하여 적합한 과학교육 접근법을 활용하는 것이 필요하다. 이를 통해 유아의 과학적 탐구 능력을 길러 줄 수 있을 것이다.

1 유아의 일상적 질문에 기초한 과학교육

1) 유아의 일상적 질문에 기초한 과학교육의 개념 및 특징

유아는 호기심과 탐구심이 많은 유능한 학습자로서 능동적으로 주변 환경을 탐색하는 가운데 자연스럽게 발생된 호기심을 다양한 질문을 통해 표현한다(조형숙 외, 2005). 유아기의 과학교육은 유아가 과학에 대한 흥미를 갖고 탐구함으로써 자신과 다른 사람 및 주변의 여러 가지 현상과 사물을 알고 이해하는 과정으로(권영례, 1991), 유아가 다양한 문제에 대한 해결책을 개발해 나가도록 그들의 호기심과 질문의 개발을 자극하는 데 관심을 둔다(Raper & Stringer, 1987). 유아의 질문은 탐구에 기초한 과학교육을 위한 자연스러운 학습 맥락을 제공하며, 자극적인 학습 환경을 계획 및 창조하기 위한 기초로도 사용 가능하다. 유아는 일상에서 수많은 과학적 호기심을 나타내고, 그것은 다양한 질문으로 이어진다. 이러한 일상적 질문을 기초로 학습 과정을 구성하는 것은 과학에 대한 유아의 자연스러운 내적 동기 유발을 야기하며, 과학을 보다 가까이 느끼게 하고 다양한 과학 과정기술을 경험하는 기회를 제공한다고 볼 수 있다(남기원, 2000). 교사는 일상에서 일어나는 유아의 과학적 질문의 중요성을 깨닫고 질문의 제기를 꾀함으로써 과학 교수를 증진시킬 수 있다(Gallas, 1995). 이를 위해 유아의 질문에 귀를 기울이고, 여기에 반영된 유아들의 관심과 사고수준을 파악하며, 문제해결을 위한 그들의 탐구과정을 보다 촉진시킬 수 있도록 다양한 자원을 제공하는 것이 필요하다.

유아의 과학적 질문이 언제, 어떤 상황에서 발생하는지에 대한 맥락을 살펴본 결과, '시간대별 활동'에 따라 질문 발생 빈도에서 유의미한 결과가 있었다(조형숙 외, 2005). 등원, 자유선택활동, 정리정돈, 이야기 나누기, 간식, 바깥놀이, 귀가지도 등 하루 일과에 포함되는 활동을 중심으로 질문들이 나타났는데, 중요한 것은 대부분의 시간대별 활동들 속에서 유아의 과학적 질문이 발생할 수 있으며, 특히 교사가 간과하기 쉬운 등원 및 귀가 지도, 전이활동 시에도 유아 자신의 과학적 의문을 표출한다는 점이다. 그러므로 교사는 항상 귀를 열어 두고 과학적 질문을 포착하는 노력이 필요할 것이다.

다음의 수업사례는 교실의 일과 중 유아의 자발적 질문에 대해 교사가 어떻게 과학 활동으로 연결했는지를 보여 주는 것이다.

수업사례 수저통에 네임펜으로 글씨를 쓰면 안 지워질까?

점심을 먹기 위해 유아들이 각자 도시락통과 수저통을 꺼내고 있다. 한 유아가 자신의 수저통이 없어졌다고 말하고 있다.

유아 1: 내 수저통이 없어졌어요!

교사: 정말? 어떤 건데?

유아 1: 이름 써 있단 말이에요. 엄마가 펜으로 써 줬어요.

교사: 그렇구나. 그런데 여기 남는 수저통이 하나 있는데 네 것인가 볼래?

유아 1: 내 거 같긴 한데 이름이 없잖아요.

유아 2: 글씨가 지워졌나 봐. 네임펜으로 쓰면 안 지워지는데…….

유아 1: 진짜?

교사: 정말 네임펜으로 글씨를 쓰면 지워지지 않을까?

〈과학활동으로의 연결〉

〈수저통에 네임펜으로 글씨를 써 봐요.
또 다른 수저통에는 사인펜으로 써요.〉

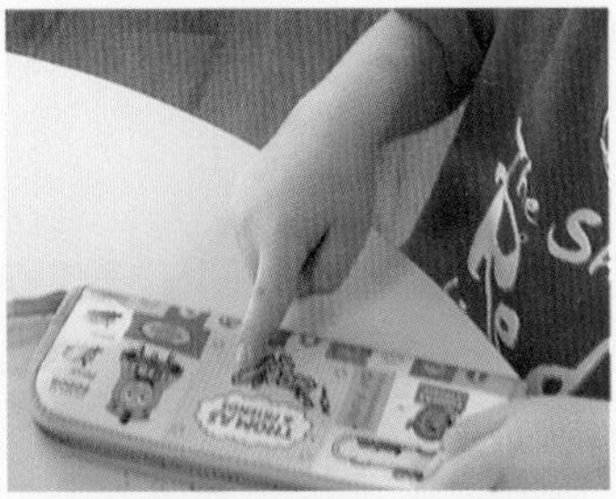

〈손으로 문질러서 지워 봐요.
네임펜으로 쓴 이름은 안 지워졌어요.〉

〈네임펜이 왜 잘 안 지워지는지
함께 자료를 찾아봐요.〉

〈네임펜을 지울 수 있는 방법도 있는지
또 다른 실험을 해 봐요.〉

앞의 사례를 보면 점심시간에 발생한 작은 상황에서의 과학적 질문이 과학 실험으로 연결될 수 있는 기회가 되었음을 알 수 있다. 유아들은 네임펜의 구성 성분과 이에 대한 적절한 활용에 대해서 알아볼 수 있는 기회를 갖게 된 것이다.

수업사례 어떤 부채가 시원할까?

더운 여름날, 자유선택활동시간 미술 영역에서 유아들이 복사지로 부채를 만들고 있다.

유아 1: 야, 우리 부채 만들자!

유아 2: 어떻게?

유아 1: 종이 꺼내 봐. 이렇게 접는 거야. 잘 보고 따라 해.

유아 2: 쉽네!

유아 1: 자, 부쳐 봐. 시원하지?

유아 2: 시원하다, 진짜!

유아 1: 근데 종이가 너무 흔들거려. 원래 다른 종이로 하면 더 시원한데, 딱딱한 종이…….

유아 2: 딱딱한 종이? 그 종이로 하면 진짜 시원해?

교사: 두껍고 딱딱한 종이로 부채를 만들면 정말 더 시원할까? 선생님도 알고 싶다.

유아들: 해 봐요!

〈과학활동으로의 연결〉

〈어떤 종이로 접을지 생각해요.〉

〈선택한 종이로 부채를 접어요.〉

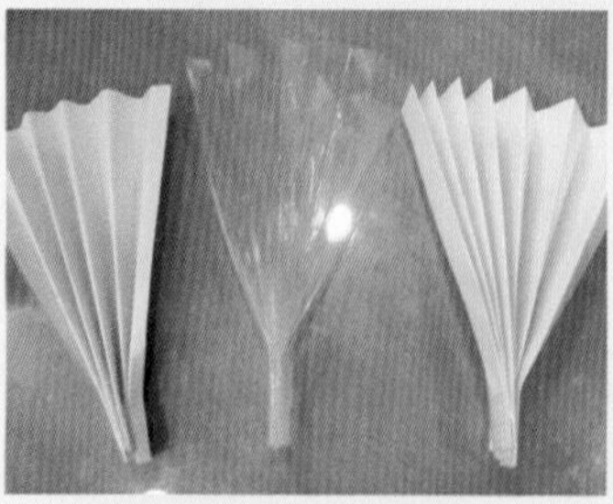

〈종이 두께가 다르게 복사지,
비닐, 색지로 부채를 접었어요.〉

〈어떤 부채가 시원한지 비교해요.

미술 영역에서 시작된 부채 접기 놀이가 종이 두께에 따라 부채의 시원함의 차이는 어떻게 다른지 알아보는 과학 활동으로 전개되었다. 즉, 바람을 일으키는 부채가 시원하기 위해서는 어떤 조건이 만족되어야 하는지 그 요인을 알 수 있는 실험이었다.

질문의 적용: 유아가 일상생활에서 할 만한 과학적 질문들을 생각해 보자.

유아의 일상적 질문에 기초한 탐구활동의 특징은 다음과 같다.

첫째, 과학적 탐구를 통해 알고 싶은 문제를 제기할 수 있고, 전개하는 맥락이 구체적 · 실제적이어서 과학을 우리 일상과 주변에서 이루어지는 것으로 인식하게 해준다. 즉, 이것은 유아가 실제적으로 궁금해하는 것이며, 실제적인 맥락에서 과학적 탐구가 이루어지므로 유아들이 과학을 일상과 관련된 것으로 인식하게 되는 것이다.

둘째, 일상적 질문에 기초한 탐구활동은 영역에 구애를 받지 않으며 통합적 교육과정에 기초한 것으로서 어느 영역에서든 과학적 탐구활동을 전개할 수 있다. 유아의 질문이 어느 영역에서 이루어지느냐에 따라 조형 활동과 관련될 수 있고 요리 활동과 연관될 수도 있다.

셋째, 유아로 하여금 주변을 좀 더 세밀히 탐색하려는 태도를 갖게 하고, 자신의 생각을 여러 번 수정, 검토해 볼 수 있는 기회를 제공한다.

넷째, 일상적 질문에 기초한 탐구활동은 유아 주도적이고 발현적인 교육활동이다.

다섯째, 일상적 질문에 기초한 탐구활동은 유아의 생각을 과학적으로 실행하는 기회를 제공함으로써 과학적 과정을 즐기고 경험하도록 한다.

여섯째, 유아의 과학적 태도를 증진시킨다.

2) 교사 역할

Yager(1987)는 유능한 교사는 유아의 질문을 환영하고 자신의 지식 부족을 편안하게 받아들이며, 유아가 보다 나은 질문으로 발전할 수 있도록 도움으로써 과학 교수법이 증진된다고 하였다. 따라서 교사는 유아의 일상적 상황에서 일어나는 질문을 바탕으로 탐구활동이 전개되도록 과학수업을 진행해 나가는 것이 필요하다(Moscovici & Nelson, 1998).

첫째, 무엇보다 교사 자신이 일상적인 문제에 대해 과학적 호기심을 갖고 적극적으로 해 보려는 태도, 과학적 궁금증을 메모하는 습관, 탐구심을 갖는 태도가 필요하다. 우리가 알고 있는 상식이나 과학적 지식 중에는 우리 스스로 확인해 보는 과정 없이 받아들이는 것이 많다. 이들 가운데 유치원 교육 상황에서 접할 수 있는 사물이나 현상에 대해 의문을 가져 보고, 새롭게 사고하려는 태도를 가짐으로써 흥미로운 실험 활동을 제안할 수 있을 것이다. 이러한 태도가 바탕이 되어야 유아의 엉뚱해 보이는 질문에 대해 수용적 태도를 보이고, 유아와 함께 모험적인 실험을 구

그림 3-1 '왜 우유는 캔에 담겨 나오지 않는 걸까?' ☞ 이런 것이 궁금하지 않나요? (네이버 광고)

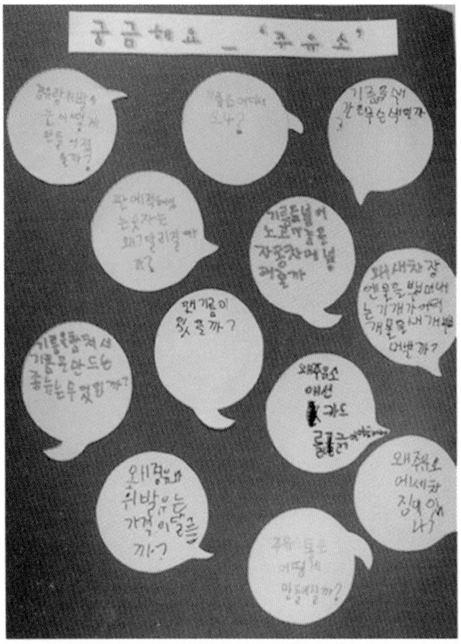

그림 3-2 **궁금증을 적은 목록**

성해 볼 수 있는 것이다.

둘째, 유아가 자유롭게 질문할 수 있는 분위기를 조성한다. 평상시 유아들이 다양한 질문을 구성할 수 있는 활동을 계획함으로써 유아의 질문 구성 능력을 키워주어야 한다. 궁금하다고 여긴 것에 대해 자유롭게 질문하고 유아와 토의하며 알아가는 과정을 경험할 때 유아의 호기심과 과학적 탐구심은 성장할 수 있다.

셋째, 유아가 실행한 탐구과정을 적절히 기록하는 방법을 고안하고 제안할 수 있

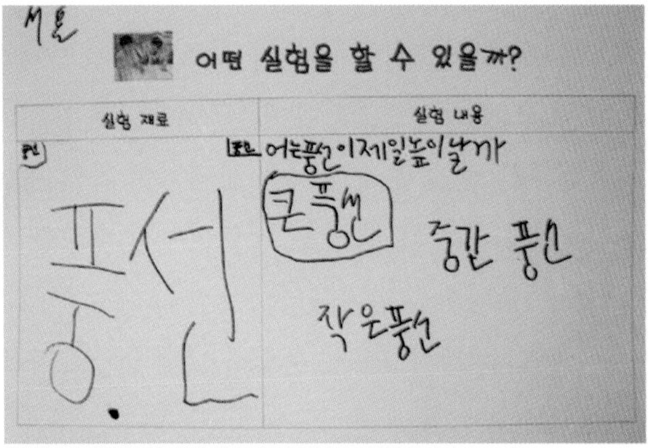

그림 3-3 **내가 생각해 낸 풍선실험이에요**

는 기회를 줌으로써 유아로 하여금 자신이 관찰하고 결론지은 것을 정리하는 방법을 익히고, 다른 사람에게 자신의 경험과 생각을 전할 수 있는 기회를 준다. 이러한 과정은 과학의 과정에서 중요한 기술인 의사소통 능력을 키워 주는 방법이다. 구체적인 기록의 방법은 경험 차트 만들기, 자료 기록표 만들기, 관찰일지 작성하기, 실험 과정에서 궁금한 것 목록 만들기 등 다양하다.

넷째, 유아가 자신의 생각과 질문이 얼마나 적절하고 합리적인지 또는 흥미로운 것인지를 비판적으로 검토해 볼 수 있도록 돕는다. 이를 위해 유아가 어떤 질문을 제기하였을 때 이에 대해 전체 유아와 함께 토의해 보는 시간을 갖는다. 이뿐만 아니라 실험을 마친 후, 실험 결과만이 아니라 과정에 대한 검토 과정을 가짐으로써 보다 정확한 실험과 새로운 문제를 창안할 수 있을 것이다. 이러한 과정이 유아의 창의적 · 비판적 사고 능력을 키워 준다.

2 과학 이야기를 통한 과학교육

과학 이야기를 통한 과학교육 활동의 유형은 문학 속의 과학 이야기, 과학자에 관한 이야기, 미디어 속의 과학 이야기 등 세 가지로 나눌 수 있다. 각각을 살펴보면 다음과 같다.

1) 문학 속의 과학 이야기

그동안 유아과학교육에 대한 통합적 접근의 강조와 더불어 문학을 유아과학교육에 접목시키려는 프로그램들이 연구되어 왔다(Anderson, 1981; Barrow & Salesi, 1982). 이는 과학교육에 적합한 좋은 문학책을 선택하여 과학 활동에 활용하는 방법으로, 과학 관련 문학책을 유아와 함께 읽고 토의하며 다양한 과학 활동을 유아가 직접 경험하게 하는 교수 방법을 말한다.

Martin(1999)은 유아 문학을 과학교육에 통합하는 방법으로 다음 몇 가지를 제시하였다.

첫째, 과학 활동을 제시하기 전에 그와 관련된 과학적 개념이나 과정을 담고 있는 아동문학 작품을 찾는다. 그런 후 이를 유아와 함께 읽고 토의하며 계획한 과학 활동과 관련된 탐구 질문으로 구성하고 사전정보를 제공하여 유아의 흥미를 유발한다.

둘째, 과학 활동을 진행한 후 그와 같은 과학적 탐구과정이나 결과에 대한 내용을 제시한 문학 작품을 선정하여, 실제 활동의 결과와 문학 속에 묘사된 탐구 결과를 비교해 본다.

셋째, 문학 작품을 통해 유아가 우발적으로 발견한 사물이나 현상에 대한 호기심을 충족시키고 주제에 관한 유아의 질문에 대한 해답을 제공해 준다.

넷째, 문학 작품 가운데 여러 가지 과학적 과정기술(관찰, 분류, 예측, 가설 설정, 실험, 의사소통 등) 경험을 담고 있는 것을 활용하여 유아의 탐구 능력을 향상시킨다.

다섯째, 유아가 사물이나 현상에 대해 이미 알고 있는 과학적 지식과 그에 대한 문학 작품에 제시된 사실을 비교해 보는 활동을 함으로써, 유아의 지식과 문학 속에 제시된 과학적 사실을 평가해 볼 수 있다. 유아는 과학과 관련된 좋은 책을 읽으면서 자신이 이해할 수 있는 과학적 사실과 개념을 자연스럽게 받아들이며 과학이 우리 삶의 일부라는 것을 깨닫게 된다(Butzow & Butzow, 1989).

문학은 유아에게 사물을 보고 느끼며 판단하는 능력, 즉 유아의 사고력과 판단 및 통찰력을 형성하게 함으로써 과학적 사고의 기초를 마련해 준다. 그러나 일부 과학교육학자들은 과학지식 책 외에 창작문학을 과학교육에 활용하는 것을 부정적으로 보기도 한다(Carin, 1997). 이들은 창작문학이 유아의 과학 개념 학습을 방해하고, 유아에게 혼란을 주며, 잘못된 개념을 형성하게 할 위험이 있다고 지적한다. 특히 동물이 나오는 창작문학은 동물의 특성이나 성장에 관해 편협한 내용을 기술하거나 지나치게 의인화하여 묘사하는 경우가 많아 이에 대해서는 주의가 필요하다고 하였다.

문학 속의 과학 이야기 활동은 다음과 같은 전개 과정을 거친다.

(1) 책(이야기) 선정하기

문학책을 중심으로 과학교육을 전개하기 위해서는 무엇보다 먼저 좋은 책을 선정하고 그에 따라 적절하게 활동을 통합적으로 계획해야 한다.

Barrow와 Salesi(1982)는 과학교육을 위한 좋은 책의 선정 기준을 다음과 같이 제시하였다.

첫째, 그림책에는 과학의 과정과 내용이 포함되어 있어야 한다.

둘째, 유아가 그림책을 반복적으로 읽고 싶어 할 만큼 내용이 흥미로워야 하고, 이야기를 기억하기도 쉬워야 한다.

셋째, 과학교육을 위한 그림책이므로 등장인물에 대한 분석보다는 과학적 행위에 초점을 둔 이야기여야 한다.

넷째, 유아의 일상생활과 관련 있는 경험과 흥미에 기초를 두어야 한다.

다섯째, 이야기의 문체를 볼 때, 풍부한 대화가 있고, 과학적이며, 논리적 · 체계적으로 표현되어야 한다.

여섯째, 유아가 읽기에 분량이 지나치게 길지 않고 적절해야 한다.

일곱째, 내용에 묘사된 행위를 이야기의 그림이 정확하게 나타내 주고, 그 특징 또한 그림에 잘 반영되며 전체적인 그림의 분위기가 이야기에 적합해야 한다.

(2) 이야기 감상하기

활동을 위해 선택한 책을 유아와 함께 감상하기 전에 겉표지의 그림이나 사진을 보면서 내용을 예상해 보거나 과학책에 등장하는 과학적 용어나 개념에 대한 유아의 사전 경험이나 사전 지식을 토의해 볼 수 있다. 또한 좀 더 자세하고 구체적인 개념을 위해 유아와 사전 조사활동을 해 볼 수도 있다. 책을 읽으면서는 책에 나오는 과학적 현상이나 변화 과정 등에 대해 유아의 사고를 자극하며, 이후에 탐구해 볼 만한 문제에 관한 질문을 함으로써 유아가 흥미를 유지하고 탐구심을 갖도록 한다. 또한 읽는 동안 유아가 제기한 질문을 기록해 두었다가 책을 다 감상한 후 이에 대해 토의해 볼 수 있다.

예 책의 표지를 보면서 우리 몸에는 어떤 구멍들이 있는지, 각 구멍들은 어떤 역할을 하는지 등 우리 몸의 구멍에 대한 유아들의 사전 경험과 지식을 기록해 두고, 책을 다 읽은 후에 비교해 본다. 또한 책을 읽으면서는 우리 몸에서 어떤 구멍을 자세히 알아보고 싶은지, 각 구멍이 없다면 어떤 일이 벌어질지, 가장 중요하게 생각하는 구멍은 무엇인지 등에 대해 생각해 본다.

(3) 과학 활동하기

책을 읽는 동안 유아가 했던 질문이나 탐구심을 격려할 수 있는 부분을 중심으로 관찰, 실험, 조사하기 등의 다양한 과학 활동을 계획한다.

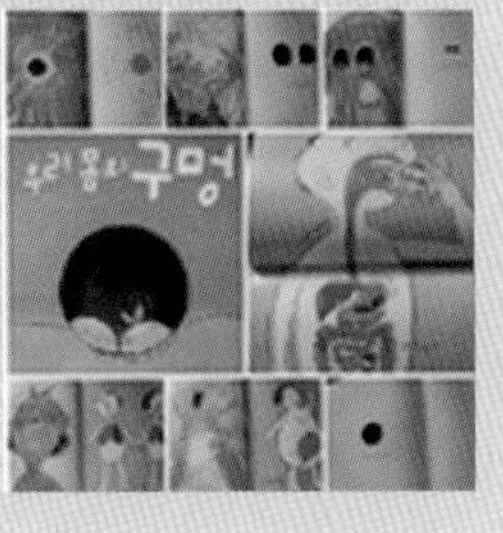

예 피부 털구멍이나 머리카락 구멍, 귓구멍, 콧구멍 등을 확대한 사진을 찍어 생김새나 특징을 자세히 관찰해 본다. 관찰한 구멍 중 우리 몸의 가장 큰 구멍부터 작은 구멍까지 그래프로 나타내 보고, 동물들의 구멍은 우리와 어떻게 다른지 조사활동을 해 본다. 또한 소화 과정이 담긴 영상을 보면서 그 과정을 자세히 탐색할 수 있다.

(4) 연관 활동하기

앞에서 전개한 과학 활동을 통해 유아가 과학적 개념과 지식을 보다 의미 있는 방식으로 표현·확장할 수 있도록 다른 영역과의 연계 활동을 전개해 본다.

예 우리 몸의 구멍에 해당되는 각 병원을 알아보고 이를 역할 놀이로 표현해 본다. 또한 다양한 활동을 알아보면서 입으로 다양하게 소리 내어 연주하기를 해 볼 수 있다. 그리고 눈이나 입의 모양으로 감정 표현하기 등의 활동을 해 볼 수 있다.

2) 과학자에 관한 이야기

우리가 대중매체를 통해 접하는 일반적인 과학자의 모습은 흰 가운을 입고 안경을 쓴 중년의 남자 과학자다. 그는 마치 마술을 부리듯 무엇인가를 만들어 내고, 막강한 힘을 얻기 위해 무기를 만들다가도 실험에 실패하면 우스꽝스러운 모습으로 변한다. 그러나 과학자에 대한 이런 편협한 인식은 과학에 대해 흥미를 잃게 만들고, 유아로 하여금 과학자를 자신과 동일시할 수 없는 존재로 생각하게 하며, 차

후에 진로를 선택하는 데에도 영향을 미치게 된다고 보고되고 있다(Weisgram & Bigler, 2006). 실제 과학자들은 세상과 사람에 대하여 깊은 애정과 관심, 끈기와 융통성 등의 과학적 태도를 갖고 있다. 교사들은 유아에게 과학과 과학자에 대한 올바른 인식을 심어 주고 과학자의 삶에 좀 더 사실적으로 접근할 수 있는 방안을 모색해야 한다. 즉, 업적 위주의 과학자 이야기가 아니라, 제기된 문제에 대해 포기하지 않고 해결해 나가는 과학자의 모습, 보다 나은 삶을 위해 끊임없이 탐구하는 과학자적 성향을 살펴보고 체험해 보는 기회를 갖도록 과학자 이야기를 과학교육 활동으로 적용하는 것이다.

과학자 이야기를 활용한 과학교육은 과학자의 생애를 감상하고 과학자 이야기를 회상하며 이야기 속의 과학자의 말과 행동을 재현해 보는 동극활동을 해 보는 것이 있다. 이를 통해 유아가 과학자를 더욱 친숙하게 느낄 수 있고, 감정이입을 하면서 과학적 소양을 기를 수 있을 것이다.

〈표 3-1〉은 과학자 이야기를 활용할 수 있는 사례로 '동극으로 만나는 과학자 이야기 활동'의 전개 과정을 제시한 것이다.

표 3-1 동극으로 만나는 과학자 이야기 활동 전개 과정

전개 과정	내용
1. 과학자 이야기 감상하기	과학자가 지닌 과학자적 성향과 과학적 태도 등을 알 수 있는 일화를 듣고, 일화 속에 나타난 과학자의 말과 행동 특성 등에 대해 느낀 점을 이야기한다.
2. 연관 활동하기	이야기 속에 등장하는 과학자의 과학적 탐구 관련 행동을 유아가 직접 재현해 봄으로써, 유아에게 유의미한 경험을 제공하여 과학자와 같은 소양을 고양시킬 수 있다.
3. 동극하기	과학자 이야기의 내용을 중심으로 각자 역할을 정해서 동극활동을 해 본다.

과학자를 선정할 때는 유아가 과학자에 대해 잘못된 편견을 갖지 않도록 바람직한 과학적 태도를 소개하고, 과학자의 인간적인 면을 보여 주기 위해 다양한 계층, 나라, 성별을 고려하여 선정한다. 또한 유아가 본받을 수 있는 습관이나 태도, 인간적인 면을 갖춘 과학자를 선정하는 것이 바람직하다. 과학자의 일화는 기존의 전기문이나 인터넷 기사 등에서 발췌할 수 있는데, 이야기가 유아의 수준에 적합하도록

새롭게 각색하거나 재구성하는 것도 필요하다.

다음은 과학자 '파브르'에 관한 이야기를 듣고 유아들이 동극활동을 하는 모습이다.

〈과학자 이야기를 듣고 회상해요.〉

〈일화와 관련된 연관 활동을 해요.〉

〈동극 준비를 해요.〉

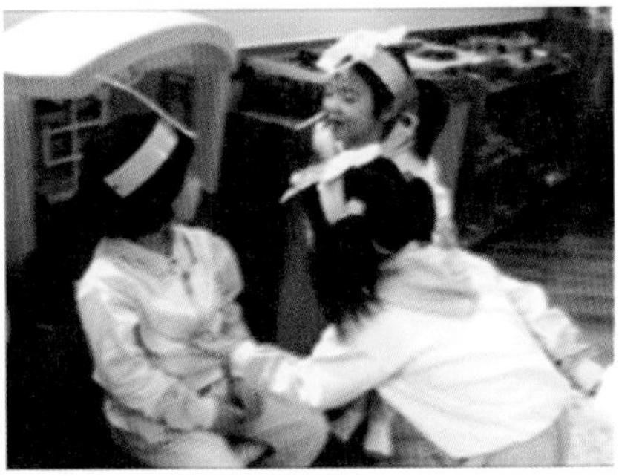

〈동극을 해요.〉

3) 미디어 속의 과학 이야기

유아는 문학 작품뿐만 아니라 주변에서 흔히 접할 수 있는 대중매체(다큐멘터리, 드라마, 뉴스, 광고, 신문 및 인터넷 기사 등)를 통해 과학적인 이야기를 접할 수 있다. 이런 매체에서 전해지는 짧고 간결한 전개 속에서 유아는 그 안에 담긴 과학적 사실과 현상, 발견, 발명의 이야기에 관심을 기울이고 이에 대해 보다 깊이 알아 갈 수 있는 계기를 마련할 수 있다. 과학의 과정이나 과학적 개념, 지식 등이 담겨 있는 광고나 신문 기사를 통해 유아는 과학 활동을 경험할 수 있다.

다음의 예는 한 TV 광고에 소개된 과학 발명품에 관한 이야기로, 물을 쉽게 운반할 수 있는 '큐드럼'에 관한 내용이다. '큐드럼'이란 상수도 시설이 없어서 생활용수를 얻기 위해 매일 수 km를 걸어야 하는 사람들의 문제를 해결하기 위해 고안된 물통이다. 도넛 모양의 물통에 물을 담고 연결된 줄을 당기면 바퀴처럼 돌아가서 적은 힘을 들여 물을 쉽게 운반할 수 있는 장점이 있다. 이는 유아교육기관에서 '바퀴' 또는 '교통기관'이라는 생활 주제에서 흔히 다루는 바퀴의 개념을 기능과 관련시켜

큐드럼 이야기

#1.

#2.

#3.

#4.

출처: 삼성증권 'Create with you' 광고 중에서

〈무거운 물을 옮기는 건 정말 힘들어.〉

〈바퀴가 있어서 물건을 쉽게 옮길 수 있어.〉

과학적으로 보여 주는 좋은 예다.

유아는 이 광고를 통해 짧은 이야기를 감상한 후, 과학자의 발명 동기를 헤아려 보기도 하고 직접 무거운 물건을 옮겨 보고 바퀴를 활용하여 옮겨 봄으로써 도구의 편리성과 활용성, 마찰력 등에 대해 실험해 볼 수 있다. 또한 이 밖에도 다양한 바퀴 실험을 계획하고 실행할 수 있다.

신문 기사 역시 과학적 이슈나 아이디어 등에 대해 유아의 관심을 기울이는 좋은 과학 이야기 소재가 된다. 새롭게 떠오르는 과학기술이나 발명품, 과학자의 생애, 과학기술을 잘 활용한 예, 사물이나 현상의 과학적 원리를 소개한 내용을 유아와 함께 읽거나 토의해 볼 수 있다.

다음의 수업사례는 신문 기사에 소개된 '가마솥의 과학'이라는 기사와 삽화를 유아들이 감상하고 이를 역할극으로 표현해 보면서 가마솥의 과학적 원리와 기능에 대해 자세히 알아보는 모습이다.

수업사례

출처: KISTI의 과학 향기
(제785호, 2008. 7. 16.)

전기밥솥: 사람들이 내 전기밥솥 밥보다 가마솥 밥을 좋아하게 만든 비법을 알려 주세요, 네?
가마솥: 그걸 가르쳐 줄까 말까?
전기밥솥: 부탁합니다. 가마솥 형님!

가마솥: 음…….. 그건 말이지. 가마솥 솥뚜껑은 무게가 무거워서 온도 변화가 서서히 일어나지. 높은 온도가 유지되니 맛있는 밥이 되는 거란다. 에헴~~!
전기밥솥: 아하! 그런 거였군요. 정말 대단하세요!

4) 교사 역할

문학 속 과학 이야기, 과학자에 관한 이야기, 대중매체 속의 과학 이야기를 통한 통합적 과학 활동을 전개하기 위해서 교사는 이야기가 제시하는 과학의 내용과 과정을 잘 숙지해야 한다. 그런 다음, 이와 관련된 다양한 과학 활동을 유아와 함께 계획해 보고 각 유아의 요구와 흥미, 발달 정도와 교육목표에 따라 가장 적절한 방향으로 진행될 수 있도록 도움을 주어야 한다. 또한 과학교육에 활용될 수 있는 이야기가 단지 책을 통한 정보 전달에만 국한되지 않도록 다양한 방식의 과학 이야기를 접해야 한다. 즉, 책뿐만 아니라 다양한 경로를 통해 과학 이야기를 보다 쉽고 친근하게 접할 수 있게 하여 과학을 바라보는 시각을 넓혀 주어야 하는 것이다. 이를 위해 평소에 유아과학 관련 문학책과 더불어 신문 기사나 광고, 다큐멘터리 프로그램 등을 스크랩해 두어서 생활 주제와 유아의 관심, 흥미에 따라 이를 다양하게 소개하고 연관된 과학 활동으로 전개시켜 나가야 한다.

3 자연친화적 과학교육

1) 자연친화적 과학교육의 개념 및 특징

유아는 본능적으로 자연을 선호하는 경향을 가지고 이 세상에 태어나며, 자연을 놀이의 상대로 생각하고 학습의 대상으로 여긴다. 유아는 형식적 또는 비형식적 방법으로 자연을 접하게 되는데, 일상 속에서 자연을 경험하고 상호작용함으로써 자연을 인식하고 이를 의미 있는 개념으로 내면화할 수 있다.

어린 시기부터 자연과 인간의 관계를 체험하고 인식하는 자연친화적 교육이 중요한 이유는 이 시절에 획득된 자연에 대한 태도와 지식이 이후의 사고에도 많은 영향을 주기 때문이다(Chawla, 1994). 즉, 유아기 때 직접적으로 자연을 접하는 자연친화 경험은 자연에 대한 인식과 태도에 가장 중요한 영향을 미친다고 할 수 있다. 또한 유아기의 자연과의 경험은 지적 호기심의 충족을 넘어 자연과 공존적 삶을 실천할 수 있는 소양을 길러 주는 중요한 일이다(조형숙, 2005). 그러나 요즘은 유아들이 자연을 벗 삼아 마음껏 뛰어놀 수 있는 공간이 사라져 자연과 관계를 형성할 수 있는 기회조차 사라지고 있다. 이런 실정이다 보니 오히려 하나가 되어야 할 자연 속의 생명체와 자연물에게 유아는 거부감과 혐오감마저 갖게 된 것이다(엄성은, 홍은주, 2003). 교사는 유아기의 자연 체험 또는 직접적인 경험의 중요성을 인식하여 유아가 자연에 대해 친근함을 갖고 적극적으로 접근할 수 있게 해야 한다. 또한 유아에게 자연과 함께 더불어 살아가는 태도와 심성을 길러 줄 수 있는 자연친화적 교육방법을 적용해야 할 것이다.

자연친화 교육이란 자연을 함께 살아가야 할 공존의 대상으로 여기고 자연과 상호교류할 수 있는 기회를 많이 제공하여 자연에 친근함과 소중함을 느끼게 도와주는 교육이다. 이는 교육적인 관점에서의 자연친화 교육 의미를 강조하는 입장으로, '유아가 자연을 하나의 생명으로 인식하고 직접 경험함으로써 자연과 상호적인 교류를 통해 전인적인 발달을 이루도록 하는 교육'이라고 정의할 수 있다(홍은주, 조형숙, 2003).

자연친화 교육을 실행하기 위한 접근 방법의 방향을 살펴보면, Orr(1992)는 자연친화 교육의 방법으로 풍요로운 자연에 대한 경이감을 느끼고, 자연에서의 경험을 만들고, 유아의 삶의 공간으로서 자연과의 좋은 대화를 할 수 있도록 해야 한다고 하였다.

조형숙 등(2005)은 자연과의 일상적인 체험 속에서 유아의 감각을 자유롭게 드러내고 표출하여 자연을 온전히 느끼고 인식하며 자연과 적극적으로 교류하는 가운데 자발적이고 자연스럽게 발생하는 자연에 대한 궁금증을 탐구하는 과정으로 접근해야 한다고 하였다.

2) 자연친화적 접근을 통한 과학교육 방안

(1) 교실 내 동식물 기르기

교실에서 유아가 동식물을 기르는 경험의 가치는 다음과 같다.

첫째, 자연의 세계와 유아 간에 의미 있는 관계를 형성할 수 있는 기회를 가질 수 있다. 이러한 관계는 동식물의 생태를 이해하는 인지적 차원과 정서적 유대감을 형성하는 정서적 차원으로 함께 이루어진다.

둘째, 동식물을 돌보는 가운데 생물체에 대한 책임감과 생명존중 의식을 기를 수 있다.

셋째, 유아가 어떤 대상에 대해 충분히 잘 알기 위해서는 오랫동안 주의 깊게 살펴보는 경험이 필요하다.

넷째, 동식물을 돌보는 방법을 탐구함으로써 특정 동식물에게 적합하거나 그렇지 않은 환경에 대한 지식을 넓혀 갈 수 있다.

다섯째, 일정한 주기로 변화하는 동식물의 생태는 매력적인 탐구과정을 제공하여 유아의 탐구 능력을 기를 수 있다.

여섯째, 동식물의 특성과 성장 과정은 신비로움과 의문으로 가득 차 있다. 따라서 동식물을 가까이 관찰하고 보살피는 가운데 다양한 질문을 제기하여 유아 주도의 학습경험을 제공하는 기회를 준다. 교실에서 동식물을 기르는 것은 유아를 흥분하게 할 만큼 흥미로운 활동이지만, 교사의 주의 깊은 반응과 교육 계획이 없다면 유아의 관심과 흥미가 지속되기 어렵다. 그러므로 다음의 과정을 고려하여 교육 계획을 구성하고 전개하는 것이 필요하다.

1. 동식물 기르기 환경 구성

유아교육기관에서 기를 수 있는 동식물은 한계가 있으므로, 유아에게 해를 끼치지 않고 돌보기가 수월하며 유아의 관심과 흥미를 끌기에 적합한 동식물을 선정해야 한다. 또한 햇빛의 양에 따라 과학 영역을 재배치하거나 적절한 온도와 습도 조절 및 먹이 등을 준비해야 한다.

⬇

2. 예상 교육 활동 계획 구안

동식물 기르기가 보다 유의미한 교육 활동이 되기 위해서는 활동에 앞서 동식물의 다양한 변화와 양상, 양육 조건, 서식지의 특징 등에 대해서 통합적 교육활동을 미리 고안하고 계획해야 한다. 이러한 계획에 따라 체계적으로 일정하게 다양한 탐구 활동을 전개할 수 있다.

⬇

3. 동식물의 생태 관찰 활동

동식물의 관찰을 격려하고 이에 대해 적절히 반응해 줌으로써 유아는 동식물의 생태를 관찰하고 탐색하는 일에 적극성을 가질 수 있다. 동물의 움직임을 직접 몸으로 표현해 보거나 먹이 그래프를 만들어 보기, 동물이 내는 소리를 녹음해 보기, 식물의 성장 과정을 측정하기, 꽃 이름 붙이기 등은 유아가 동식물을 좀 더 자세히, 세밀히 관찰하는 데 도움이 된다. 또한 하루 일과를 회상하는 시간에 동식물 관찰을 한 유아가 발표하도록 하는 것도 관찰을 격려하기 위한 좋은 방법이 될 수 있다.

↓

4. 유아의 질문과 반응에 관한 탐구 활동 계획과 전개

유아가 직접 알아보고 싶어 하는 질문을 해결하기 위해 적절한 탐구 활동을 계획한다. 이때 앞서 구안한 교사의 예상 계획안을 활용하는데, 유아의 구체적인 질문이나 반응에 따라 적절한 활동을 선택하여 제시하거나 새로운 탐구 활동을 유아와 함께 계획하는 것이다. 유아의 질문을 해결하기 위한 탐구 활동은 토의, 조사하기, 실험 구성하기, 관찰하기, 가정과 연계하기, 지역사회 연계 등으로 이루어질 수 있다. 예를 들어, 기르고 있는 식물에 관한 다양한 정보를 수집하면서 이에 대한 흥미로운 사실들을 발견할 수 있다. 또한 식물에 대해 많은 경험과 지식이 있는 학부모를 초빙하여 묻고 답하는 시간을 가질 수 있다.

↓

5. 연관 활동 전개

유아의 질문에 따른 탐구 활동을 전개한 후 발견한 결과를 의미 있게 표상하거나 보다 확장된 개념을 이해하도록 하기 위해 다양한 연관 활동을 한다.

〈채소 싹을 길러요.〉

〈장수풍뎅이를 길러요.〉

다음은 '봄'이라는 주제에 맞추어 동식물 기르기 활동을 계획한 예다.

주제	구분	자료	특징	과학 활동
봄	식물	벼	벼는 우리가 매일 먹는 쌀이 생산되는 식물로, 도시에 사는 유아는 쉽게 관찰하기 어려움. 화분 형태로 상품화된 것이 있어 실내에서도 쉽게 키우기에 좋음.	• 볍씨 껍질을 쉽게 벗기는 방법 알아보기 • 벼의 성장 과정 이야기 나누기 • 볍씨 심기 및 벼의 성장 과정 관찰하기 • 물이 많은 곳에서 자라는 다른 식물 찾아 특징 알아보기 • 벼와 보리의 차이점 조사하기
		봉숭아	봄에 씨를 심고 물을 준 후 햇빛이 잘 드는 창가에 두면 잘 자람. 물은 2~3일에 한 번씩 물을 주고 씨를 심은 지 5~6일이 지나면 싹이 나옴.	• 봉숭아 관찰하기 • 봉숭아 꽃과 잎 탐색하기 • 봉숭아 꽃잎 물들이기 • 다른 꽃잎으로 손톱에 물을 들일 수 있을까? • 봉숭아와 비슷한 색 · 모양의 꽃 조사하기
	동물	누에	누에는 알, 애벌레, 번데기, 나방의 성장과정을 거치며 뽕잎만 먹고 자람. 비단의 원료인 고치를 만들어 곤충과 사람의 관계를 이해하는 데 적합함. 누에는 다른 곤충에 비해 예민하고 청결한 것을 좋아하며, 농약, 파리약, 홈매트, 담배연기 등을 싫어해 특히 주의해야 함.	• 누에가 좋아하는 것과 싫어하는 것 알아보기 • 누에의 성장 과정 책 만들기 • 뽕잎 차 마시기 • 비단 탐색하기 • 고치 속의 번데기 생활 예측하기 • 실 뽑기 • 누에는 정말 뽕잎만 먹는지 조사하기
		장수풍뎅이	장수풍뎅이는 전체 한살이 주기가 1년 정도이며, 알에서 태어나 번데기 과정을 거쳐 성충에 이름. 약 6개월간 애벌레 상태로 지내다가 6월쯤 번데기 방을 만들어 번데기로 약 3~4주를 지내고 7월쯤 장수풍뎅이로 우화하는데, 키우기가 쉬우며, 우화한 후의 모습이 멋있음.	• 애벌레 관찰하고 표상하기 • 장수풍뎅이 암컷과 수컷의 다른 점 조사하기 • 장수풍뎅이 알의 부화 조건 알아보기 • 장수풍뎅이와 어둠과 빛의 관계 실험하기 • 장수풍뎅이가 좋아하는 먹이 색깔 관찰하기

(2) 텃밭 가꾸기

유아는 어른이나 교사의 인위적인 가르침이 아닌 자연과의 직접적인 교류를 통해 스스로 발견한 다양한 것을 탐색하는 과정에서 능동적이고 과학적으로 자라나게 된다(장회익, 2001). 유아의 생활공간인 유아교육기관에서 짧은 시간이라도 자연을 접하고 상호작용할 수 있는 기회를 제공하는 것은 교육적으로 의미 있는 일이다. 유아교육기관에서 자연을 만나는 방법 중 특히 텃밭은 유아에게 훌륭한 자연학습장이 될 수 있다(천현미, 2007). 유아는 텃밭을 가꾸고 재배하는 활동 속에서 계절과 날씨의 변화, 식물의 생장, 수확에 대한 기쁨, 자연에 대한 책임, 흙의 생명력 등 많은 것을 배울 수 있다(김미정, 임재택, 1997). 또한 소재의 다양성과 생명성, 활동성을 특성으로 하는 텃밭 가꾸기 활동을 통해 다양한 감각 기관을 자극하고 활동의 결과물들을 통하여 성취감을 맛볼 수 있다(손기철 외, 2000; 장지원, 2005).

텃밭 가꾸기 활동을 위한 땅은 물이 가까이 있고 햇볕이 잘 들어야 하며 땅의 질이 좋은지를 고려해야 한다. 그리고 다양한 공간과 용기를 사용하여 텃밭 가꾸기를 할 수 있다. 예를 들어, 교육기관의 옥상은 텃밭을 만들기에 좋은 공간이다. 물 빠짐이 가능한 큰 나무상자나 스티로폼 상자 여러 개를 옥상에 두어 작물을 가꿀 수 있다. 또한 베란다도 텃밭을 만들기에 좋은 장소가 된다. 일단 텃밭이 마련되면 교사와 유아는 텃밭 가꾸기를 즐기며 정성껏 애정을 쏟을 준비를 하여야 한다. 특히 교사는 텃밭 가꾸기 활동의 교육적 의의를 인식하고 유아가 지속적으로 텃밭 가꾸기 활동에 관심을 기울일 수 있도록 해야 한다. 또한 쉬운 작물부터 계획하고 한꺼번에 너무 많은 작물을 계획하지 않는 것이 좋으며, 어린 연령일수록 몇 가지 작물을 계획하는 것이 바람직하다. 다음은 텃밭 가꾸기 연간 계획안의 한 예를 나타낸 것이다.

월	활동 내용	월	활동 내용
3	• 텃밭 팻말 만들기 • 땅 고르기 • 퇴비 뿌리기 • 쑥갓 씨앗 뿌리기 • 보리 관찰하기	8, 9	• 옥수수 수확하기 • 옥수수 말리기 • 허수아비 만들기
4	• 보리 피리 불어 보기 • 텃밭의 잡초 뽑기 • 쑥갓의 성장 살펴보기 • 쑥갓 수확하기 • 깻잎 씨앗 뿌리기	10	• 고구마 줄기 자르기 • 고구마 캐기 • 추수하기 • 들깨 받기
5	• 보리 관찰하기 • 텃밭의 벌레 찾기 • 옥수수 씨앗 뿌리기 • 깻잎 성장 살펴보기 • 토마토 모종 심기	11	• 퇴비 뿌리기 • 보리 씨앗 뿌리기 • 시금치 수확하기
6	• 고구마 심기 • 보리 베기 • 퇴비 뿌리기 • 모 심기(스티로폼 상자 이용) • 옥수수 성장 살펴보기	12	• 보리 성장 살펴보기
7	• 음식 찌꺼기로 퇴비 만들기 • 토마토 관찰 및 수확하기 • 지렁이 찾기 • 깻잎 수확하기	1, 2	• 퇴비 만들기 • 수확한 텃밭 작물들 알아보기

〈텃밭에서 상추를 키워요.〉

〈텃밭에서 콩을 길렀어요.〉

(3) 주제에 관한 자연물 탐구

유아는 산책활동이나 바깥놀이터 등에서 자연물을 발견하고 오감을 이용하여 적극적으로 자연을 탐색한다. 이렇게 친숙해지는 과정을 통해 스스로의 호기심을 해결하기 위한 과정을 반복함으로써 자연의 법칙을 배우게 된다(이윤정, 2006). 한정숙(2002)은 유치원 주변의 자연물을 소재로 한 실외 자연체험활동을 경험한 유아는 호기심과 자신감에 많은 발전적인 변화를 보였다고 하였다. 이렇듯 유아가 주변의 자연물을 체험하고 탐구하는 활동은 교육적으로 매우 의의가 있는데, 이러한 활동이 주제 활동과 결합되어 진행될 때 그 효과는 더욱 커질 수 있다. 생활 주변에서 흥미 있고 궁금한 것을 찾아 주제를 선정한 후 주제에 관련된 자연물을 수집하여 탐구활동을 전개해 나갈 수 있다. 예를 들어, '물'이라는 주제에 맞추어 연잎을 관찰하면서 연잎이 물에 젖지 않는 이유를 실험을 통해 알아볼 수 있다. 또는 '우리 몸의 뼈'에 대한 주제를 전개하면서 '동물도 우리와 같은 뼈가 있을까?'라는 과학적 탐구 주제를 선정하고, 유아가 일상에서 흔히 접하는 닭 뼈나 족발 뼈, 갑각류인 게의 뼈 역할을 하는 게 껍질을 관찰, 탐색할 수 있다. 교사는 굳이 계절이나 동식물에 관련된 주제가 아니더라도 다양한 시각과 확산적 사고를 통해 여러 주제와 자연물을 연관시켜 탐구활동을 할 수 있는 기회를 마련해야 한다.

다음의 수업사례는 '세계 여러 나라'라는 주제 활동을 하면서 사막 지역의 대표적 식물인 선인장에 대해 탐구하는 활동이다. 유아는 선인장 식물원을 견학하기도 하고 선인장을 직접 관찰하며 다른 식물과 차이점이 무엇인지, 또 물을 어느 정도 주지 않아도 되는지에 대해서도 실험활동을 할 수 있다.

수업사례

교사: 우리는 지금 세계 여러 나라 중에 어떤 나라에 대해 알아보고 있니?

유아들: 더운 나라! 사막!

교사: 선생님이 사막 지역의 사진들을 가지고 왔는데, 보면서 이야기할까?

유아 1: 아! 저거 선인장이다!

교사: 선인장이 무엇이니?

유아 2: 뾰족한 가시가 있는 거요!

유아 3: 사막 같은 곳에 많아요.

교사: 사막에서 자랄 수 있다는 것은 선인장이 어떤 특징을 갖고 있어서일까?

유아 4: 물이 많이 없어도 잘 자라는 거요. 사막엔 비가 잘 오지 않잖아요.

유아 2: 근데 집에 있는 선인장보다 훨씬 크다!

유아 4: 맞아, 우리 집에도 있어! 저렇게 크지 않지만…….

유아 2: 식물원에 가도 있어. 거기 되게 더워.

교사: 아, 선인장은 비가 내리지 않는 곳에서도 잘 자라는 특징이 있구나. 너희들 집에 있는 선인장도 물을 많이 주지 않아도 잘 자라니?

유아들: 네!

교사: 그러면 사막에서 잘 자라는 선인장을 알아보고 직접 관찰해 볼까?

유아들: 네!

〈선인장 식물원에 가 봤어요.〉

〈선인장을 자세히 관찰하면서 그림을 그려요.〉

3) 교사 역할

자연친화 교육활동의 교육적 의미를 잘 살리기 위해서는 무엇보다 교사의 역할과 교수 행동이 매우 중요하다. 교사가 자연에 대한 어떤 가치관과 태도를 가졌느냐에 따라 유아가 받는 교육의 실제가 달라지기 때문이다. 즉, 자연친화 교육의 가장 중요한 변인은 교사이고, 교사가 행하는 교수 행동이 자연친화 교육의 핵심이다. 왜냐하면 교사의 교수 행동에 따라 유아는 자연을 긍정적으로 받아들이고 자연과 하나가 되는 경험을 할 수도 있지만, 반대로 자연에 대한 호기심과 흥미를 저하시킬 수도 있기 때문이다. 그러므로 교사는 익숙한 주변 환경에서 자연을 찾고 이를 유아에게 안내하려는 노력을 기울이되, 그와 더불어 유아가 자연을 체험할 충분한 시간적 여유와 자유를 제공하고, 이를 전략적으로 도와줄 수 있는 활동을 구안·실행해야 할 필요가 있다. 또한 영역별로 다양한 활동의 개발과 실행을 통하여 유아가 자연과 깊이 있는 정서적 교감을 할 수 있도록 격려하고 이끌어 주며, 일단 유아가 충분한 여유 속에서 자연을 탐색하고 놀이하도록 하고, 유아의 반응을 민감히 살펴 자연물과의 교감이 가장 고조된 순간에 그 동화된 감정을 마음껏 표현할 수 있는 기회를 마련해 주어야 한다. 그리고 교사도 유아와 함께 자연을 탐구해 나간다는 생각으로 유아가 갖게 된 의문점을 해결할 수 있는 적절한 방법을 함께 알아보고, 교사의 궁금증도 유아에게 전달하여 함께 탐구해 나가려는 태도를 가져야 한다. 또한 교사는 교실에서 기르고 있는 동식물에 대한 기본적인 정보와 지식을 갖기 위해 관련 책과 인터넷 사이트를 자주 접해야 함도 잊지 말아야 한다. 더불어 유아의 동식물에 대한 관심이 계속 유지되고 참여도 증진시키기 위해 식물에게 물을 주거나 먹이 주기, 상호작용하는 방법에 대해 다양한 전략을 세우고, 관찰일지 작성에 급급하여 유아의 자발적인 의욕을 저하시키지 않도록 해야 한다.

4 요리 활동을 통한 과학교육

1) 요리 활동을 통한 과학교육의 개념 및 특징

유아는 교육기관에서 종종 요리 활동을 경험한다. 송편을 만들거나 과일을 직접 갈아서 주스를 만들어 보는 등 생활주제나 계절 등에 따라 다양한 요리를 해 보는 것이다. 그러나 요리 활동은 단순히 맛있는 음식을 요리 과정에 맞추어 만들어 먹어 보는 것 이상의 흥미롭고 유의미한 과학적 요소와 과정이 들어 있다. 즉, 유아기에 가능한 여러 가지 활동 중 요리하기는 직접적이고 구체적인 조작과 활동으로서 모든 감각을 사용하는 감각 경험에 도움이 되며, 요리 과정을 통해 과학적 탐구와 학습의 기회가 되기도 한다.

과학적 요리 활동은 일반적인 요리 활동과 다르게 다음과 같은 사항을 중점적으로 염두에 두어야 한다. 준비 과정에서 요리 재료를 오감각을 통해 다양하게 탐색하고, 요리 과정에서 어떠한 물리적 · 화학적 변화가 일어나는지 관찰해야 한다. 예를 들어, 뜨거운 물에 국수를 넣었을 때 색이나 부드러움의 정도는 어떤 차이가 있는지, 또는 국수의 굵기는 변화가 없는지 등 다양한 변화를 탐색하여야 한다. 그리고 맛을 보는 과정에서도 맛과 느낌의 차이를 탐색할 수 있도록 한다. 즉, 요리의 전 과정에서 관찰, 비교, 분류, 예측, 측정, 의사소통 등의 직접적 조작과 구체적 경험을 제공하여 유아가 지속적으로 호기심을 가지고 적극적으로 탐구하는 태도와 과학적 기초 능력을 기를 수 있도록 한다. 요리 활동에서는 다른 과학실험이나 활동에서 얻을 수 없는 물리적 · 화학적 변화에 관한 개념들을 습득할 수 있다. 재료를 씻고 다듬는 준비 과정에서 오감을 통한 과학의 기초 개념을 이해할 수 있음은 물론이고, 껍질 벗기기 · 썰기 · 자르기 · 휘젓기 · 섞기 등의 물리적 · 화학적 조작과 끓이기 · 얼리기 · 데우기 · 볶기 등의 열에너지에 의한 조작을 통해 시간의 개념, 물리적 · 화학적 변화 개념들을 학습할 수 있는 것이다.

2) 요리 활동을 통한 과학교육의 전개 과정

요리 활동에서 적용할 수 있는 과학교육의 전개 과정은 다음과 같다.

1. 주제의 선정과 도입

유아의 흥미, 발달, 숙련도, 생활 주제 등을 고려하여 요리 과정 중에 과학적 개념이나 과정이 다채로운 요리 활동을 선정한다.

⬇

2. 주제에 대한 사전 개념 파악

요리 재료나 과정에 대한 유아의 과학적 경험을 바탕으로 사전 경험이나 유아의 사전 지식을 모아 본다.

⬇

3. 재료의 탐색

활동 재료나 도구를 오감각을 통해 자유롭게 충분히 관찰하여 재료에 대한 관찰, 비교, 분류 활동을 한다.

⬇

4. 요리 활동 전개

교사는 유아의 인지적 갈등이나 호기심을 불러일으킬 수 있는 질문과 문제를 제공하며, 전개활동에서 분류하기, 비교하기, 실험하기, 예측하기, 추론하기, 의사소통하기 등의 과정을 중심으로 재료의 물리적 · 화학적 변화를 관찰 · 탐색하며 과학적 탐구를 격려하도록 한다.

5. 평가

유아가 요리하는 과정에서 무엇을 관찰 · 비교했는지를 표로 만들어 보고, 친구들과 서로 비교하며 이야기한다. 그리고 요리하는 과정에서의 기록, 녹음, 녹화, 발표를 통해 요리 과정 중에 나타난 과학적 현상을 알아보며, 요리를 통해 새롭게 알거나 발견한 과학적 사실 및 정보를 공유한다.

6. 표상 및 확장

요리 활동 경험을 회상하면서 유아 자신의 느낌, 생각, 아이디어 등을 다양하게 표상해 보고, 연관 활동을 한다.

다음의 표는 5월의 '가족과 이웃'이라는 주제에 맞추어 요리 활동을 계획한 예다. 요리 활동을 구성할 때는 과학 과정기술이 적절하게 녹아들 수 있는 과학 활동을 구성하고 이와 동시에 확장 활동도 함께 계획해 보는 것이 필요하다.

월	생활 주제	요리명	과학 과정기술	과학 활동	연관 활동
5월	가족과 이웃	당근 꼬치	관찰 비교 예측 실험	• 당근, 양파, 피망, 브로콜리의 냄새, 질감, 단면 관찰, 비교하기 • 열에 의한 각 재료의 변화 예측하고 실험하기	• 야채 도장 찍기 • 당근 꼬치 패턴 • 당근의 길이 재기 • 당근을 좋아하는 동물 조사하기
		고구마 경단	관찰 비교 실험 측정	• 고구마 줄기와 고구마 비교하기 • 삶은 고구마와 생고구마 비교하기(맛, 딱딱함, 색 등) • 열에 의한 고구마의 변화 과정 탐구하기 • 고구마 무게와 길이 재기 • 고물의 맛, 색깔, 냄새 탐색하기	• 다양한 고구마 요리 개발하기 • 경단 만드는 과정을 몸으로 표현하기 • 고구마 광고 찍기 • 고구마 경단 노래 만들기

3) 교사 역할

교사의 교수 활동 특성에 따라 요리 활동이 제한되거나 확장되기도 한다. 교사는 가능한 한 다양하고 창의적인 탐색과 활동이 장려될 수 있는 가능성을 열어 주어야 한다. 정해진 순서대로 요리를 완성하는 것에만 치중한다면 풍부한 과학탐구의 경험이 이루어지기 어렵다. 유아에게 준비된 자료를 주어 스스로 탐색해 볼 수 있는 기회를 제공하고, 계속적으로 활동을 확장시킬 수 있도록 활동의 방향을 제시하는 것이 효과적이다. 요리 활동을 전개하기 위해 관찰은 필수적인 요소다. 관찰을 통하여 교사는 유아의 이해 정도와 흥미 및 요구를 파악할 수 있으며, 이를 토대로 유아의 문제해결을 도울 수 있다. 또한 요리 과정 중에 교사는 적절한 시기에 적절한 질문을 해야 한다. 언어적 질문뿐 아니라 유아에게 도움을 줄 수 있는 재료를 적도록 준비해 주는 것도 일종의 비언어적 질문 방식으로 언어적 질문 이상의 효과를 거둘 수 있다. 무엇보다도 유아 주도적으로 활동을 이끌어 나가는 것이 중요하다. 그리고 교사는 유아의 활동을 심화시키고 촉진시킬 수 있는 역할을 해야 한다.

〈오이를 자르면 향이 더 진해져요.〉

〈뜨거운 열 때문에 색과 모양이 변해요.〉

5 예술 활동을 통한 과학교육

1) 예술 활동을 통한 과학교육의 개념 및 특징

우리는 일반적으로 예술과 과학을 '감성적인 것 vs. 이성적인 것' '부드러운 것 vs. 딱딱한 것'처럼 전혀 다른 느낌으로 인식한다. 그러나 '소리의 과학으로 태어난 악기' '빛의 과학으로 탄생한 인상파 그림' 등의 표현을 통해 예술과 과학이 항상 상반되기보다는 서로를 빛내 주는 관계가 될 수도 있음을 깨닫게 된다. 예술가와 과학자는 서로의 매력에 끌려 예술가는 예술에 쓸 유용한 수단을 얻고자 과학을 필요로 하고, 과학자는 세계를 설명할 적절한 모델을 창조하기 위해 예술을 필요로 한다. 이렇듯 예술과 과학은 유용한 방식으로 상호작용하고 있다.

과학세상 보기

과학과 예술을 아우른 다빈치

'최후의 만찬'과 '모나리자' 그림으로 유명한 레오나르도 다빈치는 단순히 화가에 머무르지 않고 과학적 사고와 창조력을 바탕으로 시대를 앞서 나간 발명가이자 해부학, 건축학, 무기기계학 등에 정통한 과학자라 할 수 있다.

최근 과학 기술의 눈부신 발전은 과학과 예술의 융합을 더욱 가속화시키고 예술을 더욱 빛내 주는 역할을 하고 있다. 유아도 과학을 통해 보다 창의적이고 심미적인 예술을 창출해 보는 경험을 하고 과학이 인간의 삶에 소중한 것임을 인식할 수 있다. 그러므로 예술 활동을 통한 유아과학교육은 미술과 음악을 중심으로 과학의 원리를 탐구하며 미술과 음악이 더욱 창의적이고 심미적인 요소를 가질 수 있음을 경험하는 활동들로 진행해야 할 것이다.

Borrello(1986)는 통합적 미술 프로그램을 실시한 결과, 미술 활동은 미술 그 자체뿐만 아니라 과학에 긍정적인 영향을 주었고, 유아가 다양한 자료로 활동을 해 보고 재료 탐색에서 일어나는 현상을 관찰, 실험하는 과정은 과학적인 원리를 이해하는 데 기초가 되었다고 밝혔다. Piaget는 물리적 지식 활동에서 미술 활동은 물리적 지식을 습득할 수 있는 매체로서 중요한 가치를 지닌다고 하였다. 음률 활동을 할 때 사용하는 다양한 악기가 아름다운 선율을 만들어 내기까지는 소리와 관련된 과학적 개념에 대한 이해 그리고 예술을 빛내기 위해 필요한 소리를 만들어 내기 위한 과학 탐구의 과정이 요구된다. 유아가 다양한 재료로 실험을 하면서 직접 악기를 만들고 연주하는 과정 속에서, 악기가 만들어 내는 소리의 특징을 탐색해 보는 것도 의미 있는 과학 활동의 한 방법이다.

2) 예술 활동을 통한 과학교육의 전개 과정 및 방법

예술을 과학적으로 만나기 위해서는 과학적 탐구가 일어날 수 있는 상황, 활동을 수집하고 그러한 활동에서 유아가 느끼는 호기심, 즉 '왜?'의 질문을 추출해야 한다.

이러한 궁금증을 해결하기 위해 유아는 의사소통하기, 실험하기, 예측하기, 추론하기 등의 과학적 탐구과정을 경험하게 되는데, 이것은 예술과 관련된 경험과 융합될 수 있다. 이를 통해 궁극적으로는 창의적인 예술 표현이 나타나게 되는 것이다. [그림 3-4]는 예술 활동을 통한 과학교육의 전개 과정을 간단히 나타낸 것이다.

활동의 예를 들면, 마블링 활동은 물과 기름의 반발력을 활용한 미술 활동이다. 유아는 마블링 활동을 통해 '물과 기름 외에도 이러한 현상이 나타날 수 있는 또 다른 재료들은 없을까?'라는 호기심과 궁금증이 생겨나며, 다양한 소재로 실험을 해 보고 관련 자료를 찾아 조사 활동을 진행할 수 있다. 이 과정을 통해 마블링은 밀도차가 있는 두 액체가 서로 섞이지 않을 때 볼 수 있는 현상이기 때문에 꼭 물과 기름이 아니어도 녹말물과 포스터칼라물감, 토마토 주스와 100% 사과 주스, 커피와 따뜻한 우유 거품에서도 마블링 효과가 나타남을 발견할 수 있다. 유아는 마블링의 자연스러운 무늬 위에 이쑤시개와 같은 뾰족한 소재를 이용하여 창의적인 예술 표현을 해 볼 수 있다.

예술 활동으로부터 궁금증 발견

⬇

과학적 탐구과정

⬇

창의적인 예술 표현

그림 3-4 **예술 활동을 통한 과학교육의 전개 과정**

유아는 과학의 과정으로 예술 활동이 더욱 깊어지며, 다양한 표현양식을 경험함으로써 감성의 세계를 보다 풍요롭게 해 주는 데 과학이 기여한다는 것을 알 수 있다. 그럼으로써 과학을 좀 더 친근하고 쉽게 받아들일 수 있다.

〈녹말물과 포스터칼라물감 마블링〉

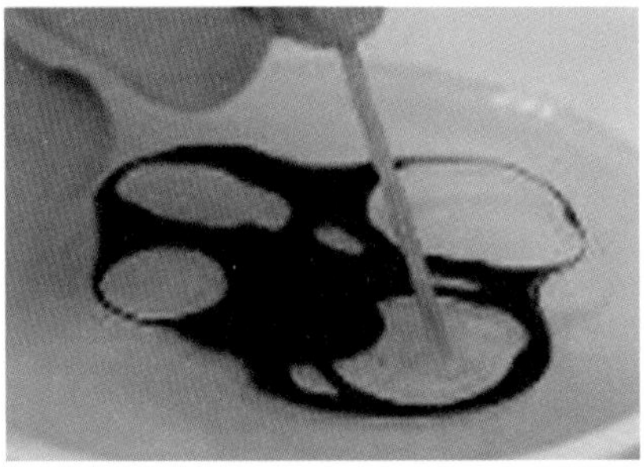

〈먹물과 물의 마블링〉

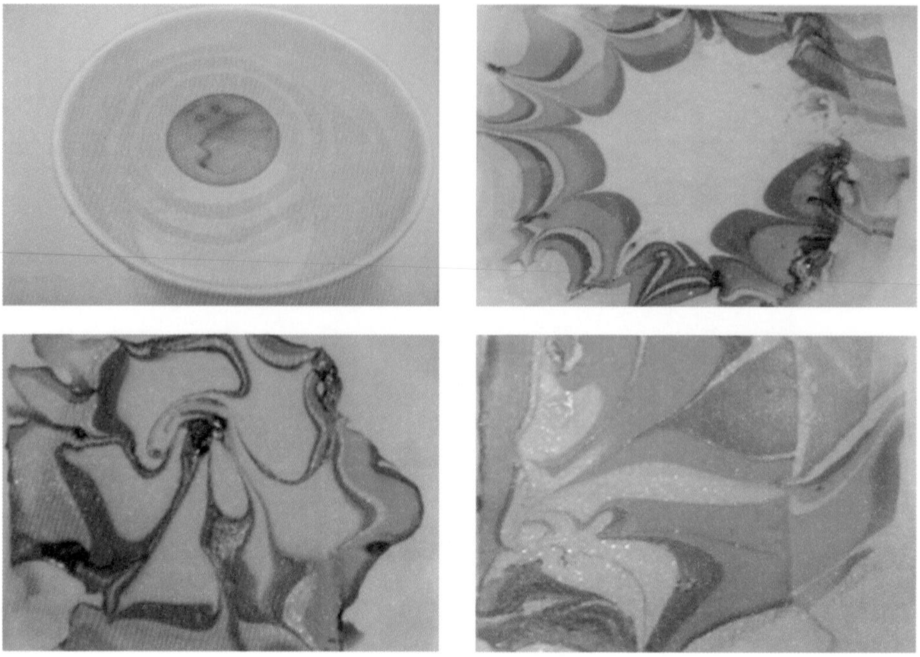

〈매니큐어와 물로 만든 마블링 작품〉

3) 교사 역할

도화지에 양초나 흰색 크레파스를 이용해서 그림을 그리면 눈에 보이지 않다가 붓에 물감을 묻혀 채색을 하면 마술이라도 부린 것처럼 그림이 나타나는 비밀그림은 유아교육기관에서 꼭 경험해 보는 미술 활동 중의 하나다. 유아는 "어떻게 이런 일이 일어날 수 있지?"라고 하며 새롭게 접한 현상에 대해 호기심을 표현한다. 미술 활동 시간이지만, 교사는 유아의 이러한 질문에 귀를 기울이고, 과학 과정기술을 통해 궁금증을 해결할 수 있도록 도움을 주고 격려하는 것이 필요하다. 유아의 질문에 교사는 "정말 왜 그런 것일까?" "물감을 묻히지 않고 그림이 보이도록 하는 방법도 있을까?" 등의 질문을 하며 유아가 과학적으로 사고할 수 있도록 격려한다. 그럼으로써 이와 같은 비밀그림 그리기 활동이 단순히 미술 활동으로 끝나지 않고 과학적 탐구과정을 경험하는 색다른 기회가 될 수 있도록 한다. 다른 예술 활동을 할 때에도 획일적인 방법에 따라 똑같은 결과물을 내도록 하는 것보다는 유아의 호기심에 따라 자료들을 다양한 방법으로 다루어 보고, 그것이 변인이 되어 나타나는 창의적인 결과물들을 경험해 보도록 하는 것이 중요하다.

6 STEAM 기반 과학교육

1) STEAM 기반 과학교육의 개념 및 특징

미래 과학기술 사회의 국가 경쟁력은 급변하는 과학-기술-공학 영역의 혁신에 얼마나 빠르게 적용하느냐의 문제다. 미래의 글로벌 인재는 설계 중심 · 문제해결 중심의 다양하고 적극적인 창의력 신장 활동을 통해 양성될 수 있다. 세계적 과학기술교육개혁의 키워드는 국가 경쟁력을 위한 '창의성' '디자인(design)'과 더불어 '과학, 기술, 공학, 수학교육(STEM)'이었다. STEM의 뿌리를 거슬러 가면 과학과 관련된 통합교육의 흐름인 1990년대 과학과 기술, 사회의 통합을 강조한 STS를 시작으로 해서 이어져 오고 있음을 알 수 있다.

최근에는 공학적 기술 소양을 강조한 STEM에 인문학적 소양(liberal arts)과 예술적 소양(arts)이 결합되어 미래 과학기술의 발전을 즐기며 주도할 수 있는 융합형 인재를 양성하고자 하는 의지로 'A(arts)'가 결합된 'STEAM 교육'이 주목받고 있다. 융합인재교육(STEAM)은 Science, Technology, Engineering, Arts, Mathematics의 앞글자를 딴 것으로 STEAM 교육에 대한 정의는 매우 다양한데, 대표적으로 김진수는 2007년 STEAM 교육을 처음으로 한국에 소개하면서, STEAM 교육에 대해 과학, 기술, 공학, 예술, 수학의 과목 또는 내용을 통합하여 가르침으로써 과학기술에 대한 학생들의 흥미와 이해력을 높이고 창의적 문제해결력을 기를 수 있는 융합교육(김진수, 2012)이라고 정의하였으며, 우리나라의 STEAM 교육의 정의도 이를 기반으로 두고 있다.

이러한 STEAM 교육의 필요성과 중요성에 따라 서울특별시교육청유아교육진흥원(2018)에서 개발한 '유아 STEAM 교육 프로그램'의 내용을 토대로 STEAM 교육의 세부내용을 살펴보면 다음과 같다. STEAM 교육의 교수학습과정은 [그림 3-5]에서 제시하고 있는 바와 같이 상황 제시, 창의적 설계, 감성적 체험으로 나타낼 수 있다.

첫째, 상황 제시는 주어진 상황의 문제를 자신의 문제로 인식하고 스스로 문제를 해결하고자 하는 학습동기를 부여하기 위한 과정이다. 유아가 일상생활 속에서 경험할 법한 과학적 문제 상황에 흥미를 가질 수 있도록 스토리텔링, 이야기 나누기, 동요, 실물 탐색, 동영상 시청 등의 방법으로 전개할 수 있다.

둘째, 창의적 설계는 상황 제시에서 인식한 문제를 해결하기 위한 방법을 창의적으로 설계하는 과정이며 주어진 조건과 환경 속에서 최선의 해결책을 구성해 가는 과정이다. 이때 문제해결을 위해서는 STEAM의 각 교과 내용을 응용하고 활용하게 되는데, 특히 문제해결을 위한 설계와 제작의 과정에서 S, T, E, A, M 요소의 융합적 경험이 발생한다. 문제를 해결하기 위한 아이디어는 그림, 신체, 언어 등 다양한 방법으로 설계하여 공유하게 되며 흥미영역 또는 메이커 스페이스(Maker Space)에서 설계 아이디어를 실물로 제작하는 과정에서 결과에 따라 설계와 제작의 과정이 순환하게 된다.

셋째, 감성적 체험은 전시, 발표, 공연 등 다양한 형태로 최종 결과물을 공유하며 학습에 대한 성공을 경험하고 다음 학습이 자발적으로 일어나도록 동기를 부여하는 단계다.

상황 제시	• 유아가 일상생활 속에서 경험할 법한 과학기술 관련 문제 상황 제시 • 주도적으로 문제를 해결하고자 동기와 관심 유발 • 스토리텔링, 이야기 나누기, 동요, 실물 탐색하기, 동영상 등으로 전개
창의적 설계	• 상황 제시 단계에서 인식한 문제를 해결하기 위해 창의적인 문제해결 방법 모색 • 문제를 해결하기 위한 아이디어를 공유하고 평면 혹은 입체적인 설계도 구안 • 흥미 영역 및 Maker Space에서 유아의 설계 아이디어가 실물로 제작되는 과정에서 S, T, E, A, M 요소의 융합적 경험 발생 • 설계와 실험, 피드백과 결과 공유를 복합적으로 수행
감성적 체험	• 창의적 설계의 최종 결과물 공유 • 전시, 발표, 공연 등 다양한 형태로 최종 결과물 공유 • 성공적인 경험을 통해 제기되는 새로운 문제에 도전하고자 하는 욕구 발생

그림 3-5 STEAM 교육의 교수학습과정(서울특별시교육청유아교육진흥원, 2018)

'상황 제시-창의적 설계-감성적 체험'의 과정은 선순환적 구조이며, 이를 통해 과학기술에 대한 관심과 흥미를 향상시키고 무엇보다 실생활과 관련된 문제를 해결하는 경험 속에서 융합적으로 사고하는 능력을 기르는 기초가 되어야 한다(한국교육개발원, 2012).

2) STEAM 기반 과학교육 활동유형

유아를 대상으로 하는 STEAM 기반 과학교육의 활동유형을 A-STEAM, RST, Making 활동으로 구분해 볼 수 있다(서울특별시교육청유아교육진흥원, 2018). 먼저 A-STEAM은 예술 표현을 극대화하기 위하여 과학적 원리와 기술을 활용하는 예술 표현 중심의 STEAM 기반 과학교육활동이다. 예술과 과학기술이 상보적 관계이므로 예술은 과학으로부터 표현의 수단과 재료를 제공받고, 과학기술 발전의 결과를 이용하여 새로운 장르의 예술을 창조할 수 있기에 가능한 활동이라고 할 수 있다. RST-STEAM에서 RST는 Reverse Science from Technology의 약자로 기술로부터 과학적 원리를 학습하는 방법을 뜻하며, 일상생활 속 첨단기술제품의 기본 원리와 기능 및 기술의 편리를 이해하고 이를 탐구하여 다양한 제품을 구상하고 설계하는 활동이다. 마지막으로 Making 활동은 창조적 역량을 갖춘 인재 양성을 위해 학습자가 창작자가 되도록 돕는 메이커 교육(Maker Education)이 대두되면서 제시되고 있는 활동유형으로 실물재료 및 디지털 기기 등을 활용하여 일상생활 속 문제를 해결하거나 편리한 일상생활에 필요한 물건 및 도구를 제작하는 활동을 의미한다.

이러한 3가지 활동유형 중 유아들에게 가장 의미 있게 제공할 수 있는 Making 활동을 중심으로 STEAM 기반 과학교육의 사례를 더욱 구체적으로 살펴보고자 한다. 다음의 사례는 한국유아교육협회(2019)의 교사연수에서 소개된 'Making STEAM 활동의 실제' 내용에 기반한 것이다. Making 활동의 교수학습과정은 STEAM 교육에서 제안하는 교수학습과정에 '팅커링'이 추가되며, 이를 도식화하면 [그림 3-6]과 같이 나타낼 수 있다.

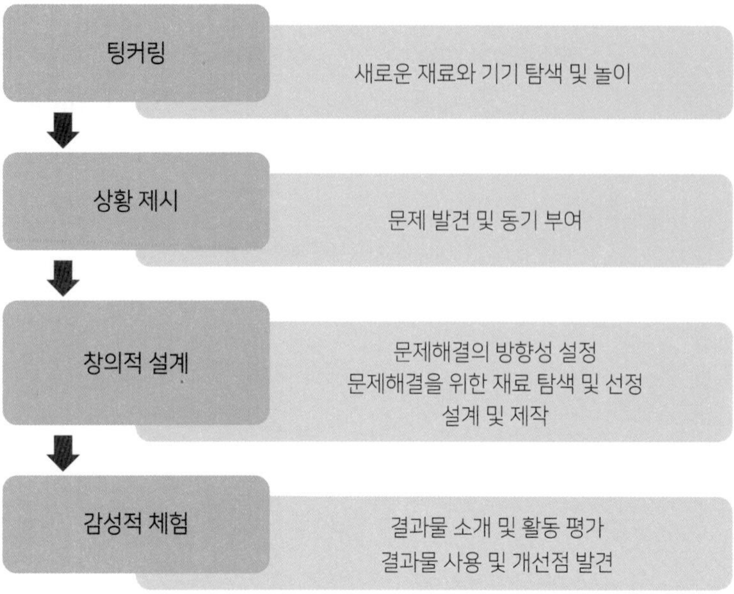

그림 3-6 Making 활동의 교수학습과정

(1) 팅커링

Making 활동에서 문제해결을 위한 유용한 결과물을 만들어 내기 위해서는, 결과물을 만들기 위한 재료와 도구의 선정이 중요하다. 이를 위해 유아들이 충분히 재료와 도구를 탐색하고 놀이하는 과정이 필요하다. 이 과정을 팅커링이라 하는데, 주변에 있는 재료와 도구를 자유롭게 탐색하고 놀이하면서 그 특성을 이해하고, 자유로운 만들기를 해 보는 과정이다. 이러한 과정을 통해 소재와 재료, 도구를 필요에 따라 의미 있고 적절하게 선택하고 사용할 수 있다(강인애, 2018).

특히 문제해결을 위해 필요한 재료와 도구가 새로운 것이라면 상황 제시 단계 전에 팅커링 과정이 충분히 이루어질 필요가 있다. 재료와 도구의 사용법에 익숙해진 뒤 문제해결에 몰입할 수 있기 때문이다. 새로운 재료와 도구가 제시되었을 경우, 교사는 재료와 도구의 명칭 및 사용 방법을 안내해 주고, 다양하게 활용하여 놀이해 볼 수 있는 기회를 제공해 주는 것이 바람직하다. 팅커링 과정의 예시는 다음과 같다.

〈팅커링 단계의 예시: 시온 스티커로 놀이해요〉

활동 방법

- 시온 물감으로 그린 작품 영상을 감상한다.
  - 선생님이 함께 준비한 영상을 감상해 보자.
  - (영상을 감상한 뒤) 영상 속에 어떤 동물 그림이 나왔니?
  - 카멜레온의 색이 처음에는 어땠니?
  - 그런데 색이 어떻게 달라졌니?
  - 그림에 무엇을 가져다 대는 것처럼 보였니?
  - 차가운 아이스팩과 뜨거운 핫팩을 가져다 대니 색이 달라졌구나.
  - 어떻게 이렇게 그림의 색이 달라질 수 있을까?
- 시온 스티커를 소개하고 살펴본다.
  - 영상 속 그림은 온도에 따라 색이 변하는 특별한 물감으로 그림을 그렸다고 해.
  - 온도에 따라 색이 변하는 스티커를 선생님이 가져왔단다.
  - (시온 스티커를 보여 주며) 색이 어떠니? 모양은 어떠니?
  - 이 스티커의 색이 바뀌게 하려면 어떻게 해야 할까?
  - 이 스티커에 아이스팩(핫팩)을 가져다 대면 영상 속 그림처럼 색이 변할까?
  - 어떤 색으로 바뀔 것 같니?
  - 어떤 색으로 바뀌었니?
  - 색이 변하는 걸 보니 기분이 어떠니?

〈시온 스티커를 살펴보는 장면〉

〈체온을 이용하여 색을 변하게 하는 장면〉

〈핫팩을 댄 뒤, 색이 정말 변했을지 확인해 보는 장면〉

- 시온 스티커를 이용한 놀이를 한다.
  - 이 스티커를 이용해서 어떤 놀이를 해 볼 수 있을까?
  - 우리가 생각한 놀이를 함께 해 보기로 하자.

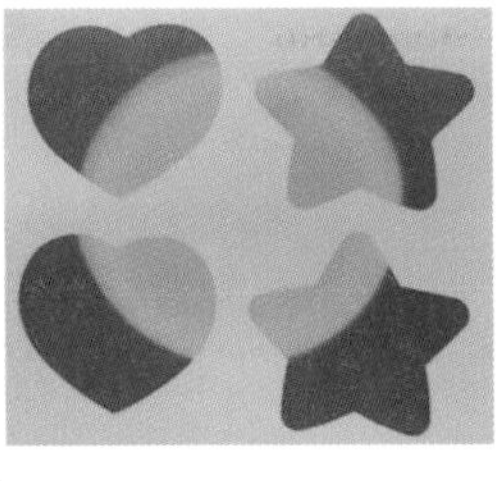
〈시온 스티커를 이용하여 놀이하는 장면〉

이론편

(2) 상황 제시

상황 제시 단계는 해결해야 하는 문제를 발견하고, 문제를 해결하고자 하는 동기가 부여되는 과정이다. 이 과정에서 교사가 활용할 수 있는 도입 방법은 문제 상황이 담긴 사진 자료를 보여 주거나, 스토리를 들려주는 것이다. 이때 제시되는 문제 상황은 유아들의 일상생활에서 흔히 일어나는 내용이 제시되어야 한다. 사진이나 스토리 속에 등장하는 가상의 인물만의 문제 상황이 아니라, '내 문제' 또는 '우리 가족의 문제'라는 생각을 하게 되어 동기부여가 될 수 있다. Making 활동에 익숙해진 유아들이 스스로 일상생활 속 불편한 문제를 발견하여 상황을 제시할 수 있다면 가장 바람직한 상황 제시라 할 수 있다.

〈상황 제시 단계의 예시: 뜨거운 핫초코는 위험해!〉

활동 방법

• 뜨거운 음료를 마시다 입술을 덴 한결이의 이야기를 듣고, 비슷한 경험을 이야기 나눈다.
  - 너희는 어떤 음료를 좋아하니?
  - 마시는 것 중에 뜨거운 것도 있니?
  - 뜨거운 음료를 좋아하는 한결이의 이야기를 들어 볼까?

> 한결이는 아빠를 따라 자동차 정비소에 가는 걸 좋아해요! 자동차 정비소에 가면 자동차들을 볼 수 있어서 재미있기도 하지만, 사실은 정비소 음료 자판기에 있는 핫초코가 정말 맛있거든요! 그날도 한결이는 아빠에게 핫초코를 사 달라고 했어요! 핫초코를 받아 든 한결이는 너무 신이 나서 한 모금 마시려다, 앗! 너무 뜨거워서 입술을 데고 말았어요. 입술을 데인 한결이는 핫초코를 먹을 수가 없었어요. 너무 속이 상한 한결이는 집에 와서 엄마에게 핫초코를 타 달라고 했지요. 한결이 엄마는 한결이에게 핫초코를, 한결이 아빠에게 유자차를 타 주었어요. 그리고 한결이 엄마가 마실 커피도 준비했지요. 셋은 식탁에 앉아 따뜻한 음료를 마시며 이야기를 나누려고 했어요. 그런데 마음 급한 한결이가 그만 핫초코가 식지도 않았는데 마셔 버렸어요. 한결이는 또 입술을 데이고 말았죠. 한결이 아빠도 유자차를 마시다가 그만 너무 뜨거워서 깜짝 놀랐어요. 어린이에게도, 어른에게도 뜨거운 음료는 위험하군요!

  - 한결이와 한결이 가족에게 어떤 일이 생겼니?
  - 너희도 한결이처럼 뜨거운 물이나 핫초코를 마시다가 입술을 덴 적이 있니?
  - 뜨거운 음료를 마실 때 입술이 데지 않으려면 어떻게 해야 할까?
  - 뜨거운 음료가 적당히 식어서 마실 수 있을 정도가 되었다는 것을 어떻게 알 수 있을까?
  - 뜨거운 음료가 마실 수 있을 정도로 따뜻해졌다는 걸 알려 줄 수 있는 방법이 있을까?
  - 우리가 함께 생각을 모아서 이 문제를 해결해 보면 어떨까?

(3) 창의적 설계

창의적 설계 단계는 문제해결을 위한 계획을 세우고 직접 결과물을 만들어 내는 과정으로 다음과 같은 순서로 진행할 수 있다.

- 발견한 문제를 정의하고 문제해결의 방향성 설정하기
- 문제해결에 필요한 재료를 탐색하고 선정하기
- 결과물을 어떻게 만들 것인지 구상하기(설계)
- 설계한 대로 제작하기

문제해결의 방향성을 설정한 뒤, 문제해결에 적합한 재료를 탐색하고 선정할 때에는 재료들을 충분히 탐색하고 비교하여 적합한 재료와 도구를 선정할 수 있도록 도와야 한다. 유아들이 적절한 재료를 선정할 수 있도록 팅커링 과정이 의미 있게 진행되는 것이 바람직하며, 여러 재료 중 가장 적합한 것을 찾아갈 수 있도록 안내하는 것이 필요하다.

재료 선정 이후에는 구체적으로 어떠한 결과물을 제작할 것인지 구상을 하는 설계를 한다. 설계를 할 때에는 인쇄된 설계도를 활용하여 미리 그림을 그려서 표현해 보도록 할 수 있다. 그러나 이러한 설계과정은 유아의 발달에 따라 적합하게 적용되어야 하는데, 자신이 미리 그림을 그린 것을 보고 그대로 만드는 것이 결코 쉬운 일이 아니기 때문이다. 반드시 설계도에 미리 그림을 그리는 것이 중요한 게 아니라, 만들 것을 미리 구상해 보는 기회를 갖도록 하는 것이 중요하다. 따라서 유아의 발달에 따라 설계도를 활용하거나 설계도를 활용하지 않고 미리 생각해 볼 기회를 갖는 것만으로도 의미가 있다고 볼 수 있다.

결과물을 제작하는 과정에서, 유아들은 자신이 계획했던 대로 잘되기도 하지만 실패의 경험을 하게 되기도 한다. 꽃 모양을 만들고 싶어서 그리고 오렸지만 완성해 보니 꽃이 아니라 동그라미들의 모음이 될 수도 있고, 킥보드 장식품을 만들고 싶어서 휴지 속심으로 만들었지만 킥보드에 끼워지지 않는 어려움을 겪게 되기도 한다. 이는 모든 측면을 완벽하게 설계하기 어렵기 때문이기도 하고, 만드는 과정에서 기술적인 어려움이 발생하기 때문이기도 하다. Making 활동에서의 이러한 실패는 '생산적 실패(productive failure)'로 실패를 통한 학습의 기회가 된다(Kapur,

2016). 따라서 이 과정 자체를 격려하고 충분한 시간을 제공하여 다시 시도해 볼 수 있도록 도와야 한다.

〈창의적 설계 단계의 예시: 뜨거운 핫초코는 위험해!〉

활동 방법

- 문제를 해결할 수 있는 방안과 필요한 재료를 떠올려 본다.
  - 이 문제를 해결하기 위한 방법에는 무엇이 있을까?
  - 우리가 해결해야 하는 문제는, 뜨거운 음료가 마시기 좋을 정도로 따뜻해졌다는 것을 알려 주는 것을 만드는 것이구나.
  - 그렇다면 어떤 재료가 필요할 것 같니?
  - 뜨겁거나 따뜻하다는 온도를 알려 주는 것은 무엇이 있을까?
    예) 열이 날 때 재는 체온계요.
    과학영역에 있는 온도계도 있어요.
    시온 스티커도 있어요.
  - 우리가 생각한 재료들 중에서 어떤 재료를 이용해서 이 문제를 해결해 보는 것이 좋겠니?
  - 체온계(온도계, 시온 스티커)를 사용한다면 어떨까?
    예) 온도계를 컵에 넣을 수가 없어요.
    체온계로 음료수의 온도도 잴 수 있나요?
    시온 스티커는 컵에 붙여 놓으면 될 것 같아요.
  - 체온계와 시온 스티커로 만들어 볼 수 있겠구나. 체온계로 음료수의 온도를 잴 수 있는지 직접 해 볼까?
  - (체온계로 측정한 뒤) 체온계로도 온도를 잴 수 있구나.
  - 시온 스티커를 컵에 붙여 놓아도 색이 변하면서 온도를 알 수 있구나.
  - 체온계와 시온 스티커 중에서 어떤 걸로 만들어 보고 싶니? 어떤 재료가 이 문제를 해결하는 데 더 어울리는 것 같니?
    예) 체온계는 좋기는 하지만, 음료수 마실 때마다 체온계가 필요하잖아요.
    체온계가 있으면 우리가 따로 만들 수 있는 게 없어요.
    시온 스티커는 컵에 붙일 수도 있고, 또 다른 것도 만들어 볼 수 있을 것 같아요.
  - 그럼 이 문제를 해결하기 위해 시온 스티커를 이용해 보기로 할까?
- 시온 스티커로 놀이해 본 경험을 이야기 나누며, 문제해결을 위해 무엇을 만들지 생각해 본다.
  - 시온 스티커로 어떤 놀이를 해 보았었니?
    예) 색이 변하는 카멜레온을 그려서 놀았어요.
    시온 스티커 안에 비밀 그림을 그려 봤어요.
  - 시온 스티커에 핫팩(아이스팩)을 가져다 대니 색이 어떻게 변하였니?
    예) 색이 없어졌어요.
    색이 투명해져서 안에 있는 그림이랑 글씨가 보였어요.
    빨간색이 분홍색으로 바뀌기도 했어요.
  - 이 시온 스티커로 어떤 물건을 만들면, 뜨거운 음료수가 식었다는 걸 알려 줄 수 있을까?

예) 시온 스티커를 컵에 붙여요.
컵 아래에 놓는 컵받침을 만들어요.
컵 밖에 두르는 것(컵홀더)을 만들어요.

- 우리가 이야기 나눈 것 중에 어떤 것을 만들어 보고 싶니?

• 시온 스티커를 활용하여 문제해결을 위한 물건을 디자인하고 만들어 본다.
- 문제를 해결하기 위해 어떤 것을 만들기로 결정하였니?
- 그것을 만들기 위해 더 필요한 재료는 무엇이니? 준비된 재료들을 살펴보며 생각해 보자.
- 재료들을 결정했으면, 설계도에 어떤 디자인으로 만들고 싶은지 그림으로 표현해 볼까?
- 어떤 디자인이 있으면 사용할 때 즐거운 마음이 들 수 있을까?
- 어떻게 사용할 수 있는지 그 방법도 설계도에 표시해 줄 수 있겠니? 시온 스티커가 어떤 색이면 뜨거워서 마시면 안 되는지, 어떤 색이 되면 마셔도 되는지 말이야.
- 계획을 다 했다면 이제 만들어 볼까?
- 컵받침이나 컵홀더를 어느 정도의 크기로 하는 것이 좋을지, 어떤 부분에 시온 스티커를 붙이는 것이 좋을지 생각하면서 만들어 보기로 하자.

〈시온 스티커로 제작한 컵받침〉

(4) 감성적 체험

감성적 체험 단계는 결과물을 소개하고 직접 사용해 본 뒤 평가하는 단계이다. 이 과정에서 유아들이 직접 결과물을 사용할 수도 있고 가족이나 다른 사람에게 선물을 한 뒤 함께 사용해 볼 수도 있다. 유아들이 만든 결과물을 적극적으로 공유하고 소통할 수 있는 장이 마련되도록 한다. 결과물을 사용하고 평가할 때에는 성공적인 부분뿐만 아니라 개선할 점까지 평가한다. 개선할 부분에 대해서는 유아들이 직접 개선을 할 수도 있고, 개선하기 어려운 부분을 정리하여 어른들에게 제안해 볼 수도 있다.

〈감성적 체험 단계의 예시: 뜨거운 핫초코는 위험해!〉

활동 방법
• 완성된 제품을 소개하고, 평가한다. - 완성된 제품을 소개해 볼까? 어떤 어린이가 먼저 소개해 보겠니? - 무엇을 만들었는지, 어떻게 사용할 수 있는지 소개해 보기로 하자. - ○○이에게 궁금한 점이 있니? - 또 누구의 제품을 소개해 볼까? - ○○이와 △△이가 만든 것은 어떤 점이 같고, 어떤 점이 다르니? - 뜨거운 음료수를 안전하게 마실 수 있도록 도와주는 물건을 만들어 보았는데 어땠니? - 어떤 점이 재미있었니? - 만들면서 어려운 점도 있었니? - 우리가 만든 제품에 이름을 붙여 준다면 어떤 이름을 붙여 주고 싶니? • 가정에서 직접 사용해 보고, 사용해 본 소감을 이야기 나눈다. - 우리가 만든 제품을 가정에서 부모님과 함께 직접 사용해 보기로 하자. - (사용 후에) 우리가 만든 제품을 잘 사용해 보았니? - 사용해 보니 어땠니? - 좋은 점은 무엇이었고, 불편한 점은 무엇이었니? - 가족들은 어떤 이야기를 해 주었니? - 다시 이런 물건을 만들어 본다면 어떻게 만들어 보고 싶니? - 우리가 이번 문제도 재미있게 잘 해결한 것 같니? - 우리를 어떻게 칭찬해 주고 싶니?

4 유아과학교육을 위한 환경 및 평가

1 유아과학교육을 위한 환경

유아의 과학적 탐구에 대한 흥미를 유발하고 몰입하게 하기 위해서는 풍부한 자료의 준비와 신중하게 계획된 환경이 중요하다. 과학교육을 위한 환경의 질에 따라 유아의 과학학습 기회와 내용이 달라지기 때문이다. 이러한 유아과학교육을 위한 환경은 심리적 환경, 인적 환경, 물리적 환경으로 나눌 수 있다.

1) 심리적 환경

유아의 자유로운 탐색을 가능하게 하는 허용적인 분위기는 과학적 능력의 증진뿐 아니라 학습의 효율성을 높이는 데 기여한다(Harlan, 1997). 유아는 따뜻하고 친근한 성인이 있을 때 더 많은 호기심을 보이고 질문을 한다. 교사가 유아의 질문을 따뜻하게 수용하고 적극적으로 반응해 주면, 유아는 기꺼이 과학적인 모험을 할 것이며 더 높은 과학적 사고를 할 수 있는 힘을 얻는다. 그러므로 교사는 유아가 자발적인 태도로 자유롭게 탐색하고 질문하며 자신의 생각을 표현할 수 있도록 수용적이고 개방적인 분위기를 조성해야 한다. 또한 유아의 실패와 실수에 대해서도 허용적이며 인내심을 가질 수 있어야 하고, 경쟁보다는 협동이 이루어지는 교실 분위기를 조성하며, 활동의 효율성을 위한 최소한의 규칙을 마련해야 한다. 그리고 실험의욕이나 활동 욕구가 감소되지 않는 범위 내에서 안전한 분위기를 제공해야 한다.

Feldhusen과 Treffinger(1994)는 창의적 사고를 위한 심리적 환경 조성 방법을 다음과 같이 제시하였는데, 이는 과학교육을 위한 심리적 환경 조성에도 그대로 적용할 수 있다.

- 유아의 독특한 아이디어나 반응을 지지하고 강화한다.
- 실패의 경험을 자신의 실수를 깨닫는 긍정의 기회로 삼고, 자신에게 적합한 목표를 세워 보는 계기가 되도록 돕는다.
- 활동 과정에서 유아의 아이디어와 관심을 많이 반영한다.
- 유아의 창의적인 아이디어를 생산하고 발전시켜 볼 수 있는 충분한 시간을 준다.
- 유아 간, 유아와 교사 간에 상호존중하고 수용할 수 있는 분위기를 조성한다. 그럼으로써 유아가 서로 돕고 나누며 발전하고, 개별적 · 집단적으로 학습할 수 있도록 한다.
- 다른 영역에서도 과학적 탐구 활동이 시작되거나 실행될 수 있다는 것을 인식하도록 한다.
- 교사는 학습 지도 자료의 공급자, 관리자가 되어서 유아가 여러 가지 방향을 모색하도록 격려한다.
- 유아의 말을 주의 깊게 듣고, 유아와 함께 웃기도 한다. 따뜻하고 우호적인 분위기는 탐구적 사고를 할 수 있는 자유와 안정감을 제공하기 때문이다.
- 유아에게 선택할 기회를 주고, 어떤 결정을 내릴 때는 유아도 참여하도록 한다.
- 모든 유아가 참여하도록 격려하고, 유아의 생각이나 문제 해결책을 적극적으로 지지함으로써 수업 참여의 가치를 일깨워 준다.

2) 물리적 환경

과학 활동을 할 수 있는 물리적 공간은 상황에 따라 유아 주변 어디에서나 설정될 수 있다. 유아가 주변에 관심과 호기심을 갖고 탐구하려는 마음을 가진다면 어디에서든지 효과적인 활동이 이루어질 수 있기 때문이다. 여기에서는 유아과학교육의 물리적 환경을 과학 자료와 실내 환경(과학 영역), 실외 환경으로 나누어 살펴보고자 한다.

(1) 과학 자료

유아가 과학적 탐구에 대한 흥미를 갖고 몰입하기 위해서는 풍부한 자료의 구비가 필요하다. 유아는 주변의 거의 모든 것을 과학 활동에 활용할 수 있기 때문에 유아가 과학 활동에 사용하는 자료에는 한계가 없다(김옥경, 1997). 그러므로 측정과 관찰을 위한 기본 자료 외에도 유아들의 호기심을 자극하고 과학 활동에 도움이 되는 다채로운 자료들을 준비해 두어야 한다.

과학 활동을 위한 자료의 종류를 구체적으로 살펴보면 다음과 같다.

자료 종류	자료
관찰 및 실험 도구	확대경, 현미경, 망원경, 자석, 손전등, 건전지, 거울, 플라스틱병 또는 컵, 깔때기, 필름통, 튜브, 양초, 클립, 스펀지, 프리즘, 스포이트, 여과지 등
측정도구	우유팩, 리본, 막대기, 끈, 물약병, 자, 신장기, 체중계, 저울, 계량컵, 계량스푼, 비커, 타이머, 온도계, 달력, 거울 등
동식물류	병아리, 햄스터, 토끼, 개구리, 개미, 장수풍뎅이, 달팽이, 누에, 지렁이, 거북이, 자라, 금붕어, 열대어, 부레옥잠, 고구마, 감자, 가지, 토마토, 봉숭아, 맨드라미, 나팔꽃 등
사육용 · 재배용 도구	사육 상자, 먹이통, 어항, 산소 공급기, 화분, 물뿌리개, 모종삽, 분무기, 망, 사진기, 관찰일지 등
표본, 실물류	인체 모형, 식물, 곤충, 돌, 조개껍질, 곡식류, 씨앗류, 낙엽, 꽃잎, 나이테, 생선가시, 닭 뼈 등
기계류	도르래, 지렛대, 나사, 스위치, 계산기, 카메라, 열쇠, 자물쇠, 건전지, 태엽 장난감, 탁상시계, 전화기, 드라이기, 카세트, 녹음기 등
기타	과학 관련 잡지 사진, 스캔 자료, 그림, 빨대, 풍선, 종이컵, 천 조각, 벽지, 병뚜껑, 단추, 새 깃털, 돌멩이, 유아용 못과 망치, 종, 메트로놈, 체 등

〈다양한 과학 교구〉

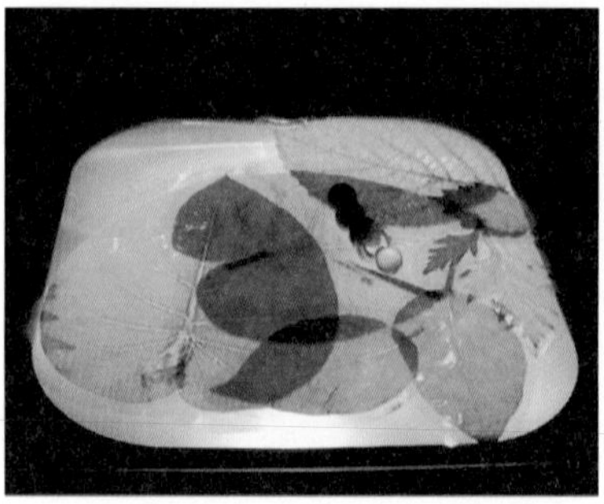

〈OHP기기 또는 라이트 테이블〉

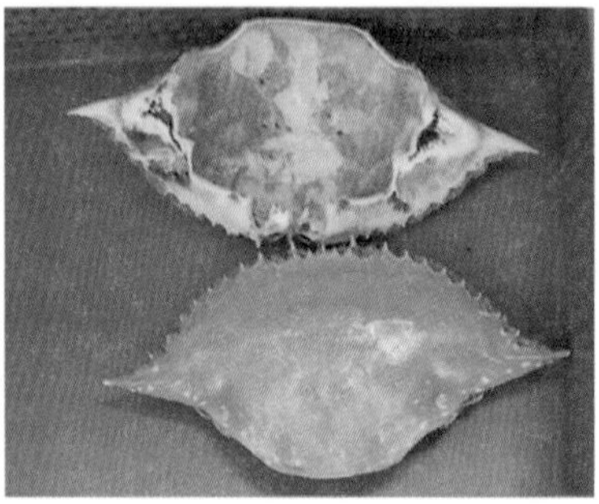

〈실물자료〉

〈일상생활용품〉

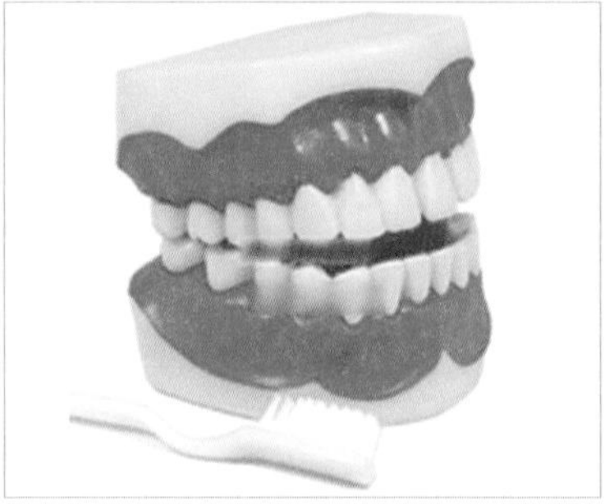

〈표본류〉

〈관찰도구〉

(2) 실내 환경-과학 영역

① 과학 영역의 의의와 가치

유아의 호기심과 궁금증을 자극하고 유아가 탐구 능력을 구성하도록 하기 위해서는 주변 세계를 탐색할 수 있는 과학 환경을 마련해 주어야 한다(문미옥, 신현옥, 김형숙, 류칠선, 2000). 즉, 유아의 과학적 탐구는 어디서든 이루어질 수 있지만 과

〈과학 자료와 교구, 과학도서, 관찰거리 등이 잘 갖추어진 과학 영역〉

〈유아들 간의 과학적 상호작용을 장려할 수 있는 공간 배치〉

학 학습이 일상화되기 위해서는 과학적 탐구를 위해 체계적으로 준비된 영역이 필요하다. 유아교육기관의 과학 영역은 과학적 탐구에 대한 흥미를 유발하고 몰입할 수 있도록 해 주며, 유아로 하여금 일찍부터 과학적 사실과 개념을 습득하고 과학적 습관과 태도를 형성하도록 하는 데 중요한 역할을 한다(김정주, 김영실, 2006). 따라서 교사는 과학탐구에 참여할 수 있는 학습 공간을 마련하여 풍부한 학습 자료를 제공하고 관리해야 한다(Biddulph & Osborne, 1984).

과학 영역은 과학 학습을 위한 다양한 교구와 자료, 책 등을 별도로 모아 교실 내에 설치한 곳을 말한다. 과학 영역에서는 주변의 여러 가지 물체나 현상을 보고, 듣고, 만지고, 맛을 보는 등 감각 경험을 통하여 사물의 속성을 탐색하고, 원인과 결과를 연결해 보는 경험을 할 수 있다. 또 유아가 과학적 경험에 능동적으로 참여하고 탐구과정의 즐거움을 맛봄으로써 과학적 대상에 대해 호기심을 갖고 탐구하게 되므로 교사는 과학 영역에 물체의 속성을 탐색할 수 있는 다양한 자료를 제공해 준다. 이와 더불어 소집단 또는 개별 활동을 통해 조사, 관찰, 기록, 비교, 분석하는 경험을 할 수 있도록 한다.

② 과학 영역의 운영 원리

유아를 위한 과학 영역은 교실의 크기와 과학교육 프로그램의 방향에 따라 달라질 수 있으며, 유아를 위한 과학교육은 과학 영역의 적절한 배치와 자료의 선정 및 준비, 활용에 의해 효과가 달라진다.

과학 영역을 구성하는 데 고려해야 할 원리를 좀 더 자세히 정리하면 다음과 같다(황의명, 조형숙, 2001).

첫째, 과학 영역은 대체로 유아나 교사가 수집한 자료를 감각적으로 탐색할 수 있는 감각 테이블과 교육 주제에 관련된 과학 활동 자료를 제시한 학습 테이블, 과학 활동에 필요한 자료를 정리해 놓은 정리장, 그리고 과학 개념에 관한 도서 전시장, 식물이나 동물 기르기 테이블, 유아가 활동할 수 있는 빈 테이블과 의자 등으로 구성한다.

둘째, 과학 영역의 가구를 배치 · 구성할 때에는 융통성이 있게 하며, 유아의 왕래가 자유롭도록 한다. 공간이 비좁거나 자료장이 고정화되어 있으면 다양한 활동이 어렵고, 유아 간의 갈등을 유발할 수 있다.

셋째, 과학 영역은 유아가 흥미를 가질 수 있도록 변화를 주면서 잘 정돈해야 한다. 무엇보다 교사가 교육 주제에 따라 적절히 변화를 주어 유아의 호기심을 자극할 수 있도록 해야 한다. Koch(1999)는 이를 위해 교사가 유아와 함께 과학 영역을 수정하는 것도 좋은 방법이라고 하였다. 과학 영역의 전체는 아니더라도 수집한 물건들이 있을 때, 감각 테이블을 함께 구성해 봄으로써 유아가 흥미를 느낄 수 있을 것이다.

넷째, 위험성이 있는 자료는 과학 영역에 두지 말고 교사 자료실에 놓았다가 필요시에만 사용한다. 예를 들어, 수은 온도계, 전열기구 등과 같은 것은 과학 영역에 두지 않는다.

다섯째, 측정이나 관찰을 위해 필요한 기본적인 도구는 과학 영역에 상비해 둔다. 예를 들어, 양팔 저울, 계량컵, 돋보기, 기록지와 같은 것은 항상 일정한 곳에 구비해 둔다.

여섯째, 과학 영역은 채광이 잘 되고 물과 전기를 쉽게 이용할 수 있는 곳이어야 한다. 과학교육의 한 활동으로 동식물을 기르는 경우가 많기 때문에 채광이 잘 되는 밝은 곳이 좋고, 가끔 물과 전기가 필요한 때도 있으므로 이들을 쉽게 이용할 수 있어야 한다.

일곱째, 과학 활동은 실내에서만 할 수 있는 것이 아니라 실외에서도 이루어질 수 있고, 과학 영역에서의 활동이 다른 영역과 관련하여 활동이 전개되고 확장될 수 있으므로 융통성 있게 조절되어야 한다.

여덟째, 과학놀이의 촉진을 위해 유아의 과학적 호기심과 탐구를 자극할 수 있는 과학적 요소가 있는 자료들을 유아의 과학적 놀이의 전개 상황을 고려하여 민감성 있게 제공해 준다.

③ 과학 영역의 효율적인 운영을 위한 활성화 방안

유아교육기관의 과학 영역을 살펴보면, 교사가 과학 영역에서 유아에게 어떻게 기회를 주어야 하는지에 대해 어려워한다는 것을 알 수 있다. 이것은 과학 영역의 운영 미비나 방치로 이어질 수 있다. 교사는 과학 비품이나 실험, 실습 여건의 부족, 운영에 대한 전문 지식이나 적절한 활동 방법에 대한 아이디어 부족 등의 이유를 들어 과학 영역 운영에 대한 어려움을 나타내고 있다(김나영, 2001). 이는 과학 영역에 특별한 것, 보다 형식적인 과학 전시물을 제공해야 한다는 부담감이 원인이 될 수 있다. 과학 영역을 유아들의 생활 경험과 연결하여 의미 있게 구성하고 쉽게 운영할 수 있는 방안에 대해 살펴보자.

간단한 실험 활동 제공하기

과학은 생활과 매우 밀접할 뿐만 아니라 우리 주변에서 쉽게 볼 수 있는 도구로도 재미있고 다양한 과학 활동을 할 수 있다. 과학 영역에서 개별적으로 이루어지는 실험들은 교사의 별다른 도움 없이도 유아들끼리 이루어질 수 있는 활동으로 제공하는 것이 좋다. 예를 들어, 과학 영역에 생활 주변에서 미끄러지는 것을 방지하는 여러 재료(운동화나, 바퀴, 고무 장갑 등)를 제공하여 유아가 이를 관찰하고 서로 비교해 보면서 마찰력에 대한 간단한 실험을 진행할 수 있다. 또 쟁반에 인형을 올려두고 인형을 어느 부분에 두면 인형이 기울지 않고 중심을 유지하는지 실험해 볼 수 있다. 그리고 태양전지가 장착된 계산기에 빛을 차단시키면서 그 변화를 간단하게 실험할 수 있다.

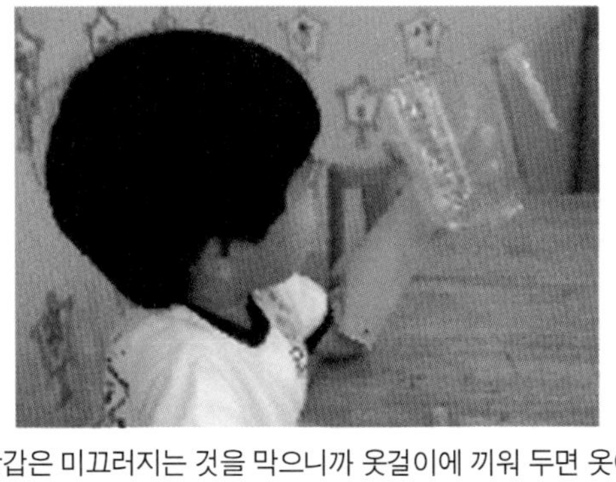
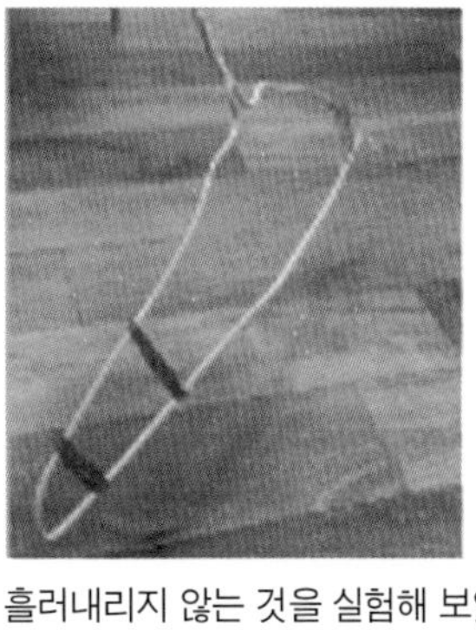

〈고무장갑은 미끄러지는 것을 막으니까 옷걸이에 끼워 두면 옷이 흘러내리지 않는 것을 실험해 보았어요.〉

다양한 일상적 관찰거리 제공하기

유아나 교사가 주변에서 쉽게 볼 수 있는 실물이나 자료 중 감각적이고 다양한 방식으로 탐색할 수 있는 사물을 수집하여 전시한다. 반드시 교육 주제와 맞지 않더라도 계절에 따라 수집한 자연물이나 다양한 감각 자료를 주기적으로 변화시켜서 구성한다. 이는 교사뿐만 아니라 유아도 직접 참여할 수 있는 공간으로, 유아의 자발적인 탐색 능력 향상과 과학에 대한 흥미와 호기심을 자극할 수 있다. 예를 들어, 어제 먹은 생선의 가시나 닭 뼈, 돼지 족발을 깨끗이 씻어 함께 관찰해 보거나, 우연히 맛보게 된 꽃차를 가지고 와서 건조 상태의 꽃차가 뜨거운 물을 만났을 때의 변화를 자세히 탐색해 보며 맛을 볼 수 있다.

〈물에 넣기 전에는 정말 딱딱했어요.〉

〈물에 들어가자마자 꽃이 피어요! 신기해요!〉

과학 교재 · 교구 제공하기

다양한 과학 교재 · 교구는 유아가 과학에 대해 호기심과 흥미를 가질 수 있는 효과적인 매개물이 된다. 그러나 대부분의 교재 · 교구들은 언어나 조작, 수 교구 등에 집중되어 있고 과학 영역은 별다른 교재 · 교구 없이 관찰거리만 즐비한 경우가 많다. 주제와 관련하여 또는 관심 있는 과학적 현상이나 사물에 대한 다양한 방식의 과학 교재 · 교구는 과학 영역을 활성화시킬 수 있는 효과적인 대안이 된다.

〈그림자 친구: 빛과의 거리를 조절하면 그림자 크기가 달라져요.〉

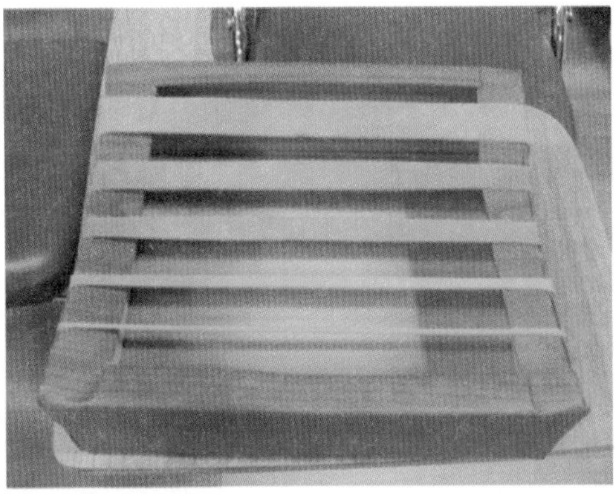

〈고무줄 기타는 고무줄의 굵기에 따라 다른 소리가 나요.〉

(3) 실외 환경

잘 갖추어진 실외 환경은 유아들에게 보다 실제적인 사물과 현상을 탐색하고 감상할 수 있는 공간과 환경을 제공해 준다. 또한 유아는 실외 환경에서 놀이를 하면서 날씨에 대한 탐구, 물리적 개념의 탐구 등을 활발히 할 수 있다. 유아과학교육을 위한 실외 환경의 요소 및 구성 원리와 활용 방법은 다음과 같다.

- 유아가 안정감을 느낄 수 있도록 안전을 고려한다. 즉, 유아가 안전한 환경 속에서 사물을 탐색할 수 있게 날카로운 가시나 독성 있는 식물이 있는지를 잘 살펴보아야 하며, 갑작스러운 기후 변화에 대처할 수 있는 공간, 자연 속에서

평안함을 느낄 수 있는 휴식 장소가 마련되어야 한다.

- 유아가 동식물을 탐색하고 감상할 수 있는 공간과 환경을 구성한다. 예를 들어, 텃밭에서 교육적으로 활용이 높은 채소를 길러 볼 수도 있고, 논두렁 생물의 터전을 마련해 보며, 곤충이나 동물의 놀이공간을 구성해 줄 수도 있다.
- 모래 놀이터와 물놀이 영역은 가까운 곳에 설치하며, 두 영역 모두 적어도 서너 명이 동시에 함께 놀이할 수 있는 공간을 마련한다. 모래놀이를 할 때는 맨발로 모래의 감촉을 느끼며 놀이를 할 수도 있다. 이는 자연물을 몸으로 느끼는 좋은 기회가 된다. 그리고 주변의 다양한 용기와 물 놀잇감을 준비해서 물에 대한 물리적 개념을 경험할 수 있는 기회를 제공한다.
- 다양한 신체놀이기구도 유아들의 과학적 탐구를 위한 좋은 시설이다. 미끄럼틀, 그네, 시소 등의 놀이 시설은 균형과 방향, 속도, 마찰, 힘과 같은 물리적 개념을 경험할 수 있는 좋은 과학적 도구다.
- 경사와 곡선 길, 그리고 울퉁불퉁한 표면과 부드러운 표면이 함께 있는 자전거 길을 구성한다. 자전거를 타거나 장난감 바퀴를 굴리면서 힘과 운동, 속도

〈바깥놀이터의 논에 모를 심은 후 우렁이를 키워요.〉

〈마찰력이 큰 운동화를 신으니 잘 안 내려가요.〉

〈비닐 덧신을 신으면 진짜 빠르게 내려와요.〉

에 관한 다양한 탐구가 가능하다.

- 필요에 따라 과학 탐구를 위한 보조 자료들을 즉각적으로 쉽게 사용할 수 있도록 실외에 보관 장소를 마련한다.

2 유아과학교육과 평가

"지피지기(知彼知己)면 백전백승(百戰百勝)"이라는 말에서도 알 수 있듯이, 어떤 일을 잘 해내기 위해서는 상대와 자신을 잘 알고 이해하는 것이 우선되어야 한다. 그리고 이를 위해서는 현재 상태에 대한 진단은 물론이고, 수행에 대한 평가와 결과에 대한 평가가 함께 이루어져야 한다.

유아과학교육의 맥락에 이를 적용해 본다면, 유아 및 교사 스스로 과학 관련 요소의 현주소를 파악하는 일이 우선되어야 하며, 교사가 계획하고 수행한 과학교육 활동에 대한 진단과 효과의 평가가 필요함을 알 수 있다.

따라서 다음에서는 평가의 본질과 목적을 살펴보고, 이를 교사 평가와 유아 평가로 나누어 알아보도록 하겠다.

1) 평가의 본질과 목적

유아교육기관에서의 평가는 유아의 전인적 성장과 발달이 어느 정도 달성되었는지 또는 교육과정이나 교육 프로그램이 어느 정도 실현되었는지 여부를 밝혀 교육 활동의 전반적인 과정을 개선하기 위해 이루어진다(서울특별시교육청, 2007). 평가는 단순히 유아가 어느 정도 알게 되었고 성장했는지, 교사가 잘 가르쳤는지, 좋은 프로그램이었는지를 알아보는 것이 아니라 유아가 과학적 탐구놀이에 주도적으로 참여했는지, 유아가 의미 있는 경험을 했는지에 초점을 두어야 한다.

이러한 평가의 본질에 대해 NRC(National Research Council, 1996)에서는 평가(assessment)는 교육의 목적과 교육내용, 교수-학습 과정과 밀접한 관련이 있는 피드백 기제로서 교육의 질을 결정하는 중요한 교수 영역이라고 정의하고 있다.

하지만 때때로 유아 교사는 유아가 경험하는 과학의 세계를 평가하기보다는 평가될 것, 밖으로 드러나는 것을 가르쳐야 한다는 신념에 압도되기 쉽다. 미끄럼틀에서 미끄러지지 않기 위해 양말을 벗고 내려오는 유아를 보았을 때, 이 유아가 경험하는 것이 마찰이라고 하는 과학 개념이며, 유아의 이러한 경험을 교실 현장으로 연계하여 마찰에 대한 과학 활동을 구성하고 평가하기보다는, '마찰'이라고 하는 용어를 우선적으로 유아에게 전달하고, 과학 활동의 결과물을 가정으로 보냈을 때 '뭔가 멋진 실험을 했구나.' 하고 부모가 생각할 만한 결과물이 나오도록 하는 것에 더 치중하는 것이다.

이처럼 교사가 평가에 있어 단편적인 과학지식이나 결과를 우선시하는 이유는 '마찰'이나 '중력' '부력' 등의 용어를 전달하는 등의 사실적인 정보 습득이 비교적 전달이나 평가를 하기 쉽기 때문이다. 교사 또한 사실을 가르치는 것에 익숙하고 유아 역시 그와 같은 사실적 평가에 잘 적응하게 되는 것이다.

그러나 평가할 것을 가르치기보다는 유아가 배우는 것과 교사가 가르치는 것의 적합성을 평가해야 하며, 접근 또한 유아의 과학적 경험 세계를 살펴보는 개념으로 해야 할 것이다.

유아과학교육에서의 평가의 목적을 정리하면 〈표 4-1〉과 같다.

표 4-1 평가 대상에 따른 평가 목적

평가 대상	평가 목적
교사 및 교육과정에 대한 평가	• 교사 스스로의 전문성 함양을 위해 교수 능력을 평가한다. • 과학 활동의 통합성과 균형성을 점검하기 위해 평가한다. 예: 교사가 계획하고 수행하는 과학 활동들이 과학 내용 요소(물리, 화학, 생물 등), 과학 과정기술(관찰, 분류, 측정 등), 과학적 태도(호기심, 개방성, 판단유보 등)를 조화롭게 가르치고 있으며, 활동의 방법(실험, 관찰 등) 등이 통합적이고 균형감 있게 조직되어 있는지를 평가한다. • 과학 활동의 도입이나 선정, 교수-학습 방법이 유아의 흥미와 활동 특성에 적합하게 이루어졌는지 알기 위해 평가한다. • 과학교육 환경이나 활동 자료가 활동의 주제, 유아의 발달 특성을 고려하여 이루어졌는지 알기 위해 평가한다. • 평가의 내용이 다음의 과학교육 계획이나 수행에 반영되었는지를 알기 위해 평가한다.
유아에 대한 평가	• 유아의 현재 과학 능력(과학적 개념, 과정기술, 태도)의 발달을 이해하기 위해 평가한다. • 유아의 과학 능력에서 일어난 변화나 진보를 알기 위해 평가한다. • 도움이 필요한 유아를 선별하고, 개별 유아에게 적합한 접근 방법을 알기 위해 평가한다.

2) 교사 평가

유아에 대한 평가 못지않게 중요한 것이 교사 스스로에 대한 평가다. 교사는 과학교육을 실행하고 평가하는 주체로서 유아에게 적합한 과학적 경험을 제공하기 위해 과학교수의 전 과정을 지속적으로 평가하고 냉철한 자기반성을 통해 그 결과를 실제 교수-학습 과정에 반영해야 한다.

교사와 과학교육 운영에 대해 수행할 수 있는 평가의 종류는 다음과 같다.

(1) 교수효능감

과학 교수효능감이란 교사가 과학을 효과적으로 지도하는 능력에 관한 교사 자신의 신념인 '과학 교수에 대한 개인 효능감'과 교사가 아동의 과학 학습에 영향을 미칠 수 있다고 믿는 '과학 교수 결과 기대'를 말한다. 교사가 강한 과학 교수효능감을 가질 때 과학 교수에 대한 긍정적인 태도를 형성하게 되며, 이에 따라 과학 활동을 계획하고 실행하는 데 보다 적극적이 될 수 있다. 〈표 4-2〉의 평가 척도는 Enoch와 Riggs(1990)에 의해 개발된 STEBI(Science Teaching Efficacy Belief Instrument)를 서소영(1997)이 번역한 것이다.

표 4-2 유아교사의 과학 교수효능감 척도

과학 교수에 대한 개인 효능감	전혀 그렇지 않다	그렇지 않다	보통이다	그렇다	매우 그렇다
1. 나는 효과적인 과학 교수 방법에 대해 끊임없이 알고자 한다.					
2. 나는 다른 활동에 비해 과학 활동을 지도하는 데 자신이 있다.					
3. 나는 유아에게 과학 활동을 지도하는 데 유능하다.					
4. 나는 유아에게 과학을 효과적으로 지도하기 위한 단계를 알고 있다.					
5. 나는 유아에게 과학 활동을 효과적으로 지도한다.					
6. 나는 유아의 과학 활동을 지도하는 데 필요한 과학적 지식과 개념을 이해하고 있다.					
7. 나는 유아의 과학 활동을 지도하는 교사로서 필요한 과학 교수 능력이 있다.					
8. 나는 유아에게 과학 활동이 왜 필요한지 효과적으로 이해시킨다.					
9. 나는 유아가 과학에 관련된 질문을 할 때 적절하게 대답한다.					
10. 나는 과학 활동을 지도할 때 유아의 질문을 반기고 격려한다.					
11. 나는 유아가 과학 활동에서 어려움을 나타낼 때 효과적으로 해결한다.					
12. 나는 유아에게 과학에 대한 관심을 갖도록 하기 위해 흥미유발을 시킨다.					
13. 나는 나의 과학 교수 능력을 외부 전문가로부터 평가받을 기회가 있었으면 한다.					
과학 교수에 대한 결과 기대	**전혀 그렇지 않다**	**그렇지 않다**	**보통이다**	**그렇다**	**매우 그렇다**
14. 유아가 평소보다 적극적으로 과학 활동을 하는 것은 교사의 준비와 노력 때문이다.					

15. 유아의 과학에 대한 태도는 교사의 과학 활동에 대한 노력에 따라 변할 수 있다.					
16. 유아가 과학에 대해 관심을 더 많이 갖게 되는 주된 이유는 효과적인 과학 교수 방법을 사용한 교사 덕분이다.					
17. 교사가 효과적인 과학 교수 방법을 사용하면 유아의 부족한 과학적 지식은 향상될 수 있다.					
18. 교사의 효과적인 과학 교수 방법은 과학 활동에 전혀 관심을 보이지 않는 유아에게도 영향을 미친다.					
19. 유아의 적극적인 과학 활동 참여는 교사의 과학 교수 능력과 직접적인 관련이 있다.					
20. 뛰어난 과학 교수 능력을 지닌 교사는 모든 유아에게 과학 활동을 동기화할 수 있다.					
21. 과학 활동에 대한 유아의 흥미가 높은 이유는 무엇보다 인적, 물적 환경을 배려한 교사의 적절한 과학 활동 지도 때문이다.					
22. 교실에서 과학 활동에 관심이 없던 유아가 점점 활발한 참여를 하는 것은 교사의 적극적인 지도와 깊은 상관이 있기 때문이다.					
23. 유치원의 과학 활동에 대한 유아의 흥미가 높아지고 있다는 부모의 반응은 아마도 교사의 적절한 과학 교수 때문일 것이다.					
24. 과학 활동에 대한 유아의 관심과 흥미 정도는 교사에게 책임이 있다.					
25. 유아가 과학 활동에 흥미 없어 하는 것은 교사의 탓보다 다른 이유 때문이다.					

* 각 문항은 '전혀 그렇지 않다'의 경우에 1점을 부여하는 것을 시작으로 하여, '매우 그렇다'의 경우는 5점을 부여한다.

* 25번 문항의 경우, 문장은 긍정으로 표현되어 있으나 부정의 의미를 나타내므로 '전혀 그렇지 않다'의 경우에 5점을, '매우 그렇다'에 1점을 부여한다.

각 문항의 점수를 합한 결과,
83점 미만: 교수효능감이 낮은 편
83점 이상~93점 미만: 보통
93점 이상: 교수효능감이 높은 편

(2) 과학교육에 대한 태도

Martin과 Bitner-Corniv는 유치원 현장에서 다른 교과들에 비해 과학교육이 활발히 이루어지지 않는 데 영향을 미치는 요인으로 교사가 과학교육에 대하여 가지고 있는 태도를 꼽았다(조형숙, 1998). 과학교육에 대한 태도는 교사의 과학지식, 과학 활동에 대한 반성적 사고, 과학 교수 행동 및 교수 방법에 대한 지식과 기술, 과학 교수에 대한 긍정적 태도 등에 의해 영향을 받는다. 이것은 학급에서 이루어지는 과학 활동의 질과 양에 영향을 미칠 뿐만 아니라 유아에게도 전이되어 유아의 과학에 대한 인식에도 영향을 미치게 되므로, 교사는 평가를 통해 스스로를 돌아보는 것이 필요하다. 〈표 4-3〉의 평가 척도는 Cho와 Kim(1997)이 Thompson과 Shrigley(1986)의 Attitude toward Science Scale을 번안한 것이다.

표 4-3 과학교육에 대한 태도의 평가 척도

내용	전혀 그렇지 않다	그렇지 않다	보통이다	그렇다	매우 그렇다
*1. 나는 유아와 과학 활동을 하는 것에 대해 두려움을 느낀다.					
*2. 유아에게 과학을 적절히 가르칠 수 있을지 걱정스럽다.					
3. 유아를 가르칠 때 필요한 과학적 지식을 이해하는 데 별 어려움을 느끼지 않는다.					
*4. 유아가 대답하기 어려운 과학적 원리나 현상에 대해 질문할까 봐 두렵다.					
5. 유아가 교실에서 하는 과학 활동에 흥미를 갖도록 하고 싶다.					
6. 유아가 교실에서 하는 과학적 탐색활동에 적극적으로 참여하고 싶다.					
7. 과학 활동을 위한 아이디어를 얻기 위해 관련 서적이나 활동 자료집을 찾아보는 데 주저하지 않을 것이다.					
8. 과학 활동을 위해 교구나 장비를 준비하고 설치하는 일에 기꺼이 시간을 할애할 것이다.					
9. 나는 유아와 구체물의 직접적인 조작을 통한 과학 활동을 하는 데 필요한 과학지식이나 방법을 계속 배우고 활용할 준비가 되어 있다.					

10. 과학교육에 관련된 아이디어나 여러 가지 논점에 대해 동료와 토론하는 것을 좋아한다.					
11. 나는 유아의 과학적 탐구과정을 격려해 주는 개방적 질문을 적절히 제시하는 데 어려움을 느끼지 않는다.					
*12. 과학 활동은 다른 활동에 비해 준비하는 과정이 번거로울 것이다.					
*13. 유아 앞에서 과학 실험과정을 직접 시범 보이는 것은 부담스러울 것이다.					
14. 과학 활동에 필요한 교구나 재료를 여러 가지 방법으로 직접 수집하기를 좋아한다.					
15. 유아의 과학 활동을 위해 직접 동물이나 곤충들을 만지고 다루는 데 주저하지 않을 것이다.					
16. 과학 활동을 위해 교실에서 쉽게 볼 수 있는 교구들(예: 블록, 모형차 등)을 쉽게 활용할 수 있을 것이다.					
17. 과학 활동으로 교실이 소란스러워지고 지저분해지는 것에 상관치 않을 것이다.					
*18. 유아에게 과학을 가르치기에는 너무 이르다는 생각이 든다.					
*19. 유아기에 발달적으로 적합한 과학교육의 방법과 내용을 파악하는 데 어려움을 느낀다.					
*20. 유아가 주변에서 발견하는 과학적 개념이나 현상에 대해 자발적인 호기심을 갖고 있다고 느끼지 않는다.					
*21. 유아가 과학을 이해하고 학습하는 과정과 방법에 대한 나 자신의 이해가 부족하다고 느낀다.					
*22. 유아가 읽기 · 쓰기 능력을 갖추기 전에는 과학을 가르치기 어렵다고 본다.					

* 각 문항은 '전혀 그렇지 않다'의 경우에 1점을 부여하는 것을 시작으로 하여, '매우 그렇다'의 경우에는 5점을 부여한다.
* 문항 번호 앞에 *가 있는 것은 역산 문항이므로, '전혀 그렇지 않다'에 5점을, '매우 그렇다'에 1점을 부여한다.

(3) 교사-유아 간 과학적 상호작용

과학 활동의 전개 과정에서 교사의 과학적 상호작용은 중요하다. 유아가 탐구 활동에 적극적으로 참여하도록 하고, 창의적인 사고를 하도록 격려하며 탐구 활동 중에 새롭게 발견하는 것들을 인식하도록 돕는다. 과학적 개념들을 유아의 일상생활과 관련지어 쉽게 이해할 수 있도록 하는 것은 교사가 유아와 어떻게 상호작용하였는가에 달려 있다. 평가를 통해 상호작용을 하는 데 부족함이 있는 부분을 체크하고, 더욱 적절한 상호작용 방법은 무엇인지 알고 실천하는 것이 필요하다.

〈표 4-4〉는 일반적으로 교사-유아 간 상호작용을 위해 고려할 점들을 토대로 여기에 과학 관련 요소를 첨가하여 교사-유아 간 과학적 상호작용 평가 문항을 작성한 것이다.

표 4-4 교사-유아 간 과학적 상호작용 평가 척도

내용	전혀 그렇지 않다	그렇지 않다	보통이다	그렇다	매우 그렇다
1. 나는 유아가 하고 싶은 말을 잘할 수 있도록 여러 가지 방법으로 도와준다.					
2. 나는 유아에게 질문을 한 다음, 유아의 대답에 귀를 기울인다.					
3. 나는 유아의 생각과 의견을 끝까지 들어 준다.					
4. 유아는 탐구과정에서 경험했던 일을 내게 이야기하면서 즐거워한다.					
5. 나는 과정기술의 활용을 격려하는 질문을 한다(예: 왜 이렇게 되었다고 생각하니? 어떻게 분류할 수 있을까? 어떻게 될 것 같니?).					
6. 나는 유아의 과학적 개념과 아이디어를 알아보기 위한 질문을 한다(예: 장수풍뎅이가 빛을 좋아하는지 싫어하는지에 대해 어떻게 알아볼 수 있을까?).					
7. 탐구하고 있는 현상과 일상생활에서의 경험을 연관시키도록 하는 질문을 한다(예: 너희가 알고 있는 동물들 중에서 지렁이처럼 움직이는 것이 또 있니?).					
8. 탐구과정을 재인식할 수 있도록 활동의 결과에 대해 정리해 보는 질문을 한다(예: 물레방아가 잘 돌아갈 수 있는 새로운 방법은 무엇이었지?).					
9. 내가 한 질문에 대해 내가 바로 대답하지 않으려고 노력한다.					
10. '왜?'라고 묻는 질문을 너무 남발하지 않고 신중히 한다.					

3) 유아 평가

(1) 평가의 유형

2007년도 개정 유치원 교육과정에 따르면, 유아과학교육의 기본 목표는 주변의 사물과 자연환경에 대해 지속적으로 호기심을 가지고 적극적으로 탐구하며, 창의적으로 사고하는 태도를 기르는 '탐구하는 태도'를 기르며, 유아가 주변의 사물과 생명체 및 자연현상에 대해 능동적으로 탐구하는 경험을 통해 자연을 존중하는 마음과 과학적으로 사고하는 능력을 기르는 '과학적 기초 능력 기르기'라 할 수 있다. 즉, 과학적 태도와 과학적 탐구 능력의 증진을 주된 목적으로 하며, 이를 통해 과학적 지식 증진을 도모한다는 것을 알 수 있다. 그러므로 유아에 대한 평가 역시 이러한 측면에 대한 평가가 주된 내용이 되어야 함을 알 수 있다.

유아를 대상으로 수행할 수 있는 다양한 평가 방식의 예를 들면 다음과 같다.

- 표준화된 검사도구: 과학적 탐구 능력 검사도구, 과학적 태도 검사도구
- 관찰: 일화기록, 표본식 기술, 사건 표집, 시간표집, 평정척도
- 면접법
- 포트폴리오

여기에서는 이 중에서 특히 형성적 · 총괄적 평가의 개념을 포함하고 있는 '과학 포트폴리오'를 활용한 평가 방안에 대해 구체적으로 제시하고자 한다.

(2) 유아를 위한 과학 포트폴리오 평가의 실제

포트폴리오는 유아의 발전과 변화 과정을 평가하기 위한 목적으로 성과물들을 지속적으로 모아 놓은 것이다. 이는 한 유아의 지식 · 기술 · 태도에 대해서 전반적이며 전체적인 평가를 할 수 있게 한다. Clemmon 등(1993)은 포트폴리오를 효율적인 평가도구로 보아, 이는 유아의 진보에 대한 발달적인 모습을 보여 주며 학습에서 과정과 결과 모두를 평가하기 위한 대안적인 방법이라고 하였다.

진정한 평가도구로서의 포트폴리오는 전시나 진열을 위한 것이 아니라 유아가 어떻게 성장하고 발달해 가는지에 대한 정확한 기록의 모음이 될 때 유아에 대한

구체적인 정보가 될 수 있다. 특히 과학은 유아의 직접적인 활동 및 그 과정에 대한 탐구를 강조하므로 포트폴리오 평가가 매우 적절한 영역이며, 유아에 대한 체계적인 관찰기록, 유아가 성취한 과학 능력, 활동이나 프로젝트에 대한 보고서, 과학 영역에의 참여 정도 등에 대한 기록을 평가자료로 수집한다. 그래서 이러한 자료를 바탕으로 각 유아가 수행해 온 과학 활동의 전반적인 사항에 대해 이해를 도울 수 있다.

포트폴리오 구성 내용 및 절차

과학 과정기술 평가

다음의 검사 도구는 Martin(1997)이 개발한 도구를 이경민(2000)이 번안하여 사용한 것으로, 과학 과정기술의 하위 내용 요소인 예측하기, 관찰하기, 분류하기, 측정하기, 토의하기 능력을 측정하는 것이다. 예측하기, 관찰하기, 분류하기, 측정하기 능력을 평가할 때에는 양말이나 장갑 속에 나무블록, 천조각, 클립, 리본, 볼펜, 나무인형, 나무구슬, 유리구슬 등을 넣은 후, 〈표 4-6〉의 질문을 이용하여 유아가 활동에 참여하도록 한다. 반면, 토의하기 능력을 평가하기 위해서는 비밀상자에 나무블록, 클립, 단추, 동그라미 모양의 작은 쇠를 넣는데, 이때 쇠는 테이프로 바닥에 붙여 놓는다. 그리고 4명의 유아들을 비밀상자 주위에 둘러앉도록 한 후, 비밀상자와 함께 그 속에 있는 물체를 알아맞히기 위해 필요한 도구로 돋보기, 자석, 손전등을 함께 제시한다. 유아의 행동을 관찰하며 〈표 4-5〉의 평가 준거에 대해 전혀 수행하지 못했을 때에는 '매우 부정'에, 매우 잘 수행할 때에는 '매우 긍정'에 표시한다. 체크를 마친 후에 '매우 부정'에는 최저점인 1점을, '매우 긍정'에는 최고점인 5점을 부여하며, 각 요소별 총점이 과학 과정기술의 점수가 된다.

표 4-5 과학 과정기술 평가 도구

평가 요소	내용	매우 부정	부정	보통	긍정	매우 긍정
예측하기	알고 있는 지식에 기초하여 예측하였는가?					
	새로 얻은 정보에 기초하여 예측하였는가?					
관찰하기	사물을 주의 집중하여 감정하였는가?					
	하나 이상의 감각을 사용하였는가?					
	적절한 감각을 가능한 한 모두 이용하였는가?					
	특성을 정확하게 묘사하였는가?					
	도구를 사용하였는가?					
분류하기	분류할 수 있는 사물의 주요 특징을 뽑아냈는가?					
	사물들의 유사점을 뽑아냈는가?					
	준거에 의해 두 집단으로 정확히 분류하였는가?					
	다양한 방법으로 정확하게 분류하였는가?					
	분류 준거를 설명하였는가?					
측정하기	적절한 측정 유형을 선택하였는가?					
	적절한 측정 단위를 선택하였는가?					
	적절한 측정 도구를 사용하였는가?					
	측정 기술을 적절하게 적용하였는가?					
토의하기	사물을 정확하게 묘사하였는가?					
	생각을 주고받았는가?					
	다른 사람에게 사물을 설명하였는가?					
	정보를 교환하였는가?					
	질문을 하였는가?					

표 4-6 과학 과정기술 평가 시 구체적 질문 형태

범주	질문 내용
예측하기	1. 이 양말(장갑) 속에 무엇이 들어 있는지 보기만 해서 알아맞혀 보겠니? 2. 이 속에 들어 있는 것이 뭐라고 생각하니? 왜 그렇게 생각하니? 3. 이 양말(장갑) 속에 무엇이 들어 있는지 알기 위해서 보는 것 말고 또 다른 방법은 어떤 것이 있을까? 4. 그 방법을 사용해서 무엇이 들어 있는지 알아맞혀 볼 수 있겠니? 5. 이 속에 들어 있는 것이 무엇이라고 생각하니? 왜 그렇게 생각하니?
관찰하기	1. 여기 있는 물건들이 어떤 점들이 있는지 잘 관찰해 보자. 2. 관찰이 끝나면(다 알아봤으면) 끝났다고 이야기해 줘. 3. 어떤 점들을 알아냈니?
분류하기	1. 여기 있는 사물들을 잘 보고 같은 점이 있는 것끼리 묶어 볼 수 있겠니? 2. 왜 이렇게 나누었니? 어떤 점들이 같다고 생각하니? 3. 다른 방법으로도 나누어 볼 수 있겠니? 왜 그렇게 나눴니?
측정하기	1. 선생님이 이 볼펜의 길이가 얼만큼인지 궁금한데, 길이를 알지 못해. 2. 어떻게 이 길이를 잴 수 있을까? 3. 여기 있는 것들을 이용해서 이 볼펜의 길이를 재어 볼 수 있니? 한번 재어 보자. 4. 길이가 얼마니?
토의하기	1. 너희들, 이 비밀상자 속에 무엇이 들어 있는지 궁금하니? 2. 오늘은 친구들과 함께 비밀상자 속에 무엇이 들어 있는지 알아볼 거야. 3. 무엇이 들어 있는지 함께 알아보고, 다 알아봤으면 선생님한테 이야기해 줘. 4. 자, 그럼 친구들과 함께 무엇이 들어 있는지 알아보자.

과학적 태도 검사도구

과학적 태도는 과학적 지식과 탐구 방법을 이해하는 것에만 국한되지 않고 일상생활에 관한 많은 사실을 이해하고 추리하는 데 도움을 주며, 기본적으로 갖고 있는 능력을 극대화할 수 있는 원동력이 되는 중요한 요소다. 따라서 2007년도 개정 유치원 교육과정에서는 유아가 호기심과 관심을 가지고 일상 주변의 것들을 탐색하고 의문점을 나름대로 해결해 보려는 탐구적 태도를 가지도록 돕는 것을 목적으로 탐구생활 영역을 설정하여 과학적 태도를 강조하고 있다.

특히 유아기에 과학에 대해 긍정적인 태도를 갖는 것이 중요한 이유는, 과학 관련 태도는 일생에 걸쳐 과학에 대한 학습 태도와 유능감을 결정할 뿐만 아니라, 특수한 상황에 대응하는 행동이나 감정의 양상을 결정하기 때문이다.

이경민(2000)은 과학적 태도를 측정하는 도구로 〈표 4-7〉을 사용하였으며, 과학적 태도를 측정하기 위해서 사용되는 비밀상자 속에는 나무블록, 클립, 단추, 동그라미 모양의 작은 쇠(쇠는 테이프로 바닥에 붙여 놓는다)를 넣고, 비밀상자의 윗면과 옆면에는 작은 구멍을 뚫어 놓는다. 이 비밀상자를 4명의 유아에게 제시하고 상자 속에 무엇이 들어 있는지를 알아보는 과제를 제시한 후, 20~30분 동안 유아의 행동을 관찰하여 각 요소별 평가 준거에 따라 1~5점까지 해당하는 칸에 ✓를 체크하는 것이다.

표 4-7 과학적 태도 측정 도구

요소	평가 준거	점수				
		①	②	③	④	⑤
호기심	1. 질문을 자주 하는가?					
	2. 새로운 대상에 관심을 기울이는가?					
	3. 문제가 있을 때 원인을 찾으려고 하는가?					
자진성과 적극성	1. 실험이나 활동에 스스로 참여하는가?					
	2. 문제 해결에 적극적으로 임하는가?					
	3. 의문 나는 점을 해결하려고 시도하는가?					
솔직성	1. 자신이 예상한 점이나 관찰한 점을 그대로 나타내는가?					
	2. 어려운 점이나 안 되는 점을 그대로 나타내는가?					
	3. 활동 결과를 그대로 나타내는가?					
객관성	1. 사물을 자기가 본 대로 정직하게 표현하는가?					
	2. 결론을 내릴 때 실험 결과를 근거로 하고 있는가?					
	3. 문제 해결을 하는 데 몇 가지 가능한 해결책을 고려하는가?					
개방성	1. 자기 주장에 대한 비판을 수용하는가?					
	2. 실패한 것에 대해서 좌절하거나 의기소침해하지 않는가?					
	3. 한 가지 문제에 대하여 여러 가지 의견을 듣는가?					

비판성	1. 다른 사람의 의견에 대해 옳고 그름을 판단하는가?					
	2. 결론을 성급히 내리지 않는가?					
	3. 어떤 주장에 대한 대안을 제시하는가?					
판단 유보	1. 결론을 내리기 전에 많은 자료를 찾는가?					
	2. 결론을 성급히 내리지 않는 편인가?					
	3. 확실한 근거를 찾을 수 없는 것은 다시 생각해 보는가?					
협동성	1. 실험 활동을 하는 데 역할을 맡아서 하는가?					
	2. 소집단 전체의 생각이 드러나는가?					
	3. 실험 후 정리정돈을 같이 하는가?					
끈기성	1. 실험 도중 실패했을 때 반복하여 실험 결과를 찾으려 하는가?					
	2. 해결되지 않은 문제는 계속해서 해결하려고 하는가?					
	3. 한 문제가 해결되면 또 다른 문제를 해결하려고 하는가?					

* 점수가 높을수록 긍정적임을 나타낸다.

과학지식

활동을 통해서 유아가 기존에 가지고 있던 지식이 어떻게 변화되고 확장되는지를 살펴보기 위해서는 유아에게 직접적으로 개념에 대해 질문하기보다는 과학 활동에서 다루는 주제에 대한 유아의 사전 개념망과 사후 개념망을 만들어 보는 것이 좋다. 사전 개념망을 만들 때는 주제와 관련하여 유아가 가지고 있는 이전 경험과 과학적 지식을 자유롭게 이야기하도록 격려한다. 활동이 마무리될 때 유아가 전개 과정에서 알게 된 것을 서로 이야기한 후, 비슷한 내용끼리 범주화하는 작업을 통해 사후 개념망을 작성할 수 있다. 과학적 개념의 변화를 알아보기 위한 사전 · 사후 개념망은 주제 접근을 통한 과학 활동뿐만 아니라 단위 활동을 할 때도 만들 수 있다.

〈'물레방아' 탐구 관련 사전 개념망〉

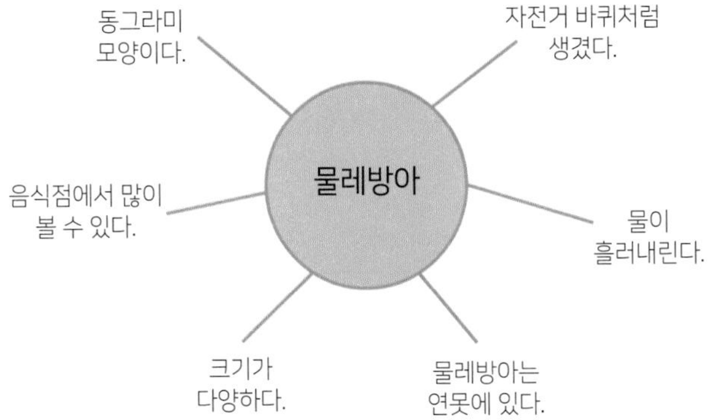

〈'물레방아' 탐구 관련 사후 개념망〉

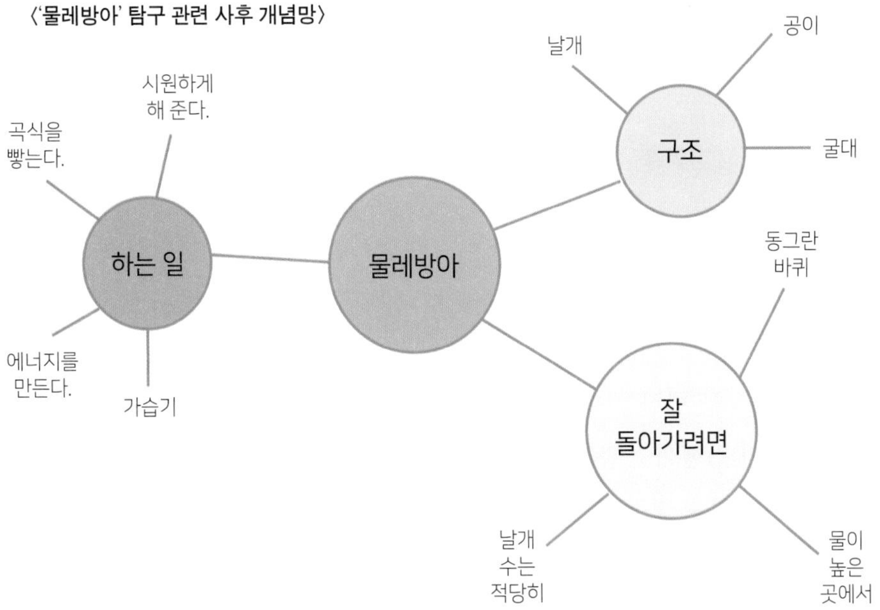

평가: 물레방아의 외형적 모습에 치중된 지식을 갖고 있었던 유아들은 물레방아가 하는 일에 대한 조사활동과 물레방아의 각 부분에 대한 지속적 관찰, 물레방아가 잘 돌아가기 위한 방법을 예상하고 직접 실험 활동을 해 봄으로써 물레방아에 대한 지식이 역할과 기능, 구성, 물레방아가 잘 돌아가는 방법 등으로 구체화되고 상세화된 것을 알 수 있다.

그림 4-1 사전 · 사후 개념망을 통한 과학지식 평가의 예

과학에 대한 흥미

과학에 대한 자발적인 흥미는 자유선택활동 시간에 유아가 과학 영역을 몇 번이나 방문하여 준비된 활동에 참여했는지를 통해서 가늠할 수 있다. 이를 위해 매달 과학 영역에 방문하는 횟수를 기록하여 방문 빈도의 변화를 정리해 본다.

표 4-8 월별 과학 영역 방문 빈도표의 예

	3월	4월	5월	6월	7월	8월	9월	10월	11월	12월	1월	2월
과학 영역 방문 빈도	///// ///// ///	///// ///// /	///// ///// /////	///// /////	///// ///// ///// ///	///// ///// ///// /	///// ///// ////	///// ///// ///// //	///// ///// ///// ////	///// ///// ///// //	///// ///// ///// //	///// ///// /////
	13회	11회	15회	10회	18회	16회	14회	17회	19회	17회	17회	15회

과학 활동 일화기록

일화기록은 유아교육 현장에서 가장 쉽게 실시할 수 있는 관찰평가 방법이다. 이는 유아의 특성을 이해하기 위해 그 유아가 나타낸 구체적인 행동 사례나 어떤 사건에 관련된 관찰기록을 상세히 기록하는 것이다. 현장에서 일화기록이 비교적 쉬운 이유는 기록할 만한 가치와 흥미가 있으면 환경이나 상황의 특별한 설정 없이 어느 곳에서나 실행이 가능하기 때문이다.

평가자는 어떤 특별한 행동이나 상황에 초점을 맞추어 그 상황이 언제, 어디서, 어떻게 일어났으며 유아가 그 상황에서 어떤 말을 하고 어떻게 행동했는지를 구체적이면서도 간단 명료하게 기술하면 된다.

표 4-9 과학 활동 일화기록의 예

관찰유아	김지훈(가명)	생년월일	2003. ○. ○.
관찰일	2009. 3. 18.	관찰자	이은영(가명)
시간	오전 11시 20분	관찰일 현재 유아의 연령	5년 7개월
장면	자유선택활동: 소집단 실험		
기록	지훈이와 태현, 건영, 아름이가 함께 물에 잘 녹는 것과 녹지 않는 것을 예상하여 분류하고 있다. 소금과 설탕은 잘 녹고, 밀가루는 조금 녹고, 고춧가루는 녹지 않을 것 같다고 생각한 유아들이 그 이유에 대해 이야기를 나누고 있다. 지훈이는 소금이 잘 녹는 이유를 짜기 때문이라고 하였고, 밀가루는 말랑말랑해서 잘 녹지 않으며, 또 설탕은 단맛이라서 잘 녹고, 고춧가루는 매운 게 들어 있어서 안 녹을 것 같다고 하였다. 다른 유아들의 생각을 모두 들어 본 후, 직접 실험해 보았다. 지훈이는 밀가루를 물에 넣자 가루가 사라지는 것을 보더니 "어! 이상하다. 그릇을 들어 봐! 아래에 있을 거야!"라고 하였고, 그릇의 밑바닥을 살펴본 후에 "밀가루도 물에 완전히 녹아 버렸네. 웃기다!"라고 이야기했다.		
해석	물에 잘 녹는 것과 녹지 않는 것을 예측하여 분류한 후 그 이유를 묻자, 각각의 가루에 대해 가지고 있었던 사전 경험, 특히 맛과 관련된 특징을 녹거나 녹지 않는 이유와 결부시키는 것을 볼 수 있었다. 아직 용해되는 성질에 대한 과학 개념의 이해가 제대로 이루어지지 않았음을 알 수 있다. 그러나 나중의 근거를 바탕으로 추론하고자 하였고, 실험 후에는 자신이 예측했던 것과 일치하지 않는 부분에 대해서 재차 확인하고자 하는 적극적인 태도를 보였다.		

활동 결과물

유아가 관찰한 결과를 그림과 글로 기록한 관찰일지나 새롭게 발견한 과학적 개념들을 바탕으로 표상한 그림 또는 조형 작품 등이 기록으로 남을 수 있도록 사진을 찍어서 활동 관련 정보와 함께 제시하고 교사의 총평을 기록한다.

표 4-10 활동 결과물에 의한 평가의 예(1)

유아명	김민지(가명)	연령	만 5세
활동명	물레방아가 잘 돌아가려면		
활동 목표	• 물레방아의 모양에 따라 돌아가는 속도를 비교해 본다. • 물레방아의 모양이 원형으로 된 이유에 대해 알아본다.		
과학적 요소	관찰, 비교, 토의, 실험		
활동 상황	자유선택활동-소집단 과학 활동		
활동 내용	* 다양한 모양의 물레방아를 만들어 돌아가는 속도의 차이를 비교해 보았다.   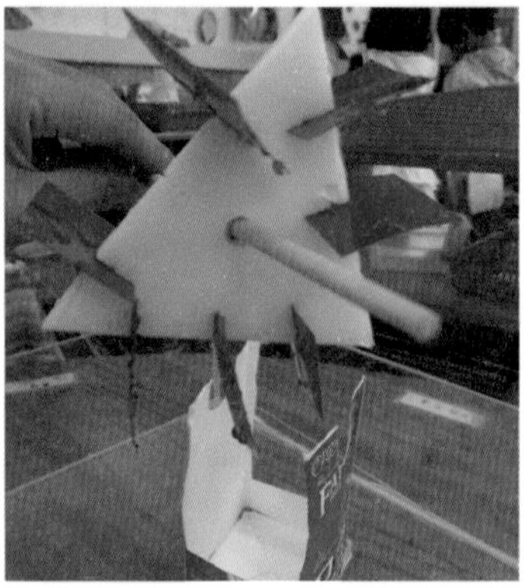		
교사 총평	민지는 우드락을 이용하여 적극적으로 동그라미, 네모, 세모 모양의 물레방아를 만들고, 자신의 가설을 확인하기 위해 물을 떨어뜨려 보았다. 그러자 네모와 세모의 경우, 모서리 부분에 물이 떨어질 때 속도가 느려지는 것을 발견하고 물레방아 모양이 원형으로 된 이유를 이해하였다. 이러한 발견은 쉽지 않은데, 세밀하게 관찰하고 인식하는 능력을 보여 주었다. 물레방아의 모양 외에 물의 속도를 변화시키는 또 다른 변인에 대해 다양하게 생각할 수 있는 기회를 마련해 주는 것이 좋겠다.		

활동 결과물에 의한 평가의 예(2)

<table>
<tr><th>유아명</th><td>김지훈(가명)</td><th>연령</th><td>만 5세</td></tr>
<tr><th>활동명</th><td colspan="3">감자와 고구마를 탐색해요.</td></tr>
<tr><th>활동 목표</th><td colspan="3">감자와 고구마를 탐색한 후, 공통점과 차이점을 이야기해 본다.</td></tr>
<tr><th>과학적 요소</th><td colspan="3">관찰, 비교, 토의</td></tr>
<tr><th>활동 상황</th><td colspan="3">자유선택활동-소집단 과학 활동</td></tr>
<tr><th>활동 내용</th><td colspan="3">* 활동기록지
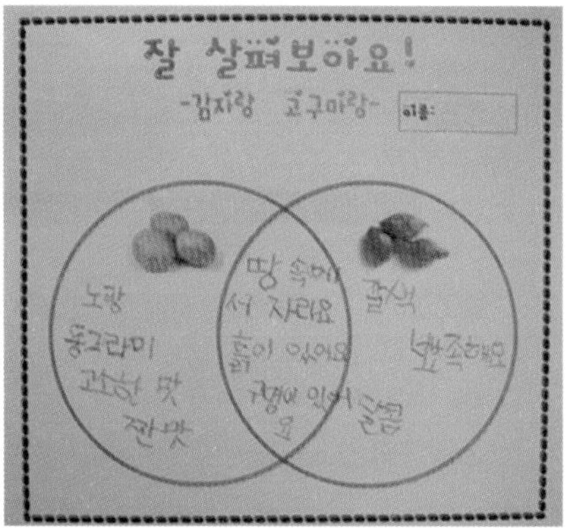
</td></tr>
<tr><th>교사 총평</th><td colspan="3">지훈이는 감자와 고구마를 충분히 관찰한 후, 생김새에 대하여 비교하며 이야기할 수 있었다. 감자와 고구마에 대한 사전 경험을 바탕으로 비교의 준거를 확장하여 맛, 내부의 색깔, 자라는 곳 등의 세부적인 특징이나 과학적 지식이 필요한 준거를 들어 비교를 하였다. 세부적인 관찰과 자신의 지식을 동원하여 보다 다양한 비교를 해 볼 수 있도록 격려한다면 보다 확장된 정보를 추출해 내고 인식할 수 있을 것으로 기대된다.</td></tr>
</table>

총괄평가

총괄평가는 학기 말 또는 1년을 마무리하며 과학적 태도와 탐구 능력 전반에 대하여, 평가도구를 통해 나온 결과와 직접 관찰 기록한 결과, 활동을 통해 수집된 결과물들, 즉 앞에서 소개했던 모든 평가 자료들을 토대로 해당 유아에 대한 전체적인 평가를 실시하는 것이다. 이는 유아가 일정 기간 동안 어떤 변화와 성장을 거듭했는지를 확인하고 발달 수준을 점검할 수 있으며, 더 나아가 다음 학기에 제공해 주어야 하는 것이 무엇인지를 알려 주는 자료가 된다.

표 4-11 총괄평가의 예

<table>
<tr><th>성명</th><td>김지훈(가명)</td><th>생년월일</th><td>2003. ○. ○</td></tr>
<tr><th>과학 과정 기술</th><td colspan="3">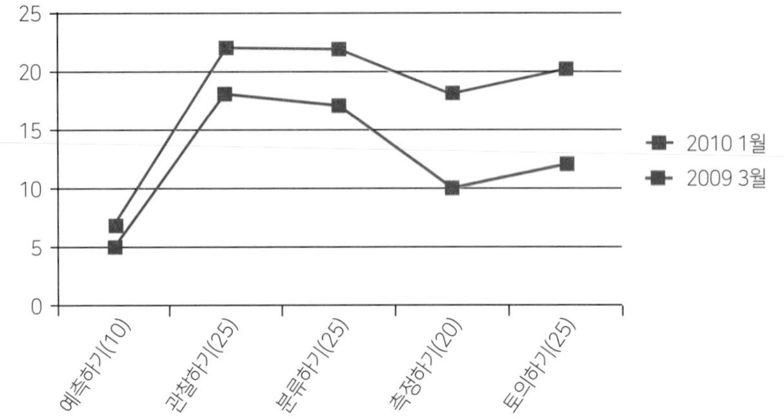

* ( ) 안의 숫자는 각 요소별 배점을 의미한다.</td></tr>
<tr><th>과학적 태도</th><td colspan="3">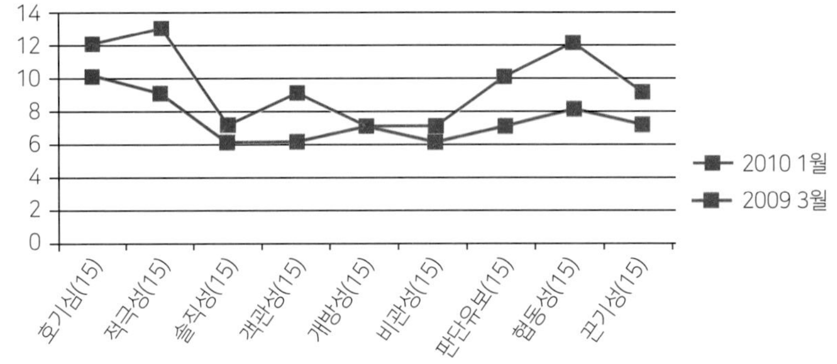

* ( ) 안의 숫자는 각 요소별 배점을 의미한다.</td></tr>
<tr><th>총평</th><td colspan="3">• 모든 과학 과정기술이 전반적으로 향상되었고, 특히 측정하기와 토의하기 능력이 많이 향상되었다. 이와 관련하여 실제 행동 변화를 뚜렷이 보여 주었는데, 학기 초에는 직접 비교 방법으로 측정을 하였으나 길이 측정을 위해 클립이라는 기준 도구를 임의로 만들어 사용하고, 다른 친구들과 탐색한 결과에 대해 점점 적극적으로 이야기를 서로 나누는 모습을 볼 수 있었다.
• 과학적 태도 검사에서는 과제에 도전하려는 적극성이 눈에 띄게 증가하였으며, 친구들과 함께 활동에 참여하면서 역할을 나누어 자신에게 해당되는 부분을 충실히 해내는 모습에서 협동성이 증가했음을 알 수 있다. 그러나 자신이 생각하는 것과 일치하지 않는 친구의 의견도 받아들일 수 있는 개방적인 태도가 좀 더 요구된다.
• 과학과 관련된 활동에 대해서 강한 호기심을 가지고 있고, 적극적인 성향으로 인해 활동 참여율이 높은 편이다. 과학적 호기심과 탐구 활동에 대한 흥미가 지속될 수 있도록 지원하는 것이 필요하다.</td></tr>
</table>

지금까지 살펴본 개별 유아의 과학 활동 포트폴리오는 앞에서 나열한 자료들을 파일에 모음으로써 만들 수 있다. 이는 교사가 유아에 대해 수시로 평가를 하고, 학부모에게 과학 학습과 관련된 정보들을 공유하는 자료로 유용하게 사용될 수 있을 것이다.

과학 활동 포트폴리오의 예

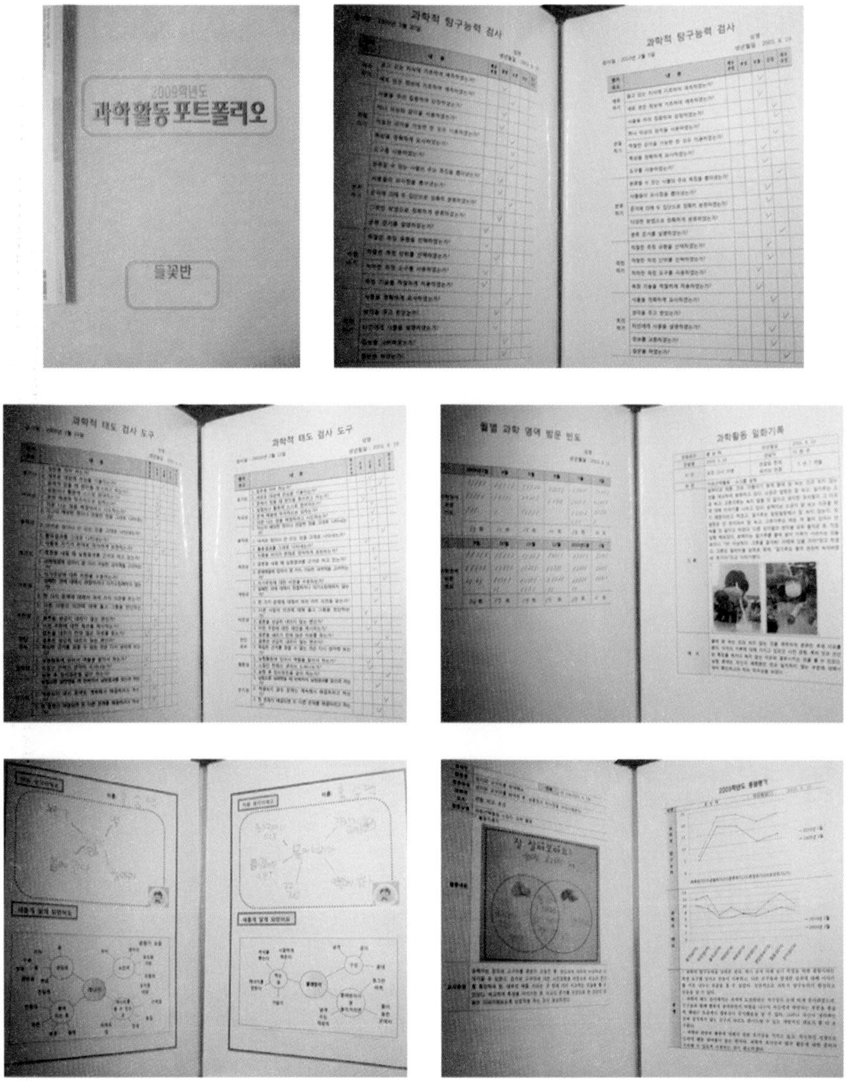

참고문헌

강인애(2018). DIY 시민성 함양을 위한 교육환경으로서의 메이커교육. 미디어와 교육, 8(1), 6-22.

곽병선(2009). 지식융합시대와 통합교육과정. 한국통합교육과정학회 학술대회자료.

교육과학기술부, 보건복지부(2013). 3-5세 연령별 누리과정 해설서.

교육과학기술부, 한국과학창의재단(2012). 2012 융합인재교육 STEAM 학술발표대회.

교육부, 보건복지부(2019a). 2019 개정 누리과정 해설서.

교육부, 보건복지부(2019b). 2019 개정 누리과정 놀이실행자료.

국가과학기술자문회의(2007). 과학이 세상을 바꾼다. 서울: 크리에디트.

권영례(1991). 유치원 아동의 과학행동에 미치는 교사의 언어형태와 학습주제 선정방법의 효과. 중앙대학교 대학원 박사학위논문.

권용주, 최상주, 박윤복, 정진수(2003). 대학생들의 귀납적 탐구에서 나타난 과학적 사고 유형과 과정. 한국과학교육학회지, 23(3), 286-298.

권화자(2002). 과학사 수업자료의 활동이 초등학생의 과학에 대한 태도와 과학자에 대한 인식변화에 미치는 효과. 인천교육대학교 교육대학원 석사학위논문.

김경미, 김현주, 송연숙(2002). 현장중심 유아과학교육. 서울: 창지사.

김규태(2012). 융합의 전제 조건은 협업. 과학창의, 10(8), 9-10.

김나영(2001). 유치원 과학영역 운영 실태에 관한 조사. 성균관대학교 교육대학원 석사학위논문.

김동광(2002). 과학과 대중의 관계 변화: 대중에 대한 인식 변화를 중심으로. 과학기술학연구,

2(2), 1-23.
김명숙(2007). 탐구학습의 연구 경향 분석. 한국교원대학교 교육대학원 석사학위논문.
김미경(2003). 과학적 사고발달을 위한 영유아과학교육. 서울: 학지사.
김미정, 임재택(1997). 생태지향주의에 기초한 유아환경교육의 접근방안 모색. 부산유아교육학회, 7(1), 61-96.
김민정(2008). 2세 영아의 과학적 탐구과정의 의미. 중앙대학교 대학원 박사학위논문.
김성원(1991). 과학의 대중화와 대중의 과학화. 한국논단, 28(1), 212-214.
김옥경(1997). 유아과학교육. 서울: 태영출판사.
김정주, 김영실(2004). 유아과학교육 실태 및 이에 관한 교사의 요구. 유아교육학논집, 8(2), 157-181.
김지혜, 허윤정, 조형숙(2007), 자연친화 교육 활동에서 나타난 유아교사의 교수 행동 분석. 열린유아교육연구, 12(5), 301-304.
김현주(2001). 비교 관찰 활동이 유아의 과학적 탐구능력과 과학적 태도에 미치는 영향. 중앙대학교 대학원 석사학위논문.
남기원(2000). 실험구성활동이 유아의 과학과정기술에 미치는 효과. 중앙대학교 대학원 석사학위논문.
류효숙(2001). 과학교육에서 성차 연구 동향 분석. 이화여자대학교 대학원 석사학위논문.
문가영(2010). 만 3, 4, 5세 유아의 동물에 대한 질문 탐색. 중앙대학교 대학원 석사학위논문.
문미옥, 신현옥, 김형숙, 류칠선(2000). 유아를 위한 과학교육. 서울: 교문사.
백윤수, 김영민, 노석구, 박현주, 이주연, 정진수, 최유현, 한혜숙, 최종현(2012). 융합인재교육(STEAM) 실행방향 정립을 위한 기초연구. 한국과학창의재단 연구보고서.
서동미, 박은주, 조형숙(2006). 교사-유아의 과학적 대화 분석에서 나타난 교사의 언어적 상호작용 유형. 열린유아교육연구, 11(4), 1-36.
서소영(1997). 유치원 교사의 과학교수효능감에 따른 과학 관련 경험 및 태도에 관한 연구. 한국교원대학교 교육대학원 석사학위논문.
서울특별시교육청(2007). 유치원 교직실무편람: 관리운영편.
서울특별시교육청유아교육진흥원(2018). 누리과정 내실화를 위한 유아 STEAM교육 프로그램.
손기철, 박석근, 부희옥, 배공영, 백기엽, 이상훈, 허북구(2000). 원예치료. 서울: 서원.
신은수, 안경숙, 유윤영, 김은정(1994). 생활과 환경중심의 유아과학교육. 서울: 양서원.
엄기영(1999). 21세기 창조적 지식기반 사회를 위한 한국아동과학교육의 방향. 미래유아교육학회 춘계전국학술대회 자료집.
엄성은, 홍은주(2003). 전래동요를 활용한 자연 친화교육의 방향 모색. 국악과 교육, 21, 201-228.
여성생명과학포럼(2004). 여성과학기술인의 활동현황 및 과학기술에 대한 인식설문조사. 여성생명과학소식지, 7(1), 5-6.

오철우(2008). 과학기술인과 대중의 소통, 그 기술과 철학에 관해. 공학교육, 15(4), 37-41.
유경숙(1999). 구성주의에 기초한 밀가루점토활동 구성방식에 따른 유아의 과학적 개념, 과정기술 및 태도의 차이 분석. 중앙대학교 대학원 박사학위논문.
유네스코한국위원회(2008). 지속가능발전 교육 10년 국제이행계획.
유재경, 황지영, 박은미(2020). 2019 개정 누리과정을 반영한 유아교사 핵심역량 모델 개발. 유아교육 · 보육복지연구, 24(1), 93-124.
이경민(2000). 상호작용적 교수법에 의한 과학교육이 유아의 과학적 개념, 탐구능력, 태도에 미치는 효과. 중앙대학교 대학원 박사학위논문.
이경민(2004). 유아과학교육. 서울: 정민사.
이경우, 이정환(1996). 유아를 위한 과학교육. 서울: 창지사.
이덕환(2008). 거의 모든 것의 역사. 서울: 까치글방.
이상용(2000). 중학생의 과학적 태도와 인지갈등정도에 따른 과학개념 변화. 한국교원대학교 교육대학원 석사학위논문.
이영미(1997). 초등학교 고학년 학생들의 과학과 관련된 정의적 특성 평가도구개발. 한국교원대학교 대학원 석사학위논문.
이영희(2000). 과학과 기술의 사회학: 과학기술과 현대사회에 대한 성찰. 서울: 한울.
이원영, 김덕건(1991). 활동중심의 유아과학교육. 서울: 양서원.
이윤정(2006). 산책활동을 통한 자연물 관찰활동이 유아의 과학적 탐구 능력에 미치는 영향. 중앙대학교 교육대학원 석사학위논문.
이지은(2009. 7. 20.). 넓혔다 좁혔다 '예의 바른 우산'. 중앙일보.
이희승(1994). 국어대사전. 서울: 민중서림.
임명희(2020). 2019 개정 누리과정 실행과정에서 어린이집 교사의 경험 탐색. 한국보육학회지, 20(3), 1-23.
장지원(2005). 통합 환경에서 텃밭 가꾸기 활동이 지체유아의 친사회적 행동에 미치는 효과. 단국대학교 특수교육대학원 석사학위논문.
장회익(2001). 자연, 인간, 교육. 어린이와 자연. 창립 20주년 기념 유아교육 학술대회 자료집. 한국 어린이 육영회.
전경원(2004). 창의성을 중심으로 한 유아과학교육. 서울: 학문사.
정명호(2000). 지식과 조직: 지식시장과 지식공동체 관점. 지식경영연구, 1(1), 47-53.
정재승(2002). 물리학자는 영화에서 과학을 본다. 서울: 동아시아 출판사.
정재승, 김탁환(2010). 눈 먼 시계공. 서울: 민음사.
정진일(2003). 철학개론. 서울: 박영사.
조부경, 곽향림, 이정욱(2006). 교육부 고시 제7차 유치원교육과정 탐구생활영역 시안 개발 연구, 유아교육연구, 27(1), 167-198.
조형숙(1998). 유아교사의 과학교수에 대한 자기효능감. 유아교육연구, 18(2), 283-301.

조형숙(2007). 페미니즘 과학교육론에 기초한 유아 교사교육모형 개발. 유아교육연구, 11(3), 265-292.

조형숙(2009). 유아와 과학, 그리고 세상에 대한 관심. 아이코리아연수원 교원워크숍과정, 5-17.

조형숙, 김현주, 박은주, 김민정(2005). 유아교사의 자연친화 교육활동 경험의 의미 탐색. 유아교육학논집, 9(1), 159-180.

조형숙, 박은주, 김민정(2005). 만 3, 4, 5세 유아의 과학적 질문에 관한 연구. 유아교육학논집, 9(4), 215-234.

주현정(2009). 어린이집 2세반 영아들의 자발적 질문에 관한 연구. 중앙대학교 대학원 석사학위논문.

지성애(2007). 유아의 그리기 표상 능력과 공간 지각력, 언어 능력 및 또래 상호작용 질과의 관계. 열린유아교육연구, 12(4), 235-254.

진선혜(2003). 유아과학탐구능력 수행평가도구 개발을 위한 기초연구. 부산대학교 교육대학원 석사학위논문.

천현미(2007). 텃밭 가꾸기 활동 후 과학 일지 쓰기가 유아의 과학적 탐구 능력과 태도에 미치는 효과. 전남대학교 대학원 석사학위논문.

최재천(2010). 자연과 통섭하라. Design Talk, 4, 7-12.

한국교육개발원(2012). 현장 적용 사례를 통한 융합인재교육(STEAM)의 이해.

한국문화예술교육진흥원(2012). 예술중심 융합프로그램 개발 연구.

한국여성과학기술단체총연합회(2005). 여성, 과학을 만나다. 서울: 양문.

한국유아교육학회(1996). 유아교육사전. 서울: 한국사전연구사.

한국유아교육협회(2019). 과학으로 놀며 창의적으로 생각하기-유아 STEAM 교육. 교사연수자료집.

한정숙(2002). 유치원 자연체험활동이 교육적 의의. 인천대학교 교육대학원 석사학위논문.

홍은주, 조형숙(2003). 유아교육기관에서의 자연 환경 구성 활동의 교육적 의미. 유아교육학논집, 7(2), 157-180.

황의명, 조형숙(2009). 탐구능력증진을 위한 유아과학교육. 서울: 정민사.

Alsop, S., & Hicks, K. (2001). *Teaching science: a handbook for primary & secondary school teachers*. London: Kogan Page Limited.

Anderson, J. A. (1981). Ten tails: Books with a bornus. *Teacher, 95*(5), 60-63.

Atkinson, S., & Fleer, M. (1995). *Science with reason*. Portsmouth, NH: Heinemann.

Bailer, J., Ramig, J. R., & Ramsey, J. M. (2006). *Teaching science process skills: Middle school*. Parsippany, NJ: Good Apple, Inc.

Barrow, L. H., & Salesi, R. A. (1982). Integrating science activities through literature web.

School Science and Mathematics, 132(1), 64-70.

Barton, A. K. (1998). *Feminist science.* 신동희, 최경희 공역, 페미니즘 과학교육이란 무엇인가. 서울: 동역.

Berk, L. E., & Winsler, A. (1995). *Scaffolding children's learning: Vygotsky and early childhood education.* Washington, DC: National Association for the Education of Young Children.

Biddulph, F., & Osborne, R. (Eds.) (1984). *Making sense of our world: An interactive teaching approach.* Hamilton, New Zealand: Science Education Research Unit, University of Waikato.

Borrello, E. (1986). *Art+Curriculum+The basis of the education.* Doctoral dissertation. M.A.: University of Massachusetts.

Butzow, C. M., & Butzow, J. W.(1989). *Science through children's literature: An integrated approach.* Eaglewood, CO: Teachers Ideas Press.

Carin, A. (1997). *Teaching science through discovery* (8th ed.). New York: Merrill-Macmillan.

Carin, A. A., & Sund, R. B. (1989). *Teaching science through discovery.* OH : Merill.

Chaille, C., & Britain, L. (1991). *The young child as scientist. A constructivist approach to early childhood science education.* University of Oregon. Harper Collins Publishers.

Chaille, C., & Britain, L. (2002). *The young child as scientist: A constructivist approach to early childhood science education* (2nd ed.). N.Y.: Harper Collins.

Chawla, L. (1994). *Out of the garden, into the world: Preparing children to care for the earth.* Paper presented at the International Symposium on the Prepared Outdoor Learning Environment. Arlington, VA.

Chiappetta, E. L., & Koballa, T. R. (2006). *Science instruction in the middle and secondary schools* (5th ed.). NJ: Merrill.

Cho, H., & Kim, J. (1997). *Validation of early childhood teacher's attitudes toward science teaching scale.* Paper Presented in NARST 28th Annual Conference Ellenville, New York.

Chuska, K. R. (1995). *Improving Classroom Questions.* Bloomington, IN: Phi Delta Kappa.

Clemmons, J., Laase, L., & Cooper, D. L. (1993). *Portfolios in the Classroom: A teacher's sourcebook.* Jefferson city, MO: Scholastic, Inc.

Dewey, J. (1933). *Logic: The theory of inquiry.* N.Y.: The Macmillan.

Ebenezer, J., & Connor, S. (1998). Learning to teach science.

Edwards, S., & Cutter-Mackenzie, A. (2011). Environmentalising early childhood curriculum through pedagogies of play. *Australasian Journal of Early Childhood, 36*(1), 51–59.

Feldhusen, J. F., & Treffinger, D. J. (1994). The role of instructional material in teaching creative thinking. *Gifted Child Quarterly, 21*(4), 450–459.

Fleer, M. (1993). Pedagogical development in early childhood and primary science teaching. In Denis Goodrum (Ed.), Science in the Early Year of Schooling: An Australasian Perspective Perth: Key Centre for School Mathematics and Science. *Curtin University of Technology*, 8–18.

Forman, G., & Kuschner, D. (1983). *The child's construction of knowledge: Piaget for teaching children*. Washington, DC: NAEYC.

Forman, G., & Kuschner, D. (1991). *The child's construction of knowledge*. Washington, DC: NAEYC Publications.

Gallas, K. (1995). *Talking their way into science*. New York: Teachers College Press.

Harlan, W. (1997). Criteria for identifying progression in scientific ideas for primary school pupils. In K. Harnqvist & A. Burgen (Eds.), *Growing up with science: Developing early understanding of science*. London: Academia Europaea.

Harlen, W. (1985). Helping children to plan investigations, In. W. Harlen (Ed.), *Primary science: Taking the plunge*. NH: Heinemann.

Holt, B. G. (1993). *Science with young children*. Washington: NAEYC.

Kapur, M. (2016). Examining productive failure, prodective success, unproductive failure, and unproductive success in learning. *Educational Psychologist, 51*(2), 289–299.

Kind, V., & Taber, K. (2005). *Science: Teaching school subjects 11–19*. London: Routledge.

Koch, J. (1999). *Science stories: Teachers and chidren as science learners*. Boston, New York: Houghton Mufflin Company.

Koch, J. (2005). *Science stories: Science methods for elementary and middle school teachers* (Fourth ed.). C.A.: Wadsworth Publishing.

Koch, J. (2007). *Science story*. Washington, DC: Houghton Mifflin Company.

Leeper, S. H., Witherspoon, R. L., & Day, B. (1984). *Good schools for young children*. New York: Macmillian.

Lin, B. (1995). *Observations of cloud water path and precipitation over oceans using ISCCP and SSM/I data*. Ph.D. Thesis. Columbia University.

Lind, K. K. (1996). *Exploring science in early childhood: A developmental approach*. NY: Delmar Publishers.

Martin, D. J. (1997). *Elementary science methods: A constructivist approach*. Albany, NY: Delmar.

Martin, D. J. (2003). *Elementary science methods: A constuctivist approach*. Belmont, C.A.: Wadsworth Publishing.

Martin, R., Sexton, C., Wagner, K., & Gerlovich, J. (1997). *Teaching science for all children* (2nd edition). Boston: Allyn and Bacon.

Moore, S. G., & Bulbulian, K. N. (1976). The effects of contrasting styles of adult-child interaction on children's curiosity. *Developmental Psychology, 12*(2), 171-172.

Moscovici, H., & Nelson, T. (1998). Shifting from activity mania to inquiry. *Science and Children, 35*(4), 14-17.

National Research Council (1996). *National Science Education Standards*. Washington, D.C: National Academy Press.

National Science Foundation (NSF) (1999). *Inquiry: Thoughts, views, and strategies for the K-5 classroom (Foundation, A monograph for professionals in science, mathematics, and technology education)*. Directorate for Education and Human Services.

Orr, D. W. (1992). *Ecological literacy: Education and the transition to a postmorden world*. Albany: State University of New York Press.

Pyle, A., & Danniels, E. A. (2017). Continuum of play-based learning: The role of the teacher in play-based pedagogy and the fear of hijacking play. *Early Education and Development, 28*(3), 274-289.

Raper, G., & Stringer. J. (1987). *Encouraging primary science*. London: Cassell Publishing Company.

Rutherford, F. J., & Ahlgren, A. (1990). *Science for all American*. New York: Oxford University Press.

Sanders, M. (2009). STEM, STEAM education, STEM mania. *The Technology Teacher, 68*(4), 2-26.

Spodek, B. (1982). *Handbook of research in early childhood education*. New York: Free Press.

Tobin, K. (1986). Effects of teachers wait time on discourse characteristics in mathematics and language arts classes. *American Educational Research Journal, 23*(2), 191-200.

Trowbridge, L. W., & Bybee, R. W. (1986). *Becoming a secondary school science teacher* (5th edition). Columbus OH: Merrill Publishing Company.

WCED (1987). *Our common future*. Oxford: Oxford University Press.

Weisgram, E. S., & Bigler, R. S. (2006). Girls and science career: The role of altruistic values and attitudes about scientific tasks. *Journal of Applied Developmental Psycholigy*, *27*, 326-348.

Wellington, J. J. (2000). *Teaching and learning secondary science: Contemporary issues and practical approaches*. London: Routledge.

Wheatley, G. H. (1991). Constructivist perspectives on science and mathematics learning. *Science Education*, *75*(1), 9-21.

Yager, J. (1987). Tulumella grandis and T. bahamensis, two new species of thermosbaenacean crustaceans (Monodellidae) from anchialine caves in the Bahamas. *Stygologia*, *3*(4), 373-382.

국민일보(2008. 6. 3.). 크리스천 과학자들 '나눔의 과학 기술' 포럼 "부자만을 위한 과학 반성합니다."

주간한국(2009. 4. 7.). 과학 예술을 만나다: 과학 · 연극 · 전시 · 소설 등 다양한 융합의 산물 선보여.

실제편

과학 활동의 실제(목록표)

번호	주제	유아의 일상적 질문에 기초한 탐구활동	자연친화적 접근을 통한 과학교육 -동식물 기르기, 텃밭 가꾸기, 주제에 관한 자연물 탐구
1	유치원과 친구	친구에게 비밀편지를 쓰려면 어떻게 해야 할까요?	유치원의 자연 친구를 찾아라!
2	봄	우리가 먹고 난 과일씨도 싹이 날까요?	민들레가 자라요
3	나와 가족	색깔로 비만을 줄일 수 있을까요?	누에 친구가 놀러 왔어요
4	동식물과 자연	텃밭에서 발견한 개구리는 무슨 개구리일까요?	땅속 뿌리세상
5	여름	봉숭아꽃처럼 다른 꽃잎도 손톱에 물들여질까요?	어항 속 금붕어 나라
6	건강과 안전	물에 녹는 것은 무엇일까요?	관상식물로 꾸민 우리들의 건강 식물원
7	우리 동네	바위의 웅덩이는 어떻게 생겼나요?	버려진 공터가 텃밭으로
8	생활 도구	옷걸이 옷은 왜 떨어질까요?	신기하고 재미있는 화분들
9	가을	고고학자는 어떻게 화석을 발견할까요?	가을걷이 놀이
10	교통기관	공은 어느 방향으로 굴러갈까요?	산책길에서 만난 풀잎이야기
11	우리나라와 세계 여러 나라	녹말가루로 비 놀이를 할 수 있을까요?	김장을 담가요
12	환경과 생활	폐식용유로 비누를 만들 수 있을까요?	지렁이도 환경보호 운동가
13	겨울	무엇으로 손난로를 만들 수 있을까요?	우렁이의 겨울잠 이야기

문학 및 과학이야기를 통한 과학교육	예술 활동을 통한 과학교육 (STEAM 기반 과학교육*)	요리 활동을 통한 과학교육
사인펜 속에 숨은 색깔을 찾아요 (『색깔을 훔치는 마녀』 이야기)	소리로 알려 주는 우리 반 약속*	삼색주먹밥
봄의 향기를 맡아요 (『코를 킁킁』 이야기)	자연물 색깔나라	새싹 샌드위치
알 속에 생명이 있어요 (『생명이 숨쉬는 알』 이야기)	거울로 본 아름다운 무늬들	건강 토마토 주스
제인 구달의 동물사랑 ('제인 구달' 이야기)	햇빛으로 그림을 그려요	새콤달콤 매실차
신기하고 재미있는 빛 ('태양빛 매트' 이야기)	물 위에 그림을 그려요	버섯전을 만들어요
아름다운 자연을 나눈 사람들 ('민병갈 선생님의 수목원' 이야기)	바람의 움직임을 느껴요	몸에 좋은 오색수제비
소리 흡수 · 반사 놀이 ('깡통라디오' 이야기)	그림자도 예술가래요	포도잼과 젤리 만들기
종이로 무얼 할까? (『종이 한 장』 이야기)	내가 그림 속에 들어갔어요*	야채만두 빚기
구름은 왜 하얗게 보일까요? (『구름놀이』 이야기)	잎맥이 만들어 낸 디자인 세상	가지볶음 요리하기
구멍을 찾아라! (『구멍이 뻥』 이야기)	삑삑삑! 소리로 알려 줘요*	도토리묵을 만들어요
나도 허준! ('허준' 이야기)	종이의 예술	찹쌀로 만든 경단
몸에 좋은 건강물이에요. ('생명의 빨대' 이야기)	아름다운 재활용품 나라	꽃잎으로 화전 부치기
얼음이 녹아요 (『눈 오는 날』 이야기)	라이트 박스 위의 모래그림	따뜻한 귤차를 만들어요

1 유치원과 친구

접근법	활동명
유아의 일상적 질문에 기초한 탐구활동	친구에게 비밀편지를 쓰려면 어떻게 해야 할까요?
자연친화적 접근을 통한 과학교육 - 동식물 기르기, 텃밭 가꾸기, 주제에 관한 자연물 탐구	유치원의 자연 친구를 찾아라!
문학 및 과학이야기를 통한 과학교육	사인펜 속에 숨은 색깔을 찾아요 『(색깔을 훔치는 마녀』 이야기)
STEAM 기반 과학교육	소리로 알려 주는 우리 반 약속
요리 활동을 통한 과학교육	삼색주먹밥

활동 1

친구에게 비밀편지를 쓰려면 어떻게 해야 할까요?

✿ 활동 목표

- 여러 물질의 화학반응에 관심을 갖고 탐색해 본다.
- 물질의 화학반응을 이용하여 비밀편지를 써 보는 경험을 갖는다.

✿ 누리과정 관련 요소

- 자연탐구: 생활 속에서 탐구하기-물체의 특성과 변화를 여러 가지 방법으로 탐색한다.
- 예술경험: 창의적으로 표현하기-다양한 미술 재료와 도구로 자신의 생각과 느낌을 표현한다.
- 의사소통: 읽기와 쓰기에 관심 가지기-자신의 생각을 글자와 비슷한 형태로 표현한다.

✿ 활동 자료

알코올램프, 흰 종이, 레몬즙, 소금물, 드라이기, 유리세정제, 적양배추 끓인 물, 분무기, 면봉, 편지지

✿ 활동 방법

1. 친구에게 편지를 받거나 주었을 때의 느낌에 대해 이야기해 본다.
   - 친구에게 편지를 받아 본 적 있니? 느낌이 어땠니?
   - 다른 사람에게 편지를 전해 준 적은 있니? 그때는 어떤 마음이었니?
   - 편지에 어떤 내용이 적혀 있을 때 마음이 가장 기쁘니?

2. 비밀편지를 받았을 때의 느낌에 대해 이야기해 본다.
   - 친구한테 편지를 받았는데, 편지에 아무것도 쓰여 있지 않다면 어떤 기분일까?
   - 친구가 보낸 편지가 비밀편지라면 어떤 기분일까?
   - 비밀편지를 보내서 친구를 기쁘게 해 주려고 하는데, 어떻게 하면 좋을까?

3. 비밀편지를 소개한다.
   - 여기에 비밀편지가 있단다. 무엇이 쓰여 있니?
   - 비밀편지에서 어떤 일이 일어날 거란다. 무슨 일이 일어나는지 잘 살펴보자. (준비된 재료를 이용하여 유아들에게 물질의 화학반응을 보여 준다.)
   - 비밀편지에서 무슨 일이 일어나고 있니?
   - 어떻게 이런 일이 일어날까?

4. 유아와 함께 '비밀편지 쓰기' 놀이를 해 본다.
   - 너희는 어떤 친구에게 비밀편지를 쓰고 싶니?
   - 어떤 재료로 비밀편지를 쓰고 싶니?
   - 비밀편지를 쓸 때 주의해야 할 점은 무엇일까?
   - 너희가 쓴 비밀편지를 받을 친구를 생각하면서 자유롭게 비밀편지를 써 보자. (유아들이 선택한 재료를 탐색해 보고 자유롭게 비밀편지를 써 보게 한다.)

물질의 화학반응을 일으켜서 비밀편지를 쓰는 방법

① 레몬즙으로 그림을 그리거나 글자를 쓴 후, 알코올램프 위에서 그을려 보기

② 소금물을 면봉에 찍어 그림을 그리거나 글자를 쓴 후, 드라이기로 말리기

③ 유리세정제로 그림을 그리거나 글자를 쓴 후, 그 위에 적양배추 끓인 물 뿌리기

✿ 참고사항

1. 레몬즙으로 비밀편지를 쓴 후에, 레몬즙이 묻어 있는 쪽을 알코올램프에 닿게 하면 글자가 더 빨리 나타난다.
2. 적양배추 물은 분무기에 담아 뿌리고, 적양배추 물이 흘러내릴 수 있으므로 편지지를 세워 아래에 빈 통을 받쳐 놓고 뿌리도록 한다.
3. 흰색 초나 흰색 크레파스로 편지를 쓴 후, 바탕 전체를 색칠해서 글자가 드러나도록 하면서 비밀편지를 쓸 수도 있다.

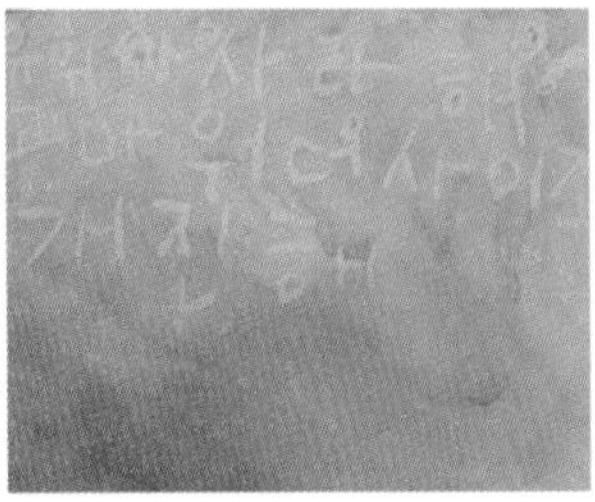

활동

2 유치원의 자연 친구를 찾아라!

✿ 활동 목표

주변에서 볼 수 있는 자연물 종류와 이름을 알아본다.

✿ 누리과정 관련 요소

- 자연탐구: 자연과 더불어 살기-주변의 동식물에 관심을 가진다.
- 자연탐구: 탐구과정 즐기기-주변 세계와 자연에 대해 지속적으로 호기심을 가진다.

✿ 활동 자료

유치원 자연물 사진, 사진기, 수집바구니

✿ 활동 방법

1. 유치원에서 본 자연물의 종류를 예측해 본다.
   - 우리 주변에서 볼 수 있는 자연물은 무엇이 있을까?
   - 유치원에서는 어떤 자연물을 보았니?
   - 유치원 안에서 볼 수 있는 자연물은 무엇일까? 밖에서 볼 수 있는 것은 무엇일까?

2. 유치원의 자연물 사진을 살펴보고, 사진 속의 자연물을 직접 찾아서 오감으로 자연물 특성을 탐색해 본다.
   - (유치원의 자연물 사진을 제시하며) 유치원에 있는 자연물 사진이란다. 사진 속에 어떤 자연물이 있니? 사진 속의 자연물을 직접 찾아보려고 한단다. 어떻게 해야 할까?

- 자연물을 좀 더 자세히 관찰하려면 어떻게 해야 할까?
- 너희 몸에는 무엇인가를 관찰할 수 있는 도구가 있단다. 볼 수 있는 눈과 들을 수 있는 귀, 만져서 촉감을 느낄 수 있는 손, 냄새를 맡을 수 있는 코, 맛을 볼 수 있는 입이 바로 너희 몸에 있는 관찰 도구란다. 바로 '오감'이라고 해. 오감으로 유치원의 자연물을 좀 더 자세히 살펴보자.

〈유치원의 자연물을 오감으로 탐색하는 아이들의 모습〉

3. 오감으로 탐색한 자연물의 특성에 대해 이야기를 나눈 후, 자연물 사진을 찍거나 자연물의 각 부분을 채집 또는 수집해 본다.
   - 몸의 관찰 도구인 '오감'으로 자연물을 탐색한 느낌이 어떠니?
   - (손)으로 자연물에 대해서 알게 된 것은 무엇이니? (눈)으로는?
   - 이전에도 자연물에서 그 특성을 발견할 수 있었니?
   - 자연물의 어떤 모습을 사진 속에 담고 싶니? 자연물을 사진 속에 담으니까 느낌이 어떠니? 실제 자연물과 사진에 담은 자연물은 어떤 차이가 있을까?
   - 너희가 친구 하고 싶은 자연물은 무엇이니? 그 자연물에서 발견한 멋진 점은 무엇이었니?
   - 자연물의 부분을 수집해서 놀이해 보자.
   (자연물의 부분을 조심스럽게 채집하여 수집 바구니에 담아 온 후, 과학 영역에서 여러 도구를 이용하여 그 특성을 주의 깊게 살펴본다.)

✿ 참고사항

1. '유아가 수집한 자연물의 특성과 변화를 관찰해 보고 관련 자료 조사해 보기' '조형 활동 재료로 활용하기' '자연물 이름표 만들어 달아 주기' 등의 활동을 전개해 본다.
2. 여러 자연물 중에 특별히 반 친구가 되어서 계속 돌보고 관찰하고 싶은 자연물을 유아들과 함께 정해서 〈자연물과 정기적인 '만남'〉 활동을 전개해 본다.
3. 유치원에서 발견한 자연물을 유아들이 직접 찍어서 〈자연물 사진전〉 놀이를 전개해 볼 수도 있다.

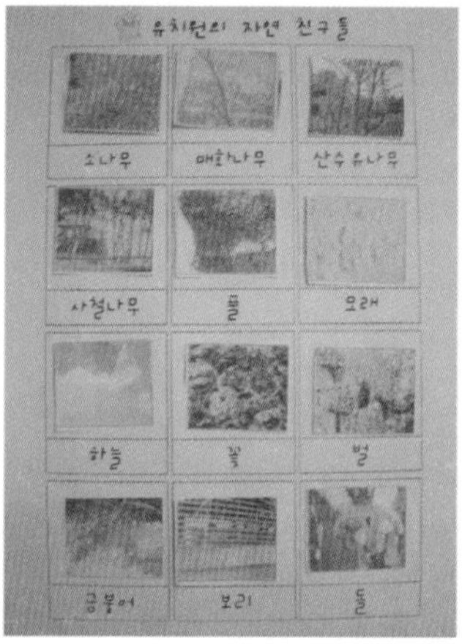

〈유치원의 자연물 이름 알아보기〉

〈나무에게 이름 팻말 달아 주기〉

활동 3

사인펜 속에 숨은 색깔을 찾아요 (『색깔을 훔치는 마녀』 이야기)

✿ 활동 목표

- 리트머스 종이의 특성을 탐색하고, 색깔의 변화에 대해 알아본다.
- 사인펜 색깔이 번지면서 나타나는 색의 특성을 탐구해 본다.

✿ 누리과정 관련 요소

- 자연탐구: 생활 속에서 탐구하기-물체의 특성과 변화를 여러 가지 방법으로 탐색한다.
- 예술경험: 아름다움 찾아보기-예술적 요소에 관심을 갖고 찾아본다.

✿ 활동 자료

그림책『색깔을 훔치는 마녀』(이문영 글, 이현정 그림, 비룡소), 그림책 속 주인공 마녀 그림, 리트머스 종이 또는 커피 거름종이, 가위, 테이프, 사인펜, 산성 용액과 염기성 용액 등

✿ 활동 방법

1. 그림책『색깔을 훔치는 마녀』이야기를 감상한 후, 이야기 내용과 그 느낌에 대해 이야기해 본다.
   - 그림책 속에 어떤 이야기가 들어 있었니?

- 마녀는 무엇을 훔쳤니?
- 마녀는 훔친 색깔로 무엇을 했을까? 어떻게 그런 일이 일어난 것일까?
- 마녀의 몸은 어떻게 변했니?
- 너희도 마녀처럼 세상의 색깔을 가져갈 수 있다면 무슨 색깔을 가져가고 싶니?
- 그 색깔로 무엇을 하고 싶니?

2. 리트머스 종이로 만든 마녀 원피스를 여러 색깔의 사인펜으로 색칠하여 꾸민 후 색의 변화를 예측해 본다.
   - 리트머스 종이 원피스란다. 마녀의 종이 원피스를 여러 색깔의 사인펜으로 색칠하여 꾸며 보자. 어떻게 되었니?
   - 몇 가지 색깔로 원피스를 꾸며 보았니?
   - 만약 마녀 원피스의 색깔을 바꾸려면 어떻게 바꿀 수 있을까?
   - 무엇으로 색을 바꿀 수 있을까?
   - (준비된 산성 용액과 염기성 용액을 제시하며) 이 물로 마녀의 원피스를 지워 보려고 한단다. 어떻게 될까?
   - 색이 모두 다 없어질까? 아니면 다른 색으로 변할까?
   - 너희가 특별히 바꾸고 싶은 색은 무엇이니?

3. 용액을 묻힌 붓으로 마녀의 원피스 색깔 위를 덧칠해 가면서 색의 변화를 관찰해 본다.
   - 사인펜으로 칠해진 마녀의 색깔 원피스를 용액으로 다시 칠해 보자. 어떤 일이 일어나고 있니?
   - 어떻게 이런 일이 일어난 것일까?
   - 다른 종이로 해도 이런 일이 일어날까?
   - 이 종이는 무슨 종이일까?
   - 다른 종이와 어떤 점이 다를까?
   - 색깔이 어떻게 변하고 있니?
   - 같은 색깔인데도 왜 다른 색깔로 변하는 것일까?

(리트머스 종이의 특성에 대해 이야기해 보고 리트머스 종이를 자유롭게 탐색해 본다.)

리트머스 종이는 리트머스 수용액을 이용해 물들인 종이로, 산성 용액에 넣으면 붉은색으로 변하고 염기성 용액에 넣으면 푸른색으로 변한다. 용액의 산성, 염기성을 판단하는 데 쓰인다.

4. 활동을 떠올려 본다.
   - 놀이를 하면서 가장 재미있었던 점은 무엇이니?
   - 리트머스 종이의 색 변화를 보니 어떤 마음이 드니?
   - 리트머스 종이처럼 색을 변화시키는 것은 또 무엇이 있을까?
   - 리트머스 종이로 무엇인가를 꾸민다면 무엇을 더 꾸미고 싶니?
   - 리트머스 종이의 색깔 변화로 아름답게 꾸며진 마녀의 원피스를 살펴보자.

〈유아들이 리트머스 종이로 색의 변화를 탐색하고 꾸민 마녀의 모습들〉

✿ 참고사항

1. 리트머스 종이가 아닌 쉽게 구할 수 있는 키친타월이나 거름종이 등을 이용하여 '크로마토그래피' 활동으로 확장할 수 있다. 종이 하단 부위에 점을 찍고 물을 점 아랫부분부터 천천히 흡수시키면 삼투압현상에 의해 물이 위로 퍼지면서 사인펜 속에 숨은 색이 나타난다.

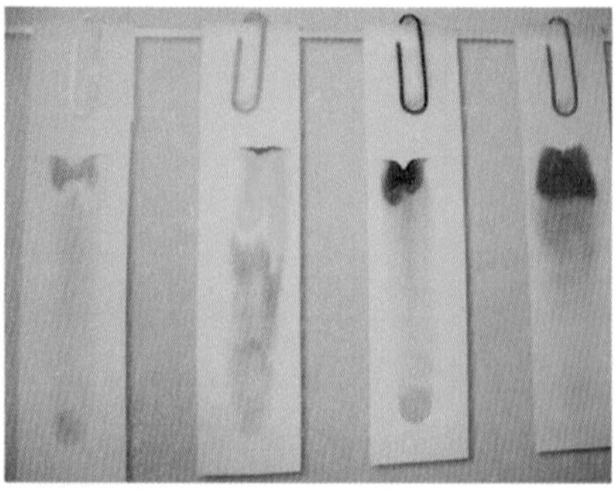

2. 상자 속에 색깔 천을 넣고 상자 양면에 흰색 옷을 입은 마녀그림을 붙인 후 빛을 비추면 빛이 반사되면서 마녀의 흰색 원피스는 다른 색깔로 보이게 된다. 빛의 반사로 이루어지는 색의 변화를 경험할 수 있는 활동으로 확장하여 제시할 수 있다.

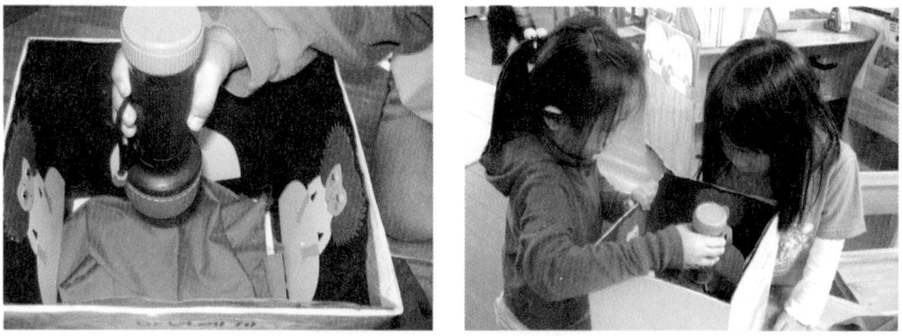

〈색깔을 훔치는 마녀의 원피스는 무슨 색깔로 보일까요?〉

3. 사인펜으로 그림을 그린 후, 물을 칠해서 번지기 기법으로 그림 그리기 활동을 전개해 볼 수 있다.

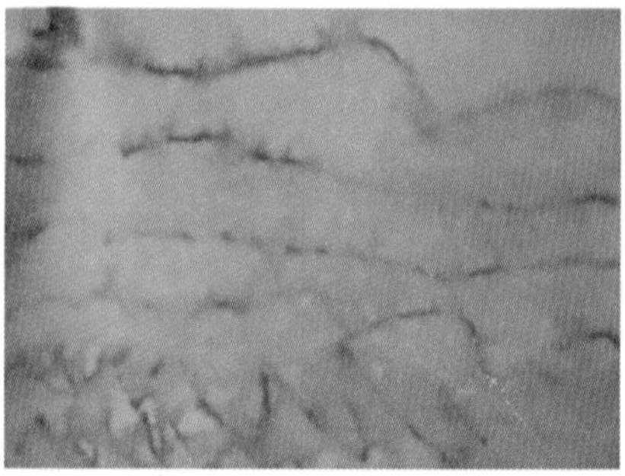

4. 얼룩말의 몸 색깔 이야기를 유아들과 함께 나누어 볼 수 있다.

얼룩말은 아프리카의 더운 열기를 어떻게 식힐까?

얼룩말이 가진 몸의 색깔에 답이 있다. 즉, 얼룩말의 흰색과 검은색 줄무늬가 얼룩말의 체온을 조절해 준다. 어떻게 조절할까? 한 연구자가 표피 온도를 측정해 보았더니 검은색 얼룩 부분의 온도는 37°인 데 반해, 흰색 얼룩은 31°였다고 한다. 놀랍게도 6°나 차이가 났던 것이다. 그런데 정말 놀라운 점은, 그 온도 차이로 인해 얼룩말의 몸 위에서 공기의 흐름, 즉 '바람'이 일어나 더운 몸을 식혀 준다는 것이다.

출처: 색깔의 수수께끼(김민경 외 공역, 비채 출판사)

활동

4 소리로 알려 주는 우리 반 약속

✿ 활동 목표

- 우리 반의 약속을 기억할 수 있는 방법을 생각해 본다.
- 음성 녹음 카드를 활용하여 소리로 알려 주는 약속 카드를 제작해 본다.
- 친구들과 협의하여 문제를 해결하는 과정에 즐겁게 참여한다.

✿ 누리과정 관련 요소

- 자연탐구: 탐구과정 즐기기-궁금한 것을 탐구하는 과정에 즐겁게 참여한다.
- 자연탐구: 생활 속에서 탐구하기-도구와 기계에 대해 관심을 가진다.
- 의사소통: 듣기와 말하기-자신의 경험, 느낌, 생각을 말한다.

✿ 활동 자료

소리가 나는 여러 물건, 제작 자료(음성 녹음 카드, 색종이, 포장상자, 리본끈, 목공용 풀 등 꾸미기 재료), 설계도, 그리기 도구

✿ 활동 방법

〈상황 제시〉

1. 약속을 자꾸 깜박 잊는 친구의 이야기를 들은 뒤에, 약속을 잊은 경험에 대해 이야기 나눈다.
   - 우리 반에는 함께 지켜야 할 어떤 약속들이 있니?
   - 그런데 만약 그 약속을 잊고, 지키지 않는다면 어떤 일이 벌어질까?
   - 한 친구가 유치원에서 지켜야 할 약속을 깜박깜박한대. 우리 그 이야기를 들어 볼까?

오늘도 한결이는 자유선택활동 시간에 친구들과 재미있는 놀이를 할 마음에 들떠 신나게 유치원에 갔어요. 드디어 자유선택활동 시간이 되었어요. 한결이는 쌓기놀이 영역에서 공룡 놀잇감과 블록 놀잇감을 가지고 신나게 놀이를 했어요. 하늘을 나는 프테라노돈, 땅의 제왕 티라노사우루스와 함께 즐겁게 놀고 있었지요. 프테라노돈이 하늘을 날다가, 그만 천둥 번개를 맞고 땅으로 떨어지고 말았어요. 한결이는 아주 세게 떨어지는 프레라노돈을 흉내 내고 싶어서, 프테라노돈을 땅으로 세차게 던졌어요. 그런데 던진 프테라노돈이 친구의 손목 위로 떨어지고 말았어요. 이를 어쩌죠? 친구가 아프다며 엉엉 울기 시작해요. 한결이는 친구에게 미안하다고 사과했어요. 친구도 큰 상처가 나지 않아 다행이었지만, 한결이는 놀잇감을 던지면 안 된다는 약속을 또 어기게 되어 속상했어요. 한 친구가 한결이에게 다가와 '던지지 마세요'라고 약속이 쓰여 있는데 왜 그랬냐며 핀잔을 주었어요. 글씨를 아직 잘 모르는 한결이는 약속을 지키지 못한 것에 너무 속이 상했답니다.

- 한결이에게 무슨 일이 있었니?
- 한결이는 왜 약속을 깜박하게 되었을까?
- 너희도 놀이를 하다가 약속을 깜박 잊은 적이 있니?
- 어떤 약속을 잊었니?
- 약속을 잊어서 어떤 일이 생겼니?
- 약속을 글로 적어서 곳곳에 붙여 두면 약속을 잘 지킬 수 있을까?
- 우리는 아직 어려서, 글을 읽지 못하는 친구들이 더 많은데, 우리 모두가 약속을 잘 기억하게 할 수 있는 방법은 무엇이 있을까?
- 글로 적힌 약속을 읽는 방법 말고, 다른 방법은 없을까?
- 소리로 약속을 들려줄 수도 있을까?
- 소리로 약속을 알려 줄 수 있는 방법을 함께 생각해서 우리가 이 문제를 해결해 볼까?

〈창의적 설계〉

2. 소리를 낼 수 있는 물건을 탐색하고, 문제 해결을 위해 필요한 것을 결정한다.
   - 소리로 약속을 알려 주기 위해서는 소리가 나오는 것들이 필요하겠구나.
   - 소리를 낼 수 있는 것들에는 무엇이 있을까?

- 교실에 있는 물건 중 소리가 나는 물건을 한 번 찾아볼까? 선생님도 소리가 나는 물건을 찾아볼게.
- 여러 가지 물건이 모였구나. 소리가 나는 악기, 소리가 나는 장난감, 음악을 들을 수 있는 CD 플레이어, 핸드폰, 소리가 나는 카드가 있구나.
- 어떻게 소리를 내는지, 어떤 소리가 나는지 살펴볼까?
- 이 중에서 우리가 이 문제를 해결하는 데 어울리는 물건은 무엇일까?
- 약속을 이야기해서 녹음하고, 녹음한 것을 들어 볼 수 있는 것은 무엇일까?
- 소리를 내는 이 카드를 사용해 볼 수 있겠구나.

3. 음성 녹음 카드를 이용하여 놀이해 본다.
   - 이 카드는 어떻게 이용하는 걸까?
   - 버튼 두 개를 동시에 누르면 녹음이 되고, 한 개를 누르면 소리를 들을 수 있구나.
   - 선생님이 먼저 소리를 녹음해 볼게. 자, 잘 들리는지 한 번 들어 볼까?
   - 이번에는 어떤 소리를 녹음해 볼까? 누가 나와서 한 번 녹음해 보겠니?
   - ○○가 녹음한 목소리가 잘 들리는지 들어 보자.

〈음성 녹음 카드를 살펴보고 놀이하는 장면〉

4. 약속을 기억하는 것이 필요한 장소를 결정한다.
   - 우리가 함께 지켜야 할 약속들을 떠올려 보면서, 어느 곳에 소리 약속 카드를 만들어서 붙이는 것이 좋을지 결정해 보기로 하자.
   - 우리 반에는 어떤 약속들이 있니?
   - 자유선택활동 시간에는 어떤 약속들을 지켜야 하니?

- 그중에서 약속을 기억하기 어렵고, 지키기 어려운 영역은 어느 곳이니?
- 화장실(신발장 등)에서 필요한 약속은 무엇이 있니?
- 그중에서 기억하기 어려운 약속은 무엇이니?
- 우리가 이야기한 장소들 중 어느 곳에 소리 약속 카드를 만들어서 붙이고 싶은지 결정해 보자.

5. 팀을 나누어서 소리 약속 카드를 만드는 것을 계획하고 제작한다.
- 우리 팀은 어떤 장소의 소리 약속 카드를 만들기로 하였니?
- 그 장소의 약속은 무엇무엇이 있니?
- 어떤 약속들을 녹음하는 것이 좋을지, 어떤 친구가 어떤 말을 녹음할지 결정해 보기로 하자. 혹시 녹음을 할 때 이 영역이 어떤 영역인지 간단하게 이야기하는 것도 필요할까?
- 소리 약속 카드에 약속을 녹음한 뒤에는, 약속카드를 꾸며서 필요한 영역에 붙일 거란다. 우리가 선택한 장소에 어울리는 디자인은 무엇일지 생각해 볼까?
- 어떤 디자인으로 꾸미고 싶은지 함께 이야기를 나누어 보자.
- 준비된 재료를 살펴보면서 계획해 보자.
- 원하는 디자인을 설계도에 미리 그려 보자.
- 눌러서 소리를 듣는 부분은 어떻게 표시하면 좋을까?
- 우리가 계획한 순서대로 녹음을 해 보자. 선생님이 버튼을 누를 테니, 한 명씩 차례대로 이야기해 보자.
- 녹음이 잘 되었는지 함께 들어 볼까?
- 이제 우리가 설계도에 계획한 대로, 소리 약속 카드를 꾸며 보자.

〈소리 약속 카드를 계획하고 만드는 장면〉

〈감성적 체험〉

6. 완성된 소리 약속 카드를 함께 살펴보고 설치한다.
   - 각 팀에서 만든 소리 약속 카드를 소개해 보기로 하자.
   - 이 팀에서 만든 소리 약속 카드는 어떤 부분이 재미있니?
   - 이 팀의 친구들에게 궁금한 점이 있니?
   - 우리가 이렇게 소리 약속 카드를 만들었다니 기분이 어떠니?
   - 소리 약속 카드 덕분에 우리 반 모두가 약속 지킴이가 될 수 있을까?
   - 이 소리 약속 카드를 필요한 장소에 함께 붙여 보자.

7. 소리 약속 카드를 사용해 보고 이야기 나눈다.
   - (소리 약속 카드를 사용한 후) 소리 약속 카드를 사용해 보니 어땠니?
   - 약속을 깜박한 친구들도 소리 약속 카드 덕분에 약속을 기억할 수 있었니?
   - 우리 반 친구들 모두 약속 지킴이가 되었구나.
   - 열심히 생각을 모아 소리 약속 카드를 만든 우리들을 어떻게 칭찬해 주면 좋을까?
   - 다음에 또 소리 약속 카드를 만든다면 어떻게 만들어 보고 싶니?
   - 우리가 소리 약속 카드를 만들기 위해 도와준 음성 녹음 카드로 또 할 수 있는 것이 있을까?

〈소리 약속 카드를 설치하고 소리를 들어 보는 장면〉

활동

5 삼색주먹밥

✿ 활동 목표

- 여러 색깔의 야채들이 모여 주먹밥이 만들어지는 과정을 경험해 본다.
- 물질의 변화 과정에 관심을 갖고 탐색해 본다.

✿ 누리과정 관련 요소

- 자연탐구: 생활 속에서 탐구하기-물체의 특성과 변화를 여러 가지 방법으로 탐색한다.
- 신체운동 · 건강: 건강하게 생활하기-몸에 좋은 음식에 관심을 가지고 바른 태도로 즐겁게 먹는다.

✿ 활동 자료

밥, 오이껍질, 당근, 찐 달걀 노른자, 볶은 소금 등

✿ 활동 방법

1. 삼색주먹밥에 대한 다양한 생각을 나누어 본다.
   - '삼색주먹밥'이라는 음식이 있단다. 어떤 음식일까?
   - 왜 삼색주먹밥이라고 했을까?
   - 어떤 야채들이 들어 있니?
   - 야채 색깔들이 서로 어떻게 보이니?
   - 3가지 색깔이 서로 조화롭게 보이니?
   - 서로 어울리는 야채 색깔을 찾아보자.
   - 삼색주먹밥은 어떻게 만들어지는 것일까?
   - 삼색주먹밥에는 어떤 재료가 들어갈까?

- 삼색주먹밥을 만드는 방법은 어떻게 알아볼 수 있을까?
  (요리책이나 인터넷 자료를 통해 유아들과 함께 삼색주먹밥 요리하기 방법을 알아본다.)

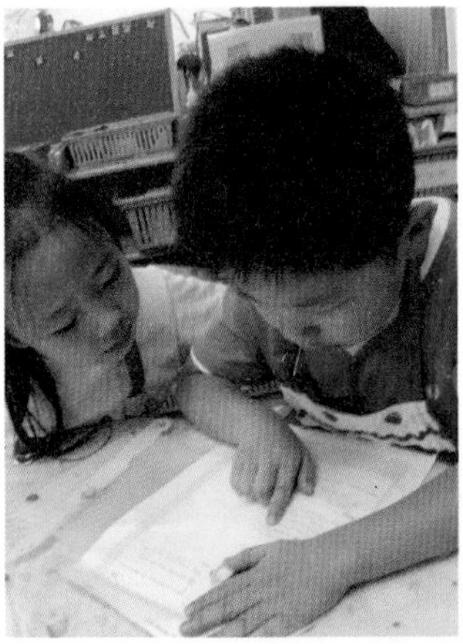

〈삼색주먹밥 만드는 방법을 조사해 봐요.〉

2. 삼색주먹밥 만드는 방법에 대해 이야기해 본다.
   - 삼색주먹밥은 어떻게 만드는 것이니?
   - 삼색주먹밥을 만들기 위해서 어떤 재료를 준비했니?
   - 각 재료마다 어떤 특성을 갖고 있는지, 각 재료들은 어떻게 요리해야 하는지를 생각하면서 재료를 관찰해 보자.

3. 각각 역할을 정한 후, 삼색주먹밥을 직접 만들어 본다.

삼색주먹밥 만드는 방법

① 오이껍질을 다진 후, 소금을 뿌려서 살짝 볶는다.
② 당근을 썰어서 잘게 다진다.
③ 찐 달걀 노른자는 체에 내려 가루로 만든다.
④ 잘게 자른 모든 재료를 밥과 함께 섞고 양념을 한다.

⑤ 한입에 들어갈 정도로 손으로 꼭꼭 뭉쳐서 주먹밥을 만든다(이때 주먹밥이 풀어지는 것을 방지하기 위해 랩에 싸서 다시 한번 꼭꼭 뭉쳐 준다).

〈완성된 삼색주먹밥!〉

4. 활동을 회상하며 맛을 느껴 본다.
   - 삼색주먹밥을 만들어 본 느낌이 어떠니?
   - 주먹밥의 야채 색깔이 어떻게 보이니?
   - 만약 주먹밥의 색깔이 한 가지로만 되어 있다면 어떨 것 같니?
   - 여러 색깔이 함께 뭉쳐지니까 주먹밥이 어떻게 되었니?
   - 삼색주먹밥의 맛은 어떨까?

   (유아들이 요리한 삼색주먹밥을 맛보며, 색과 맛의 조화로움에 대해 이야기해 본다.)

2 봄

접근법	활동명
유아의 일상적 질문에 기초한 탐구활동	우리가 먹고 난 과일씨도 싹이 날까요?
자연친화적 접근을 통한 과학교육 - 동식물 기르기, 텃밭 가꾸기, 주제에 관한 자연물 탐구	민들레가 자라요
문학 및 과학이야기를 통한 과학교육	봄의 향기를 맡아요 (『코를 킁킁』 이야기)
예술 활동을 통한 과학교육	자연물 색깔나라
요리 활동을 통한 과학교육	새싹 샌드위치

활동 1

우리가 먹고 난 과일씨도 싹이 날까요?

✿ 활동 목표

- 다양한 과일의 씨를 탐색하며 특성을 비교해 본다.
- 과일 씨앗을 발아시켜 보는 과정을 경험해 본다.

✿ 누리과정 관련 요소

- 자연탐구: 자연과 더불어 살기-주변의 동식물에 관심을 가진다.
- 자연탐구: 탐구과정 즐기기-궁금한 것을 탐구하는 과정에 즐겁게 참여한다.

✿ 활동 자료

실물화상기, 유아가 수집한 여러 종류의 씨앗(참외씨, 메론씨, 수박씨, 금귤씨, 강낭콩, 앵두씨 등), 화분, 흙, 모종삽, 물, 사진기 등

✿ 활동 방법

1. 직접 먹고 모은 과일의 씨를 관찰하면서 그 특성에 대해 이야기해 본다.
   - ○○가 가져온 씨는 무슨 씨니?
   - 이 씨는 어떤 특징을 갖고 있을까?
   - 씨앗의 모습이 무엇과 닮았니?
   - 우리가 먹는 또 다른 과일 속에는 어떤 모양의 씨가 들어 있을까?
   - (여러 종류의 과일씨를 제시하면서) 우리가 자주 먹는 과일들의 씨란다. 과일을 먹고 모아 놓은 씨앗이야. 과일씨마다 같은 점은 무엇이고, 다른 점은 무엇일까?

2. 과일 씨가 싹이 트는지 예측해 보고 실험해 본다.

- 우리가 먹는 과일씨도 땅에 심으면 싹이 날까?
- 씨가 나지 않는다고 말하는 친구들은 왜 그렇게 생각하니?
- 씨가 날 것 같은 과일씨는 무엇이니? 그 씨는 왜 싹이 날 것 같니?
- 싹이 나지 않을 것 같은 과일씨는 무엇일까? 왜 그렇게 생각하니?
- 직접 실험해서 알아보자. 실험을 위해서 우리는 어떤 준비가 필요할까?
- 실험할 때 우리가 어떤 점을 생각해야 할까? 주의해야 할 점은 무엇일까?

'과일씨 싹 틔우기' 실험 과정

① 과일씨 이름을 화분에 적는다.
② 화분에 흙을 담고 과일씨를 심은 후, 심은 날짜를 기록한다.
③ 지속적으로 흙에 물을 뿌려 주면서 햇빛이 잘 드는 바깥놀이터에 갖다 놓는다.
④ 매일 화분의 변화를 관찰해 보고 사진으로 기록한다.

실험 결과

사과, 메론, 강낭콩, 완두콩, 금귤 등의 씨앗이 화분에서 싹이 나왔으며 계속 잘 자랐다. 하지만 어느 정도 자라고 나니, 화분의 토양이 부족해서인지 잘 자라나지 못했다. 이에 아이들과 상의하여 일부는 화분에 그대로 두고, 일부는 땅에 옮겨 심어 성장에 어떤 차이가 있는지 알아보았다. 그러자 또 다른 궁금증이 발생하기도 하였다.

3. 실험 결과를 떠올려 본다.
   - 우리가 심은 과일 씨앗 화분에서 어떤 변화가 생겼니?
   - 이 실험을 통해 어떤 것을 알게 되었니?
   - 실험의 결과를 보고 새롭게 생긴 궁금증은 무엇이니?
   - 우리가 먹는 과일 중에서 심을 수 있는 또 다른 씨는 무엇일까?

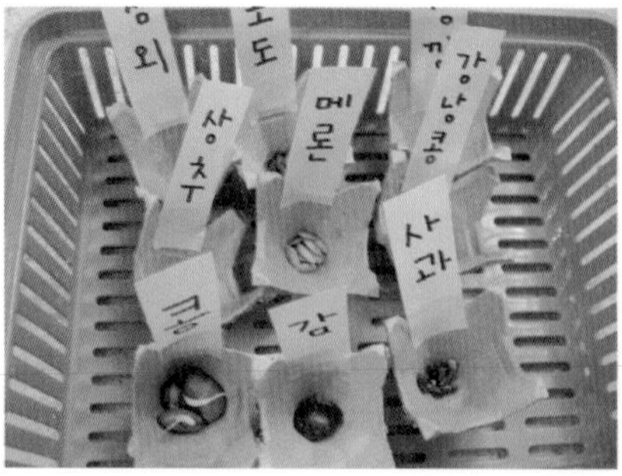

〈이것도 씨앗이니까 싹이 틀 거야. 아니야, 우리가 먹다 남은 씨는 침이 묻어서 싹이 안 틀 거야. 아마도 우리가 이미 먹어서 영양분이 없어졌을 거야.〉

〈아주 신기해요! 우리가 먹고 남은 과일 씨와 콩에서 싹이 트고 있어요!〉

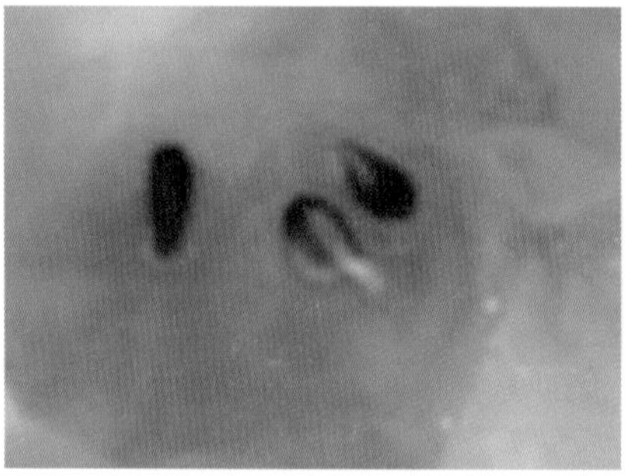

〈물 솜에서 싹튼 사과씨〉

✿ 참고사항

오래되어 먹지 않은 팝콘용 옥수수도 싹이 트는지를 예측해 보고 직접 '싹 틔우기' 실험을 해 볼 수 있다.

활동 2 민들레가 자라요

✿ 활동 목표

- 민들레꽃의 아름다움을 느껴 보고, 그 특성을 탐색해 본다.
- 잘린 민들레 뿌리에서 싹이 자라는 과정을 관찰해 본다.

✿ 누리과정 관련 요소

- 자연탐구: 자연과 더불어 살기–주변의 동식물에 관심을 가진다.
- 예술경험: 아름다움 찾아보기–예술적 요소에 관심을 갖고 찾아본다.

✿ 활동 자료

민들레, 꽃삽, 민들레 뿌리 싹 틔우기 실험도구, 사진기 등

✿ 활동 방법

1. 자연산책을 하면서 민들레꽃의 아름다움을 느끼고 그 특성을 주의 깊게 탐색해 본다.
   - 풀밭에서 많이 볼 수 있는 노란 꽃은 무슨 꽃일까?
   - 풀밭 여기저기에 피어난 민들레를 보면 어떤 생각(마음)이 드니?
   - 민들레는 어떤 멋을 지니고 있을까? 자세히 살펴보면서 민들레의 멋을 찾아보자.
   - 민들레에서 너희가 찾은 멋을 이야기해 보겠니? 다른 꽃과 어떤 점이 다를까?

〈민들레꽃을 탐색하는 아이들의 모습〉

2. 뿌리가 잘린 민들레의 생명력을 예측해 본다.
   - (사람들 발에 밟혀서 잎사귀가 뜯겨 있거나 누군가에 의해 뿌리째 뽑힌 민들레 뿌리를 살펴보며) 민들레가 어떻게 되어 있니?
   - 민들레가 왜 이렇게 되었을까?
   - 민들레는 지금 어떤 마음일까?
   - 민들레가 다시 살 수 있을 것 같니?
   - 민들레가 다시 살 수 있도록 우리가 할 수 있는 일은 무엇일까?

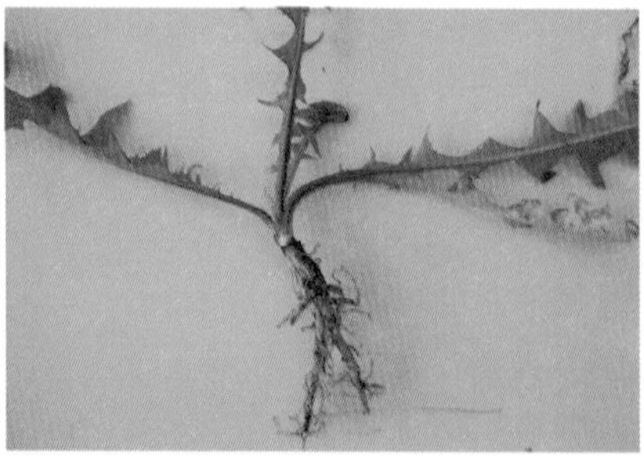

〈뿌리가 잘라진 민들레도 싹이 틀까요?〉

3. 잘린 민들레 뿌리를 키워 본다.
   - 뿌리가 잘린 민들레를 땅 속에 심어서 자라는 과정을 관찰해 보자. 어떤 모습으로 자랄 것 같니?
   - 어떤 방법으로 민들레 뿌리를 자라게 해 볼까?

실험방법

① 뿌리와 잎이 달린 민들레를 채집하여 땅 속에 심기
② 민들레의 잎은 다 따 버리고, 뿌리만 심어 보기
③ 잘라진 뿌리를 땅 속에 심고 싹이 트는 과정을 관찰해 보기

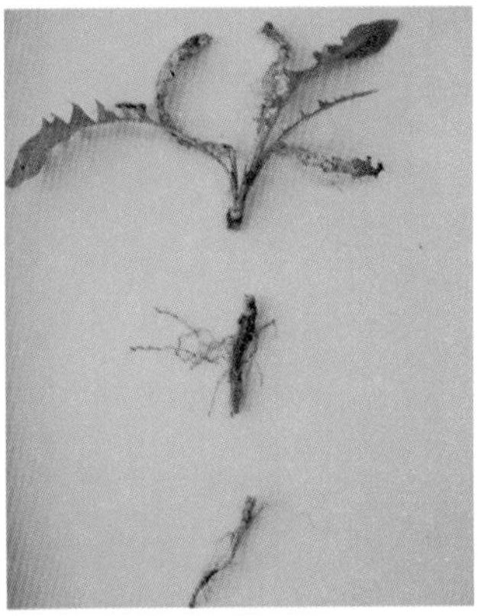

〈민들레꽃을 탐색하는 아이들의 모습〉

유아들이 예측한 결과

① 민들레는 뿌리가 튼튼하니까 봄이 되면 다시 필 것이다.
② 뿌리가 잘린 민들레는 그냥 죽을 것이다. 다시는 새싹도 나지 않을 것이다.
③ 다른 곳에서는 꽃이 다시 자라지만, 뿌리를 잘라서 심은 것에서는 꽃이 다시 피지 못할 것이다. 뿌리를 잘라 버렸으니까 이미 죽었을 것이다.
④ 잎이 달린 뿌리에서만 꽃이 피고, 나머지 뿌리에서는 잎을 다 떼어 버렸기 때문에 꽃이 피지 못할 것 같다. 다른 뿌리는 다 죽어서 흙과 섞여 가루가 돼 버릴 것 같다.

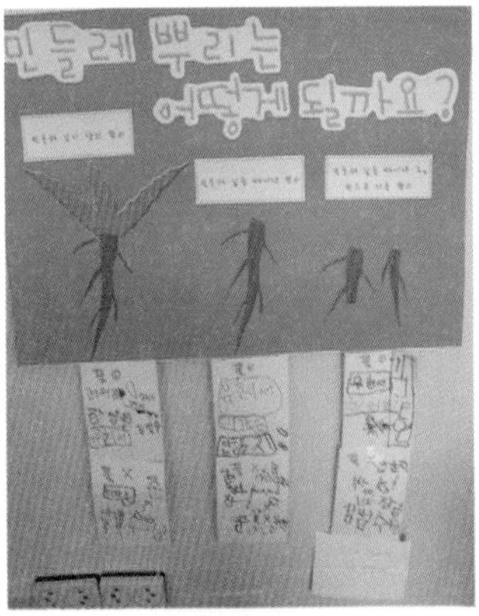

〈실험 결과표〉

4. 활동을 떠올려 본다.
   - 뿌리가 잘린 민들레를 보았을 때 어떤 마음이었니?
   - 우리가 심은 민들레가 어떤 모습으로 자랐으면 좋겠니?
   - 민들레가 잘 자라도록 우리가 할 수 있는 일은 무엇일까?
   - 민들레가 자라는 모습을 잘 관찰하려면 어떻게 해야 할까?

✿ 참고사항

1. 유아와 함께 민들레와 관련된 다양한 놀이를 하면서 민들레의 특성에 대한 인식을 깊게 할 수 있다.
   예 민들레 홀씨 불기 놀이/ 색종이로 민들레꽃 만들기/ 민들레 나물 무침 요리하기/ 민들레 잎사귀로 무늬 꾸미기 등
2. 민들레 씨앗을 받아서 '씨 심기' 활동을 전개해 볼 수 있다.

〈민들레씨 심기〉

〈민들레 화분 만들어 돌보기〉

활동 3

봄의 향기를 맡아요
(『코를 킁킁』 이야기)

✿ 활동 목표

- 봄나물의 향기를 탐색해 보고 그 느낌을 적절히 표현해 본다.
- 봄나물로 향기 주머니를 만들어 본다.

✿ 누리과정 관련 요소

- 자연탐구: 자연과 더불어 살기-주변의 동식물에 관심을 가진다.
- 의사소통: 듣기와 말하기-자신의 경험, 느낌, 생각을 말한다.

✿ 활동 자료

그림책 『코를 킁킁』(루스 크라우스 글, 마크 사이먼트 그림, 고진하 옮김, 비룡소), 봄나물, 채집도구, 향기 주머니 만들 재료(절구, 거즈 손수건 또는 투명비닐, 지끈)

✿ 활동 방법

1. 『코를 킁킁』을 감상한 후, 이야기에 대한 다양한 생각을 나누어 본다.
   - (그림책을 감상한 후), 그림책 속에 어떤 이야기가 들어 있니?
   - 동물들은 무엇을 했니?
   - 동물들은 어떻게 잠에서 깼니?

- 동물들은 코를 어떻게 했니? '킁킁'은 무엇을 표현한 말일까?
- 동물들은 코를 킁킁거리면서 어느 곳으로 모였니?
- 그곳에서 발견한 것은 무엇이니?
- 동물들은 꽃에서 어떤 냄새를 맡았을까?
- 꽃 냄새는 동물들에게 어떤 생각을 갖게 했을까?

2. 그림책의 주인공처럼 코를 킁킁거리며 맡을 수 있는 '봄의 향기'를 상상해 본다.
   - 동물처럼 우리가 킁킁거리며 산책을 간다면 어떤 냄새를 맡을 수 있을 것 같니?
   - (풀잎)에서는 어떤 냄새를 맡게 될까? (꽃)에서는?
   - 봄날에 산책을 하면서 맡을 수 있는 봄 향기를 상상해 보자.
   - 어떤 냄새가 떠오르니? 그 냄새는 어떤 느낌을 주는 것 같니?

3. 산책을 하면서 자연물을 채집하여 봄내음을 맡고 그 느낌에 대해 이야기해 본다.
   - (산책을 하면서) 그림책의 동물처럼 봄 향기를 찾아 맡아 보자. 어떤 향기를 맡을 수 있을까?
   - '쑥'은 향기가 어떠니? 혀끝으로 느껴지는 맛은 어떤 맛일까?
   - 냉이는 쑥 향기와 어떤 점이 다른 것 같니?
   - 여러 봄나물 중에 어떤 향기가 가장 마음에 드니?
   - 봄 향기는 또 어떤 자연물에서 느낄 수 있을까?
   - 만약 봄을 알려 주는 여러 자연물에 향기가 없다면 세상은 어떨까?
   - 봄 향기로 가득한 자연세상을 마음껏 느껴 보자.

〈봄 향기를 탐색하고 채집하는 아이들의 모습〉

4. 수집한 자연물로 '봄 향기 주머니'를 만들어 본다.
   - 어떤 봄나물을 채집해 보았니?
   - 봄나물로 어떻게 향기 주머니를 만들 수 있을까?
   - 봄나물을 어떻게 하면 향기가 더 진하게 될까?

     (잎이 마른 것과 젖은 것, 절구로 찧은 것과 찧지 않은 것의 향기 차이를 구별해 본 후에 향기 주머니를 만들어 본다.)

봄 향기 주머니 만드는 방법

① 봄나물을 채집하여 말리기

② 봄나물을 절구로 찧기

③ 절구에 찧은 봄나물을 투명 비닐봉지에 넣고 중간중간 구멍을 낸 후 리본으로 묶어서 천장에 매달기

〈봄 향기 주머니를 만드는 아이들의 모습〉

〈완성된 봄 향기 주머니〉

✿ 참고사항

1. '쑥으로 음식 만들기' '향수 만들기' '옷감 물들이기' 등의 활동을 전개해 볼 수 있다.
2. 향기 나는 봄꽃으로 '꽃 향기 주머니'를 만들어 볼 수 있다.

〈유아가 만든 봄꽃 향기 주머니〉

활동
4 자연물 색깔나라

✿ 활동 목표

- 애기똥풀 즙 색깔로 손톱을 물들여 가며 자연물의 색에 관심을 갖는다.
- 자연물의 색깔을 이용하여 다양한 방법으로 염색해 보는 경험을 한다.

✿ 누리과정 관련 요소

- 자연탐구: 자연과 더불어 살기-주변의 동식물에 관심을 가진다.
- 예술경험: 창의적으로 표현하기-다양한 미술 재료와 도구로 자신의 생각과 느낌을 표현한다.

✿ 활동 자료

애기똥풀과 봉숭아, 여러 자연물(실물), 색물을 들일 수 있는 여러 재료(손수건, 실, 크기가 다양한 그릇 등)

✿ 활동 방법

1. 애기똥풀로 놀이해 본 경험을 이야기 나누어 본다.
   - 들판에 나가서 너희가 자주 보는 풀은 무엇이니?
   - 산책길 여기저기에 피어 있는 애기똥풀은 무슨 색이니?
   - 애기똥풀로 어떤 놀이를 해 보았니?
   - 애기똥풀로 손톱에 물들여 본 느낌은 어땠니?
   - 애기똥풀처럼 손톱에 물들일 수 있는 자연물은 또 무엇이 있을까?

2. 유아들과 함께 직접 산책을 나가서 애기똥풀 색깔의 특성을 자유롭게 탐색해 본다.

- 애기똥풀은 어디에서 찾을 수 있을까?
- 애기똥풀은 어떤 색깔을 갖고 있니?
- 애기똥풀의 어느 부분으로 손톱을 물들일 수 있니?
- 애기똥풀 줄기를 잘라 보자. 어떻게 되었니?
- 줄기에서 나오는 애기똥풀의 노란색 물을 손톱에 발라 보자. 느낌이 어떠니?
- 애기똥풀은 어떻게 색즙을 내는 것일까? 애기똥풀은 노란색 물을 어떻게 줄기 속으로 빨아들인 것일까?
- 애기똥풀의 노란색 물로 우리는 무엇을 할 수 있을까?

〈자연의 노란 빛을 품은 애기똥풀을 탐색하면서 손톱 물들이기〉

3. 애기똥풀로 '손수건 물들이기' 놀이를 해 본다.

애기똥풀로 손수건 물들이기

① 애기똥풀을 한 바구니 수집한다.
② 애기똥풀을 삶아 건져 짙은 노란색물을 만든다.
③ 손수건의 한 부분을 실로 묶은 후, 애기똥풀 색물 속에 담갔다가 건져 낸다.
④ 애기똥풀 색물에 젖은 손수건을 말려서 펼친 후, 물이 든 손수건의 특성을 살펴본다.

4. 자연물로 색물을 만들어서 염색놀이를 해 본다.
   - 자연물에서 어떤 색을 찾을 수 있을까?
   - 자연의 색은 우리에게 어떤 마음을 전해 주니?
   - 자연물로 색물을 만들 수 있는 방법은 무엇일까?
   (담가 놓기, 끓이기, 갈아서 즙 짜기 등으로 자연물 색물을 만들어 본다.)
   - 자연물로 만들어진 색물은 다른 색과 어떤 점이 다른 것 같니?
   - 자연물 색물로 너희가 하고 싶은 것은 무엇이니?
   (자연물 색물로 한지, 모시천이나 광목천, 거즈손수건, 나무토막 등을 염색해 보고 물들여진 색의 아름다움을 느껴 본다.)

〈우리가 자연에서 볼 수 있는 여러 색깔〉

자연물 염색놀이(1)

색깔 있는 야채를 강판에 갈아 즙을 낸 후 솜방망이로 찍어 야채 그림 색깔 입히기

자연물 염색놀이(2)

꽃잎에 광목 조각을 올려놓고 돌로 찧어서 색물을 들인 후, 꽃 구성해 보기

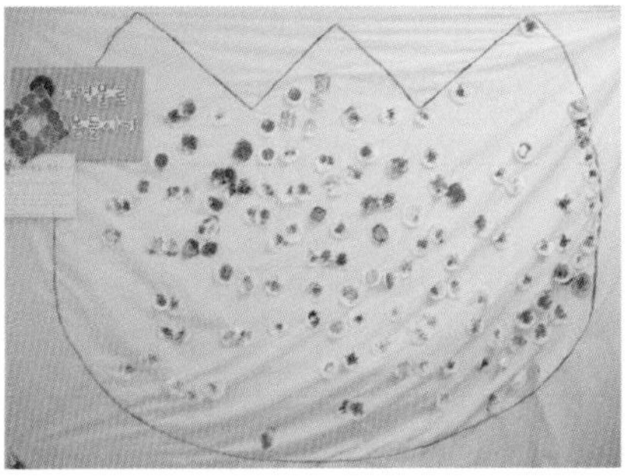

자연물 염색놀이(3)

모시 또는 실크천을 자연물 색물에 담갔다가 말려서 물든 천의 아름다움 느껴 보기

자연물 염색놀이(4)

천의 부분부분을 실로 묶어서 자연물 색물에 담갔다가 펼쳐 말린 후, 액자로 구성해 보기

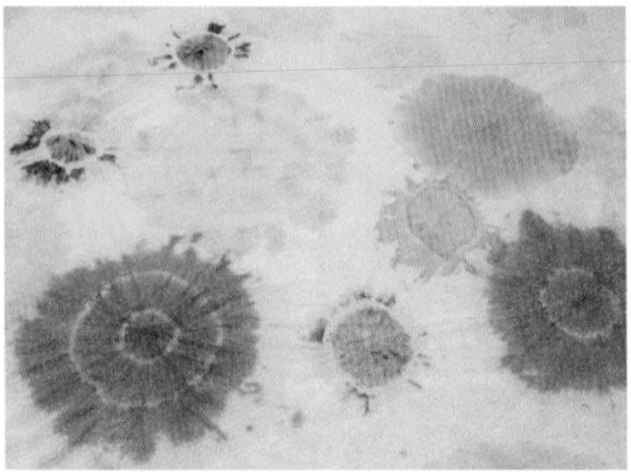

자연물 염색놀이(5)

나무토막을 자연물 색물에 담가 색물 들여 보기

5. 활동을 회상해 본다.
   - 자연에서 어떤 색깔을 찾아보았니?
   - 자연에서 찾은 색깔은 너희에게 어떤 마음을 전해 주었니?
   - 자연물 색물은 어떻게 만들 수 있었니?
   - 자연물에 색이 없다면 어떻게 될까?

✿ 참고사항

1. 자연물 색깔과 색즙을 탐색하고 표현하면서 유아가 궁금해하는 점들을 관찰 및 실험을 통해 알아보도록 한다.
2. 나뭇잎을 채집해서 종류에 따라 즙의 양을 예측해 보고 직접 실험해서 알아본다.

잎사귀 즙의 양 비교 실험

① 여러 종류의 잎사귀 채집하기

② 잎사귀의 즙의 양을 예측해 보고, 양이 가장 많을 것이라고 생각하는 잎사귀부터 순서에 따라 놓아 보기

③ 잎사귀 종류별로 강판에 갈아서 즙의 양을 비교해 보기

④ 즙의 양이 많은 잎사귀부터 순서 지어 놓아 보기

⑤ 잎사귀를 다시 살펴보면서 특징 알아보기

〈어떤 잎사귀에서 즙이 가장 많이 나왔을까요?〉

3. 알로에 즙을 이용해서 마사지 놀이를 전개해 볼 수 있다.

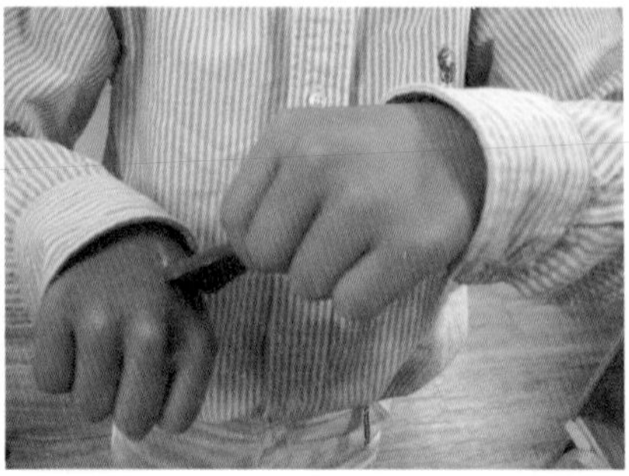

〈알로에 즙을 내 손등에 바르고~〉

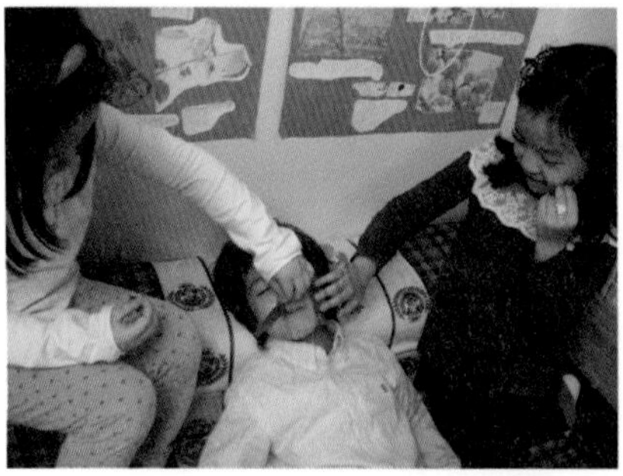

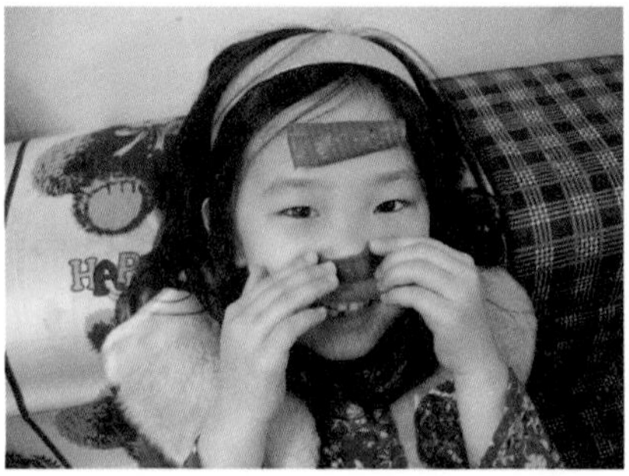

〈얼굴에도 바르면, 정말 피부가 좋아질까요?〉

활동 5

새싹 샌드위치

✿ 활동 목표

- 씨앗의 싹 트는 과정에 관심을 갖고, 여러 종류의 씨앗을 싹 틔워 본다.
- 새싹의 맛을 비교해 보고 새싹으로 다양한 맛의 샌드위치를 만들어 본다.

✿ 누리과정 관련 요소

- 자연탐구: 자연과 더불어 살기-주변의 동식물에 관심을 가진다.
- 신체운동 · 건강: 건강하게 생활하기-몸에 좋은 음식에 관심을 가지고 바른 태도로 즐겁게 먹는다.

✿ 활동 자료

유아가 직접 키운 여러 종류의 새싹(무순과 브로콜리 새싹 등), 햄버거 빵, 햄, 피클, 케첩, 허니머스터드, 그릇류, 기록 카드 등

✿ 활동 방법

1. 유아와 함께 직접 싹을 틔우며 씨앗의 싹이 트는 과정을 관찰해 본다.
   - (씨앗을 관찰하며) 씨앗은 어떻게 싹이 나는 것일까?
   - 씨앗에서 싹이 나게 하려면 어떻게 해야 하니?
   - 싹이 나오려면 얼마나 기다려야 할까?
   - 매일의 날짜를 적고 싹 트는 과정을 기록해 보자.
   - 씨앗의 싹을 잘 틔우려면 어떻게 해야 할까? (싹을 잘 틔우기 위해서 물 주는 것을 거르지 않고 적당히 주기/ 자주 찾아가서 관심 가져 주고 '사랑의 말 전하기' 등)

〈씨앗이 잘 자라려면 눈으로만 봐야 해요. 분무기로는 5번씩만 물을 주기로 해요.〉

2. 새싹에 대한 다양한 상상 이야기를 나눠 보고, 새싹을 이용한 요리 종류에 대해 이야기해 본다.
 - 싹이 터서 새싹이 자란 모습을 보니까, 어떤 생각이 드니?
 - 새싹은 씨 속에서 어떤 생각을 하고 있었을까?
 - 씨는 언제 껍질을 벗고 밖으로 삐죽 나왔을까?
 - 씨는 어떤 모습으로 달라졌니?
 - 세상 밖으로 나온 씨앗은 어떤 생각을 하였을까?
 - 사람들은 새싹으로 무엇을 하니?
 - 새싹으로 어떤 요리를 하니?
 - 사람들은 왜 어린 새싹으로 요리를 할까? 새싹이 우리 몸에 좋은 점은 무엇일까?
 - 너희는 새싹으로 무슨 요리를 하고 싶니?
 - 새싹은 우리에게 어떤 맛을 전해 줄까? (새싹 맛을 직접 본다.)

〈싹이 터서 새순이 돋아났어요.〉

3. '새싹 샌드위치 만들기' 요리 과정에 대해 이야기해 보고, 직접 요리해 본다.
- 새싹 샌드위치를 만들려고 한단다. 어떻게 해야 할까?
- 샌드위치는 다른 요리와 어떤 점이 다를까?
- 새싹을 넣은 샌드위치는 어떤 맛일까?
- 샌드위치에 들어 있는 각 새싹마다 어떤 맛을 느끼게 해 줄까?
- 새싹과 음식 재료들은 샌드위치로 만들어지면서 어떤 모습으로 달라질까?
- 준비된 재료를 이용하여 새싹 샌드위치를 맛있게 만들어서 맛보자.

새싹 샌드위치 만드는 방법

① 요리 재료를 관찰해 보고, 각 재료의 쓰임에 대해 이야기해 본다.
② 소시지에 칼집을 넣은 후, 거름망을 이용해 끓는 물에 조심조심 넣어 삶는다.
③ 소시지가 익을 동안, 유아는 자신이 원하는 갖가지 새싹을 빵 속에 넣는다.
④ 피클을 잘게 썬 후, 새싹과 함께 빵 속에 넣는다.
⑤ 잘 익은 소시지를 빵 속에 넣고 케첩과 허니머스터드를 뿌리면 새싹 샌드위치 완성!

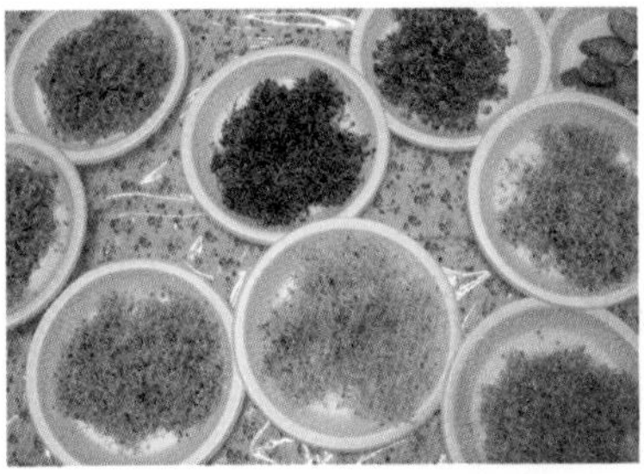

〈새싹 모양도 다르고, 색깔도 다 달라요.〉

〈끓는 물 속에서 소시지가 변했어요.〉

〈나는 색깔별로 새싹을 다 넣어 줘야지!〉

〈비타민이 듬뿍 담긴 새싹 샌드위치, 너무너무 맛있어요! 최고예요!〉

4. 새싹 샌드위치의 맛을 보며 활동을 떠올려 본다.
   - 새싹 샌드위치를 만들어 본 느낌이 어떠니?
   - 가장 재미있었던 점은 무엇이니?
   - 새싹이 빵 속에 들어가서 어떤 맛을 냈니?
   - 재료가 달라진 것은 무엇일까?
   - 맛은 어떻게 달라졌니?
   - 새싹으로 또 하고 싶은 요리는 무엇이니?

✿ 참고사항

1. '새싹의 맛과 샌드위치에 들어 있는 새싹의 맛 비교하기 활동' '넣는 소스에 따라 새싹의 맛이 어떻게 달라지는지 비교해 보는 활동'을 전개해 볼 수도 있다.
2. 봄의 새싹인 냉이, 달래, 쑥 등을 직접 캐서 그 효능에 대해 알아본 후, 요리 활동으로 전개해 볼 수 있다.

3 나와 가족

접근법	활동명
유아의 일상적 질문에 기초한 탐구활동	색깔로 비만을 줄일 수 있을까요?
자연친화적 접근을 통한 과학교육 - 동식물 기르기, 텃밭 가꾸기, 주제에 관한 자연물 탐구	누에 친구가 놀러 왔어요
문학 및 과학이야기를 통한 과학교육	알 속에 생명이 있어요 (『생명이 숨쉬는 알』 이야기)
예술 활동을 통한 과학교육	거울로 본 아름다운 무늬들
요리 활동을 통한 과학교육	건강 토마토 주스

활동

1 색깔로 비만을 줄일 수 있을까요?

✿ 활동 목표

- 색감과 입맛의 관계를 경험한다.
- 몸을 건강하게 하는 방법 및 습관을 안다.

✿ 누리과정 관련 요소

- 자연탐구: 탐구과정 즐기기-궁금한 것을 탐구하는 과정에 즐겁게 참여한다.
- 신체운동 · 건강: 건강하게 생활하기-몸에 좋은 음식에 관심을 가지고 바른 태도로 즐겁게 먹는다.

✿ 활동 자료

안경틀, 파란색 셀로판지, 음식 사진(음식의 색을 파랗게 포토샵한 사진)

✿ 활동 방법

1. 건강을 유지하기 위한 방법에 대해서 이야기 나눈다.
   - 건강하려면 어떻게 하는 것이 좋을까?

     예 운동을 해요. 밥을 적당하게 먹어요. 자주 씻어요. 편식하지 않아요.

2. 비만이 되는 이유와 비만을 예방하는 방법에 대해서 이야기 나눈다.
   - 왜 비만이 되는 것일까?
   - 음식은 우리 몸에 힘을 주지만, 먹기만 하고 일을 하지 않거나 운동을 안 하면 어떻게 될까?
   - 비만이 되지 않으려면 어떻게 해야 할까?

     예 많이 걸어요. 기름진 음식을 많이 먹지 않아요. 아이스크림이나 초콜

릿처럼 단 음식을 조금만 먹어요. 운동을 자주 해요.

3. 푸른빛 음식 사진을 보면서 이야기 나눈다.
   - 비만을 막기 위해서 너희들이 이야기한 것 모두 아주 좋은 생각이야. 그런데 또 이런 방법도 있다고 해.
   - 이 사진을 보자. 어떤 사진인 것 같니?

   - 왜 이상하다고 생각하니?
     예 음식은 파란색이 많이 없는데 이건 파란색이라 이상해요. 맛없어 보여요. 못 먹는 음식 같아요.
   - 우리가 먹는 음식은 대부분 무슨 색이 많을까?
     예 빨간색, 노란색, 초록색, 흰색, 보라색 등등
   - 왜 이런 파란색 음식 사진을 만든 걸까?

4. 색과 식욕에 대한 것을 알아본다.
   - 파란색은 음식을 먹고 싶은 생각을 없어지게 하는 색이래. 그러니까 식욕을 자극하는 색이 있고 식욕을 없애는 색도 있는 거란다.
   - 어떤 색이 식욕을 자극할까?
   - 파란색이 식욕을 막는다면 살이 찐 사람들을 위한 좋은 아이디어가 없을까?
     예 음식에 파란색을 섞어요. 그릇을 파란색으로 바꿔요. 음식을 파랗게 볼 수 있는 안경을 만들어요.

실제편

5. 파란색 안경을 만들어서 실험해 본다.
   - 파란색 셀로판지로 세상을 보니 어떻게 보이니?
   - 여기 알이 없는 안경이 있어. 파란색 셀로판지를 붙여 볼까?
   - 파란색 안경을 쓰면 음식이 어떻게 보일까?

   - 우리가 안경 없이 볼 때와 파란색 안경을 쓰고 봤을 때 어떤 차이가 있니?
   - 음식이 어떤 색깔로 보이니?

6. 파란색 안경을 선물하고 싶은 사람을 정해 본다.
   - 이 안경이 있다면 살을 빼는 데 많은 도움이 될 수 있을까?
   - 이 안경을 누구에게 선물해 주고 싶니?
   - 왜 그렇게 생각했니?

✿ 참고사항

1. 색깔 안경을 직접 만들어서 사물이나 자연물 등을 관찰해 본다.

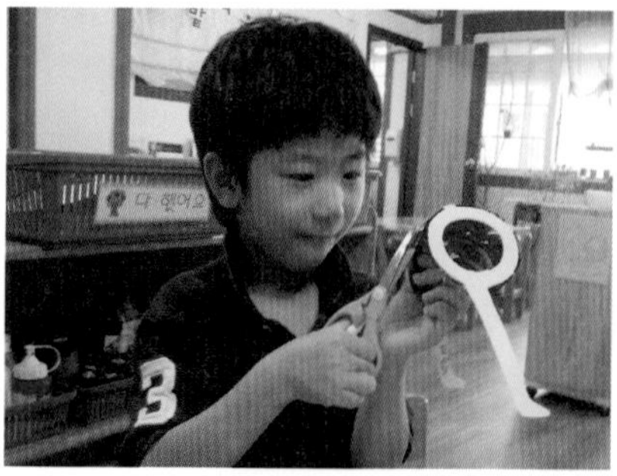

〈색깔 안경을 직접 만들어 쓰고 주변을 탐색하는 아이들의 모습〉

2. 색깔 안경 대신에 색깔 물통을 만들어서 주변 환경색 탐색놀이를 전개해 볼 수 있다.

〈색깔 물통을 만들어서 사물을 탐색하는 아이들의 모습〉

활동 2 누에 친구가 놀러 왔어요

✿ 활동 목표

- 누에의 생김새와 생태적 특성에 대해 알아본다.
- 누에를 돌보는 과정에서 나타나는 여러 문제를 인식해 보고, 적절하게 해결해 본다.

✿ 누리과정 관련 요소

- 자연탐구: 자연과 더불어 살기-주변의 동식물에 관심을 가진다.
- 자연탐구: 탐구과정 즐기기-궁금한 것을 탐구하는 과정에 즐겁게 참여한다.
- 의사소통: 읽기와 쓰기에 관심 가지기-자신의 생각을 글자와 비슷한 형태로 표현한다.

✿ 활동 자료

누에와 고치(실물과 사진), 관찰을 위한 투명한 통과 판, 누에집을 꾸밀 수 있는 여러 재료, 고치에서 실을 빼기 위한 여러 도구

✿ 활동 방법

1. 유아에게 누에를 소개하며, 교실에서 누에와 함께 살아갈 방법을 이야기한다.
   - 애벌레 한 마리가 우리 반에 놀러 왔단다. 누구의 애벌레일까?
   - 애벌레의 이름은 '누에'라고 한단다. 누에는 어떤 모습으로 자라갈까?
   - 누에가 우리 반에 오니 어떤 마음이 드니?
   - 누에에 대해서 궁금한 점은 무엇이니?
   - 누에와 함께 생활하기 위해서 우리가 해야 할 일은 무엇일까?

2. 누에의 생김새와 그 특성을 여러 가지 방법으로 탐색해 본다.
   - 누에를 관찰해 보자. 어떤 모습을 살펴볼 수 있을까?
   - 누에의 또 다른 모습을 보고 싶다면 어떻게 해야 할까?
   - 눈으로 보는 누에의 모습에 대해 이야기해 보겠니?
   - 손으로 느껴지는 누에 몸의 촉감은 어떠니?
   - 누에를 투명판 위에 올려놓고 밑에서 관찰했을 때, 너희가 새롭게 발견한 것은 무엇이니?
   - 누에의 어떤 모습을 더 보고 싶니? 여러 가지 방법으로 누에를 탐색해 보자.

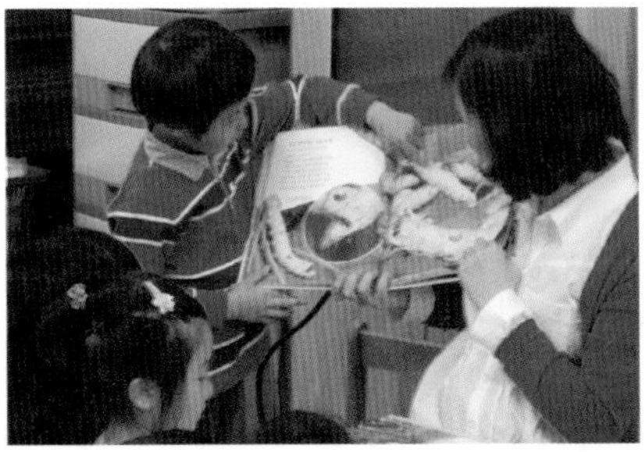

〈과학책을 통해 누에에 대해 조사하여 알아보기〉

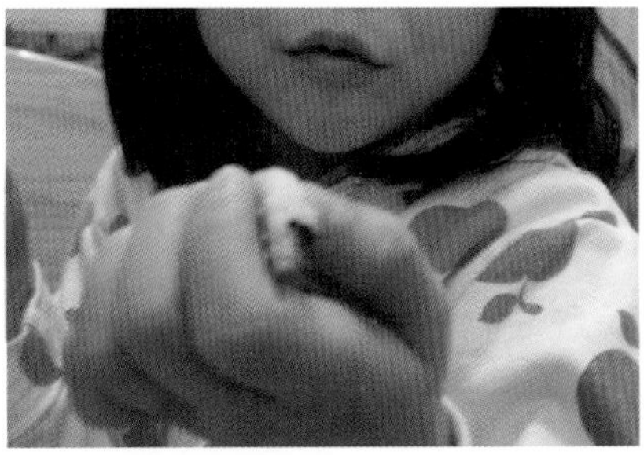

〈누에의 생김새와 움직임, 촉감 탐색해 보기〉

〈투명판 밑에서 누에의 발 움직임 관찰해 보기〉

3. 누에를 관찰하면서 나타나는 여러 현상과 문제들에 대해 이야기해 보고, 함께 문제를 해결해 본다.
   - 누에를 관찰해 본 느낌이 어땠니?
   - 누에를 관찰하면서 너희는 어떤 점을 알게 되었니?
   - 너희가 알게 된 것을 다른 사람에게 알릴 수 있는 방법은 무엇일까?

   (누에에 관해 유아들이 알게 된 내용을 중심으로 '누에 책 만들기' 활동을 해 본다.)

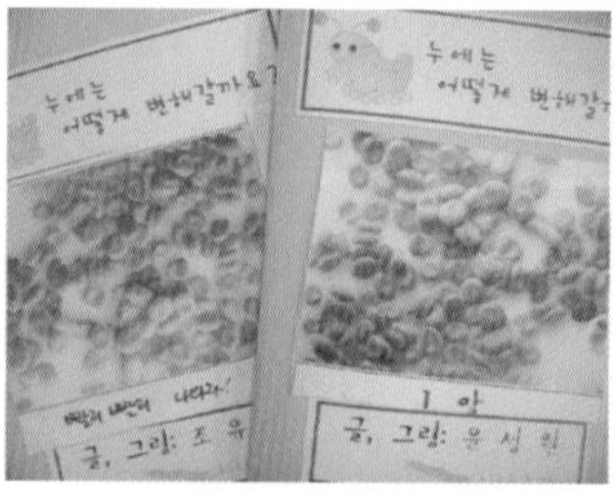
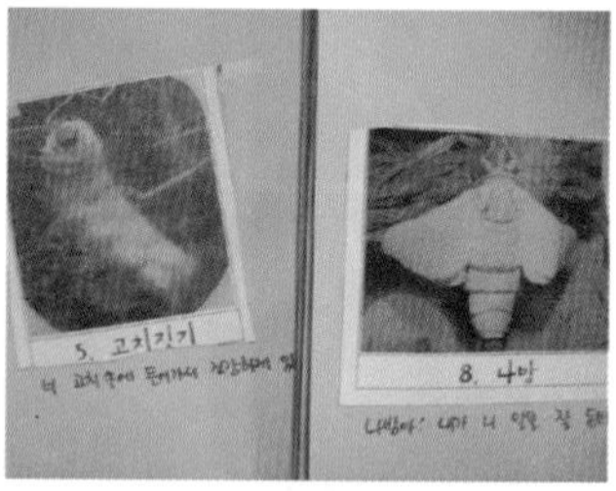

〈누에에 대한 책을 만들어요.〉

   - 누에를 관찰하면서 죽은 누에를 발견했을 때, 마음이 어땠니?
   - 죽은 누에는 어떻게 해야 할까?

     예 '죽은 누에에 대한 나의 느낌 표현하기' '누에 무덤 만들어 주기' '편지 쓰기' 등의 활동을 해 본다.
   - 누에가 죽지 않고 보다 편안하게 살 수 있는 집은 어떤 집일까?
   - 누에의 집은 어떻게 만들어 볼까?

   (누에의 생태적 특성을 고려해서 준비된 재료로 누에의 집을 만들어 본다.)

〈누에 무덤을 만들어 줘요.〉

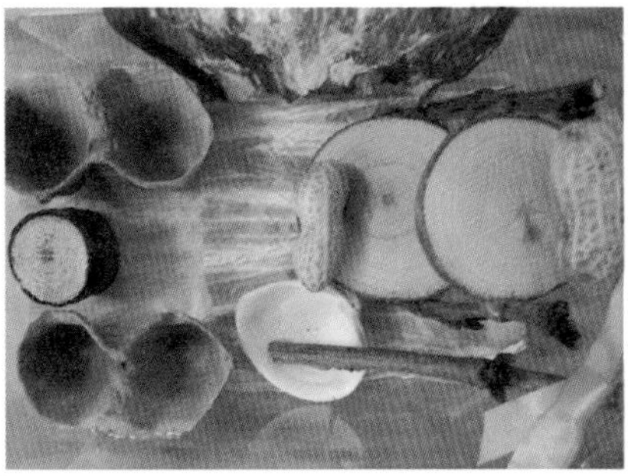

〈누에집을 꾸며요.〉

✿ 참고사항

1. 누에고치를 관찰해 본 후, 고치에서 실을 뺄 수 있는 방법을 예측해 보고 직접 실 빼기 놀이를 해 볼 수 있다.
2. '뽕잎과 가루 관찰하기' '뽕잎가루의 활용에 대해 알아보기' '고치 속의 번데기 탐색하기' '뽕잎 쿠키 만들기' '누에의 움직임 표현하기' '비단실 염색해 보기' 등의 활동을 통합하여 전개해 볼 수 있다.

활동

3 알 속에 생명이 있어요
(『생명이 숨쉬는 알』 이야기)

✿ 활동 목표

- 알 속의 생명체에 관심을 갖고 알을 부화시켜 본다.
- 알 부화 과정을 통해 생명체의 소중함을 느껴 본다.

✿ 누리과정 관련 요소

- 자연탐구: 자연과 더불어 살기-주변의 동식물에 관심을 가진다.
- 자연탐구: 탐구과정 즐기기-주변 세계와 자연에 대해 지속적으로 호기심을 가진다.

✿ 활동 자료

그림책『생명이 숨쉬는 알』(다이애나 애스턴 글, 실비아 롱 그림, 최재천 옮김, 웅진주니어), 달걀 부화기, 유정란, 병아리 먹이(노른자, 조, 지렁이, 애벌레 등), 여러 종류의 알(실물 또는 그림 자료)

✿ 활동 방법

1. 그림책 제목을 보고『생명이 숨쉬는 알』에 대한 생각을 나누어 본다.
   - 어떤 이야기가 있는 그림책일까?
   - 그림책 제목이 뭐라고 쓰여 있니?

- 『생명이 숨쉬는 알』이란 무엇을 이야기하는 것일까?
- 알 속에 생명이 있다는 말이니?
- 알 껍질은 막혀 있고 딱딱한데, 어떻게 알 껍질 속에서 숨을 쉴까?
- 알 속에 생명체가 살아 있다는 것을 어떻게 알 수 있을까?
- 알 속에 있는 생명체는 알 속에서 어떤 모습을 하고 있을까?

2. 그림책을 감상한 후, 알의 여러 특성에 대해 이야기해 본다.
   - 그림책은 알에 대해 어떤 이야기를 전해 주고 있니?
   - 알마다 어떤 특성을 갖고 있니?
   - 같은 점과 다른 점은 무엇일까?
   - 알 껍질이나 모양, 크기가 다르듯이 그 안에 있는 생명체도 다 다를까?
   - 알의 멋진 점은 무엇일까?
   - 알 껍질을 깨고 밖으로 나온 생명체들은 어떤 마음일까?

3. 준비된 자료를 이용하여 알을 관찰해 본다.
   - (여러 종류의 알을 제시하며) 무슨 알일까?
   - 실제로 알을 보니까 어떤 생각이 드니?
   - 알 속에 있는 생명체와 이야기를 나누어 볼까?
   - 손의 촉감으로 알 속의 생명체를 느껴 보자.
   - 알 껍질 속의 생명체가 밖으로 나오고 싶어 한단다. 어떻게 해야 할까?

4. '알 부화 실험' 놀이를 해 본다.
   - 알을 부화시키려면 어떻게 해야 할까?
   - 어떤 도구가 필요할까?
   - 알이 부화되려면 시간이 얼마나 걸릴까?
   - 너희가 이야기한 방법대로 알 부화 실험 놀이를 해 보자.

알 부화 놀이(1)

① 알 부화 조건에 대해 알아보기
② 알을 부화시키려 했던 에디슨의 이야기 듣기
③ 몸의 온도로 직접 알 부화시켜 보기
④ 결과 살펴보기

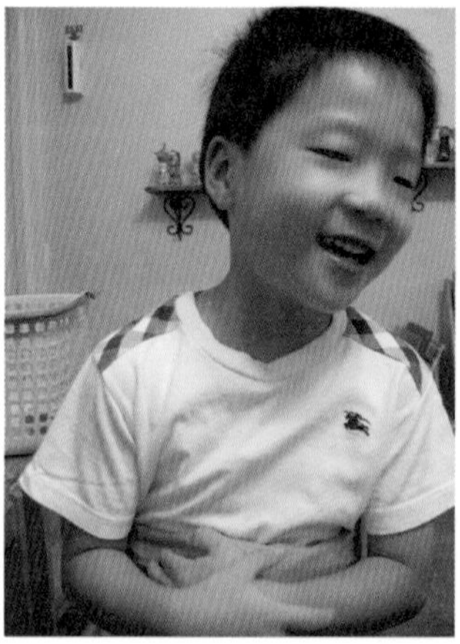

〈내 따뜻한 몸으로 알을 정말 부화시킬 수 있을까?〉

알 부화 놀이(2)

① 부화기와 인큐베이터의 특성 탐색해 보기
② 알이 부화되는 기간 동안 지속적으로 관찰·기록하면서 부화기 속의 알의 변화 살펴보기
③ 알 부화 과정에 대한 이야기와 실제 알 부화 과정 비교해 보기
④ 부화된 병아리를 인큐베이터에 넣고 먹이를 주면서 털의 변화 관찰하기

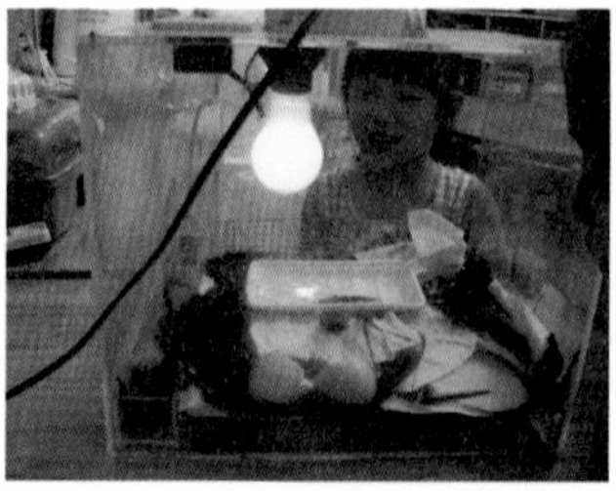

〈부화기에서 깨어난 알을 관찰하는 아이들〉

〈인큐베이터에 있는 병아리에게 먹이를 주는 아이들〉

5. 활동을 떠올려 본다.
   - 알 부화 놀이를 해 본 느낌이 어떠니?
   - 가장 신기하거나 재미있었던 점은 무엇이니?
   - 알이 부화기에서 깨어났을 때 어떤 느낌이었니?
   - 알에서 깨어난 병아리는 왜 인큐베이터에 있어야 하니?
   - 인큐베이터는 어떻게 되어 있니?
   - 인큐베이터에 있는 병아리를 잘 돌보려면 어떻게 해야 할까?

✿ 참고사항

1. 유정란과 무정란에 대해 이야기해 본 후, 직접 부화기로 알을 부화시키면서 그 차이를 비교해 볼 수 있다.
2. 알 껍질을 이용하여 인형 만들기, 달팽이 집 꾸미기, 벌집 만들기, 꽃 꾸미기, 알을 품고 있는 닭 표현하기 등의 활동을 전개해 볼 수 있다.

〈유아들이 표현한 어미 닭과 알〉

활동

4 거울로 본 아름다운 무늬들

✿ 활동 목표

- 사물을 비추는 도구의 특성에 대해 알아본다.
- 거울과 만화경에 비치는 무늬의 아름다움을 느껴 본다.
- 도구의 특성을 고려하여 창의적으로 무늬를 구성해 본다.

✿ 누리과정 관련 요소

- 자연탐구: 생활 속에서 탐구하기-도구와 기계에 대해 관심을 가진다.
- 예술경험: 아름다움 찾아보기-예술적 요소에 관심을 갖고 찾아본다.

✿ 활동 자료

거울 2~3개, 테이프, 무늬를 꾸밀 여러 가지 자연물 및 사물, 만화경

✿ 활동 방법

1. 거울과 만화경을 탐색하면서 그 특성에 대해 이야기해 본다.
   - 무슨 도구들이 있니?
   - 거울은 무엇에 사용되는 물건일까?
   - 만화경은 우리에게 무엇을 알게 해 주니?
   - 자유롭게 거울과 만화경을 살펴보면서 그 특성을 탐색해 보자.
   - 거울과 만화경 속에서 무엇을 찾고 느낄 수 있었니?

2. 거울과 만화경에 여러 사물을 비춰 보면서 무늬의 아름다움을 느껴 본다.
   - 거울이나 만화경에 사물을 비춰 보자. 사물이 어떻게 보이니?
   - 사물을 거울에도 비춰 보고 만화경에도 비춰 보는데, 왜 다른 모습이 나타

날까?

- 만약 거울을 서로 맞붙여서 사물을 비춰 본다면 사물이 어떻게 보일까?
- 만화경과 거울은 어떤 점이 다른 것 같니?
- 거울 세 개를 서로 붙여서 만화경을 만들어 사물을 비춰 보자. 어떻게 되었니?
- 거울로 보면 사물의 무늬가 어떻게 보이니?
- 만화경으로 보면 사물의 무늬가 어떻게 보이니?
- 사물 무늬가 달라질 때 느낌이 어떠니?

〈만화경으로 그림을 보면 3개의 거울이 빛을 반사시켜서 아름다운 무늬가 만들어져요.〉

3. 거울과 만화경으로 무늬를 아름답게 구성해 본다.
   - 거울과 만화경으로 여러 형태의 무늬를 탐색하면서 아름다움을 느껴 보자.
   - 어떤 무늬를 찾아보았니?
   - 그 무늬 속에는 어떤 멋이 들어 있는 것 같니?
   - 어떤 무늬가 거울에 비춰지면서 그 무늬가 만들어졌니?
   - 만약 이 무늬에 다른 무늬를 비춰 본다면 어떤 무늬가 만들어질까?
   - 거울과 만화경으로 사물을 비춰서 꼭 만들고 싶은 무늬는 무엇이니?

4. 활동을 떠올려 본다.
   - 거울 속에서 어떤 무늬를 보았니?
   - 몇 개의 거울로 무늬를 보았니?
   - 거울의 수가 달라졌을 때 무늬는 어떻게 되었니?

실제편

- 보거나 만들어 본 무늬 중에 가장 멋지게 느껴졌던 무늬는 무엇이니?
- 무늬를 새롭게 만들 수 있는 또 다른 방법은 무엇일까?

〈거울과 만화경으로 사물의 무늬를 관찰하는 아이들의 모습〉

✿ 참고사항

망원경을 통해서 햇빛을 관찰하면서 하늘 높이 떠오른 무지개 감상하기 활동을 전개해 볼 수 있다.

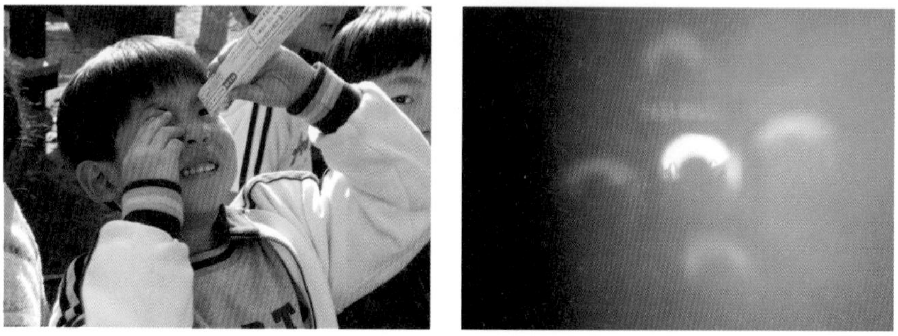

〈우와! 정말 무지개가 보인다~〉

활동 5

건강 토마토 주스

✿ 활동 목표

- 다양한 야채의 종류에 관심을 가지고 토마토를 여러 가지 방법으로 탐색해 본다.
- 토마토가 주스로 만들어지는 과정을 이해하고 주스의 맛을 비교해 본다.

✿ 누리과정 관련 요소

- 자연탐구: 생활 속에서 탐구하기-물체의 특성과 변화를 여러 가지 방법으로 탐색한다.
- 자연탐구: 생활 속에서 탐구하기-도구와 기계에 대해 관심을 가진다.
- 신체운동 · 건강: 건강하게 생활하기-몸에 좋은 음식에 관심을 가지고 바른 태도로 즐겁게 먹는다.

✿ 활동 자료

토마토 요리 관련 그림 자료, 토마토, 믹서기, 유아용 컵과 집게, 빵칼, 꿀이나 설탕 등

✿ 활동 방법

1. 텃밭에서 토마토를 수확하고 그 특성을 관찰해 본다.
   - 텃밭에 있는 여러 열매 중에서 토마토를 찾아보겠니?
   - 토마토는 어떤 모습으로 자라고 있니?
   - 토마토는 언제 수확하는 것일까?
   - 토마토가 다 익은 것을 색으로 알 수 있니?
   - 다 익지 않은 토마토의 맛은 어떨까?
   - 토마토는 어떻게 수확하는 것일까?

- 자유롭게 토마토를 수확하면서 토마토를 관찰해 보자.
- 토마토는 어떤 특성을 갖고 있을까?
- 토마토가 전해 주는 촉감을 느껴 보자. 느낌이 어떠니?
- 토마토의 크기를 한 줌으로 느껴 보겠니?
- 토마토의 또 어떤 점을 찾아볼 수 있을까?

  (손으로 촉감 느끼기, 눈으로 모양과 크기, 색 살펴보기, 코로 향 느껴 보기, 한입 물어서 맛 느껴 보기, 반으로 잘라서 토마토 속 관찰하기 등을 통해 토마토의 특성을 구체적으로 탐색해 본다.)

2. 토마토를 이용한 요리에 대해 이야기해 본다.
   - 토마토로 어떤 요리를 해 볼 수 있을까?
   - 토마토로 요리된 음식을 생각해 보자.

   (그림 자료를 살펴보며 토마토 요리의 종류와 방법에 대해 이야기해 본다.)

3. 토마토 주스 만드는 방법에 대해 이야기한 후, 직접 만들어 본다.
   - 토마토로 시원한 주스를 만들려고 한단다. 무엇이 필요할까?
   - 믹서기는 무엇에 사용되는 도구일까?
   - 믹서기가 없었을 때에는 무엇으로 음식 재료를 갈았을까?
   - 믹서기와 강판을 이용해서 토마토를 갈아서 주스를 만들어 보려고 한단다. 믹서기와 강판 중에 어떤 도구를 사용하고 싶니?
   - 토마토를 믹서기에 넣을 때는 어떻게 해야 할까?
   - 토마토를 강판에 갈 때는 어떻게 해야 할까?
   - 토마토를 잘게 갈아서 맛있는 주스를 만들어 보자.

   (유아와 함께 토마토 주스를 만들면서 토마토의 색깔, 모양, 크기, 촉감 등의 특성과 그 변화를 주의 깊게 살펴보도록 한다.)

〈믹서기에서 돌아가면서 토마토가 조금씩 갈아지고 있어요.〉

4. 토마토 주스의 맛을 느껴 본다.
   - 너희가 만든 토마토 주스란다. 토마토가 주스로 되면서 어떻게 달라졌니?
   - 맛은 어떨까? 토마토는 어떤 맛을 내니?
   - 믹서기나 강판에 갈아 만든 토마토 주스도 같은 맛일까?
   - 직접 주스 맛을 느끼고 그 맛에 대해 이야기해 보자.
   - 토마토 주스의 맛을 달콤하게 만들려면 무엇을 주스 속에 넣으면 될까?
   - 만약 설탕 대신 소금을 넣는다면 토마토 맛은 어떻게 될까?
     (설탕을 넣은 주스와 소금을 넣은 주스 맛의 차이를 비교해 본다.)

✿ 참고사항

주스 속에 넣는 양념의 종류에 따른 토마토 주스 맛 비교하기, 토마토 즙으로 염색하기 등의 활동을 전개해 볼 수 있다.

4 동식물과 자연

접근법	활동명
유아의 일상적 질문에 기초한 탐구활동	텃밭에서 발견한 개구리는 무슨 개구리일까요?
자연친화적 접근을 통한 과학교육 - 동식물 기르기, 텃밭 가꾸기, 주제에 관한 자연물 탐구	땅속 뿌리세상
문학 및 과학이야기를 통한 과학교육	제인 구달의 동물사랑 ('제인 구달' 이야기)
예술 활동을 통한 과학교육	햇빛으로 그림을 그려요
요리 활동을 통한 과학교육	새콤달콤 매실차

활동 1

텃밭에서 발견한 개구리는 무슨 개구리일까요?

✿ 활동 목표

- 새로운 생명체를 발견한 즐거움을 느껴 본다.
- 텃밭에서 발견한 무당개구리를 탐색한 후, 다양한 자료를 활용하여 조사해 본다.

✿ 누리과정 관련 요소

- 자연탐구: 자연과 더불어 살기-주변의 동식물에 관심을 가진다.
- 자연탐구: 탐구과정 즐기기-궁금한 것을 탐구하는 과정에 즐겁게 참여한다.
- 의사소통: 읽기와 쓰기에 관심 가지기-주변의 상징, 글자 등의 읽기에 관심을 가진다.

✿ 활동 자료

돋보기, 무당개구리에 관한 과학책, 물통, 과학책, 컴퓨터 등

✿ 활동 방법

1. 텃밭에서 발견한 무당개구리 사진을 보며 다양한 생각을 나누어 본다.
   - 무슨 사진일까?
   - 텃밭에서 발견한 것은 무엇이었니?
   - 텃밭에서 무당개구리를 발견했을 때 어떤 마음이었니?
   - 너희들을 만난 무당개구리는 어떤 마음이었을까?
   - 무당개구리는 어떻게 텃밭에 살고 있는 것일까?
   - 어디에서 온 것일까?
   - 텃밭은 개구리가 살기에 좋은 것 같니?
   - 텃밭은 개구리가 살기에 어떤 점이 좋은 것 같니?

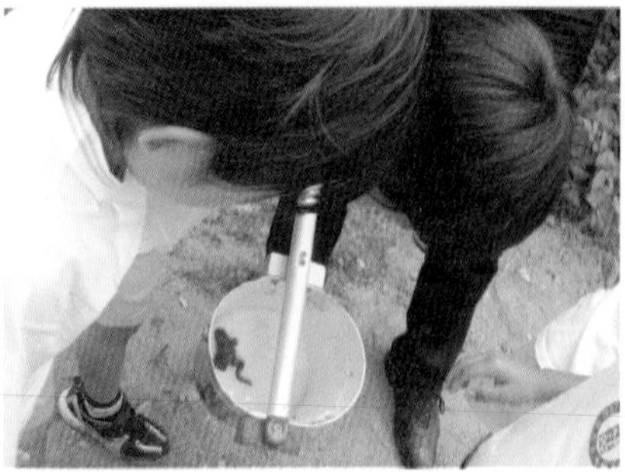

〈텃밭에서 발견한 무당개구리!〉

2. 무당개구리의 특성을 조사해 본다.

- 텃밭에서 발견한 개구리를 우리는 무슨 개구리라고 불렀니?
- 왜 무당개구리라고 불렀니?
- 개구리가 정말 무당개구리일까?
- 우리가 발견한 개구리의 이름을 어떻게 알아볼 수 있을까?
- 개구리에 대해서 더 알고 싶은 것은 무엇이니?

  (아이들이 궁금해하는 질문을 중심으로 과학책, 인터넷 정보검색 등을 통해 조사하여 알아본다.)
- 책이나 인터넷 자료에서는 텃밭에서 발견한 개구리를 무슨 개구리라고 하니?
- 개구리에 대해서 더 알게 된 점은 무엇이니?
- 너희가 조사한 텃밭 개구리 이야기를 소개해 보자.

활동 중에 텃밭에서 발견한 무당개구리는 울퉁불퉁한 피부에 선명한 초록색을 띠고 있었다. 무당개구리를 뒤집어서 배 부분을 보니 진한 주황색을 띠고 있었는데, 평소에는 보기 드문 개구리였다. 알고 보니 아이들이 발견한 무당개구리는 바로 천연기념물이었다.

<텃밭의 무당개구리는 어떤 특징을 갖고 있을까요?>

3. 함께 조사한 무당개구리 이야기를 소개해 본다.
   - 텃밭에서 발견한 개구리는 무슨 개구리였니?
   - 개구리는 천연기념물이라고 하는데, 천연기념물이 무엇을 의미하는 것일까?
   - 개구리에 대해 조사한 내용을 소개해 보자.
   - 텃밭에서 발견한 개구리를 무엇으로 조사해 보았니?
   - 우리에게 정보와 지식을 전해 주는 것은 또 무엇이 있을까?
   - 인터넷이나 책이 없었을 때는 어떻게 알 수 있었을까?

활동

2 땅속 뿌리세상

✿ 활동 목표

- 식물 뿌리의 성장과 형태를 알고 그 차이를 변별해 본다.
- 땅속 뿌리의 형태를 구성하면서 자연에 대한 신비감을 느껴 본다.

✿ 누리과정 관련 요소

- 자연탐구: 자연과 더불어 살기-주변의 동식물에 관심을 가진다.
- 예술경험: 창의적으로 표현하기-다양한 미술 재료와 도구로 자신의 생각과 느낌을 표현한다.

✿ 활동 자료

여러 종류의 뿌리식물, 관찰 및 채집도구류(식물을 심을 나무상자, 흙, 채집 시 사용할 붓, 장갑, 흙을 씻어 낼 물과 물통 등), 현미경, 땅속 뿌리세상을 꾸밀 재료들(큰 상자, 여러 종류의 끈, 투명테이프, 가위, 블랙라이트 등)

✿ 활동 방법

1. 땅속에서 자라고 있을 뿌리를 상상해 본다.
   - 땅속 세상은 어떤 세상일까?
   - 땅속에는 무엇이 살고 있을까?
   - 땅속에서 자라고 있을 뿌리를 상상해 보자. 뿌리의 어떤 모습이 상상되니?
   - 뿌리는 모두 같은 모습일까? 뿌리는 어떤 모습으로 자랄까?
   - 뿌리가 땅속에 어떤 모습으로 있을지 어떻게 표현해 볼까?
   - 상상하는 식물 뿌리를 그림으로 표현해 보자.

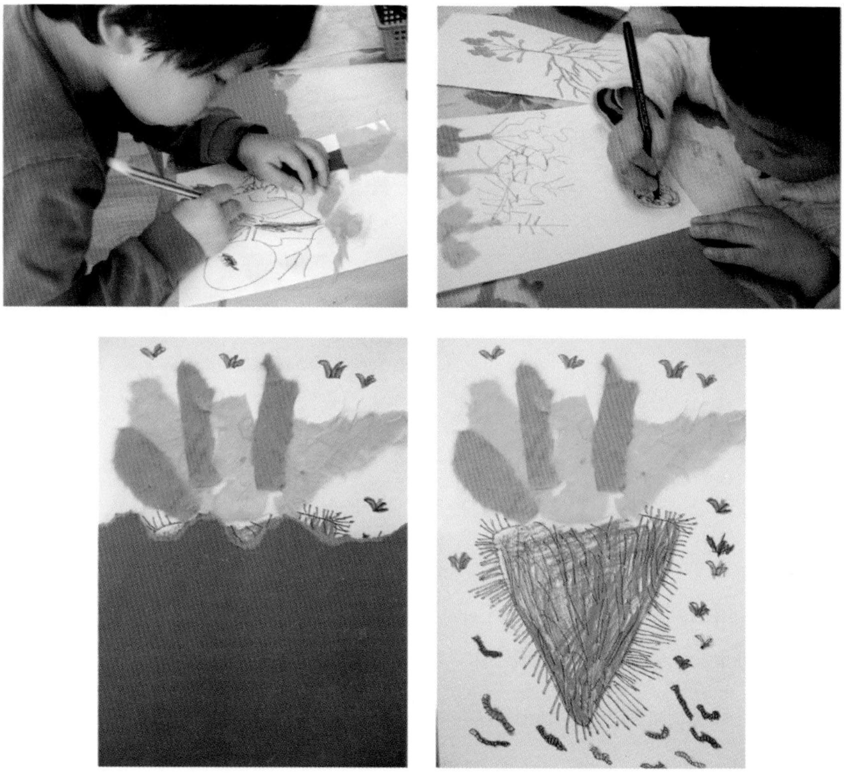

〈땅속 뿌리세상을 상상하고 그림으로 표현하는 아이들의 모습〉

2. 땅속 뿌리를 채집하는 방법에 대해 이야기해 본다.
   - 땅속에 있는 뿌리는 어떻게 채집해야 할까?
   - 뿌리를 채집하기 위해서는 어떤 것들이 필요할까?
   - 뿌리가 잘리지 않도록 조심스럽게 뿌리를 채집해 보자.

뿌리 채집 방법

① 상자 속에 있는 식물 중 어떤 식물의 뿌리를 채집해 볼지 결정한 후, 그 식물의 뿌리 모습을 예상해 보고 붓을 이용해 흙을 살살 파헤쳐 본다.

② 식물을 채집한 후, 준비된 물에 뿌리를 넣고 흔들어 흙을 헹궈 낸다.

③ 채집한 뿌리의 모습을 살펴보고, 끝부분을 조금 잘라 현미경 위에 올려놓고 뿌리를 관찰해 본다.

3. 채집한 뿌리를 여러 가지 방법으로 탐색해 본다.
   - 뿌리를 채집한 느낌이 어떠니?
   - 식물마다 뿌리 모양이 어떠니?
   - 뿌리를 채집하면서 신기하게 느껴졌던 점은 무엇이니?
   - 뿌리를 더 자세히 관찰하려면 어떻게 해야 할까?

   (현미경, 돋보기 등을 이용해서 뿌리 특성에 대해 알아본다.)
   - 뿌리까지 채집한 식물은 어떻게 해야 할까?
   - 다시 땅속에 심으면 이 식물은 다시 살까?
   - 물속에 담가 놓아도 식물이 살 수 있을까?

   (물속에 담가 놓은 것과 흙 속에 다시 심은 식물의 성장 차이를 비교하는 실험활동을 전개해 볼 수도 있다.)

〈아이들이 채집하고 수집한 뿌리들〉

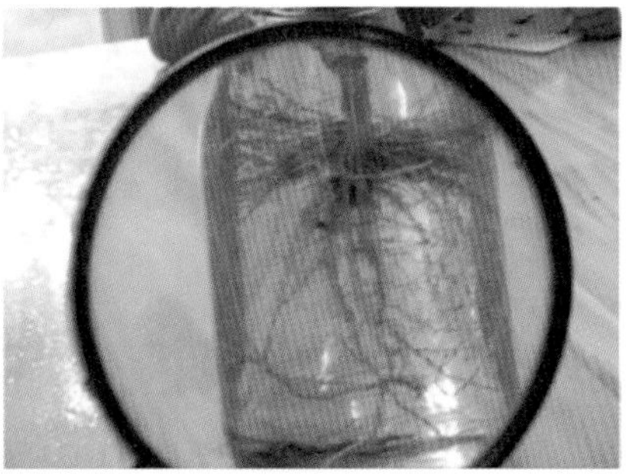

〈눈으로 자세히 살펴보거나 돋보기로 확대해서 관찰하기〉

〈뿌리를 잘라서 현미경으로 물기둥을 관찰하는 아이들의 모습〉

4. 준비된 재료를 이용하여 땅속 뿌리세상을 유아들과 함께 꾸며 본다.
   - 땅속 뿌리세상을 본 느낌이 어떠니?
   - 땅속 뿌리세상을 표현한다면 어떻게 할 수 있을까?
   - 준비된 재료를 잘 활용해서 땅속 뿌리세상을 꾸며 보도록 하자.

땅속 뿌리세상 만드는 방법

① 커다란 상자로 어둠상자를 만들고 입구 부분에는 검은 천으로 덮는다.

② 종류, 색깔, 촉감, 굵기가 다양한 끈을 서로 연결시키면서 자유롭게 뿌리를 구성해 본다. 이때 야광색 줄도 같이 연결해 본다.

③ 어둠상자 속에 블랙라이트를 설치해 주고 불을 켜서 어둠 속에 비치는 뿌리세상의 신비감과 아름다움을 느껴 본다.

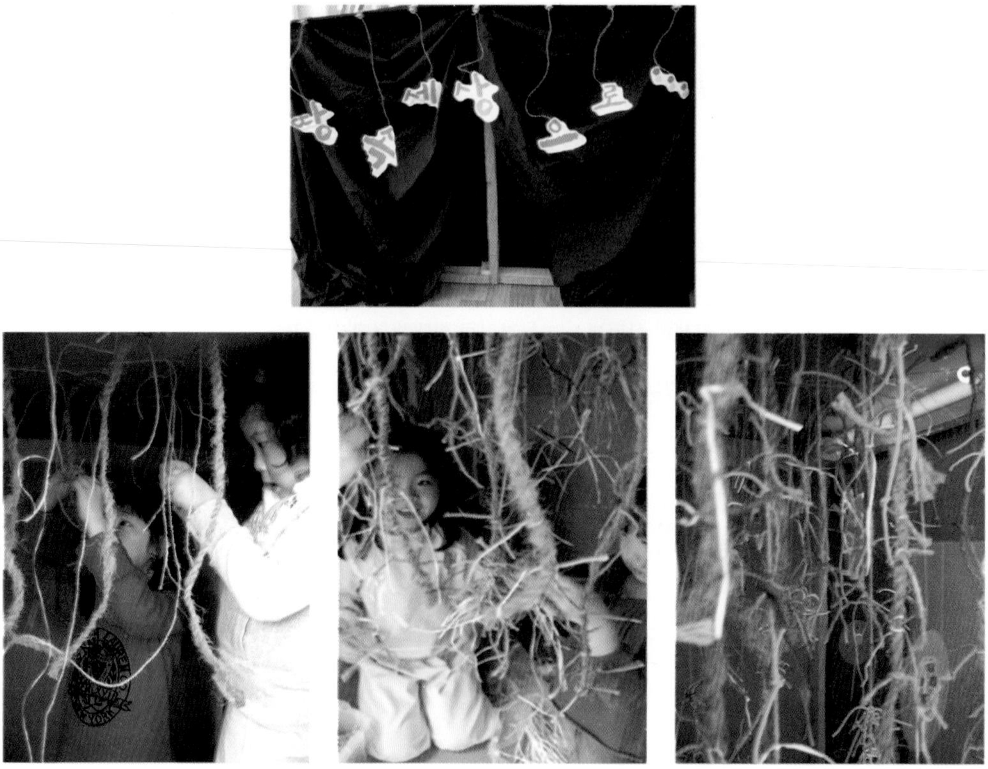

〈유아들이 구성한 땅속 뿌리세상〉

활동 3

제인 구달의 동물사랑
('제인 구달' 이야기)

✿ 활동 목표

- 제인 구달(Jane Goodall)의 이야기를 통해 동물학자가 하는 일이 무엇인지 알아본다.
- 동물학자에게 필요한 마음가짐과 노력에는 무엇이 있는지 알아본다.

✿ 누리과정 관련 요소

- 자연탐구: 자연과 더불어 살기-주변의 동식물에 관심을 가진다.
- 의사소통: 듣기와 말하기-자신의 경험, 느낌, 생각을 말한다.

✿ 활동 자료

제인 구달의 활동사진, 대형 모니터, 같은 종류의 실험용 화분 2개, 낱말카드('좋은 말을 해 주세요'/ '나쁜 말을 해 주세요')

✿ 활동 방법

1. 동물에 대한 다양한 생각을 나누어 본다.
   - 너희들은 동물에 대해서 어떤 생각을 갖고 있니?
   - 가장 좋아하는 동물은 어떤 동물이니?
   - 그 동물을 좋아하게 된 이유가 있니?
   - 동물이 너희들에게 행복한 마음을 전해 줄 때는 언제니?
   - 동물들도 감정을 느낄까?
   - 동물한테 어떻게 해 주면 동물 마음이 행복할까?
   - 만약 동물이 사람들 때문에 좋지 않은 마음을 갖게 된다면 어떻게 될까?
   - 동물과 서로 좋은 감정을 나눌 수 있는 방법은 무엇일까?

2. 동물학자 제인 구달 박사를 소개한다.

- 침팬지를 너무 좋아해서 침팬지에 대한 공부도 많이 하고 침팬지를 보호하기 위해서 열심히 노력하시는 한 동물학자를 소개해 줄 거야.

  (아래의 사진을 보여 주며) 제인 선생님은 어려서부터 동물을 정말 좋아했어. 제인 선생님은 생일날 '주디'라는 침팬지 인형을 선물 받았는데, 할머니가 다 된 지금까지도 인형을 가지고 있을 만큼 침팬지를 좋아하게 되었단다. 스물일곱 살이 되었을 때 제인 선생님은 아프리카로 가서 침팬지를 연구하기 시작했는데, 지금까지도 아프리카에서 지내면서 침팬지를 연구하고 보호하기 위해 노력하고 계신단다.

3. 침팬지를 관찰하기 위한 제인 구달의 노력에 대해 이야기해 본다.

- (아래의 사진을 보여 주며) 이 사진에서 제인 선생님은 무엇을 하고 있는 것 같니?

- 사진 속의 제인 구달 선생님은 왜 이런 모습으로 있는 걸까?
- 직접 침팬지를 만지지 않고 왜 이렇게 약간 떨어져서 보기만 하는 걸까?
- 만약 아주 멀리서 또는 아주 가까운 곳에서 침팬지를 관찰하려 했다면 어떤 일이 일어났을 것 같니?
- 침팬지들이 방해를 받지 않도록 제인 구달 선생님은 저렇게 몇 시간 동안 가만히 지켜보고 계신대. 침팬지들이랑 많이 친해졌으니까 저 정도로 가깝게 있지만, 예전에는 멀리서 망원경을 들고 계속 지켜보기도 했단다. 어떤 날은 침팬지를 관찰하느라 밥도 안 먹고 관찰하러 다니셨대. 또 침팬지들이랑 친해지기 위해서 맹수들이 많은 숲에서 바나나를 가득 담은 주머니를 놓고 기다리기도 했었대.
- 제인 구달 선생님의 이야기를 들으니 어떤 마음이 드니?
- 제인 구달 선생님의 행동 중에서 멋진 점은 무엇인 것 같니?
- 주변에서 자신의 모습과 행동을 오랫동안 지켜봐 준 제인 구달 선생님에 대해서 침팬지는 어떤 마음을 가졌을 것 같니?

4. 동물을 배려하기 위한 노력에는 어떤 것이 있을지 이야기해 본다.
   - 제인 구달 선생님처럼 동물을 배려하고 사랑하기 위해서 어떤 노력을 할 수 있을까?
   - 동물을 위해 내가 하고 싶은 일과 내가 할 수 있는 일을 생각해 보자.

〈제인 구달 이야기를 감상하는 아이들의 모습〉

✿ 참고사항

동물처럼 식물도 감정을 전해 주는 말에 영향을 받는지 알아보는 실험 활동을 전개해 볼 수 있다.

〈같은 종류의 식물을 채집해서 같은 조건으로 화분에 심고 돌보기〉

〈나쁜 말을 전해 주는 화분과 좋은 말을 전해 주는 화분을 돌보면서 식물한테 다른 감정 전해 보기〉

〈성장의 변화 비교, 탐색해 보기〉

잠깐! <제인 구달 이야기>

1934년 4월 3일생, 영국의 동물학자, 침팬지 연구가, 환경 운동가. 제인 구달은 1963년 침팬지는 채식뿐만 아니라 육식을 좋아한다는 사실을 밝혀냈다. 같은 해 침팬지가 도구를 사용한다는 사실을 발견하고 그동안 인간만이 도구를 사용한다는 학설을 뒤집어 세계를 놀라게 했다. 1965년에는 침팬지가 가족 간의 유대감이 깊고 사회생활을 한다는 사실을 발견하였고 그녀의 업적으로 마침내 1966년 2월 9일 케임브리지 대학교 대학원에서 동물행동학 박사학위를 받았다. 이전까지는 그녀에게 동물학에 관련된 학위가 없었으며 아프리카에서 어려움을 극복하고 침팬지를 연구한 결과였다. 1968년 곰베가 국립공원으로 지정되었으며, 침팬지와 개코원숭이 연구소인 '곰베 스트림 연구센터'를 설립하였다. 1971년 침팬지의 암컷과 수컷의 교배 등 새로운 사실을 발표하였다. 1975년에는 전 세계의 동물 연구를 후원하기 위해 '야생동물 연구 · 교육 · 보호를 위한 제인 구달 연구소'를 설립하였다. 1977년에는 먹이가 풍부한 장소를 확보하기 위해 다른 어미의 새끼를 죽이기도 한다는 사실을 발표하였다. 탄자니아에서 야생 침팬지와 함께 생활한 이래, 40년이 넘는 기간을 침팬지와 함께한 세계적인 침팬지 연구 권위자가 되었다.

출처: 네이버 백과사전.

활동
4 햇빛으로 그림을 그려요

✿ 활동 목표

- 돋보기를 이용하여 햇빛의 열을 모아 본다.
- 햇빛의 열을 이용하여 그림을 그려 본다.

✿ 누리과정 관련 요소

- 자연탐구: 자연과 더불어 살기-날씨와 계절의 변화를 생활과 관련짓는다.
- 자연탐구: 생활 속에서 탐구하기-도구와 기계에 대해 관심을 가진다.
- 예술경험: 창의적으로 표현하기-다양한 미술 재료와 도구로 자신의 생각과 느낌을 표현한다.

✿ 활동 자료

돋보기, 태울 수 있는 여러 가지 종이와 자연물, 그림 도구 등

✿ 활동 방법

1. 햇빛으로 그림을 그리는 방법을 예측해 본다.
   - 햇빛으로 그림을 그린다면 어떻게 그릴 수 있을까?
   - 햇빛으로 그림을 그릴 때 무엇이 필요할까?
   - 햇빛의 열을 모아서 그림을 그리는 모습을 상상해 보자. 상상 속에 어떤 그림이 그려지니?

2. 돋보기로 햇빛의 열을 모아 본다.
   - (돋보기를 소개하면서) '돋보기'라는 과학도구란다. 돋보기는 어떤 특성을 갖고 있을까?

- 돋보기로 사람은 무엇을 하니?
- 돋보기로 어떻게 햇빛을 모을 수 있을까?
- 돋보기로 모을 수 있는 햇빛의 열은 얼마나 될까?
- 돋보기로 모은 햇빛의 열로 사람은 무엇을 할 수 있을까?
- 돋보기를 이용하여 자유롭게 햇빛의 열을 모아 보자.
  (돋보기로 햇빛을 한곳으로 모아서 열의 특성을 피부로 느껴 보기, 종이를 태워 가면서 느껴 보기 등의 활동을 해 본다.)

〈돋보기로 햇빛의 열을 모아서 종이를 태우는 아이들의 모습〉

3. 햇빛의 열로 종이나 자연물을 태워 가면서 그림을 그려 본다.
   - 햇빛의 열을 모아서 그림을 그려 보려고 한단다. 어떤 방법으로 해 볼까?
   - 햇빛의 열로 어떤 그림을 그리고 싶니?
   - 돋보기로 햇빛의 열을 잘 모으려면 어떻게 해야 할까?
     (햇빛이 돋보기의 어느 한 부분에 모이면서 뜨거운 열이 발생하도록, 유아들이 돋보기 초점을 잘 맞추도록 한다.)
   - 자유롭게 햇빛의 열로 종이를 태워 가면서 그림을 그려 보자.

햇빛의 열로 그림을 그리는 방법

① 유아가 그리고 싶은 그림을 먼저 그리게 한 후, 돋보기로 햇빛 열을 모아서 그림의 선을 따라가면서 종이를 조금씩 태워 그림 그리기
② 돋보기로 햇빛 열을 모아서 종이 한 부분을 지속적으로 태우면, 종이가 타면서 어떤 형태가 만들어진다. 탄 종이의 부분부분을 더 태워 가면서 그림의 형태를 만들어 간다.

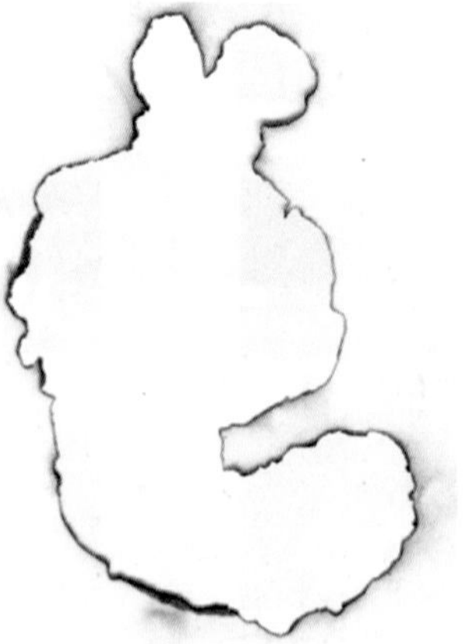

〈햇빛의 열로 그린 유아들의 그림〉

4. 햇빛의 열로 그려진 그림의 형태를 이용하여 새롭게 그림을 구성해 본다.
- 햇빛의 열로 그림을 그려 본 느낌이 어떠니?
- 햇빛은 어떤 그림을 그렸니?
- 햇빛이 그려진 그림에 어떤 그림을 더 그리고 싶니?
- 햇빛이 그린 그림에 덧그림을 그리면서 자유롭게 멋진 그림을 완성해 보자.

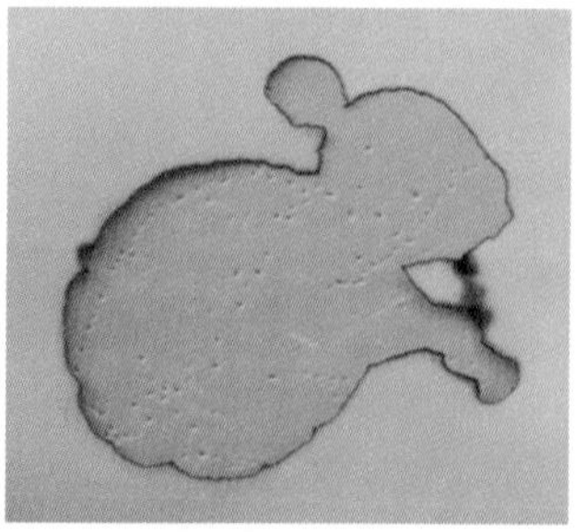

〈유아들이 햇빛의 열로 그린 그림을 새롭게 구성한 것〉

✿ 참고사항

1. 햇빛의 열로 태울 수 있는 여러 종류의 사물과 자연물을 수집한 후, 직접 실험해서 그 차이를 비교해 보도록 한다.

실험을 위한 질문의 예

- 햇빛의 열로 가장 빨리 태울 수 있는 사물은 무엇일까?
- 햇빛의 열이 나뭇잎 같은 자연물도 태울 수 있을까?
- 돋보기로 모은 햇빛의 열로 태울 수 없는 것은 무엇일까?

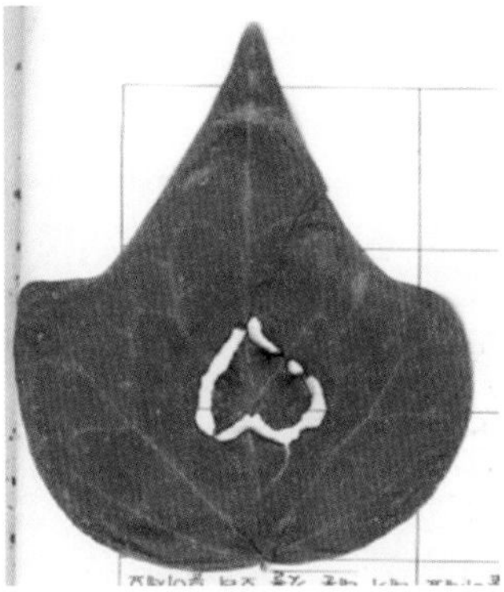

〈햇빛의 열로 잎사귀에 그린 그림〉

〈햇빛의 열로 사물을 태우면서 그 차이 비교하기〉

2. 여러 가지 방식으로 '햇빛 속에서 색깔 찾기 놀이'를 하면서 유아가 색의 근원과 그 아름다움을 느껴 보게 한다.

〈CD를 이용하여 햇빛의 색깔을 찾는 아이들〉

3. 시멘트 바닥이나 벽에 물 그림을 그린 후 햇빛의 열로 사라진 물 그림의 특성을 탐색하거나, 빨래를 해서 젖은 빨래가 햇빛에 의해 마르는 과정을 경험해 볼 수 있다.

〈내 물 그림은 어디로 여행을 떠날까?〉

〈내 빨래는 금방 마를 거야. 옷이 아주 작거든~ 빨리빨리 말라라.
햇볕이 물을 너무 많이 빨아들여서 오늘 밤에 오줌 싸면 어쩌지?〉

활동 5

새콤달콤 매실차

✿ 활동 목표

- 나무 열매의 성장 과정에 대해 알아본다.
- 매실을 이용한 요리에 관심을 갖고 직접 매실차를 만들어 본다.

✿ 누리과정 관련 요소

- 자연탐구: 자연과 더불어 살기-주변의 동식물에 관심을 가진다.
- 자연탐구: 생활 속에서 탐구하기-물체의 특성과 변화를 여러 가지 방법으로 탐색한다.

✿ 활동 자료

매실나무, 매실나무 사진과 관련된 책, 매실차 만드는 순서표, 매실차 만드는 재료와 도구(투명한 큰 병, 소쿠리, 국자, 매실, 설탕, 비닐, 생수 등)

✿ 활동 방법

1. 매실나무의 여러 특성을 조사해 본다.
   - 매실나무 관찰놀이를 해 보자. 매실나무에서 무엇을 관찰할 수 있을까?
   - 이 자료는 매실나무에 대해서 어떤 이야기를 전해 주고 있니?
   - 매실나무의 꽃은 어떤 모습을 하고 있니? 꽃 이름은 뭘까?
   - 매실열매를 잘 살펴보자. 나뭇가지에 달린 매실이 무엇처럼 보이니?
   - 책에 표현된 매실은 어떤 모습일까?

   (유아들과 함께 계절에 따른 매실나무의 특성을 오감으로 관찰하거나 책이나 사진자료를 이용하여 그 특성을 탐색하고, 매실나무에 대해 알게 된 내용들을 그림이나 글로 표현하여 서로 공유하는 시간을 갖도록 한다.)

〈매실나무와 책으로 매실을 탐색하는 아이들의 모습〉

2. 유아들과 함께 나무에 달린 매실을 수확해 본다.
   - 나무에 달린 매실을 직접 따 보자. 어떤 점을 주의해야 할까?
   - 매실을 따서 어디에 담아 두어야 할까?
   - 여러 사람이 따려면 어떻게 해야 할까?
   - 몇 명씩 매실을 따야 할까?
   - 한 사람이 매실을 몇 개씩 따면 좋을까?
   - 높은 곳에 달린 매실을 어떻게 따면 좋을까?
   - 순서를 정해서 순서대로 매실을 수확해 보자.

〈매실에 꼭지가 있어.
가느다란 꼭지가 나뭇가지에 달려 있네!〉

〈매실차를 담그려면
열매를 깨끗이 씻어야죠!〉

3. 매실 수확 경험을 이야기해 보고, 유아들과 함께 직접 매실차를 담가 본다.
   - 매실을 나무에서 직접 따 본 느낌이 어떠니?
   - 매실을 얼마나 많이 수확했니?
   - 매실로 차를 만들어 보자. 어떤 방법으로 만들어 볼까?

- 매실차를 만들 때 어떤 재료가 필요할까?
  (매실차 재료와 도구를 탐색한 후, 요리 순서표에 따라 매실차를 만들어 본다.)

매실차 만드는 방법

① 매실을 물에 깨끗이 씻는다.
② 소쿠리에 건져서 물기가 완전히 마를 때까지 기다린다.
③ 항아리나 유리병에 매실 한 켜, 설탕 한 켜씩 넣어 준다.
④ 매실 1kg에 설탕 1kg 비율로 넣고 마지막에 매실이 보이지 않을 만큼 설탕을 넣어 준다.
⑤ 비닐로 밀봉해서 서늘한 곳에 놓아둔다.
⑥ 한 달이 지나면 설탕이 다 녹아서 색이 예쁘게 된다.
⑦ 매실액과 생수를 1:5의 비율로 섞은 후, 얼음을 넣어서 맛을 본다.

4. 시간에 따라 달라지는 매실의 변화를 탐색해 본다.
   - 우리가 담근 매실차는 어떻게 될까? 어떤 모습으로 달라질까?
   - 색깔은 어떻게 변할까?
   - 매실 모양은 그대로 있을까?
   - 시간이 얼마나 지나야 매실차가 맛있게 익을까?
   - 맛은 어떻게 비교하면 좋을까?
     (100일 동안 정기적으로 매실차의 변화를 관찰하면서 사진과 글로 기록하며 그 차이를 비교해 본다.)

✿ 참고사항

유아들과 함께 이미 익은 매실차 맛을 느끼며, 유아들이 담근 매실차의 맛을 상상해 본다.

5 여름

접근법	활동명
유아의 일상적 질문에 기초한 탐구활동	봉숭아꽃처럼 다른 꽃잎도 손톱에 물들여질까요?
자연친화적 접근을 통한 과학교육 - 동식물 기르기, 텃밭 가꾸기, 주제에 관한 자연물 탐구	어항 속 금붕어 나라
문학 및 과학이야기를 통한 과학교육	신기하고 재미있는 빛 ('태양빛 매트' 이야기)
예술 활동을 통한 과학교육	물 위에 그림을 그려요
요리 활동을 통한 과학교육	버섯전을 만들어요

활동 1

봉숭아꽃처럼 다른 꽃잎도 손톱에 물들여질까요?

✿ 활동 목표

- 손톱에 꽃물이 들여지는 과정에 관심을 갖고 탐색해 본다.
- 손톱에 물들여지는 꽃물의 특성을 비교 실험해 본다.

✿ 누리과정 관련 요소

- 자연탐구: 자연과 더불어 살기-주변의 동식물에 관심을 가진다.
- 자연탐구: 탐구과정 즐기기-궁금한 것을 탐구하는 과정에 즐겁게 참여한다.
- 예술경험: 아름다움 찾아보기-예술적 요소에 관심을 갖고 찾아본다.

✿ 활동 자료

봉숭아물이 든 손 사진, 손톱에 꽃물 들이는 재료(봉숭아, 국화, 장미꽃잎, 절구, 백반, 랩 등)

✿ 활동 방법

1. 봉숭아물이 든 손을 탐색하며 손톱 물들이기에 대해 이야기 나눈다.
   - 사진 속의 손은 어떤 모습을 하고 있니?
   - 손톱이 어떤 색깔이니?
   - 왜 이렇게 물이 들었을까?
   - 너희들도 이렇게 손톱에 물을 들여 본 적이 있니?
   - 어떤 꽃을 이용해서 손톱에 물이 든 것일까?
   - 어떤 방법으로 손톱을 물들이니?
   - 봉숭아로 손톱을 물들이는 이유가 뭘까?

   (봉숭아로 손톱을 물들여 온 유래 이야기를 들려준다.)

- 손톱을 물들이는 것은 봉숭아뿐일까?

2. 꽃잎으로 손톱 물들이기를 하면서, 꽃잎이 손톱에 물들여지는 과정과 그 특성 차이를 비교해 본다.

방법(1) 봉숭아 꽃물 들이기

① 봉숭아 꽃잎과 잎사귀 탐색하기
② 봉숭아 꽃잎과 잎사귀에 백반을 넣은 후 돌이나 방망이로 찧기
③ 찧은 봉숭아를 손톱 위에 조금씩 덜어서 올려놓고 랩으로 감싸기
④ 시간이 흐른 뒤 손톱에 물들여짐이 어떠한지 살펴보기

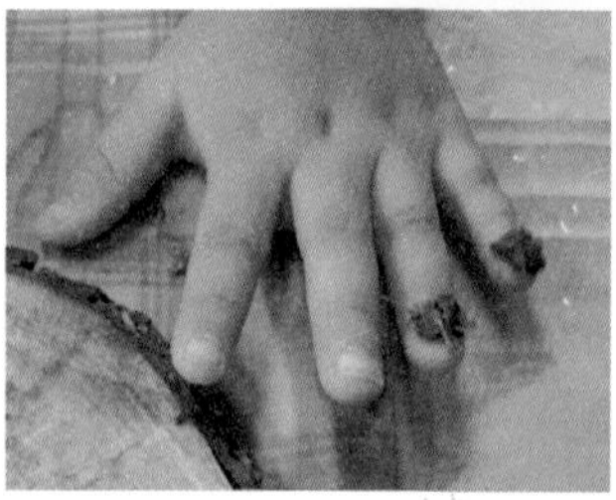

'꽃물 들이기' 과정에서 유아들과 함께 경험해 본 질문내용의 예

- 봉숭아 꽃잎과 잎사귀 중에 어느 것이 더 잘 물들여질까?
- 봉숭아에 백반을 넣은 것과 넣지 않은 것 중에서 무엇이 더 잘 물들여질까?
- 봉숭아에 소금을 넣은 것과 백반을 넣은 것 중에 무엇이 더 잘 물들여질까?
- 봉숭아 물이 손톱에 가장 잘 물들여지기 위한 적당할 시간은 얼마일까?
  (유아들의 질문을 중심으로 실험과정을 설계한 후, 직접 실험해 본다.)

방법(2) 여러 종류의 꽃잎으로 손톱 물들이기를 하면서 물들여짐의 차이 비교해 보기

① 손톱에 물들이고 싶은 꽃잎 수집하고 각 꽃잎의 특성 탐색하기

② 각 꽃잎의 물들여짐이 어떠할지 예측해 본 후, 직접 꽃잎을 찧어서 손톱에 물들여 보기

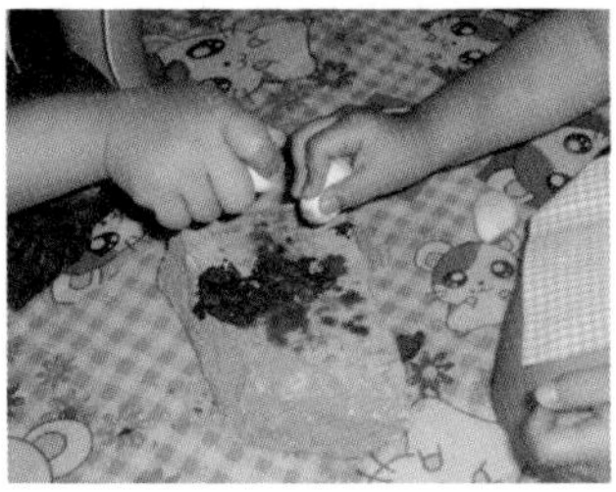

③ 손톱에 물들여진 색깔 및 진하기의 차이 비교해 보기

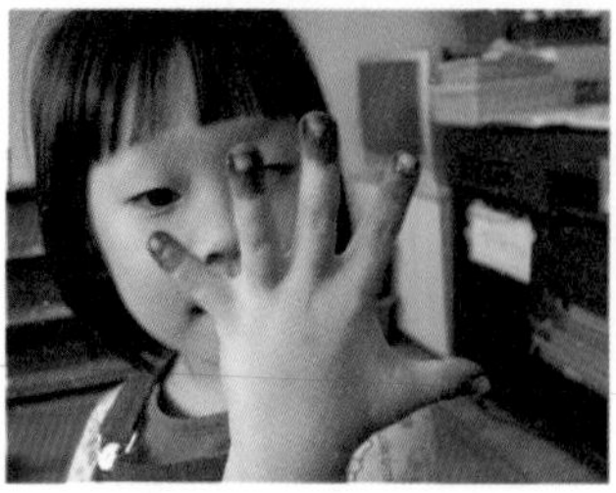

④ 실험 결과 기록해 보기

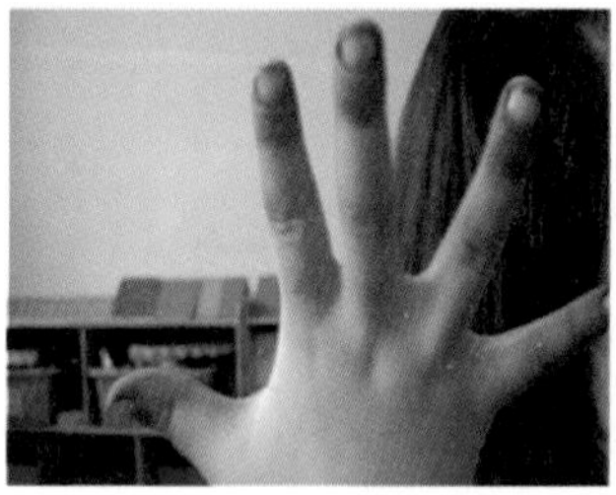

〈베고니아〉

〈국화〉

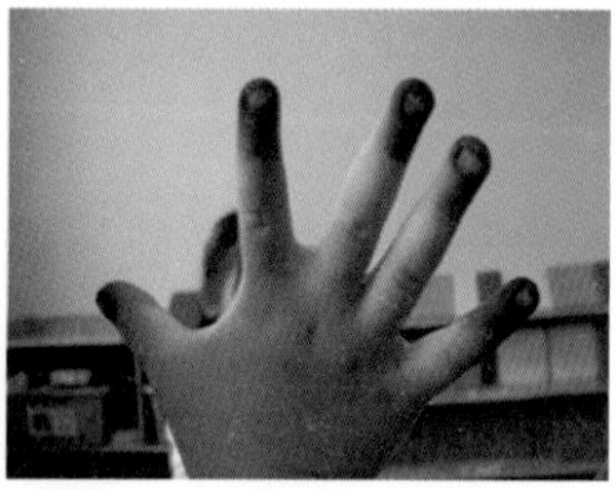

〈나팔꽃〉

3. 활동을 떠올려 본다.
   - 활동을 해 본 느낌이 어떠니?
   - 꽃잎을 물들이면서 가장 신기하고 재미있었던 점은 무엇이니?
   - 꽃잎의 색깔이 내 손톱으로 옮겨졌을 때 어떤 마음이었니?
   - 꽃잎이나 자연의 색깔로 우리는 무엇을 더 해 볼 수 있을까?

✿ 참고사항

꽃잎의 즙으로 옷감이나 한지를 물들이면서 손톱에 물들인 색과 어떤 차이가 있는지 비교해 볼 수 있다.

활동 **2**

어항 속 금붕어 나라

✿ 활동 목표

- 금붕어의 생김새와 생활 특성에 대해 알아본다.
- 금붕어가 사는 연못을 교실에 구성해 본 후, 지속적으로 금붕어를 돌보는 경험을 갖는다.

✿ 누리과정 관련 요소

- 자연탐구: 자연과 더불어 살기-생명과 자연환경을 소중히 여긴다.
- 의사소통: 듣기와 말하기-자신의 경험, 느낌, 생각을 말한다.
- 사회관계: 더불어 생활하기-친구와 서로 도우며 사이좋게 지낸다.

✿ 활동 자료

여러 형태의 금붕어 관찰 투명통, 문제해결을 위한 관찰 및 실험 활동 자료들, 금붕어의 집 또는 연못 꾸미기 재료들

✿ 활동 방법

1. 다양한 방법으로 금붕어를 관찰하면서 금붕어의 생김새와 움직임 특성에 대해 이야기해 본다.
   - 금붕어가 교실로 놀러 왔단다. 금붕어를 맞이한 느낌이 어떠니?
   - 금붕어를 어떤 방법으로 관찰해 볼까?
   - 어떤 관찰 통이 준비되어 있니?
   - 이런 관찰 통에 금붕어를 넣으면, 우리는 금붕어의 어떤 모습을 보게 될까?
   - 이 관찰 통에서 금붕어는 우리에게 어떤 모습을 보여 주고 있니?
   - 금붕어의 아랫부분을 관찰하고 싶으면 어떤 관찰 통에서 보면 좋을까?

- 금붕어 몸을 만져 보았을 때 촉감은 어땠니?
- 금붕어가 어느 길로 지나갔니?

관찰 통의 특성을 달리하면서 금붕어 관찰하기

〈대형수족관에서 금붕어 관찰하기〉

〈금붕어 몸의 촉감을 느끼며 관찰하기〉

〈둥근 반구 형태의 투명 어항을 모빌 형태로 달아 놓고 관찰하기〉

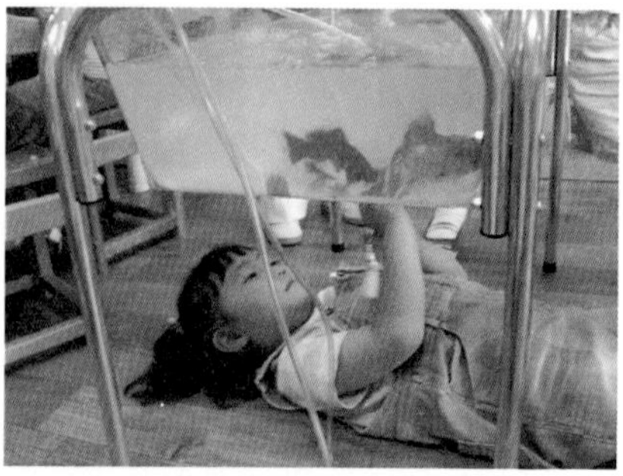

〈투명통 밑에 누워서 위를 올려다보면서 금붕어 관찰하기〉

2. 금붕어를 기르면서 나타나는 여러 가지 문제에 대해 토의한 후, 문제를 해결해 본다.
   - 금붕어를 기르면서 생긴 문제들에 대해 이야기해 보자. 어떤 문제들이 나타났니?
   - 그 문제는 어떻게 해결할 수 있을까?
   - 문제를 해결하기 위해서 우리가 할 일은 무엇일까?

유아들과 함께 인식하고 해결해야 할 문제들

① 더러워진 어항은 어떻게 깨끗하게 해 줄 수 있는가?
(어항 속에 청소물고기 비파와 우렁이를 넣어 주어 깨끗한 어항 유지하기)

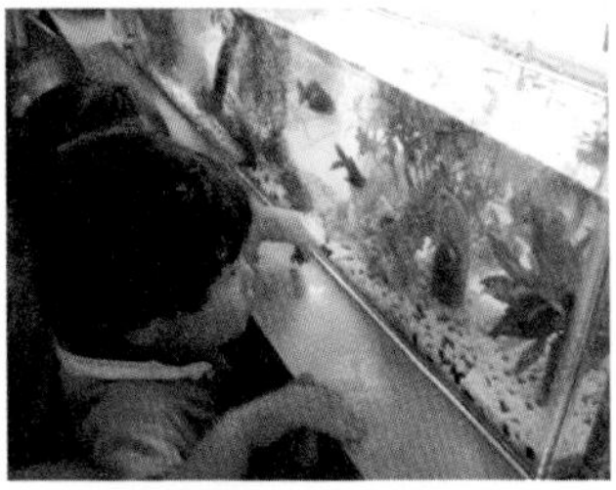

② 금붕어가 가장 좋아하는 먹이를 주려면 어떻게 해야 할까?
(금붕어가 가장 좋아하는 음식의 종류를 예측해 본 후, 직접 금붕어에게 먹이를 주어서 알아보기)

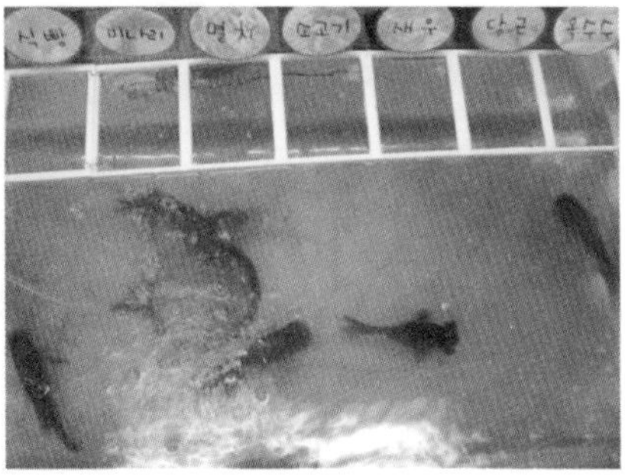

실제편

③ 죽은 물고기는 어떻게 해 주어야 할까?
(죽은 물고기를 물에서 건져 내서 땅속에 묻어 주기)

④ 금붕어를 기르면서 우리가 지켜야 할 약속은?

<금붕어 키우기 약속>
1. 금붕어를 잡지 않아요.
2. 연못의 벽돌을 옮기지 않아요.
3. 연못에서 물장난을 하지 않아요.
4. 금붕어 밥을 알맞게 주어요.
5. 장난감을 물속에 넣지 않아요.
6. 친구를 물에 빠뜨리지 않아요.

⑤ 금붕어 돌보기 당번은 어떤 순서대로 해야 하며, 당번은 무슨 일을 해야 할까?

<금붕어 당번이 할 일>
1. 금붕어에게 먹이 주기
2. 금붕어 키우기 약속을 지키지 않는 친구에게 약속 알려 주기
3. 연못 속의 쓰레기 치우기

3. 교실에 금붕어 집을 구성한 후, 지속적으로 돌본다.
- 교실에 금붕어 집을 만들어서 금붕어를 돌보도록 하자.
- 어떤 모양의 금붕어 집을 만들어 주고 싶니?
- 금붕어는 어떤 집을 좋아할까?
(준비된 재료를 이용하여 친구들과 협력하면서 금붕어 집을 꾸며 본다.)

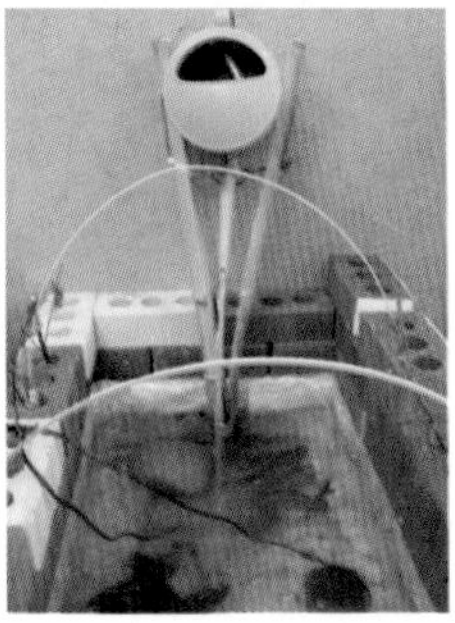

〈유아들이 꾸민 '행복한 금붕어 연못'〉

4. 금붕어와 함께 생활하면서 느끼는 여러 감정에 대해 이야기해 본다.
   - 금붕어 집이 교실에 들어와 있으니까 느낌이 어때?
   - 금붕어가 교실에 있어서 좋은 점은 무엇일까?
   - 금붕어가 교실에 있어서 불편한 점은 무엇일까?
   - 금붕어를 돌보면서 금붕어에 대해 어떤 마음을 갖게 되었니?

활동 **3**

신기하고 재미있는 빛 ('태양빛 매트' 이야기)

✿ 활동 목표

- 빛을 내는 물건과 빛을 내는 힘에 대해 안다.
- 빛을 이용한 놀이를 즐겁게 경험해 본다.

✿ 누리과정 관련 요소

- 자연탐구: 자연과 더불어 살기-날씨와 계절의 변화를 생활과 관련짓는다.
- 자연탐구: 생활 속에서 탐구하기-도구와 기계에 대해 관심을 가진다.
- 사회관계: 사회에 관심 가지기-다양한 문화에 관심을 가진다.

✿ 활동 자료

'태양빛 매트' 이야기 자료, 파이프, 작은 손전등, 셀로판지, OHP, 코팅한 여러 가지 나뭇잎

'태양빛 매트' 이야기?

태양빛 매트는 전기가 들어오지 않는 외딴 지역에서 태양판을 이용하여 밤에 책을 읽거나 일을 할 수 있도록 고안된 매트다.
이것은 멕시코의 한 작은 지역에 사는 여성이 짠 전통적인 직물 위에 붙여서 만든 것으로, 어디든 가지고 다닐 수 있고, 접을 수도 있어서 사용이 매우 편리하다. 이 매트의 사용으로 교육과 의료 활동이 촉진되었으며, 충전 기능이 있어 휴대전화 및 작은 소형 기기의 충전을 가능하게 하였다.

✿ **활동 방법**

1. '태양빛 매트' 이야기를 감상해 보고, 이야기 내용과 느낌에 대해 이야기해 본다.
   - 태양빛 매트는 무엇을 전해 주는 물건이니?
   - 태양빛 매트는 어떻게 해서 만들어졌니?
   - 태양빛 매트가 만들어져서 무슨 일을 할 수 있었니?
   - 태양빛 매트가 꼭 필요한 사람은 누구일까?
   - 태양빛 매트로 도움을 받는 사람은 태양빛 매트와 그것을 발명해 준 사람들에 대해서 어떤 생각을 하게 될까?

2. 빛이 있어서 편리한 점에 대해 이야기해 본다.
   - 태양빛 매트가 있어서 마을 사람은 어떤 점이 편리해졌니?
   - 빛이 있어서 편리한 점은 무엇일까?
     예 무섭지 않아요. 컴컴할 때 뭐가 있는지 알 수 있어요. 레이저 쇼를 볼 수 있어요.

3. 주변에서 빛을 낼 수 있는 것들을 찾아본다.
   - 우리 교실에서 빛이 나는 것은 무엇일까? 함께 찾아보자.
     예 형광등, 손전등, OHP기기, 컴퓨터 전원 불, 창문의 태양빛 등
   - 가장 밝은 빛을 내는 것은 무엇일까?
   - 컴퓨터에 전원 불이 켜지는 이유는 무엇일까?
   - 유치원에는 없지만 빛을 내는 다른 물건은 또 무엇이 있니?
     예 자동차 불빛, 스탠드, 레이저, 빛 팽이, 운동화 불빛 등

- 이런 빛은 왜 있는 걸까?
  - 예 밝게 해서 잘 보려고, 자동차 불빛은 방향을 알려 주려고, 위험한 것을 알려 주려고 등

4. 빛을 활용한 놀이에 대해 이야기해 본 후, 준비된 자료로 놀이해 본다.
   - 빛으로 할 수 있는 놀이는 무엇일까? 어떤 놀이가 재미있을까?
     - 예 OHP에 물건을 올려놓고 그림자 살펴보기, 창문의 블라인드를 다 치면 얼마나 깜깜한지 보기 등
   - 어떤 놀잇감이 준비되어 있니?
   - 이 놀잇감은 어떻게 빛을 이용하는 것일까?
   - 이 놀잇감이 전해 주는 빛은 어떤 특성을 갖고 있을까?
   - 다른 놀잇감이 전해 주는 빛과 다른 점은 무엇일까?
   - 준비된 여러 놀잇감으로 재미있는 '빛' 놀이를 해 보자.

빛을 이용한 놀이의 예

활동	사진	방법
1		전구 뒤판에 홀로그램지나 미러지, 반짝이 포장지 판을 끼고 스위치를 켜면 아름다운 불빛이 만들어진다.
2		편광필름을 붙이고 빛을 향해서 보면 아름다운 무지개가 만들어진다.

3		꺾인 파이프관을 손전등 불빛이 통과하여 벽에 비춰지는지 실험을 해 본다.
4		OHP에 여러 가지 물건을 올려놓고 어떤 그림자가 생기는지 탐색해 본다. 그림자가 있는 물건도 있고 없는 물건도 있다.
5	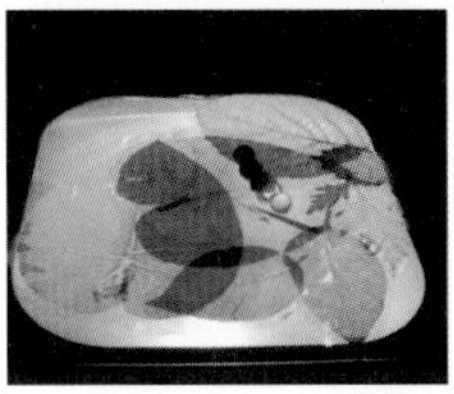	OHP에 코팅된 나뭇잎을 올려놓고 보면 잎맥이 매우 자세하게 보인다.
6		손전등을 벽에 바짝 대고 불을 켜니 마치 불을 뿜는 것처럼 보인다.

활동

4 물 위에 그림을 그려요

✿ 활동 목표

- 물과 기름이 섞이지 않는 성질에 대해 안다.
- 색깔 기름이 만들어 낸 무늬의 아름다움을 느껴 본다.

✿ 누리과정 관련 요소

- 자연탐구: 생활 속에서 탐구하기-물체의 특성과 변화를 여러 가지 방법으로 탐색한다.
- 예술경험: 창의적으로 표현하기-다양한 미술 재료와 도구로 자신의 생각과 느낌을 표현한다.

✿ 활동 자료

식용유, 색소, 여러 가지 그림 용구, 종이 또는 천, 뾰족한 막대(이쑤시개, 포크,빗 등), 아크릴 물감, 스포이트 등

✿ 활동 방법

1. 물과 기름(식용유)이 섞이면 어떤 일이 일어날지를 예측해 본다.
   - 물과 기름이 만나면 어떻게 될까?
   - 물과 기름이 서로 섞인다면 어떤 모습으로 섞이게 될까?
   - 물과 기름이 서로 섞이지 않는다면 어떻게 될까? 왜 그렇게 생각하니?

2. 물과 기름을 섞어서 나타나는 현상을 관찰해 본다.
   - 물과 기름이 서로 만나면 어떤 일이 일어날지 직접 실험해서 알아보자.
   - (물과 기름을 서로 섞으면서) 어떤 일이 일어나고 있니? 왜 그럴까?

- 물과 기름이 서로 섞이지 않았다는 것을 어떻게 알 수 있니?
- 그럼, 위에 층을 이루고 있는 노란색 식용유를 그대로 따라 내면 통 속에 물만 남게 될까?
- 기름과 물을 다시 분리할 수 있는 방법은 무엇일까?
- 서로 층이 만들어진 모습을 보니 어떤 생각이 드니?
- 물과 기름이 만들어 낸 층으로 무엇을 할 수 있을까?

3. 물과 기름이 섞이지 않는 성질을 이용해서 '물 위에 그림 그리기' 활동을 전개해 본다.
   - 사람들이 물과 기름이 섞이지 않는 특성을 생각하면서 무엇을 했을까? (마블링 기법으로 그림을 그리는 사람에 대해 소개한다.)
   - 우리도 '물 위에 그림 그리기' 놀이를 해 보자.

'물 위에 그림 그리기' 활동 방법

① 넓은 통 속에 물을 채워 넣는다.
② 스포이트로 색깔 기름을 한두 방울씩 물 위에 떨어뜨린다.
③ 기름과 물의 움직임을 관찰해 본다.
④ 뾰족한 재료로 색깔 기름을 이리저리 옮겨 가면서 그림을 그려 본다.
⑤ 색깔 기름이 이리저리 옮겨지고 퍼져 나가면서 무늬가 꾸며지게 된다.
⑥ 물 위에 꾸며진 무늬를 종이나 천에 찍어 낸다.

〈우와! 신기하다. 어느 것이 물이고 어느 것이 기름일까?〉

4. 활동을 떠올려 본다.
   - 물 위에 그림을 그려 본 느낌이 어떠니?
   - 어떤 점이 신기하게 느껴졌니?
   - 마블링 기법으로 그려진 그림은 특별히 어떤 점이 멋있니?

✿ 참고사항

1. 서로 섞이는 색깔 기름의 종류에 따라 무늬의 특성이 달라짐을 유아들이 느껴 보게 한다.
2. 색깔 기름을 옮기는 도구의 특성에 따라 무늬의 차이가 어떻게 나타나는지, 비교 · 관찰해 보도록 한다.

3. 마블링 기법으로 '손수건 만들기' '스카프 무늬 꾸미기' 활동을 전개할 수 있다.

마블링 효과

- 마블링은 밀도 차가 있는 두 액체가 서로 섞이지 않을 때 볼 수 있는 현상이다. 물과 기름이 아닌 경우에는 액체가 흔들리지 않도록 안정된 곳에서 활동을 하는 것이 좋고, 액체를 떨어뜨릴 때에는 스포이트나 안약통을 이용해 볼 수 있다.
- 비록 찍어 낼 수는 없지만 눈으로 보는 마블링도 있다.
  예 녹말 푼 물과 포스터칼라, 토마토 주스와 100% 사과 주스, 커피와 따뜻한 우유 거품(라떼아트)
- 마블링은 동유럽 사람들로부터 시작되었다고 전해 오는데, 터키 사람들의 마블링 'EBRU'는 인터넷 포털 사이트 검색창에 'EBRU' '에브루'라고 치면 동영상으로 볼 수 있다.

〈라떼아트〉

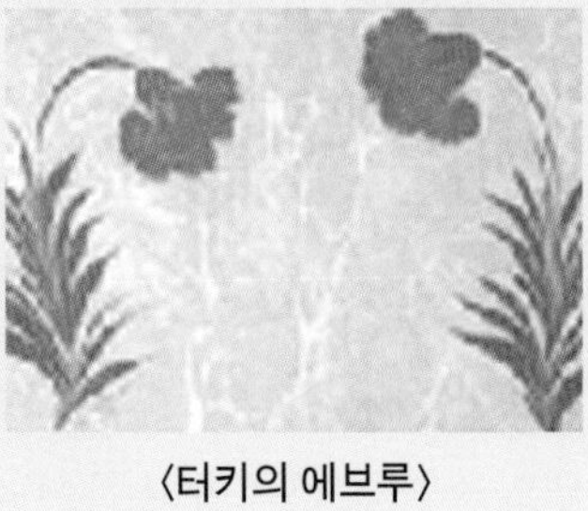
〈터키의 에브루〉

활동

5 버섯전을 만들어요

✿ 활동 목표

- 버섯과 버섯을 이용한 요리의 종류에 대해 안다.
- 요리 과정에서 변화되는 버섯의 특성에 관심을 갖고 탐색해 본다.

✿ 누리과정 관련 요소

- 자연탐구: 생활 속에서 탐구하기-물체의 특성과 변화를 여러 가지 방법으로 탐색한다.
- 신체운동 · 건강: 건강하게 생활하기-몸에 좋은 음식에 관심을 가지고 바른 태도로 즐겁게 먹는다.

✿ 활동 자료

여러 종류의 버섯(실물과 그림 자료), 요리 재료(버섯, 파, 계란, 소금, 기름 등), 요리도구(프라이팬, 가스버너, 뒤집개 등), 사진기

✿ 활동 방법

1. 버섯을 관찰하며, 그 특성에 대해 이야기해 본다.
   - 무엇이 준비되어 있니?
   - 버섯에 대해 어떤 점을 알 수 있을까?
   - 버섯에서 어떤 모양을 찾을 수 있니?
   - 버섯마다 어떤 이름을 갖고 있는지 찾아보자.
   - 버섯을 손으로 만지면 촉감이 어떨까?
   - 사람은 버섯으로 무엇을 하니?

2. 버섯전 요리 방법에 대해 이야기하고 유아들과 함께 직접 요리해 본다.
   - 버섯전을 만들어 보려고 한단다. 어떤 재료가 준비되어 있니?
   - 어떤 순서로 요리를 해야 할까?
   - 재료는 어떻게 사용될까?
   - 사용되는 재료를 순서대로 놓아 보자.
   - 재료가 어떤 순서대로 놓여 있니?
   - 첫 번째 재료는 어떻게 해야 할까?
   - 재료 순서를 바꿔야 하는 것은 무엇일까?

   (버섯전 만드는 방법에 국한하지 말고 유아들이 정한 순서대로 재료를 하나씩 사용하며 요리한다. 이 과정에서 유아들은 자연스럽게 요리 순서에 대한 이해를 할 수 있다.)

버섯전 만드는 방법

① 버섯을 먹기 좋게 갈라 놓은 후, 물에 깨끗이 씻는다.

② 버섯에 밀가루 또는 부침가루를 뿌려 준다. (버섯을 밀가루에 묻힐 때 일회용 비닐팩에 버섯을 놓고 밀가루를 적당히 넣은 후 봉지를 흔들어 주면, 밀가루가 버섯에 골고루 묻는다.)

③ 밀가루를 묻힌 버섯을 계란물(계란, 소금, 다진 파)을 입혀서 프라이팬에 노릇하게 지져 주면, 버섯전이 완성된다.

3. 요리 과정에 나타난 재료의 변화를 오감으로 관찰해 본다.
   - 어떤 순서대로 요리를 했니?
   - 음식 재료는 어떤 모습으로 달라졌니?
   - 만약 이 재료를 넣지 않는다면 어떻게 될까?
   - 이 재료 대신 사용할 수 있는 또 다른 음식 재료는 무엇일까?
   - 버섯전의 고소한 맛은 어떤 음식재료가 주는 맛일까?
   - 버섯전을 입에 넣고 혀끝으로 버섯의 촉감을 느껴 보자. 느낌이 어떠니?
   - 만약 계란물을 입히지 않는다면 어떻게 될까?
   - 계란에 입히기 전에 버섯에 왜 밀가루를 입히는 것일까?
   - 직접 실험해 보고 싶은 것은 무엇이니?

     (유아들이 직접 비교 실험해 보고 싶은 활동을 선정해서 활동해 보도록 한다.)

     예 계란물을 입힌 버섯과 입히지 않은 버섯의 변화 차이 비교하기, 밀가루를 입힌 것과 입히지 않은 것의 차이 비교하기 등

4. 활동을 떠올려 본다.
   - 버섯전을 만들어 본 느낌이 어떠니?
   - 버섯전을 만들면서 가장 즐거웠던 점은 무엇이니?
   - 버섯전을 만들면서 신기하게 느꼈던 점은 무엇이니?
   - 내 몸의 오감으로 느꼈던 버섯전을 생각해 보자.

     (버섯전 요리 과정에서 오감으로 느낀 그 특성에 대해 회상하면서 활동을 마무리한다.)

✿ 참고사항

바닷속 생물 탐색 후, '해물파전 만들기' 활동을 전개해서 버섯전과 비교하며 각 요리의 특성 차이를 알아볼 수 있다.

6 건강과 안전

접근법	활동명
유아의 일상적 질문에 기초한 탐구활동	물에 녹는 것은 무엇일까요?
자연친화적 접근을 통한 과학교육 - 동식물 기르기, 텃밭 가꾸기, 주제에 관한 자연물 탐구	관상식물로 꾸민 우리들의 건강 식물원
문학 및 과학이야기를 통한 과학교육	아름다운 자연을 나눈 사람들 ('민병갈 선생님의 수목원' 이야기)
예술 활동을 통한 과학교육	바람의 움직임을 느껴요
요리 활동을 통한 과학교육	몸에 좋은 오색수제비

활동

1 물에 녹는 것은 무엇일까요?

✿ 활동 목표

• 우리 주변의 여러 물질 중에 어떤 것이 물에 녹을지 예측해 본다.
• 실험을 통해 물에 녹는 물질이 무엇인지 확인해 본다.

✿ 누리과정 관련 요소

• 자연탐구: 생활 속에서 탐구하기–물체의 특성과 변화를 여러 가지 방법으로 탐색한다.
• 자연탐구: 탐구과정 즐기기–궁금한 것을 탐구하는 과정에 즐겁게 참여한다.

✿ 활동 자료

설탕, 밀가루, 소금, 작은 돌멩이, 모래, 커피가루, 고춧가루, 깨, 컵, 숟가락, 물, 활동지 등

✿ 활동 방법

1. 소금의 특성을 알아본다.
   - (소금을 제시하며) 이것은 무엇일까?
   - 소금은 어떤 때 사용하는 재료이니?
   - 음식을 만들 때 소금을 넣으면 소금 모양은 어떻게 되니?
   - 왜 소금이 안 보이게 된 걸까?
   - 소금은 무엇을 만나면 그 모습이 변하는 걸까?

2. 물에 녹는 물질을 예측해 보고, 물질을 수집하여 탐색해 본다.
   - 소금처럼 물에 녹는 것은 또 무엇이 있을까?

- 물에 녹을 것이라고 생각하는 재료들을 찾아서 물에 녹여 보자.
- (수집한 물질을 탐색하면서) 이 재료의 이름이 무엇이니?
- 이 재료는 어떤 특징을 갖고 있을까? 다른 재료와 다른 점은 무엇이니? 같은 점은?
- 이 재료가 물속에 들어가면 어떤 모습이 될까?
- 이 재료가 물에 녹았다는 것을 우리는 어떻게 알 수 있을까?

3. 실험을 구성하여 활동해 본다.
   - 준비된 재료를 이용해서 '물에 녹이기' 실험을 해 보자. 이 활동을 할 때 우리가 주의해야 할 점은 무엇일까?
   - 재료가 물에 녹도록 우리가 해야 할 일은 무엇일까?
   - 물에 녹이는 재료로 무엇을 선택해 볼까?
   - 우선 물에 녹을 것이라고 생각되는 재료를 한곳에 모아 보자.

실험 과정

- 물에 녹을 재료 선택하기
- 재료를 물속에 넣고 숟가락이나 젓가락으로 (10번) 저어서 녹여 보기
- 재료가 물속에서 어떤 변화를 일으키는지 살펴보기
- 재료가 녹은 후 물에 어떤 변화가 일어났는지 탐색해 보기
- 물에 녹은 재료의 특성 탐색해 보기
- 물에 녹지 않은 재료의 특성 탐색해 보기 등

실험 결과

- 고춧가루는 부분적으로 녹고, 설탕, 소금, 밀가루, 커피가루는 모두 물에 녹음

4. 실험 활동을 떠올려 본다.
   - 실험을 해 본 느낌이 어떠니?
   - 너희들이 예측한 대로 재료가 물에 다 녹았니?

- 왜 고춧가루는 물에 다 녹지 않았을까?
- 물에 녹은 재료를 다시 끓이면 어떻게 될까?

〈물에 녹는 물질의 종류와 녹는 과정을 탐색하는 아이들의 모습〉

활동 2

관상식물로 꾸민 우리들의 건강 식물원

✿ 활동 목표

- 관상식물의 종류와 사람들의 건강에 미치는 영향에 대해 알아본다.
- 관상식물로 실내에 정원을 아름답게 꾸며 본다.

✿ 누리과정 관련 요소

- 자연탐구: 자연과 더불어 살기-주변의 동식물에 관심을 가진다.
- 의사소통: 듣기와 말하기-자신의 경험, 느낌, 생각을 말한다.
- 예술경험: 아름다움 찾아보기-예술적 요소에 관심을 갖고 찾아본다.

✿ 활동 자료

여러 종류의 관상식물[알로에, 선인장, 산세비에리아 등의 다육식물(잎이나 줄기 속에 많은 수분을 가지고 있는 식물)과 장미허브, 로즈마리, 골든레몬타임 등의 다양한 허브, 그리고 트리안이나 아이비 같은 덩굴식물], 식물원 꾸미기 재료, 세계지도, 집 내부 모형 등

✿ 활동 방법

1. 유치원에서 키우는 여러 관상식물을 탐색해 본다.
   - 우리 유치원에서는 어떤 식물을 키우고 있을까?
   - 유치원 '식물 탐색놀이'를 해 보자. 식물을 탐색하면서 우리가 알 수 있는 것은 무엇일까?
   - (유치원의 식물들을 자유롭게 살펴보면서) 어떤 식물을 찾았니?
   - 그 식물에서 무엇을 살펴볼 수 있니?
   - 그 꽃은 어떤 점이 아름답게 느껴지니?

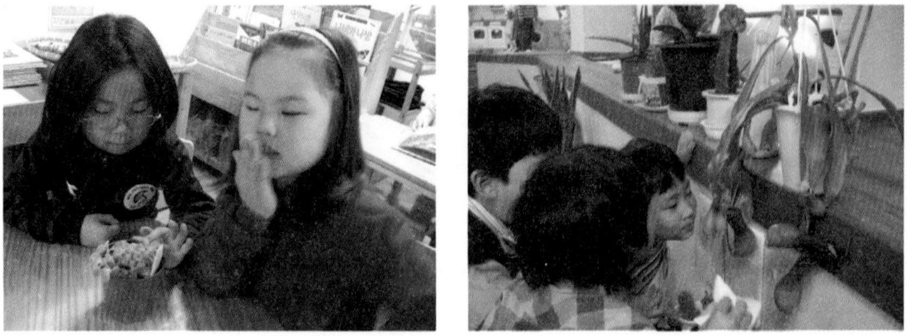

〈유치원의 실내 관상식물을 탐색하는 아이들의 모습〉

2. 관상식물의 특성에 대해 알아본다.
   - 관상식물은 다른 식물과 어떤 점이 다를까? (모양, 색깔, 촉감, 크기 등)
   - 왜 집에서는 관상식물을 많이 키울까?
   - 관상식물이 우리에게 주는 도움에 대해 이야기해 보자.

관상식물이 우리에게 주는 도움에 대한 아이들의 반응

"식물은 나쁜 공기를 없애고 좋은 공기를 만든대요."
"공기를 깨끗하게 해 주어 우리 몸을 건강하게 만든대요."
"식물이 있으면 보기가 좋잖아요."
"초록색을 많이 보면 눈이 좋아진대요."
"우리 집에는 전자파를 없애려고 키우는 식물도 있어요."
"나쁜 냄새를 없애 주는 식물도 있어요."

※ 산세비에리아는 공기를 정화시켜 주는 식물이고, 선인장은 전자파를 막아 주며, 관음죽은 화장실 냄새를 없애 주는 식물이다.

   - 관상식물을 집에서 키울 때 우리가 주의해야 할 점은 무엇일까?
     예 생명체이기에 소중히 다루고 정기적으로 물 주기, 적절한 장소에 관상식물 배치하기 등

- 관상식물들은 어디에서 난 것일까? (관상식물의 서식지를 알아본다.)
- 너희가 가장 좋아하는 관상식물은 무엇이니?

〈관상식물을 친구들 앞에서 소개하고 서식지 알아보기〉

〈관상식물 위치에 따라 달리 나타나는 효과의 차이를 알아보면서 모형품 배치해 보기〉

3. 관상식물로 실내 정원을 구성해 본다.

실내 정원 꾸미기 과정의 예

① 정원의 특성 탐색하기

② 실내 정원 위치 정하기

③ 실내 정원 설계도 구성하기

④ 여러 가지 재료로 실내 정원 만들기(예 나무 상자, 바구니 또는 페트병 등 활용하기)

⑤ 실내 정원에 관상식물 심기

⑥ 관상식물을 잘 키우는 방법에 대해 알아본 후, 지속적으로 관리하며 돌보기

실제편

〈유아들이 구성한 실내 정원 설계도〉

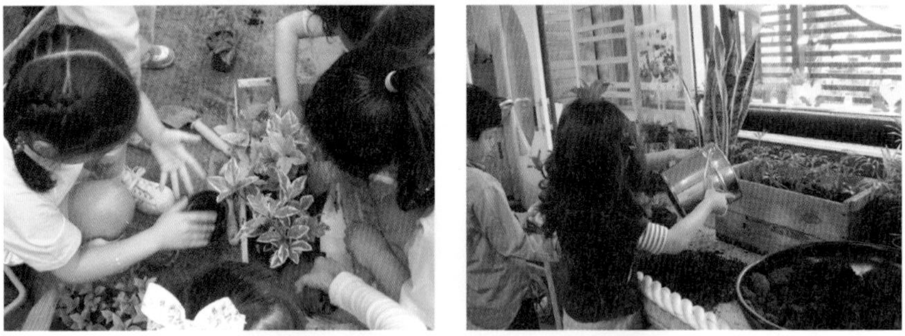

〈유아들이 구성한 설계도에 따라 꾸미는 과정〉

〈유아들이 꾸민 '행복한 건강 식물원'〉

4. 관상식물로 구성된 실내 건강 식물원의 아름다움을 느껴 본다.
   - 너희가 꾸민 건강 식물원을 보니 어떤 느낌이 드니?
   - 어떤 점이 아름답게 느껴지니?
   - 식물원의 아름다움을 오랫동안 담기 위해서 무엇을 할 수 있을까?
     (그림을 그리거나 사진을 찍어 전시한다.)

5. 순서를 정해 '행복 식물원 지킴이'가 되어 식물을 돌보며 교류하도록 한다.

<행복 식물원 지킴이의 역할>

1. 매일 물뿌리개로 이끼에 물 주기
2. 식물에게 물 주기
3. 고무나무와 산세비에리아 잎 닦아 주기
4. 전등과 물레방아가 켜져 있는지 확인하기
5. 트리안이 담겨 있는 물이 깨끗한지 확인하기
6. 행운목 접시에 물이 있는지 확인하기
7. 물뿌리개에 물 담기

〈지킴이 순서를 정하고 지킴이의 역할을 수행하는 아이들의 모습〉

활동 3

아름다운 자연을 나눈 사람들 ('민병갈 선생님의 수목원' 이야기)

✿ 활동 목표

- 자연공간을 아름답게 구성해서 환경을 보존한 사람들의 이야기를 감상해 본다.
- 환경운동가의 역할과 책임, 도전에 대해 관심을 갖고 알아본다.
- 유치원 정원을 구성해서 환경을 아름답게 꾸미고 돌본다.

✿ 누리과정 관련 요소

- 자연탐구: 자연과 더불어 살기-생명과 자연환경을 소중히 여긴다.
- 예술경험: 아름다움 찾아보기-예술적 요소에 관심을 갖고 찾아본다.

✿ 활동 자료

민병갈 선생에 대한 이야기 자료, 천리포 수목원 사진자료, 정원을 꾸밀 다양한 자료 등

✿ 활동 방법

1. 민병갈 선생님 이야기를 들려주고, 이야기에 대한 생각을 자유롭게 나눠 본다.
   - (이야기를 감상한 후), 민병갈 선생님은 어떤 분이셨니?
   - 왜 미국인이신 민병갈 선생님은 한국으로 국적을 옮기고 한국 사람이 되었을까?
   - 한국인이 되어서 어떤 일을 하셨니?
   - 민병갈 선생님이 만드신 수목원의 이름은 무엇이니?
   - 민병갈 선생님은 천리포 수목원을 왜 만드셨을까?
   - 민병갈 선생님은 천리포 수목원을 만들어서 사람들에게 무엇을 전하고 싶었을까?

- 자연이 아름답게 구성된 공간(장소)에 가면 어떤 마음이 드니?

2. 천리포 수목원의 아름다움을 느껴 본다.
   - (천리포 수목원 사진을 보면서) 이곳은 민병갈 선생님이 만드신 천리포 수목원이란다. 천리포 수목원을 보니 어떤 느낌이 드니?
   - 천리포 수목원 사진을 감상하면서 그 아름다움을 느껴 보자.
   - 어떤 아름다움이 느껴지니?
   - 가장 아름답게 느껴지는 부분은 무엇이니?
   - 너희들이 느낀 아름다움을 다른 사람도 느낄까?
   - 이렇게 아름다운 수목원이 만들어지지 않았다면 어떻게 되었을까?

3. 유치원 주변에 정원을 아름답게 꾸며 본다.
   - 민병갈 선생님처럼 정원을 꾸미려고 한단다. 어느 곳에 정원을 꾸며 볼까?
   - 어떤 방법으로 정원을 꾸미고 싶니?
   - 너희들이 꾸미고 싶은 정원을 그림으로 표현해 볼까?
   (정원을 꾸밀 장소를 사진 찍어 유아들에게 제시하고, 장소 사진에 자신이 꾸밀 정원을 상상하면서 그림으로 표현해 보도록 한다.)

〈유아들이 그림으로 표현한 정원〉

   - 정원을 꾸밀 여러 가지 식물로 직접 정원을 꾸며 보자.
   (유아들이 그린 정원 그림 중에서 한 가지를 정해서 직접 정원을 꾸며 본다.)

〈유아들과 함께 구성한 유치원 정원〉

✿ 참고사항

주변에 가까운 수목원을 유아들과 함께 직접 체험해 본다.

민병갈 선생님과 천리포 수목원 이야기

민병갈 선생님[영어명: 칼 페리스 밀러(Carl Ferris Miller)]은 제2차 세계대전 종전 직후 미군 중위로 한국에 왔다가 한국에 푹 빠져 그대로 한국에 머문 귀화인이다. 선생님은 전역 이후 한국은행 고문으로 28년간 일하다 1982년에 은퇴하시고 2002년에 서거하셨다. 선생님은 1970년 서해안의 천리포 수목원을 설립하셨고, 정부에서는 선생님의 남다른 나무 사랑 정신을 기려 금탑산업훈장을 수여했다.

천리포 수목원은 충청남도 태안군 소원면에 있는 한국 최초의 민간 수목원으로서, 미국인으로 1979년에 귀화한 민병갈(1921~2002)이 설립한 수목원이다. 특히 400품종 이상의 목련을 갖추고 있고 생물 다양성 보전과 관련해 세계적인 주목을 받고 있다.

출처: 네이버 백과사전-천리포 수목원.

활동

4 바람의 움직임을 느껴요

✿ 활동 목표

- 그림 속에 표현된 바람의 특성과 그 아름다움을 느껴 본다.
- 바람을 만들어서 스카프의 움직임을 표현해 본다.

✿ 누리과정 관련 요소

- 자연탐구: 자연과 더불어 살기-날씨와 계절의 변화를 생활과 관련짓는다.
- 예술경험: 아름다움 찾아보기-예술적 요소에 관심을 갖고 찾아본다.
- 예술경험: 창의적으로 표현하기-다양한 미술 재료와 도구로 자신의 생각과 느낌을 표현한다.

✿ 활동 자료

바람을 일으킬 도구(신문지, 마분지, 박스지, 우드락판), 스카프, 명화 자료(모네의 〈파라솔을 든 여인〉과 바람을 표현한 그림), 그림 그리는 도구

✿ 활동 방법

1. 바람을 표현한 그림(모네의 〈파라솔을 든 여인〉)을 감상해 본다.
   - 이 그림은 어떤 날에 그린 것일까?
   - 무엇을 보고 바람이 분다는 것을 알 수 있었니?
     - 예 스카프가 날려요. 치마가 날려요. 바람이 많이 불어서 양산을 쓰고 있는 거예요. 풀도 옆으로 기울어 있어요.
   - 그림 속의 여인은 어느 곳에 서 있는 것 같니?
   - 그곳에서 부는 바람의 세기는 어느 정도일까?
   - 센 바람이 불수록 여인의 모습과 풀의 모습은 어떻게 변할까?

- 바람을 표현한 또 다른 그림을 감상해 보자. 어떤 느낌이 드니?
- 그림 속의 바람에서 어떤 아름다움이 느껴지니?
- 너희들이 바람을 그림으로 표현한다면 어떻게 표현하고 싶니?

2. 바람 만드는 방법에 대해 이야기해 본 후, 바람을 만들어 스카프의 움직임을 관찰해 본다.
   - 어떻게 바람을 만들 수 있을까?
   - 준비된 재료로 자유롭게 바람을 만들어 보자.
   - (스카프를 제시하며) 바람을 만들어서 스카프의 움직임을 탐색하려 한단다. 어떻게 하면 좋을까?
   - 바람을 일으켜 스카프를 움직여 보겠니?
   - 스카프가 어떻게 움직이고 있니? 움직이는 모습이 무엇처럼 보이니?
   - 더 센 바람을 일으킨다면 스카프의 움직임은 어떻게 될까?
   - 바람을 약하게 일으킨다면 스카프의 움직임이 어떻게 될까?
   - 바람의 세기를 달리하면서 스카프의 움직임을 다양하게 나타내 보고 그 아름다움을 느껴 보자.

     (스카프를 의자 다리에 묶고 바람을 일으키면서 바람에 따른 스카프의 움직임과 그 특징을 관찰해 본다.)

3. 바람에 의해 움직이는 스카프의 모습을 그림으로 표현해 본다.
   - 바람으로 스카프가 날리면서 어떤 선 모양을 만들었니?

- 그 모양이 무엇처럼 보였니?
- 센 바람이 불었을 때 스카프는 어떤 모습이었니?
- 우리도 화가들처럼 바람으로 움직이는 스카프의 모습을 그림으로 표현해 보자.

(스카프의 움직임을 선의 형태로 유아들이 자유롭게 표현해 보도록 한다.)

4. 활동을 떠올려 본다.
   - 스카프의 움직임을 그림으로 표현해 본 느낌이 어떠니?
   - 바람에 날리는 스카프 그림 대신에 네모난 모양의 스카프를 있는 그대로 그렸다면 그림이 어떻게 보였을까?
   - 너희들이 각자 표현한 스카프 그림을 친구들에게 소개하면서 바람이 스카프의 아름다움을 어떻게 나타내 보였는지 이야기해 보자.

   (유아들의 작품을 감상할 때, 바람에 따른 스카프 움직임 선의 특징에 초점을 두고 감상하도록 한다.)

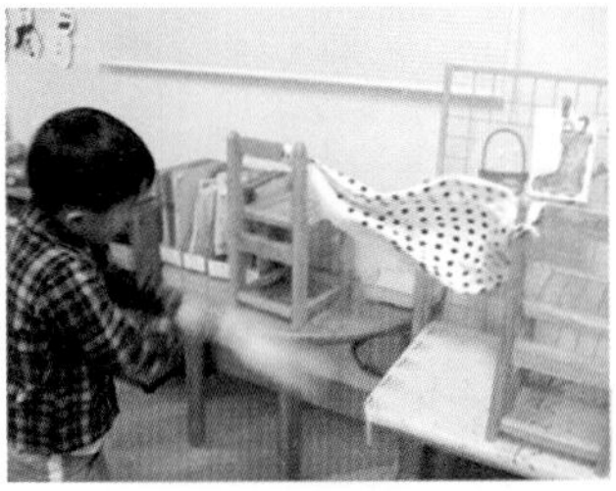

〈바람의 세기를 달리하면서 스카프의 움직임을 탐색하는 아이들의 모습〉

✿ 참고사항

1. 유아들과 함께 밖으로 나가서 바람에 따라 자연물이 어떻게 움직임을 나타내고 그 아름다움은 어떠한지 감상해 볼 수 있다.
2. 바람 부는 날, 스카프를 갖고 밖으로 나가 스카프를 바람에 날리면서 그 움직임을 탐색해 볼 수 있다.
3. 바람을 일으켜서 그림을 그리는 다양한 놀이를 전개하여 그림 그리는 방법(기법)의 다양성을 이해하도록 돕는다.

예 빨대로 입바람을 불어서 색깔 길(선) 만들기, 색깔 비눗방울을 불어 터트리면서 색깔 동그라미 선 표현하기 등

〈스카프를 바람에 날리면서 움직임을 탐색하는 아이들의 모습〉

4. 바람으로 공을 띄우면서 공의 움직임과 그에 따른 선을 탐색해 볼 수 있다(안전을 위해 헤어드라이기 바람은 찬 바람으로 하고 뜨거운 바람이 나오지 않도록 뜨거운 바람 버튼에 셀로판테이프를 붙여 놓는다).

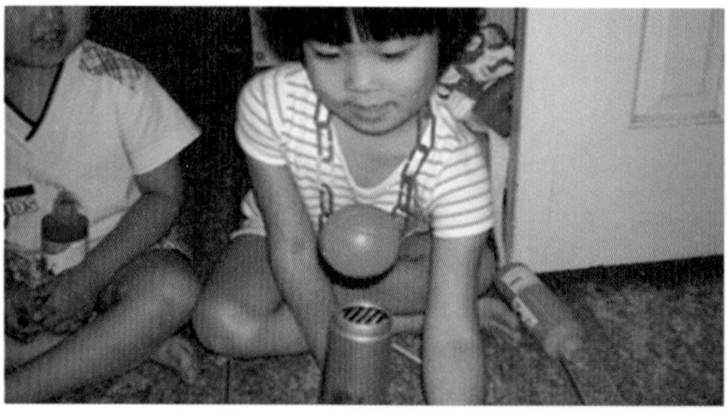

〈드라이기로 공을 띄워 보는 유아들〉

활동 5

몸에 좋은 오색수제비

✿ 활동 목표

- 자연물로 즙을 내서 색물을 만들어 밀가루 반죽을 해 보고, 물든 반죽으로 수제비를 만들어 본다.
- 수제비가 만들어지는 과정에서 나타나는 물질의 변화에 관심을 갖고 탐구한다.

✿ 누리과정 관련 요소

- 자연탐구: 생활 속에서 탐구하기-물체의 특성과 변화를 여러 가지 방법으로 탐색한다.
- 예술경험: 아름다움 찾아보기-예술적 요소에 관심을 갖고 찾아본다.

✿ 활동 자료

밀가루, 여러 색깔의 야채(적양배추, 단호박, 당근, 시금치 등), 여러 종류의 요리도구들

✿ 활동 방법

1. 요리 제목에 대한 생각을 나누어 본다.
   - 오늘 우리가 함께 할 요리는 '오색수제비'란다. 오색수제비라는 말을 들으니까 무슨 생각이 나니?
   - 왜 수제비를 오색수제비라고 했을까?
   - 어떤 색깔이 수제비 속에 숨어 있을까?
   - 수제비의 색깔은 어떻게 낼 수 있을까?
   - 수제비 모양을 다양하게 만든다면, 수제비 이름을 뭐라 부르면 좋을까?

2. 다섯 가지 색깔의 야채와 열매를 탐색해 보고, 오색즙을 만들어 색깔을 비교해 본다.
   - (여러 색깔의 야채를 제시하며) 무슨 열매와 야채가 있니?
   - 열매와 야채 속에서 어떤 색깔을 찾을 수 있니?
   - 열매와 야채로 색깔물을 만들려면 어떻게 해야 하니?

     (적양배추, 단호박, 당근, 시금치 등을 작게 썰어 믹서기에 넣고 갈아 보라색, 노란색, 주황색, 초록색 물을 만든다.)
   - 열매와 야채로 만든 오색즙을 보니까 느낌이 어떠니?

〈시금치와 적양배추를 믹서기에 갈아서 색깔물을 만들었어요.〉

3. 오색즙으로 밀가루 반죽을 해서 수제비를 만든다.
   - 색즙으로 밀가루를 반죽해 보자. 색즙은 얼마큼 넣어야 할까?

〈질퍽질퍽, 쭈욱쭈욱~ 쿡쿡 찍어서- 야! 자동차 모양이 되었네. 난 하트 모양~〉

- 수제비를 만들 반죽은 어느 정도로 되어야 할까?
- 색깔즙을 반죽에 넣어 오색수제비로 만들어 보자.

4. 멸치를 우려 낸 육수 속에 수제비를 넣은 후, 호박과 감자를 넣어서 다 익을 때까지 끓인다.
   - 너희가 만든 오색수제비를 국물 속에 넣어 보자. 반죽은 어떻게 될까?
   - 수제비가 맛있으려면 또 어떤 재료를 넣어야 할까?
   - 반죽이 점점 어떻게 되고 있니?
   - 둥실둥실 떠오르는 수제비를 보자. 수제비는 왜 가라앉지 않고 둥실둥실 위로 떠오를까?
   - 수제비와 함께 위로 떠오르는 것은 무엇일까?
   - 수제비가 다 익은 것을 어떻게 알 수 있을까?

5. 수제비가 다 익으면 맛을 느끼고 활동을 떠올려 본다.
   - 다 익은 수제비를 맛보자. 맛이 어떠니?
   - 수제비의 색깔이 어떠니?
   - 오색수제비를 만들어 본 느낌은 어떠니?
   - 왜 오색수제비를 몸에 좋은 오색수제비라 할까?

〈몸에 좋은 오색수제비랍니다. 단호박 수제비는 아주 달콤해요.〉

7 우리 동네

접근법	활동명
유아의 일상적 질문에 기초한 탐구활동	바위의 웅덩이는 어떻게 생겼나요?
자연친화적 접근을 통한 과학교육 - 동식물 기르기, 텃밭 가꾸기, 주제에 관한 자연물 탐구	버려진 공터가 텃밭으로
문학 및 과학이야기를 통한 과학교육	소리 흡수 · 반사 놀이 ('깡통라디오' 이야기)
예술 활동을 통한 과학교육	그림자도 예술가래요
요리 활동을 통한 과학교육	포도잼과 젤리 만들기

활동 1

바위의 웅덩이는 어떻게 생겼나요?

✿ 활동 목표

- 물의 힘으로 생긴 웅덩이에 관심을 갖는다.
- 물의 힘으로 모래상자에 웅덩이를 만들어 본다.

✿ 누리과정 관련 요소

- 자연탐구: 자연과 더불어 살기-날씨와 계절의 변화를 생활과 관련짓는다.
- 자연탐구: 탐구과정 즐기기-궁금한 것을 탐구하는 과정에 즐겁게 참여한다.

✿ 활동 자료

낙숫물에 의해 구멍이 생긴 바위 사진(사진 검색어: 낙숫물, 바위 구멍), 페트병, 모래, 모래 담을 상자 등

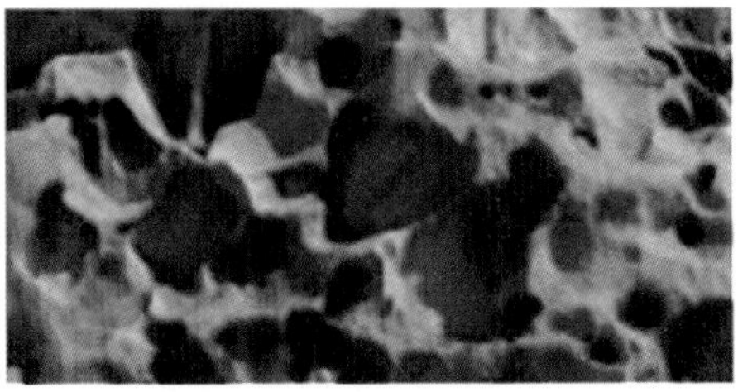

✿ 활동 방법

1. 바위에 물의 힘으로 생긴 웅덩이 사진을 보면서 이야기한다.
   - 무슨 사진일까? 무엇처럼 보이니?
   - 바위에 구멍이 왜 나 있을까?
   - 저렇게 딱딱한 바위에 구멍이 뚫릴 정도라면 얼마만큼의 힘이 필요할까?
   - 저렇게 어마어마한 힘으로 바위에 구멍을 낸 것은 무엇일까?

2. 물의 힘에 대해 알아본다.
   - 물에 힘이 있다는 말을 들어 본 적이 있니?
   - 물에 힘이 있다는 것을 느껴 본 적이 있니?

     예 물을 세게 틀면 손바닥에 탁탁탁-해요. 비데에서 나오는 물이 세요. 샤워기에서 물 나올 때 세게 나와요. 세차장에서 차 닦을 때 물이 세게 나와요.
   - 힘이 있는 물이 바위에 이렇게 구멍을 낼 수도 있을까?
   - 어떻게 구멍을 낼 수 있을까?
   - 이렇게 구멍이 생기기까지 얼마나 많은 시간이 걸렸을까?

3. 바깥 공간으로 나가서 위치에 따른 물의 힘을 경험해 본다.
   - 물에 힘이 있다는 것을 우리가 경험해 볼 수 있을까?
   - 페트병에 물을 가득 담아 왔단다. 모래에 물을 조금씩 부으면 어떻게 되는지 관찰해 보자.

     예 모래가 밀려가요. 모래의 구멍이 생겨요.
   - 더 큰 구멍을 만들기 위해서 어떻게 해야 할까?

     예 물을 더 많이 부어요. 높은 데서 물을 부어요.
   - 이젠 조금 높이 팔을 들고 물을 부어 보려고 해. 어떻게 되는지 잘 살펴보자.
   - 물을 좀 더 높이 부어 보자. 모래에 구멍이 어떻게 되고 있니?

     예 모래에 큰 구멍도 생기지만 물이 옆으로 막 튀어요. 힘이 세 보여요.
   - 손으로 물을 느껴 볼까? 위치에 따라 물의 힘이 어떻게 다른지 느껴 보자.

     예 가까이서 물을 부을 때는 간지러운데 높이 물을 부으면 조금 따끔거려요.

〈물의 높이를 달리해서 물을 부어 보는 아이들의 모습〉

〈물의 높이에 따라 다르게 만들어진 모래 구멍〉

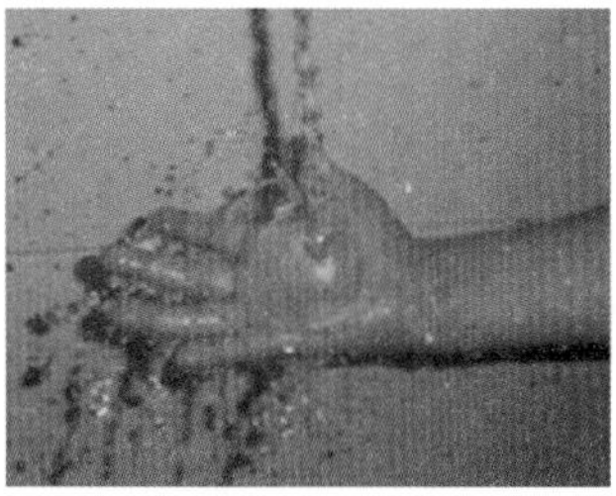
〈물의 높이에 따라 손바닥에 닿는 느낌이 달라요.〉

4. 활동을 떠올려 본다.
   - 물의 힘을 탐색해 본 느낌이 어땠니?
   - 활동을 통해 어떤 것을 알 수 있었니?
   - 물의 힘으로 우리가 할 수 있는 일은 무엇일까?

✿ 참고사항

1. 우산을 쓰고 앉아서 물이 떨어지는 느낌이나 소리 등으로 위치에 따른 물의 힘을 느껴 볼 수 있다.
2. 힘이 센 물을 이용해서 어떤 일을 할 수 있을지 생각해 본 후, 그림으로 표현해 본다.

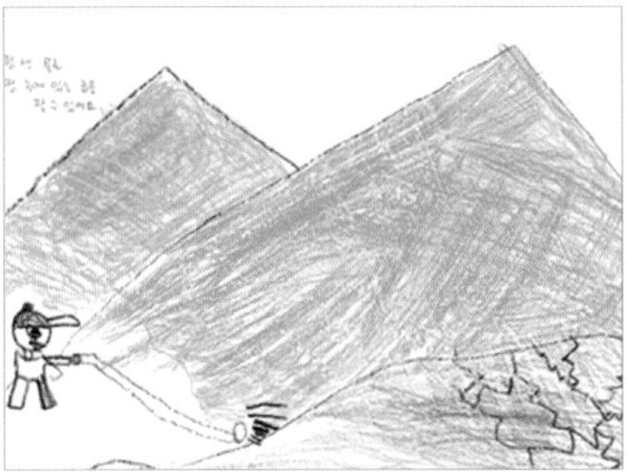
〈힘이 센 물로 땅 속에 있는 금을 팔 수 있어요.〉

〈물이 세게 나와서 유리창을 닦는 기계예요.〉

활동

2 버려진 공터가 텃밭으로

✿ 활동 목표

- 주변의 공터를 활용하는 방법에 대해 알아본다.
- 주변의 공터를 텃밭으로 구성하여 식물을 재배해 본다.

✿ 누리과정 관련 요소

- 자연탐구: 자연과 더불어 살기-주변의 동식물에 관심을 가진다.
- 사회관계: 사회에 관심 가지기-내가 살고 있는 곳에 대해 궁금한 것을 알아본다.

✿ 활동 자료

사진기, 식물 모종, 자연물 가꾸는 여러 도구

✿ 활동 방법

1. 주변에 버려진 공터를 찾아본다.
   - 우리 주변에서 사용하지 않는 땅을 본 적이 있니?
     (공터 사진을 제시하면서) 이 사진은 어느 곳을 찍은 것일까?
   - 이 땅이 공터라는 것을 어떻게 알 수 있지?
   - 공터를 직접 찾아가서 살펴보자.
     (유아들과 함께 사진 속의 공터로 직접 나가서 공터의 모습을 살펴보도록 한다.)

2. 공터를 활용할 수 있는 여러 방법에 대해 이야기해 본다.
   - 공터를 살펴보니까 어떤 생각이 드니?
   - 공터에서 무엇을 볼 수 있니?
   - 공터는 다른 곳과 어떤 점이 다른 것 같니?

- 사람들은 이 공터를 왜 사용하지 않는 것일까?
- 너희는 이 공터를 어떻게 사용했으면 좋겠니?
- 공터가 무엇으로 바뀌었으면 좋겠니?

3. 주변 사람의 동의를 얻어 공터를 텃밭으로 구성해 본다.
   - 공터를 텃밭으로 가꾸려고 한단다. 어떻게 해야 할까?
   - 공터를 텃밭으로 가꾸려고 할 때 누구에게 이야기해야 할까?
   - 우리가 해야 할 일은 무엇일까?

     예 주변 사람들에게 동의 얻기-쓰레기 치우기-여러 가지 도구로 땅 고르기-텃밭에 심을 모종을 정한 후, 직접 구해 오기-식물 모종 심기-팻말과 울타리 만들기-지속적으로 텃밭에 방문하여 작물 가꾸기 등

〈버려진 공터에 텃밭을 만들어요.〉

〈텃밭에 야채 모종을 심어요.〉

4. 텃밭으로 바뀐 공터에 대한 자신의 생각을 이야기해 보고, 지속적으로 텃밭을 관리하면서 식물을 재배해 본다.
   - 공터는 무엇으로 바뀌었니?
   - 맨 처음 공터를 보았을 때 어떤 느낌이었니?
   - 지저분하고 버려진 듯한 느낌을 주던 공터가 텃밭으로 바뀌었을 때 어땠니?
   - 너희가 텃밭으로 바뀐 공터를 자주 찾아가면 공터는 또 모습이 어떻게 달라질까?

   (식물을 재배하는 과정에서 생기는 여러 문제에 대해 유아들과 함께 토의하고 문제를 해결해 본다.)

식물 재배 과정에서 해결해야 할 여러 문제의 예

- 가뭄이 들어서 물이 부족할 때 어떻게 해야 할까?
- 고추가 자라면서 자꾸 쓰러진다. 어떻게 해야 할까?
- 배추애벌레가 배추 잎을 자꾸 갉아먹는다. 어떻게 해야 할까?
- 지렁이를 텃밭 땅속에 넣고 음식물을 묻어 주면 지렁이가 정말 질 좋은 흙을 만들어 줄까? 어떻게 알아볼 수 있을까?

✿ 참고사항

교실에도 텃밭을 만들어 식물을 재배하면서 실외 식물과 실내 식물의 성장 차이가 어떠한지 비교해 볼 수 있다.

〈큰 상자에 야채 모종을 심고 교실에서 식물을 가꾸는 아이들의 모습〉

활동 **3**

소리 흡수 · 반사 놀이 ('깡통라디오' 이야기)

✿ 활동 목표

- 소리를 흡수하는 재질을 알아보고 그 특징에 대해 알아본다.
- 실험을 통해 파이프로 전해지는 소리가 물체에 반사되는 것을 이해한다.

✿ 누리과정 관련 요소

- 자연탐구: 생활 속에서 탐구하기-물체의 특성과 변화를 여러 가지 방법으로 탐색한다.
- 자연탐구: 탐구과정 즐기기-궁금한 것을 탐구하는 과정에 즐겁게 참여한다.
- 사회관계: 사회에 관심 가지기-다양한 문화에 관심을 가진다.

✿ 활동 자료

'깡통라디오' 이야기 자료, 소리 흡수 실험재료(라면 상자 4개, 천, 냉장고 상자, 계란판, 양면테이프, 매직, 색종이), 소리 반사 실험재료(파이프, 딱딱한 재질의 그림 카드) 등

'깡통라디오' 이야기

이 라디오는 빅터 파파넥이 인도네시아 발리의 원주민들과 함께 만든 것이다. 당시 발리에는 큰 화산이 폭발해 많은 주민이 다치고 살 곳을 잃었다. 집집마다 간단한 통신기기만 있었어도 이렇게 피해가 커지지는 않았겠지만, 가난한 원주민에게 라디오는 살 엄두가 나지 않는 값비싼 물건이었다. 그래서 파파넥은 원가 단 9센트, 지금 돈으로 100원짜리 라디오를 만들었는데, 재료는 관광객이 버린 깡통 등의 쓰레기였고, 땅콩 기름 등을 동력으로 사용하였다. 발리 원주민들은 파파넥과 함께 라디오의 개발에 직접 참여하면서 무척 즐거워

했다. 왜냐하면 세상에 단 하나뿐인 자기만의 라디오를 가지게 되었기 때문이다. 이렇게 자기의 손길이 밴 물건은 공장에서 대량 생산한 물건들처럼 쉽게 버려지지 않았다.

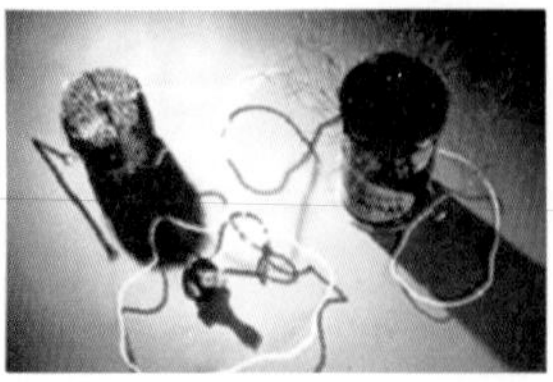

✿ 활동 방법

1. '깡통라디오' 이야기를 듣고 자신의 생각을 적절히 표현해 본다.
   - ('깡통라디오' 이야기를 들려 준 후), 깡통라디오는 어떻게 해서 만들어졌니?
   - 발리의 원주민들을 위해 깡통라디오를 만든 빅터 파파넥에 대해서 어떤 생각이 드니?
   - 깡통을 버린 관광객에게 어떤 이야기를 전하고 싶니?
   - 버려진 깡통이 라디오로 달라진 모습을 보니 어떤 마음이 드니?
   - 너희는 깡통을 무엇에 사용하고 싶니?
   - 발리 사람들은 깡통라디오를 어떻게 여겼니?
   - 너희에게 가장 소중한 물건은 무엇이니?

2. 소리의 흡수와 전달에 대해 관심을 갖고 알아본다.
   - 주변에서 들을 수 있는 소리는 무엇이 있니?
   - 소리는 어떻게 전달되는 것일까?
   - 소리를 먹거나 빨아들이는 것도 있을까? 소리를 밀어내는 것은 무엇일까?
   - 소리가 흡수되거나 반사되는 것을 어떻게 알아볼 수 있을까?
   (준비된 재료를 탐색하면서 소리를 흡수하고 반사하는 재질의 특성을 탐색해 본다.)

소리를 흡수하는 재질 탐색의 예

① 작은 상자 안에 계란판을 붙인 것과 천으로 두른 것을 제시한다.

② 상자 안에 핸드폰을 넣고 울리게 하여 소리의 차이를 비교해 본다.

③ 상자 안에 붙인 재질의 특성을 탐색하면서 소리를 더 많이 흡수하는 계란판의 소리 흡수 원리에 대해 이야기해 본다.
(계란판에는 소리가 부딪치는 면이 많아서 소리를 흩어지게 하고 없어지게 한다. 이러한 원리에 대해 이야기해 보고 계란판 모양으로 만든 방음벽을 소개한다.)

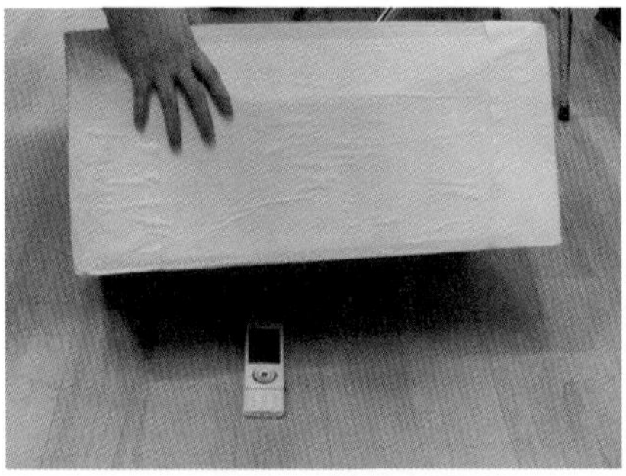

〈상자 안쪽에 계란판을 붙인 것〉

〈상자 안쪽에 천을 벽에 붙인 것〉

계란판의 요철은 소리를 잘 반사시키고, 반사된 각각의 소리는 서로의 소리를 줄이는 역할을 해서 소음이 줄어든다. 계란판은 부드러운 것이 좋으며, 여러 겹 겹쳐서 하는 것도 효과가 있다. 또한 시중에도 계란판 모양의 방음재가 나와 있다.

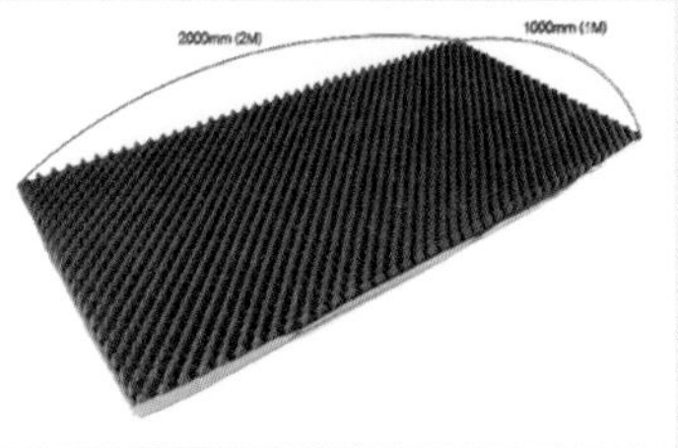

소리를 반사하는 재질 탐색의 예

① 파이프로 놀이하면서 그 특성을 탐색해 본다.

② 파이프로 전달되는 소리의 특성(크기, 울림 등)에 대해 이야기해 본다.

③ 파이프를 여러 개 연결해서 소리의 차이를 알아본다(길게 연결한 것과 꺾이게 연결한 것).

④ 파이프의 꺾인 부분에 여러 가지 재질의 카드를 놓고 소리의 차이를 알아본다.

⑤ 소리가 잘 반사된 것과 잘 반사되지 않은 사물의 특성 차이를 비교해 본다.

소리 반사가 잘 되는 물건	동화책, 하드보드지, 우드락, 거울
소리 반사가 잘 되지 않은 물건	코르크판, 인형, 목도리

⑥ 생활 속에서 소리 반사를 어떻게 활용하는지 알아본다.

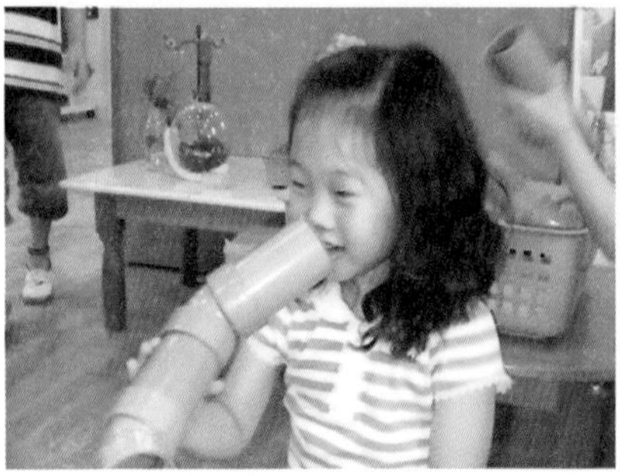

3. 냉장고 상자 안에 계란판을 붙여 '마음껏 소리방'을 만든 후, 소리 흡수 실험을 한다.

〈계란판을 붙인 상자 사이로 소리는 어떻게 들려올까요?〉

〈'마음껏 소리방'에서는 내 마음껏 소리를 지를 수 있어요.〉

4. 활동을 떠올려 본다.
   - 소리를 탐색해 본 느낌이 어떠니?
   - 소리가 반사되었을 때 어떤 마음이었니?
   - 소리가 흡수되는 '마음껏 소리방'에 들어간 기분은 어땠니?
   - 계란판처럼 소리를 흡수하는 것은 또 무엇이 있을까?
   - 집에 소리를 흡수하는 재료를 붙인다면 어느 곳에 붙이고 싶니?

✿ 참고사항

'마음껏 소리방'을 '화 푸는 장소'로 활용해서 유아가 기분이 나쁘거나 속상할 때 감정을 표현하는 방으로 사용할 수도 있다.

활동

4 그림자도 예술가래요

✿ 활동 목표

- 빛과 그림자의 관계에 대해 안다.
- 그림자에 의해 달라지는 그림의 신비감과 아름다움을 느껴 보고 직접 구성해 본다.

✿ 누리과정 관련 요소

- 자연탐구: 자연과 더불어 살기-날씨와 계절의 변화를 생활과 관련짓는다.
- 자연탐구: 탐구과정 즐기기-궁금한 것을 탐구하는 과정에 즐겁게 참여한다.
- 예술경험: 창의적으로 표현하기-다양한 미술 재료와 도구로 자신의 생각과 느낌을 표현한다.

✿ 활동 자료

그림자 탐색 자료(조명등, 블록, 전지), 그림 도구(조명등, 우드락, 전지, 가위, 테이프, 사진기 등), 전신종 화가의 작품 등

✿ 활동 방법

1. 바깥놀이터에서 그림자를 만들면서 그림자의 여러 특성을 탐색해 본다.
   - 바닥에 무엇이 나타나고 있니?
   - 그림자는 어떻게 생긴 것일까? 어디에서 온 것일까?
   - 그림자 모양이 다 어떠니?
   - 그림자는 왜 모양이 다를까?
   - '그림자로 모양 만들기' 놀이를 해 보자. 어떤 모양을 만들어 볼까?
   - 내 몸으로 만들 수 있는 모양은 무엇일까?

- 친구와 함께 만들 수 있는 모양은 무엇일까?
- 자연물이나 사물로는 어떤 모양을 만들 수 있을까?
- 그림자 모양을 본 느낌이 어떠니?
- 너희가 그림자로 그림을 그린다면 어떤 그림을 그리고 싶니?

〈그림자를 찾아봐요. 어디에나 그림자가 있어요.〉

2. 전등을 이용하여 그림자가 생기는 원인과 사물의 위치에 따라 달라지는 그림자의 특성을 탐색해 본다.
   - 준비된 재료를 이용하여 그림자를 만들어 보자. 블록을 어느 곳에 놓아야 그림자가 생길까?
   - 그림자는 어느 곳에 생겼니? 모양은 어떠니?
   - 그림자는 항상 같은 모양일까?
   - 여러 형태로 그림자 모양이 만들어지도록 블록을 이리저리 옮겨 보자. 어떻게 될까? (위치에 따라 그림자의 크기, 농도, 방향 등이 달라지는 것을 유아가 주의 깊게 탐색하도록 돕는다.)
   - 그림자는 어떻게 만들어지는 것일까?

- 햇빛 또는 불빛 뒤에 사물을 놓으면 그림자는 어떻게 될까?
- 그림자 놀이를 하면서 새롭게 알게 된 점은 무엇이니?
- 그림자에 대해서 더 알고 싶은 점은 무엇이니?
- 그림자로 할 수 있는 일은 무엇일까?
- 사람이 그림자로 하는 일에 대해서 알고 있니?

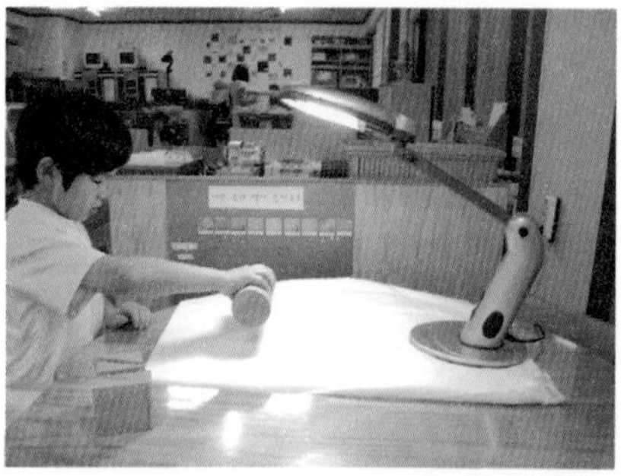

〈위치에 따라 그림자의 크기, 농도, 방향 등이 달라지는 특성 탐색하기〉

2. 그림자로 표현된 예술작품(그림)을 감상해 본다.
   - 무슨 그림일까?
   - 어떤 방법으로 만들어진 그림일까?
   - 그림자를 이용해서 만들어진 전신종 화가의 그림이란다. 그림자가 그림을 어떻게 변화시키는지 주의 깊게 살펴보자(유아들과 함께 그림을 하나씩 살펴보면서 그림자에 따른 그림의 변화를 탐색해 본다).

출처: 화가 전신종 작품 전시회.

〈그림을 감상하는 아이들의 모습〉

- 그림자로 만들어진 그림을 감상해 본 느낌이 어떠니?
- 그림자의 특성을 이용해서 그림을 그린 화가에 대해 너희는 어떤 생각이 드니?
- 우리도 전신종 화가처럼 그림자로 그림을 만들어 볼까?

3. 준비된 재료를 이용하여 그림자로 나타낼 수 있는 그림 작품을 만들어 본다.

작품을 구성하는 방법

① 전지를 길게 잘라서 우드락에 구불거리게 붙인 후, 모양을 탐색한다.
② 다양한 방법으로 그림에 조명 빛을 비추면서 그림자에 따른 그림의 변화를 탐색해 본다.
③ 그림에 나타난 그림자의 형태가 가장 멋있다고 생각되는 모습을 사진으로 찍어서 사진 속에 표현된 그림을 감상해 본다.

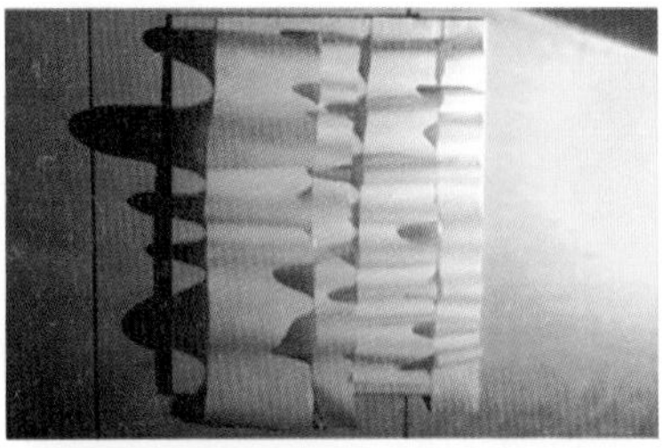

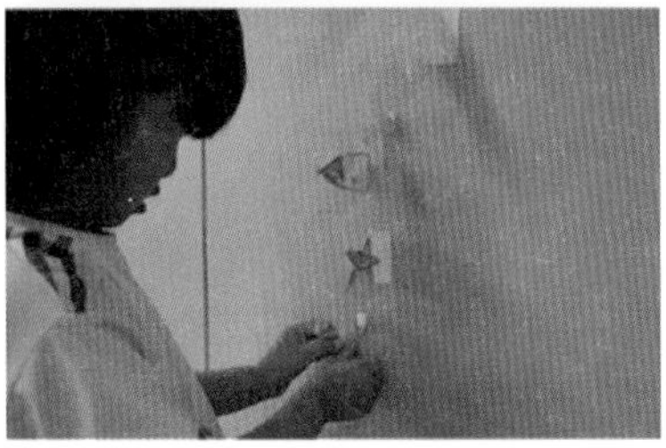

〈그림 작품을 감상하는 아이들의 모습〉

4. 유아의 작품을 감상하면서 활동을 떠올려 본다.
   - 그림자를 이용해서 작품을 만들어 본 느낌이 어떠니?
   - 똑같은 모양인데도, 빛의 위치를 바꿀 때마다 그림이 어떻게 변했니?
   - 어떻게 그림이 달라 보일 수 있는 것일까?
   - 종이를 다른 방법으로 붙인다면 어떨까?

✿ 참고사항

1. 조명을 미리 밝혀 놓고, 그림자의 모양을 생각하면서 조각 종이들을 입체감 있게 붙여 가며 작품을 만들어 볼 수 있다.
2. 유아들과 함께 해시계를 만들며 '그림자 탐색놀이'를 전개해 볼 수도 있다.

〈시계가 동그랗게 한 바퀴 도니까 해시계도 그럴 것 같아요.〉

활동 5

포도잼과 젤리 만들기

✿ 활동 목표

- 포도 농장을 체험하면서 포도의 성장 과정과 그 특성에 대해 알아본다.
- 포도로 요리하면서 포도의 여러 가지 특성의 변화를 관찰, 비교해 본다.

✿ 누리과정 관련 요소

- 자연탐구: 자연과 더불어 살기-주변의 동식물에 관심을 가진다.
- 자연탐구: 생활 속에서 탐구하기-물체의 특성과 변화를 여러 가지 방법으로 탐색한다.

✿ 활동 자료

사진기, 포도 요리 재료와 도구류(포도, 냄비, 주걱, 국자, 체, 투명컵, 가스버너, 젤라틴, 설탕, 빵 등)

✿ 활동 방법

1. 포도 농장을 견학하면서 포도의 성장 과정과 수확 방법을 알아본다.
   - 포도 농장에서 포도를 관찰하려고 해. 포도에 대해서 어떤 점을 알게 될까?
   - 포도나무는 어떤 모습으로 자랄까?
   - 포도가 달려 있는 모습을 살펴보자.
   - 한 송이에 몇 개의 알이 붙어 있을까?
   - 어린 포도나무의 모습은 어떨까?
   - 포도씨가 얼마나 오래 자라야 이렇게 큰 나무로 성장하여 포도를 열리게 할까?
   - 포도는 어떻게 따야 할까?

(농장 주인의 지시에 따라 '포도 따기'를 직접 체험해 본다.)

2. 포도 농장에서 가져온 포도를 직접 맛보고, 포도로 잼과 젤리를 만들어 본다.
   - 포도 농장에서 가져온 포도란다. 직접 먹어 보면서 포도의 맛을 느껴 보자.
   - 포도 맛을 말로 표현한다면 뭐라고 할 수 있을까?
   - 포도 맛을 표정으로 나타내 보자.

포도 맛보기

〈포도를 먹고 나니 내 혀가 보라색으로 물들었어요.〉

- 포도로 요리를 하려고 한단다. 어떤 요리를 해 볼 수 있을까?
- 직접 해 보고 싶은 요리는 무엇이니?

(준비한 요리재료를 함께 탐색한 후, 요리 방법에 따라 직접 요리해 본다.)

포도잼과 젤리 만들기

① 포도잼 만들기
- 포도알을 깨끗이 씻어서 냄비에 넣고 끓인다.
- 포도알이 어느 정도 뭉그러지면, 체에 받쳐 껍질과 씨를 거른다.
- 끓인 포도즙에 설탕을 넣고 졸이면, 포도잼 완성!

② 포도젤리 만들기

- 포도껍질은 끓이고, 포도알은 컵 속에 넣는다.
- 포도껍질을 건져 낸 포도물에 젤라틴과 설탕을 녹인다.
- 포도알이 들어 있는 컵 속에 붓는다.
- 냉장고에 넣었다 빼면, 포도젤리 완성!

3. 요리 과정에서 나타난 포도의 변화를 살펴보고, 포도잼과 포도젤리의 특성을 비교해 본다.
   - 포도로 어떤 요리를 해 보았니?
   - 포도로 잼과 젤리를 만들어 본 느낌이 어떠니?

- 포도는 잼과 젤리로 만들어지면서 어떻게 달라졌니?
- 맛도 달라졌을까?
- 잼과 젤리는 서로 어떤 점이 같고 다른지 이야기해 보자.
(포도색과 촉감, 형태, 맛 등을 비교하면서 그 차이를 비교해 본다.)

4. 활동을 떠올려 본다.
- 포도 요리를 하면서 새롭게 알게 된 점은 무엇이니?
- 포도 요리를 하면서 신기했던 점은 무엇이니?
- 포도로 더 해 보고 싶은 요리는 무엇이니?
- 포도로 놀이를 한다면 어떤 놀이를 할 수 있을까?

✿ 참고사항

포도를 이용한 다양한 체험놀이를 확장하여 경험해 볼 수 있다.

예 포도 촉감놀이, 포도즙으로 그림 그리기, 염색하기, 포도주 담그기

〈촉감놀이〉

〈그림 그리기〉

〈염색하기〉

〈포도주 담그기〉

8 생활 도구

접근법	활동명
유아의 일상적 질문에 기초한 탐구활동	옷걸이 옷은 왜 떨어질까요?
자연친화적 접근을 통한 과학교육 - 동식물 기르기, 텃밭 가꾸기, 주제에 관한 자연물 탐구	신기하고 재미있는 화분들
문학 및 과학이야기를 통한 과학교육	종이로 무얼 할까? (『종이 한 장』 이야기)
STEAM 기반 과학교육	내가 그림 속에 들어갔어요
요리 활동을 통한 과학교육	야채만두 빚기

활동 **1**

옷걸이 옷은 왜 떨어질까요?

✿ 활동 목표

- 옷걸이에 옷을 걸며 마찰력을 경험한다.

✿ 누리과정 관련 요소

- 자연탐구: 생활 속에서 탐구하기-물체의 특성과 변화를 여러 가지 방법으로 탐색한다.
- 자연탐구: 생활 속에서 탐구하기-도구와 기계에 대해 관심을 가진다.
- 자연탐구: 탐구과정 즐기기-궁금한 것을 탐구하는 과정에 즐겁게 참여한다.

✿ 활동 자료

옷걸이, 니트로 된 옷, 고무줄(고무장갑 윗부분 자른 것)

✿ 활동 방법

1. 옷걸이에 옷을 걸어 본 경험에 대해 이야기 나눈다.
   - 이것은 무엇이니?
   - 옷걸이는 어떤 때 사용하는 것일까?
   - 너희도 옷걸이에 옷을 걸어 본 적이 있니?
   - 옷걸이에 옷을 걸어 놓았을 때 좋은 점은 무엇이니?
   - 옷걸이에 옷을 걸어 놓으면서 불편하거나 어려웠던 점은 없었니?
   - 옷을 잘 걸었는데, 왜 옷이 자주 떨어지고 흘러내리는 것일까?

2. 옷걸이에서 옷이 흘러내리지 않게 하는 좋은 방법에 대해 이야기 나눈다.
   - 옷이 미끄러지지 않게 하는 방법에는 무엇이 있을까?

예 옷걸이의 양 옆을 위로 약간 구부린다.
옷걸이를 납작하게 해서 길게 만든다.
옷걸이 양 끝에 고무줄(고무장갑의 일부분)을 끼운다.

- 왜 그렇게 생각했니?
- 친구들이 이야기한 것 중에서 어떤 방법이 가장 좋을 것 같니?

3. 유아들이 제안한 방법으로 직접 실험해 본다.
   - 친구들이 알려 준 방법 중에 가장 좋은 것을 알아내기 위해서 실험을 해 보면 어떨까?
   - 어떻게 실험을 해 볼 수 있겠니?
   - 어떤 방법으로 했을 때 옷이 가장 잘 흘러내리지 않았니?
   - 옷걸이의 양 끝을 위로 올리니까 어떤 점이 좋지 않았니?

     예 옷의 어깨가 올라가서 모양이 이상해졌어요.
   - 고무줄은 왜 옷이 내려가지 못하게 하는 것일까?
   - 이렇게 옷이 흘러가려는 힘을 방해하는 고무줄의 힘을 '마찰력'이라고 한단다. 마찰력이 클수록 미끄러지지 않는 거야.

4. 활동을 회상하며 마찰력을 크게 하는 방법에 대해 생각해 본다.
   - 마찰력이 커져서 옷이 흘러내리지 않게 하는 방법은 무엇이었니?
   - 고무줄이 없다면 대신 무엇을 사용하면 좋을까?
   - 우리 집 옷장에서 흘러내리고 있는 옷들이 있는지 찾아보고, 엄마를 도와드리면 어떨까?
   - 우리 주변에도 마찰력을 이용해서 미끄러지는 것을 막는 것에는 무엇이 있을까?

     예 유리 그릇 바닥의 거친 면, 빙판길에 뿌리는 모래, 운동화 바닥, 목장갑의 빨간 면 등

실제편

✿ 참고사항

고무장갑, 목장갑 등을 손에 끼고 물건을 들어보는 활동을 통해 마찰력을 크게 하는 특징들을 살펴본다.

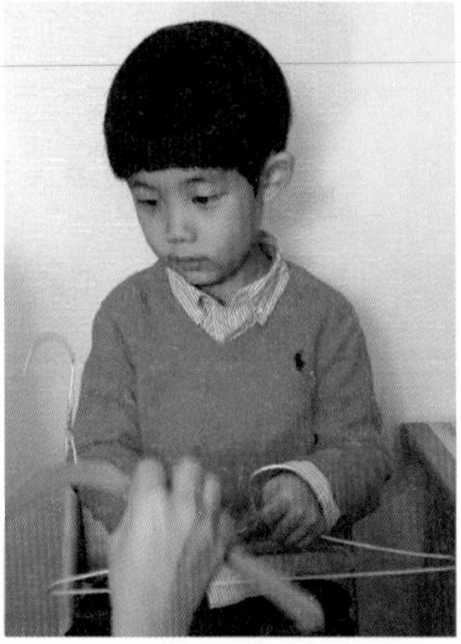
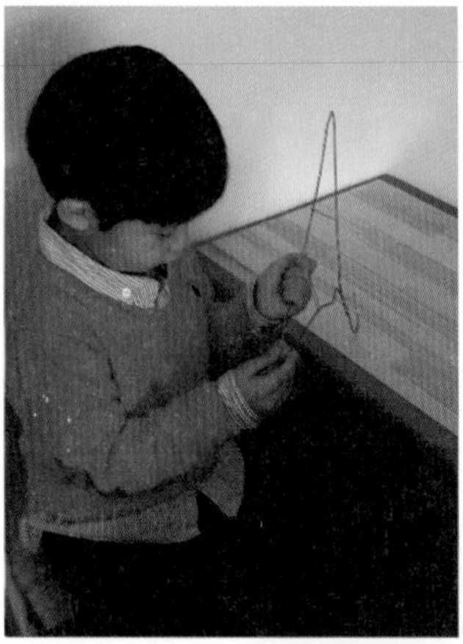
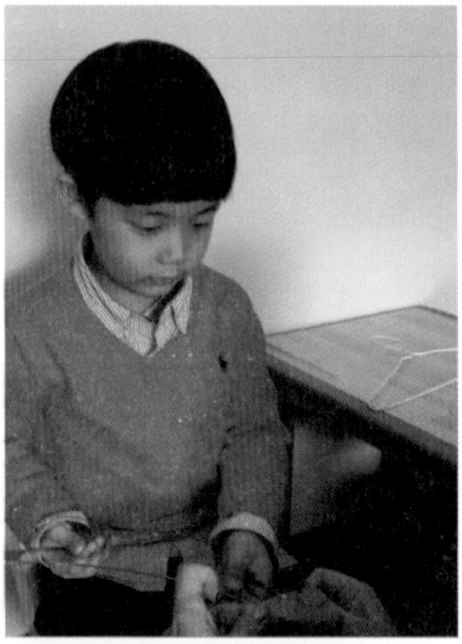

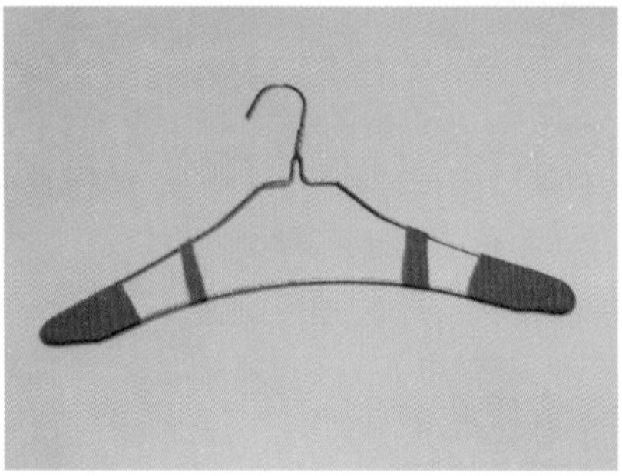
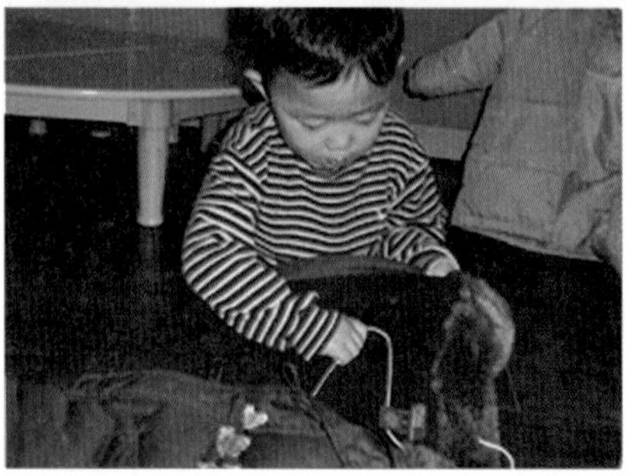

〈마찰력을 이용해서 만든 옷걸이〉

활동

2 신기하고 재미있는 화분들

✿ 활동 목표

- 화분의 종류와 그 특성에 대해 알고 적절히 활용해 본다.
- 여러 가지 재활용품을 활용하여 화분을 창의적으로 꾸며 본다.

✿ 누리과정 관련 요소

- 자연탐구: 자연과 더불어 살기-주변의 동식물에 관심을 가진다.
- 예술경험: 창의적으로 표현하기-다양한 미술 재료와 도구로 자신의 생각과 느낌을 표현한다.

✿ 활동 자료

화분을 만들 여러 종류의 재활용품(비닐봉투, 달걀껍질, 바구니, 모래주머니, 페트병, 깡통, 대나무 등), 화분에 심을 식물들, 꽃삽, 물뿌리개 등

✿ 활동 방법

1. 화분의 종류와 그 특성을 탐색해 본다.
   - (준비된 여러 종류의 화분을 탐색하면서) 어떤 화분들이 있니?
   - 각각의 화분마다 어떤 특징을 갖고 있는지 함께 살펴보자.
   - 이 화분은 다른 화분과 어떤 점이 다른 것 같니?
   - 이 화분에는 어떤 식물을 심으면 좋을까?
   - 이 화분에 ○○식물을 심는다면 어떻게 될까?
   - 특별히 너희 마음에 드는 화분은 무엇이니?
   - 만약 화분을 꾸민다면 어떻게 꾸미고 싶니?

2. 화분이 될 만한 재활용품을 수집해 본다.
- (재활용품을 제시하면서) 여러 종류의 재활용품을 이용해서 화분을 꾸미려고 한단다.
- 어떤 재활용품으로 화분을 꾸밀까?
- 이 재활용품으로 화분을 꾸민다면 어떤 준비를 해야 할까? 어떤 부분을 없애고, 또 어떤 부분을 더해서 꾸며야 할까?
- 이 재활용품을 화분으로 꾸밀 때 우리가 주의해야 할 점은 무엇일까?
- 자유롭게 재활용품을 선택해서 화분을 멋지게 꾸며 보자.

3. 재활용품을 이용하여 화분을 만들고 직접 식물을 심어 본다.
- 너희가 꾸민 화분을 감상해 보자. 가장 멋져 보이는 화분은 무엇이니?
- 이 화분의 멋진 점은 무엇일까?
- ○○가 가장 좋아할 화분은 무엇일까?
- (달걀껍질) 화분 속에는 어떤 식물을 심으면 좋을까?
- 화분의 특성에 맞는 식물을 골라 직접 심어 보자.

4. 화분의 특성을 고려하여 식물 화분을 적절한 장소에 전시해 둔다.
- 화분을 교실에 전시해 두고 식물을 돌보려고 한단다. 어느 곳에 전시해 두면 좋을까?
- 화분은 어떻게 전시하면 좋을까?
- 달걀 화분이 바로 서게 하려면 받침대를 어떻게 만들어야 할까?
- 너희가 꾸민 화분 속에 심어진 식물은 어떤 마음일까?

(유아가 꾸민 화분 속 식물을 지속적으로 탐색하면서 돌보도록 한다.)

신기하고 재미있는 화분

〈자루화분〉

〈투명컵 화분〉

〈자루화분〉

〈수박껍질 화분〉

〈달걀껍질 화분〉

〈우유팩 화분〉

〈깡통 화분〉

〈비닐봉투 화분〉

✿ 참고사항

책이나 잡지, 인터넷 자료를 통해서 아이디어가 있는 화분의 종류와 그 특성을 탐색하면서 적용해 볼 수 있다.

활동
3 종이로 무얼 할까?
(『종이 한 장』 이야기)

✿ 활동 목표

- 종이의 종류와 그 특성을 탐색해 본다.
- 생활 속에서 활용되는 종이의 쓰임에 대해 알아본다.
- 버려진 종잇조각을 이용하여 재생 종이를 만들어 본다.

✿ 누리과정 관련 요소

- 자연탐구: 생활 속에서 탐구하기-물체의 특성과 변화를 여러 가지 방법으로 탐색한다.
- 사회관계: 더불어 생활하기-친구와 서로 도우며 사이좋게 지낸다.

✿ 활동 자료

그림책『종이 한 장』(박정선 글, 민정영 그림, 비룡소), 종이 놀이에 필요한 종이(신문지, 색종이, 전지, 한지 등), 재생 종이 만들기 재료(우유팩, 신문지 등의 버려지는 종이, 믹서기, 식용색소, 체 등)

✿ 활동 방법

1. 그림책『종이 한 장』을 감상한 후, 이야기를 나누어 본다.
   - 그림책에서 종이는 어떤 모습으로 나왔니?
   - 한 장의 종이로 무엇을 할 수 있다고 했니?
   - 종이로 할 수 있는 또 다른 일은 무엇일까?

2. 그림책에 제시된 방법대로 종이 한 장으로 놀이해 본다.

- (종이를 한 장씩 제시하며) 한 장의 종이로 그림책에 표현된 놀이를 해 보자.

  예 바람 일으키기, 확성기로 활용하기, 모자 접기, 덮어서 몸 따뜻하게 하기, 병마개로 활용해 보기, 물건 포장하기, 그림 그리기, 비행기 또는 배 접기, 컵으로 활용해 보기 등

- 여러 종이 중에서 너희가 하고 싶은 놀이는 무엇이니?
- 자유롭게 종이 한 장으로 놀이해 보자.

  (여러 종이 놀이 중에 유아들이 하고 싶은 놀이를 선택하게 하여 함께 경험해 본다.)

'종이 한 장' 놀이 방법의 예

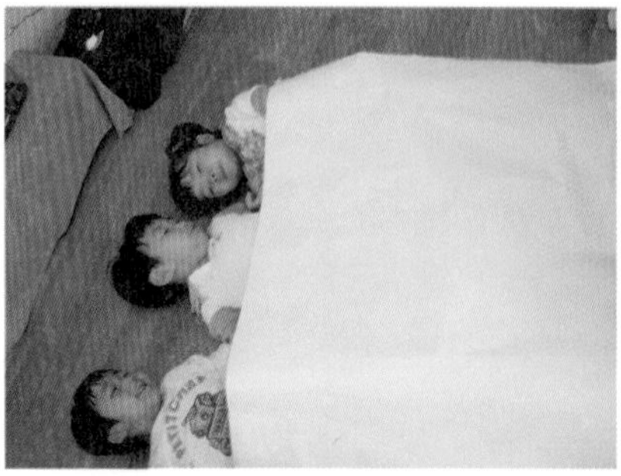

〈이불 덮기 놀이〉

〈확성기 만들어 소리 내 보기〉

〈종이를 접어 배 또는 비행기 만들기〉

〈신문지 공으로 공차기 놀이〉

3. 종이를 수집한 후, 종이의 다양한 특성을 탐색해 본다.

- (종이가 있는 물건을 찾아본 후), 각 종이는 어떻게 사용되고 있을까?

- 어디에서 종이를 찾을 수 있을까? 종이로 된 물건을 자유롭게 찾아보자.
- 우리가 찾은 종이는 어떤 특성을 갖고 있을까?
- 종이 특성을 어떻게 알아볼 수 있을까?

종이 탐색놀이의 예

① 소리 만들기

〈골판지는 어떤 소리를 가졌나?〉

〈종이도 소리를 가졌네!〉

② 찢어 보기

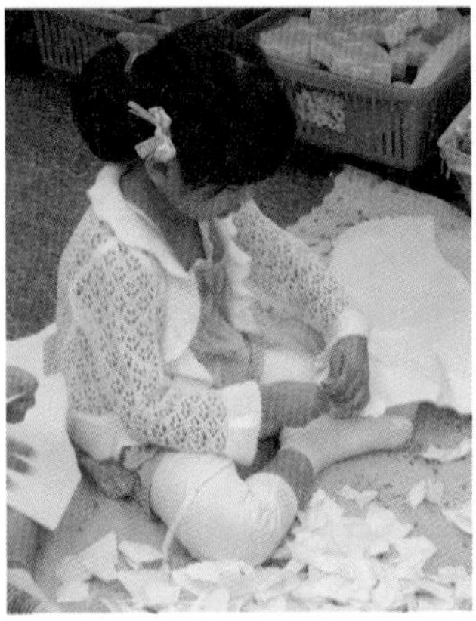

〈어떤 종이는 잘 찢어지네?〉

〈잘게 잘게 찢어서 놀아 보자.〉

③ 흡수하기

〈어떤 종이가 물을 가장 잘 흡수할까?〉

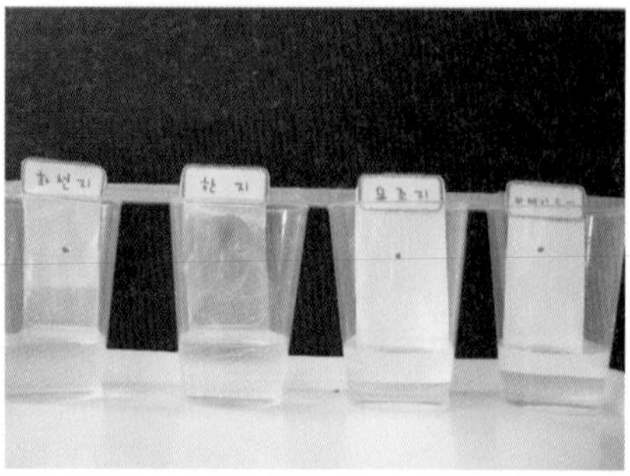

〈어? 한지가 물을 제일 빨리 먹네?〉

4. 버려진 종이를 이용하여 재생 종이를 만들어 본다.

재생 종이 만드는 방법

① 종이 잘게 찢기
② 잘게 찢은 종잇조각을 큰 통 속에 넣고 물 붓기
③ 종이가 물에 불려지도록 주물럭거리기
④ 부드러워진 종잇조각을 물과 함께 믹서기에 넣어 갈기
⑤ 믹서기로 간 종잇조각을 체에 받쳐 물기 빼기
⑥ 재생 종이가 마르기 전에 식용색소나 물감을 섞은 물을 뿌려서 재생 종이에 색 입히기
⑦ 물기가 다 마르면, 재생 종이 완성!

〈재생 종이가 만들어지는 과정〉

✿ 참고사항

'라이스 페이퍼로 만드는 월남쌈 요리해 보기' '종이꽃 피우기 실험' 등을 전개해 볼 수 있다.

'종이꽃 피우기' 실험활동

① 다양한 종류의 종이를 꽃 모양이 되도록 오린다.

② 종이의 중앙에 유아의 사진을 붙인다.

③ 수조에 접은 꽃을 넣으면 어떻게 될지 예측하고 그 이유에 대해 이야기 나눈다.

④ 수조에 접은 꽃을 넣고 변화를 관찰한다.

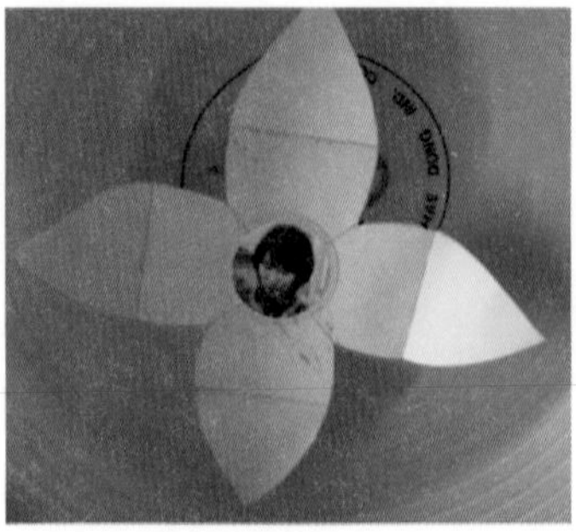

⑤ 종이의 종류에 따라 물에 펴지는 속도를 비교해 보고 이유에 대해 추론한다.

<질문의 예>

- 종이가 물을 흡수하니까 어떻게 달라졌니?
- 색도 달라졌고, 크기나 두께도 조금씩 달라지는구나.
- 어떤 종이가 물을 가장 빨리 흡수했니?
- 왜 한지가 물을 가장 빨리 흡수했을까?
- 그럼 가장 늦게 물을 흡수할 것 같은 종이는 무엇이니?
- 그렇게 생각하는 이유는 뭐니?
- 종이를 접어서 물에 넣으면 어떻게 될 것 같니?
- 접은 종이가 물을 흡수하면 어떻게 되는지 실험으로 해 볼까?

활동

4 내가 그림 속에 들어갔어요

크로마키

크로마키(chroma-key)는 화상 합성을 위한 특수 기술로 두 가지 화면을 따로 촬영하여 한 화면으로 만드는 합성 기법이다. 합성할 대상을 단색판 배경으로 촬영한 후 그 화면에서 배경색을 제거하면 합성 대상만 남게 되는 원리를 이용한 것이다. 이때 배경이 되는 단색판을 크로마 백(chroma back)이라고 한다. 크로마 백은 대개 TV 삼원색인 RGB(적색, 녹색, 청색) 중 한 색을 사용하게 된다. 주로 일기 예보, 선거 방송, 역사 스페셜 등의 TV 프로그램에서 많이 사용된다. 최근에서 스마트폰 어플리케이션으로 개발되어 누구나 쉽게 활용 가능하다.

활동 목표

- 명화를 감상하며 아름다움을 느낀다.
- 자신의 생각을 전달할 수 있는 방법이 다양함을 안다.
- 크로마키 기법을 활용하여 자신의 생각을 표현한다.

누리과정 관련 요소

- 자연탐구: 생활 속에서 탐구하기-도구와 기계에 대해 관심을 가진다.
- 자연탐구: 탐구과정 즐기기-궁금한 것을 탐구하는 과정에 즐겁게 참여한다.
- 예술경험: 창의적으로 표현하기-극놀이로 경험이나 이야기를 표현한다.

✿ 활동 자료

고흐 〈아를의 침실〉 명화, 크로마키 어플리케이션, 스마트폰(혹은 태블릿), 초록색 배경지, 다양한 소품(꽃화병, 의자, 쿠션, 책 등)

✿ 활동 방법

〈상황 제시〉

1. 고흐 〈아를의 침실〉 명화를 감상한다.
   - 그림 속에 무엇이 보이니? 가구들이 있는 빈방이 보이는구나.
   - 방 안의 가구는 무엇무엇이 있는지 살펴보자.
   - 가장 먼저 보이는 것은 무엇이니?
   - 이 방은 누구의 방일까?
   - 왜 아무도 없는 걸까? 이 방의 주인은 어디 간 것일까?
   - 이 그림의 제목을 붙인다면 무엇이라고 하고 싶니?
   - 이 그림은 고흐의 〈아를의 침실〉이라는 그림이란다. 고흐라는 화가가 '아를'이라는 곳에서 살았을 때 자기의 방을 정말 좋아해서 이렇게 그림으로 그린 것이라고 해.

2. 만약 그림 속 장소에 간다면 무엇을 하고 싶은지 이야기 나눈다.
   - 만약 이 방에 간다면 무엇을 하고 싶니?
   - 침대에 누워 보고 싶기도 하구나.
   - 의자에 앉을 수도 있고 걸려 있는 커다란 수건으로 손을 닦아 볼 수도 있을 거야.
   - 그런데 어떻게 하면 그림 속에 들어간 것처럼 표현할 수 있을까?

〈명화 감상하는 유아〉

〈창의적 설계〉

3. 크로마키 기법에 대해 알아본다.
   - 우리 교실에 조금 특별한 공간이 생겼는데 발견했니?
   - 이 초록색 천 앞에서 사진을 찍으면 조금 특별한 일이 일어난단다.
   - (어플리케이션이 실행된 스마트폰/태블릿을 보여 주며) 우리 눈으로 보면 초록색 천이지만, 이렇게 스마트폰에서 보면 뒤의 배경이 달라졌지?
   - 우리가 함께 감상해 보았던 〈아를의 침실〉 그림이 나타났어.

4. 명화 속에 들어가서 하고 싶은 모습을 신체로 설계하고 표현한다.
   - 그림 속에 들어간다면 무엇을 하고 싶은지 이야기해 볼까?
   - 초록색 천 위에 올라가서 직접 보여 주겠니?
   - 의자에 앉는 것처럼 보이고 싶구나? 선생님이 교실 의자를 비슷한 위치에 놓아 줄게. 그곳에 앉아 보자.
   - 방 한가운데 앉을 수도 있구나. 꽃화병을 들고 문 앞에 방금 들어온 모습 같기도 하구나.
   - 멋지게 표현한 모습을 사진으로 촬영해 줄게.

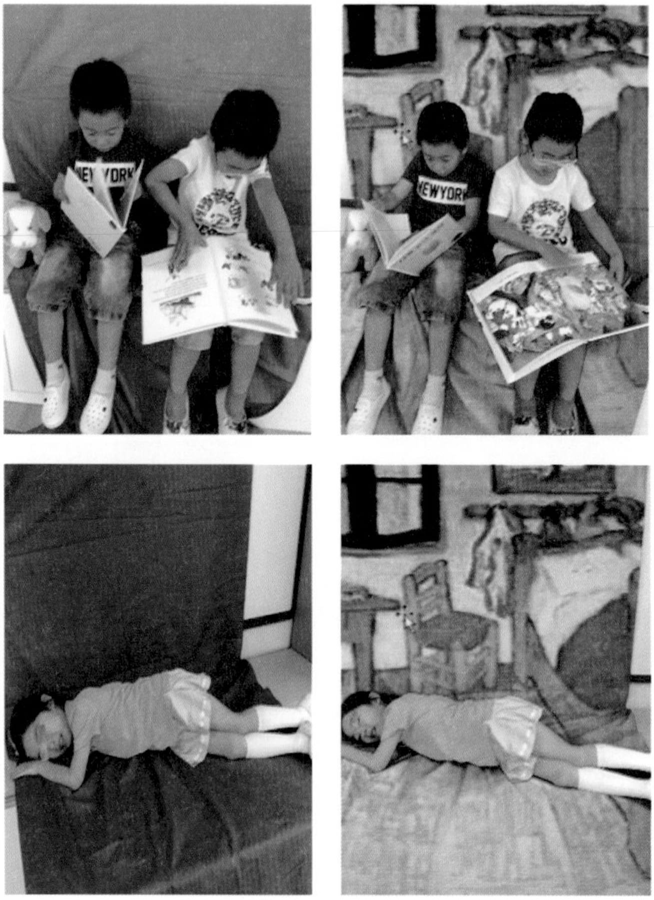

〈신체로 표현하는 유아〉

〈감성적 체험〉

5. 서로의 표현을 감상하고 평가한다.
   - 고흐의 〈아를의 침실〉 명화를 감상했구나.
   - 우리 반 친구들이 그림 속에 들어간다면 무엇을 하고 싶은지 표현해 보았지?
   - 선생님이 친구들의 모습을 사진으로 찍었단다. 친구들이 어떤 모습을 했을지 모두 함께 감상하도록 하자.
   - 어떤 모습을 하고 있는 것 같니?
   - 이 친구는 의자에 앉은 것 같기도 하구나. 이 친구는 방 한가운데에 편안하게 누워 있기도 하는구나.

- 우리의 사진을 어떻게 전시하고 싶니? 사진처럼 출력해서 우리 반 교실에 붙일 수도 있겠구나. 가족과 함께 볼 수 있도록 유치원 홈페이지에도 보여 줄게.

활동
5 야채만두 빚기

✿ 활동 목표

- 여러 종류의 야채가 섞여서 만두소가 만들어지는 과정에 관심을 갖고 탐색해 본다.
- 여러 모양과 크기로 만두를 빚어서 맛을 느껴 본다.

✿ 누리과정 관련 요소

- 자연탐구: 생활 속에서 탐구하기-물체의 특성과 변화를 여러 가지 방법으로 탐색한다.
- 신체운동 · 건강: 건강하게 생활하기-몸에 좋은 음식에 관심을 가지고 바른 태도로 즐겁게 먹는다.

✿ 활동 자료

만두 재료[만두피(밀가루), 체, 소금물, 숟가락, 비닐봉지, 밀대, 만두소(배추, 다진 돼지고기, 당근, 당면, 두부, 데친 숙주, 부추, 계란, 대파, 다진 마늘, 소금 등)]와 도구(찜통, 가스버너, 모양틀 등)

✿ 활동 방법

1. 야채를 이용한 여러 요리 방법에 대해 이야기해 본다.
   - 야채로 어떤 요리를 할까?
   - 어떤 방법으로 요리를 하니?

     예 데치기, 삶기, 끓이기, 볶기, 섞기 등
   - 야채를 어떻게 요리해서 먹는 것이 가장 좋을까?
   - 여러 야채를 함께 먹기에 좋은 요리는 무엇일까?

2. 준비된 재료를 탐색해 본다.
   - 어떤 재료들이 준비되어 있니?
   - 이 재료들을 다 섞어서 요리를 하려고 한단다. 어떤 요리를 해 볼 수 있을까?
   - 각 야채들은 어떻게 사용하면 될까?
   - 각 재료들은 무엇에 사용되는 것일까?
   - 각 재료마다 어떤 맛을 내는지 직접 먹고 느껴 보자.
     (야채와 그 밖의 요리 재료와 양념들을 맛보며, 맛의 차이를 비교해 본다.)

3. '야채만두 빚기' 방법에 대해 이야기해 보고, 만두 빚을 재료를 집단별로 만들어 본다.

만두피 만드는 방법

① 체로 밀가루를 내려서 고운 가루를 받아 놓는다.
② 밀가루에 간이 배도록 반죽할 물에 소금을 타서 녹인다.
③ 체에 내린 밀가루에 소금물을 조금씩 부어 숟가락으로 여분의 가루가 남지 않도록 잘 섞는다.
④ 손으로 치대면서 반죽한다.
⑤ 반죽을 비닐봉투에 넣거나 젖은 면보로 덮어 30분에서 1시간 정도 놓아 두어 반죽에 찰기가 생기도록 한다.
⑥ 반죽을 다시 한번 치댄 후, 미는 기계나 밀대를 사용해 얇게 민다.
⑦ 직경 7~8cm의 동그란 틀로 찍어 만두피를 만든다(이때 밀가루를 솔솔 뿌려 가며 만두피를 만들면 만두피끼리 달라붙지 않아서 좋다).
⑧ 틀로 찍어 내고 남은 반죽은 한데 합쳐 다시 반죽한 후, 미는 기계나 밀대로 밀어 만두피를 만든다.

만두소 만드는 방법

① 배추는 잘게 썬 후 굵은 소금을 넣어서 절인 다음 물기를 꽉 짠다.
② 당면은 뜨거운 물에 불린 후 삶아서 잘게 썬다.
③ 돼지고기는 다진 것으로 준비해서 참기름, 다진 마늘, 허브맛 소금을 넣고 조물조물 무친다.
④ 두부는 물기를 짜내서 볼에 담는다.
⑤ 부추와 숙주, 대파, 다진 마늘, 당근을 볼에 넣어 준다.
⑥ 계란, 양념된 돼지고기, 소금에 절여 물기를 짠 배추도 모두 넣는다.
⑦ 당면을 잘게 썰어서 골고루 섞이도록 반죽하면, 만두소 완성!

4. 준비된 재료로 유아들과 함께 직접 만두를 빚어 본다.
- 만두를 빚기 위해 우리는 어떤 준비를 했니?
- 만두소는 무엇으로 만들었니? 만두피는?
- 만두소와 만두피는 어떻게 사용해서 만두를 만드는 것일까?
- 만두피에 만두소는 얼마큼 넣어야 할까?
- 만두소가 밖으로 빠져나가지 않도록 하려면 만두피를 어떻게 해야 할까?
- 만두 모양이 어떻게 되었니?
- 만두 모양을 다른 모양으로 만들려면 어떻게 해야 할까?
- 만두 크기를 작게 하려면 어떻게 해야 할까?
- 다 만든 만두는 어떻게 해야 할까?
(찜통에 찐 만두와 끓는 물에 삶은 만두의 요리과정 차이를 비교해 본다.)

야채만두 빚기 과정

① 준비된 각종 야채를 잘게 잘라서 만두소를 만든다.
② 밀가루 반죽으로 만두피를 만든다.
③ 만두피 안에 만두소를 넣어 가면서 여러 모양의 만두를 만들어 본다.
④ 유아들이 만든 만두 모양을 살펴본 후, 찜통에 찌거나 끓는 물에 삶는다.

〈만두를 만드는 아이들의 모습〉

5. 다 익은 만두를 먹으며 활동을 떠올려 본다.
   - 만두가 다 만들어졌다는 것을 어떻게 알 수 있니?
   - 만두의 맛을 느껴 보자. 어떤 맛일까?
   - 만두 속에 다른 만두소를 넣는다면 만두 이름은 뭐가 될까?
   - 너희가 다시 만들고 싶은 만두 모양은 무엇이니? 크기는?

9 가을

접근법	활동명
유아의 일상적 질문에 기초한 탐구활동	고고학자는 어떻게 화석을 발견할까요?
자연친화적 접근을 통한 과학교육 - 동식물 기르기, 텃밭 가꾸기, 주제에 관한 자연물 탐구	가을걷이 놀이
문학 및 과학이야기를 통한 과학교육	구름은 왜 하얗게 보일까요? (『구름놀이』 이야기)
예술 활동을 통한 과학교육	잎맥이 만들어 낸 디자인 세상
요리 활동을 통한 과학교육	가지볶음 요리하기

활동 1

고고학자는 어떻게 화석을 발견할까요?

✿ 활동 목표

- 고고학자가 하는 일에 대해 관심을 가진다.
- 발굴한 화석의 특성을 조사하여 비교해 본다.
- 화석발굴 놀이를 통해 과학자로서의 올바른 태도 형성의 경험을 갖는다.

✿ 누리과정 관련 요소

- 자연탐구: 탐구과정 즐기기-궁금한 것을 탐구하는 과정에 즐겁게 참여한다.
- 자연탐구: 자연과 더불어 살기-주변의 동식물에 관심을 가진다.

✿ 활동 자료

고고학자와 화석 관련 자료, 화석발굴 재료(붓, 장갑, 꽃삽, 여러 종류의 동물뼈 등)

✿ 활동 방법

1. 자연사 박물관을 다녀온 경험과 고고학자에 대한 다양한 생각을 나누어 본다.
   - 자연사 박물관을 다녀온 느낌이 어떠니?
   - 가장 신기했던 점은 무엇이었니?
   - 공룡은 어디에서 가져온 것일까?
   - 이런 오랜 동물의 화석을 발굴하는 사람을 뭐라고 부르니?
   - 고고학자는 왜 이런 화석들을 발굴할까?
   - 화석을 발굴해서 사람이 알고자 하는 것은 무엇일까?
   - 너희가 고고학자라면 어떤 화석을 발굴하고 싶니?

〈자연사 박물관을 탐색하는 아이들의 모습〉

2. 고고학자가 되어서 '화석발굴 놀이'를 해 본다.
   - 너희가 직접 고고학자가 되어서 화석을 발굴하려고 해. 어떤 마음이 드니?
   - 화석을 발굴할 때 우리가 주의해야 할 점은 무엇일까?
   - 만약 조심스럽게 다루지 않는다면 화석이 어떻게 될까?
   - 고고학자가 화석을 발굴할 때 어떤 마음을 갖고 할까?
   - 고고학자의 마음을 생각하면서 화석발굴 놀이를 해 보자.

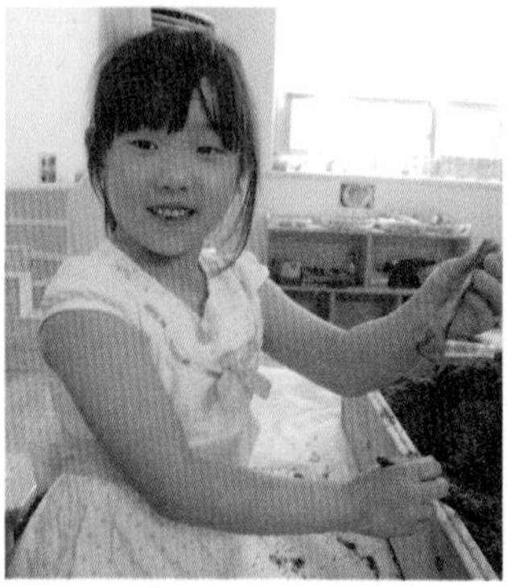

〈찾았다! 이건 이빨 뼈 같아! 뼈가 망가지지 않게 조심조심~〉

〈이 뼈는 강아지 다리뼈 같은데? 살살해. 공룡 뼈가 부서지면 안 돼. 붓으로 살살 문질러.〉

3. 화석에 관한 자료를 살펴보면서 유아들이 발견한 화석의 특징을 조사해 본다.
   - 어떤 화석을 발굴해 보았니?
   - 너희가 발굴한 화석은 무슨 화석일까?
   - 화석 사진이나 책 속에서 그 화석의 이름을 찾아보자.
   - 화석이 모두 어떻게 되어 있니?
   - 화석이 우리에게 알려 주는 것은 무엇일까?

4. 공룡 뼈 맞추기 놀이를 해 본다.
   - 무슨 뼈일까? 뼈를 순서대로 맞춰 보겠니?
   - 이 뼈 옆에는 어떤 모양의 뼈가 놓여야 할까?
   - 뼈 모양을 잘 살펴 가며 공룡의 뼈를 맞춰 보자.

〈그건 아무래도 엉덩이 뼈 같아. 다 완성되면 어떤 공룡이 될까?
목이 기니까 브라키오 같기도 하고, 이 작은 조각은 스테고 같기도 하고...〉

활동

2 가을걷이 놀이

✿ 활동 목표

- 가을걷이의 의미를 알고 직접 열매를 수확하면서 기쁨을 느껴 본다.
- 수확한 열매의 특성을 탐색해 보고, 관련된 문제를 다양한 방법으로 해결해 본다.

✿ 누리과정 관련 요소

- 자연탐구: 자연과 더불어 살기-주변의 동식물에 관심을 가진다.
- 자연탐구: 탐구과정 즐기기-궁금한 것을 탐구하는 과정에 즐겁게 참여한다.

✿ 활동 자료

열매 수집 바구니와 수집 도구

✿ 활동 방법

1. 가을걷이의 의미와 기쁨에 대해 이야기해 본다.
   - 가을걷이를 해 보려고 한단다. '가을걷이'가 뭘까?
   - 왜 가을에 열매를 거둘까?
   - 어떤 방법으로 열매를 거두어들이니?
   - 열매를 거두어들인 다음 무엇을 하니?
   - 열매를 수확한 기쁨과 감사를 어떻게 표현하니?

2. 유치원에서 수확할 자연물의 종류와 수확 방법에 대해 이야기해 본 후, 유아들과 함께 자연물을 직접 수확해 본다.
   - 우리가 유치원에서 수확할 자연물은 무엇일까?

- 자연물을 수확할 때, 어떤 방법으로 해야 할까?
- 도구는 어떻게 활용해야 할까?
  (자연물의 종류에 따른 수확 방법과 도구 사용, 주의점 등에 대해 이야기해 본 후, 수확놀이를 해 본다.)

3. 자연물 수확 경험을 이야기해 본 후, 수확한 열매를 맛보며 열매와 관련된 다양한 탐구놀이를 해 본다.
   - 자연물을 수확해 본 느낌이 어떠니?
   - 자연물마다 수확하는 방법이 어떻게 달랐니?
   - 수확한 자연물로 무엇을 해 볼까?

수확한 자연물로 하는 탐구놀이

① 수확한 자연물의 특성(생김새, 색깔, 모양, 크기, 촉감, 변화 등)을 탐색하고 비교 · 분류해 보기
② '곶감 만들기' 활동을 통해서 감의 변화 탐색하기
③ 배추로 김장을 담그면서 배추의 변화 탐색하기
④ 표주박의 속을 다 뺀 후, 끓는 물에 삶아서 박을 만들면서 변화 탐색하기
⑤ 벼와 쌀 비교하기
⑥ 날고구마와 구운 고구마의 특성 비교해 보기 등

4. 활동을 떠올려 본다.
   - 자연물을 수확한 기분이 어떠니?
   - 수확한 자연물로 어떤 놀이를 해 보았니?
   - 수확한 자연물에 대해서 신기하게 느껴졌던 점은 무엇이니?
   - 자연물을 수확하는 방법은 왜 다를까?

유치원에서 경험해 본 가을걷이 놀이

① 감 따서 곶감 만들기

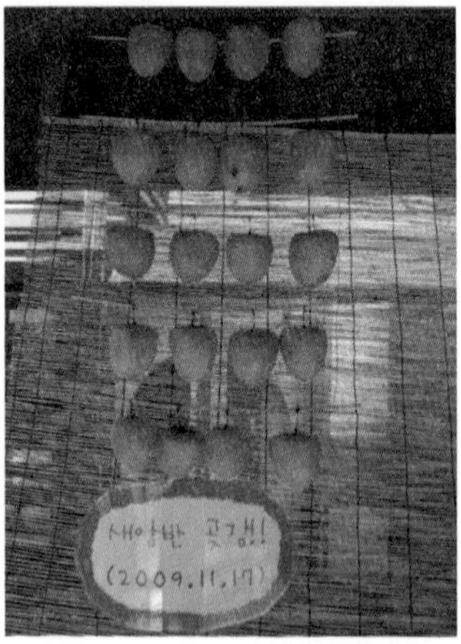

② 고구마 캐서 구워 먹기

③ 표주박으로 바가지 만들기

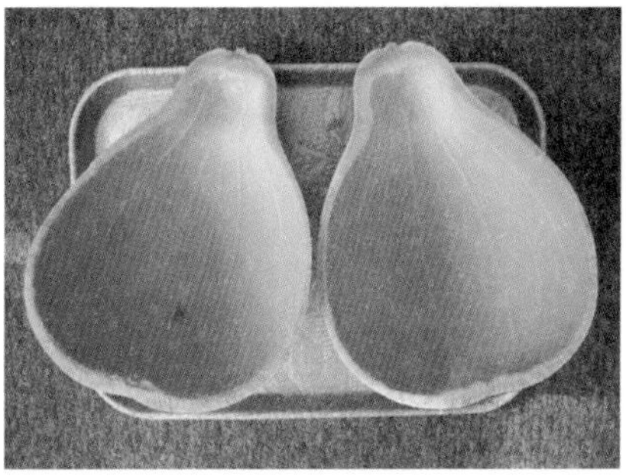

④ 벼 수확해서 탈곡하기

⑤ 다 키운 배추로 김장하기

참고사항

해마다 자연물의 종류를 달리하여 심어서, 유아들이 자연물 종류에 따른 수확 방법, 자연물의 성장과 그 변화 특성을 다양하게 경험하도록 돕는다.

활동

3 구름은 왜 하얗게 보일까요?
(『구름놀이』 이야기)

✿ 활동 목표

- 구름의 색깔에 대해 관심을 갖는다.
- 여러 색깔이 겹쳐지면서 나타나는 색의 변화를 관찰해 본다.

✿ 누리과정 관련 요소

- 자연탐구: 자연과 더불어 살기-날씨와 계절의 변화를 생활과 관련짓는다.
- 자연탐구: 탐구과정 즐기기-궁금한 것을 탐구하는 과정에 즐겁게 참여한다.

✿ 활동 자료

그림책 『구름놀이』(한태희 글 · 그림, 아이세움), 손전등, 셀로판지(붉은색, 초록색, 파란색, 노란색 등)

✿ 활동 방법

1. 그림책 『구름놀이』를 감상한 후, 구름에 대한 다양한 생각을 나누어 본다.
   - 그림책을 감상해 본 느낌이 어떠니?
   - 그림책 속의 구름나라는 어떤 모습이었니?
   - 너희가 구름나라로 여행을 간다면, 구름나라에서 무엇을 하고 싶니?

- 구름에 대해서 궁금한 점은 무엇이니?

2. 구름이 하얗게 보이는 원인을 예측해 보고, 자료를 통해 알아본다.
   - 구름은 무슨 색일까?
   - 그런데 구름은 왜 하얗게 보일까?
   - 구름 속에는 어떤 색깔들이 숨어 있을까?
   - 구름 속에 숨은 색깔을 알아볼 수 있는 방법은 무엇일까?
   (책을 통해 구름의 색깔과 그 색깔이 만들어지는 과정에 대해 알아본다.)

3. 구름의 색깔을 실험을 통해 알아본다.
   - 구름 속에는 어떤 색깔이 숨어 있다고 했니?
   예 붉은색, 초록색, 파란색, 노란색
   - 우리가 눈으로 보는 구름은 무슨 색이니?
   - 구름은 왜 하얀색으로 보인다고 했니?
   (구름 속 물방울들이 햇빛의 붉은색, 초록색, 파란색 등의 색깔을 흡수하기 때문에 하얀색으로 보임)
   - 직접 준비된 재료로 '구름 색깔' 실험을 해 보자.

'구름 색깔' 실험 과정

① 붉은색, 초록색, 파란색, 노란색 셀로판지에 차례로 손전등을 비춰 보면서 색깔 특성 탐색해 보기
② 셀로판지의 색을 하나씩 겹쳐 가면서 손전등을 비추며 색의 변화 관찰하기
③ 색이 다른 4개의 셀로판지를 겹쳐 놓고 손전등의 빛을 통과시켜 빛의 색깔 변화 탐색하기
④ 여러 색깔이 겹치면서 나타난 하얀색 관찰하기

〈온통 빨갛게 보이네!〉

〈셀로판지를 섞어 보면 어떨까?〉

〈위에서 손전등으로 빛을 통과시켜 보자.〉

4. 활동을 떠올려 본다.
   - 구름의 색깔을 살펴본 느낌이 어떠니?
   - 어떤 색깔이 모여서 구름이 흰색이 되었니?
   - 또 다른 색깔이 더 겹쳐진다면 어떤 색이 될까?
   - 흰색 구름을 보면 어떤 마음이 드니?
   (바깥놀이터에 나가서 구름의 색을 관찰하며 색의 신비로움을 느껴 본다.)

✿ 참고사항

1. 셀로판지 이외의 여러 재료로 색 혼합놀이를 전개해 볼 수 있다.
2. 구름의 색 이외에 구름이 만들어지는 과정, 또는 구름의 움직임과 그 변화 등에 대해서도 탐색해 볼 수 있다.
   예 얼음과 소금, 스테인리스 컵을 이용해 구름을 만들어 보는 실험해 보기

① 실험 수조에 얼음을 가득 채우고
굵은 소금을 한 컵 넣어요.

② 온도를 잘 전달하는 스테인리스
컵을 얼음 사이에 잘 넣어 줘요.

③ 입김을 불어 입김 속 수증기가
찬 온도에서 어떻게 변하는지 관찰해요.

활동
4 잎맥이 만들어 낸 디자인 세상

✿ 활동 목표

- 식물의 잎맥의 기능에 대해 알아본다.
- 잎맥의 형태를 구체적으로 탐색하면서 그 아름다움을 느껴 본다.

✿ 누리과정 관련 요소

- 자연탐구: 자연과 더불어 살기-주변의 동식물에 관심을 가진다.
- 예술경험: 아름다움 찾아보기-예술적 요소에 관심을 갖고 찾아본다.

✿ 활동 자료

여러 종류의 잎, 관찰 도구(종이틀, 돋보기, 현미경, 라이트 박스 등), 그림 도구 등

✿ 활동 방법

1. 자연에서 볼 수 있는 선의 종류와 그 특성에 대해 이야기해 본다.
   - 자연에서 발견할 수 있는 '선'은 무엇이 있는지 생각해 보자. 어떤 선을 찾을 수 있니?
   - 자연에서 찾을 수 있는 선은 모양이 다 어떠니?
   - 여러 선에서 우리가 찾을 수 있는 것은 무엇일까?
   - 자연의 선은 우리에게 무엇을 느끼게 해 주니?
   - 자연의 선을 가장 가깝게 볼 수 있는 것은 무엇이니?

2. 잎맥이 만들어 낸 디자인의 특성과 그 아름다움을 느껴 본다.
   - (잎을 보여 주면서) 잎 속에서 선을 찾아보려고 한단다. 어떤 선을 찾을 수 있을까?
   - 잎에서 찾은 선을 손가락으로 느껴 보겠니?
   - 잎 표면에 있는 선을 뭐라고 부를까?
   - 잎의 잎맥은 왜 있을까? 잎맥이 하는 일은 무엇일까?
   - 잎맥의 특성을 보다 잘 살펴보려면 어떻게 관찰하면 좋을까?
   (관찰 방식과 도구를 달리하면서 잎맥의 특성을 주의 깊게 탐색해 본다.)

〈탐색 1. 손의 촉감으로 관찰하거나 잎맥의 형태를 자유롭게 그림 그리면서 탐색하기〉

〈탐색 2. 잎맥의 부분 그림을 그리면서 탐색하기〉

〈탐색 3. 현미경으로 야채 잎의 잎맥을 구체적으로 탐색하고 표현하기〉

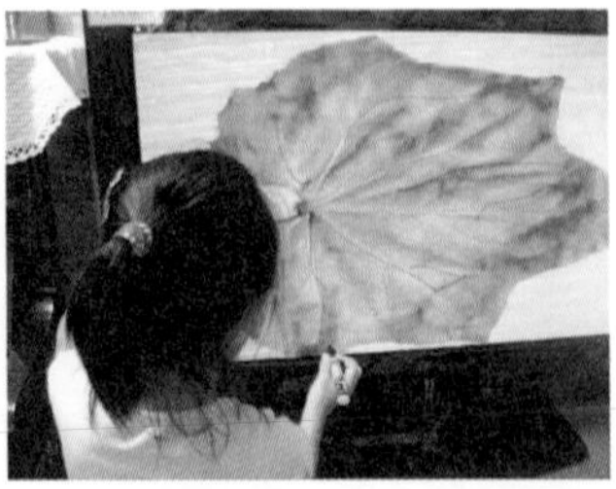

〈탐색 4. 라이트 박스, 실물화상기 등으로 잎맥을 구체적으로 탐색하기〉

3. 잎에서 찾은 디자인을 여러 가지 방식으로 표현해 본다.
   - 잎에서 어떤 선을 찾을 수 있었니?
   - 각 선이 모여서 무엇이 만들어졌니?
   - 잎에서 어떤 디자인을 찾을 수 있을까?
   - 잎이 만들어 낸 디자인을 여러 가지 방식으로 나타내 보자.
   (찍어 내기, 베껴 내기, 따라 그리기 등으로 잎의 디자인을 나타내 본다.)

활동(1) 찰흙판에 잎맥 찍어 표현하기

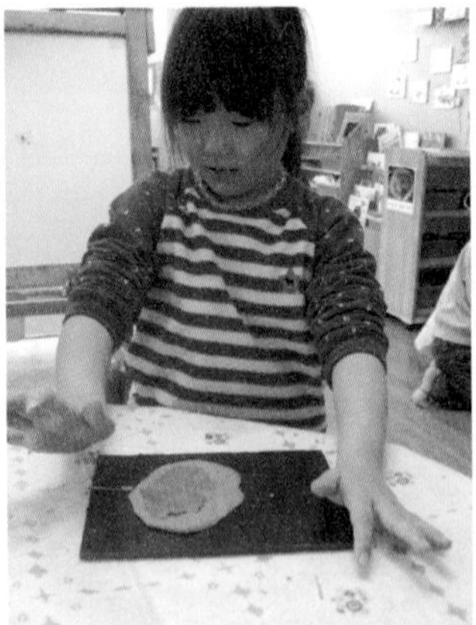

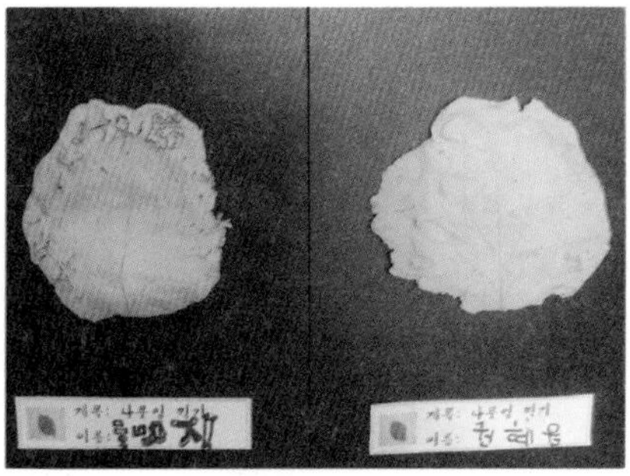

활동(2) 크레파스로 잎을 색칠한 후, 다리미로 눌러서 찍어 내기

활동(3) 투명비닐 속에 잎을 넣고 네임펜으로 따라 그리기

활동(4) 잎의 한 부분을 주의 깊게 탐색하고 그려 보기

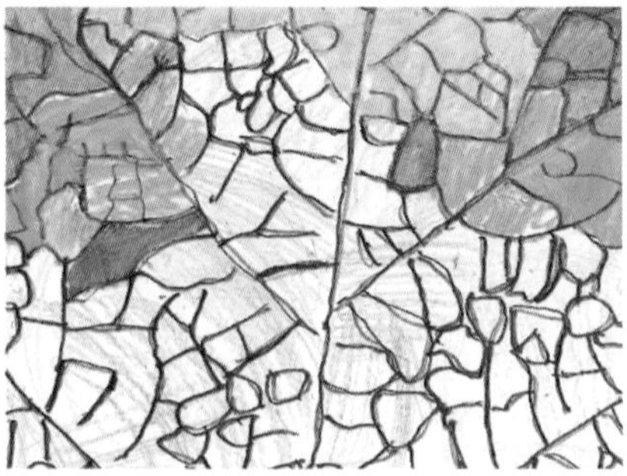

4. 활동을 떠올려 본다.
   - 잎맥에서 어떤 모양을 찾을 수 있었니?
   - 잎맥은 무엇으로 아름다움을 나타내고 있니?
   - 잎맥이 만들어 낸 선과 모양의 아름다움은 어떻게 느껴지니?
   - 잎맥을 다른 방법으로 표현한다면 어떻게 할 수 있을까?
   - 어떻게 표현하는 것이 가장 재미있었니?

참고사항

'잎맥 관찰 및 표현하기' 과정에서 유아가 잎맥의 형태와 그 특성뿐 아니라 잎맥이 만들어 낸 디자인의 아름다움을 느끼도록 한다.

활동

5 가지볶음 요리하기

✿ 활동 목표

- 가지를 직접 수확해 보는 경험을 갖는다.
- 가지볶음 요리를 하면서 가지의 특성과 변화를 관찰해 본다.
- 가지 맛을 느껴 보고 그 느낌을 적절히 표현해 본다.

✿ 누리과정 관련 요소

- 자연탐구: 생활 속에서 탐구하기-물체의 특성과 변화를 여러 가지 방법으로 탐색한다.

✿ 활동 자료

직접 수확한 가지, 가지 요리 재료(양파, 대파, 다진 마늘, 각종 양념)와 도구, 가지볶음 요리 순서표 등

✿ 활동 방법

1. 텃밭이나 화분에서 직접 키운 가지를 수확한 후, 그 특성을 탐색해 본다.
   - 가지를 수확하려고 한단다. 어떤 방법으로 수확해야 할까?
   - 텃밭이나 화분에서 다 자란 가지를 보니까 어떤 마음이 드니?
   - 가지가 무엇처럼 보이니?

     (가지의 색깔과 모양, 줄기에 달린 모습, 잎의 촉감과 보랏빛의 잎맥 등을 탐색해 본다.)
   - 어떤 방법으로 수확해야 할까?
   - 가지를 수확할 때 어떤 점을 주의해야 할까?
   - 정해진 수만큼 조심스럽게 가지를 수확해 보자.

〈가지를 수확하는 아이들의 모습〉

2. 수확한 가지로 할 수 있는 요리에 대해 이야기해 본다.
   - 수확한 가지를 보니까 어떤 마음이 드니?
   - 가지로 어떤 요리를 해 볼 수 있을까?
   - 가지는 어떤 맛을 낼까?
   - 요리하지 않은 상태로 가지 맛을 느껴 보자. 느낌이 어떠니?
   - 요리하면 가지는 어떤 모습으로 달라질까? 맛은 어떻게 달라질까?
   - 가지볶음을 하려고 한단다. 가지를 어떻게 요리해야 할까?

3. '가지볶음' 요리 순서표를 보면서 요리방법에 대해 이야기한 후, 직접 요리해 본다.
   - 요리 순서표란다. 요리 순서표는 우리에게 무엇을 알려 줄까?
   - 요리 순서표에는 어떤 방법으로 가지볶음을 하라고 되어 있니?
   - ○○가 요리 순서표를 보면서 가지볶음 방법에 대해 소개해 주겠니?
   (친구가 소개하는 가지볶음 방법에 대해서 이야기를 들은 후, 함께 역할을 맡아 요리해 본다.)

가지볶음 요리 방법

• 필요해요

가지 2개, 소금 1작은술, 양파 1/2개, 대파 1/2개, 참기름 1~2큰술, 다진 마늘 1/2큰술, 국간장 1/2큰술, 통깨 1큰술

• 이렇게 해요

① 가지를 적당한 크기로 자른다. 대파와 양파도 적당한 크기로 자른다.

② 썰은 가지에 소금을 뿌려 30분간 물이 나오도록 절인 후, 물기를 꼭 짠다.

③ 프라이팬을 달군 후, 참기름을 두르고 가지와 양파를 넣고 볶는다.

④ 어느 정도 볶아지면 국간장으로 간을 맞추고 좀 더 볶은 다음 대파 썬 것을 넣는다.

⑤ 가지가 부드러워지면 통깨를 넉넉히 넣고 잘 섞는다.

〈가지를 잘게 썰어요.〉

〈맛있는 가지볶음 완성!〉

4. 유아들이 요리한 가지볶음을 급식시간에 반찬으로 먹으며 활동을 떠올려 본다.
   - 가지볶음을 어떤 방법으로 해 보았니?
   - 가지볶음에 들어간 재료는 무엇이었니?
   - 재료를 서로 섞어서 볶으니까 음식이 어떻게 되었니?
   - 가지는 어떻게 달라졌니? (색깔, 맛, 촉감 등의 변화에 대해 이야기해 본다.)
   - 너희가 요리한 가지볶음의 맛을 느껴 보자.

✿ 참고사항

텃밭에 수확한 여러 종류의 열매를 탐색해 보고, 직접 맛보며, 그 차이를 비교해 본다.

10 교통기관

접근법	활동명
유아의 일상적 질문에 기초한 탐구활동	공은 어느 방향으로 굴러갈까요?
자연친화적 접근을 통한 과학교육 - 동식물 기르기, 텃밭 가꾸기, 주제에 관한 자연물 탐구	산책길에서 만난 풀잎이야기
문학 및 과학이야기를 통한 과학교육	구멍을 찾아라! (『구멍이 뻥』 이야기)
STEAM 기반 과학교육	삑삑삑! 소리로 알려 줘요
요리 활동을 통한 과학교육	도토리묵을 만들어요

활동 1 공은 어느 방향으로 굴러갈까요?

✿ 활동 목표

- 롤러코스터 놀이를 경험하면서 공이 굴러가는 방향을 인식해 본다.
- 공이 굴러갈 수 있는 길을 직접 만들어서 놀이해 본다.

✿ 누리과정 관련 요소

- 자연탐구: 생활 속에서 탐구하기-물체의 특성과 변화를 여러 가지 방법으로 탐색한다.
- 자연탐구: 탐구과정 즐기기-궁금한 것을 탐구하는 과정에 즐겁게 참여한다.

✿ 활동 자료

나무판, 한지, 풀과 글루건, 투명 아크릴통, 탁구공 또는 흙구슬, 사진기 등

✿ 활동 방법

1. 롤링볼어린이박물관을 견학해 본다.
   - 롤링볼어린이박물관으로 견학 가려고 한단다. 견학지에서 우리는 무엇을 보고, 놀이하게 될까?
   - 롤링볼어린이박물관은 무엇으로 이루어진 곳일까?
   - 롤링볼어린이박물관을 견학 가기 위해서 우리가 준비해야 할 것은 무엇일까?
   - 롤링볼어린이박물관 견학 이야기를 마음속에 잘 담아 오려면 어떻게 해야 할까?
   - 롤링볼어린이박물관을 견학할 때 우리가 주의해야 할 점은 무엇일까?

   (견학 시 놀이할 것, 주의 깊게 관찰해야 할 것, 주의해야 할 것, 기록방법 등에 대해 이야기해 본 후, 박물관을 자유롭게 돌아보도록 한다.)

〈구슬은 어느 길로 갈까요?〉

2. 롤링볼어린이박물관 견학을 떠올려 보면서 여러 롤링볼 작품과 그 원리에 대해 이야기해 본다.
   - 롤링볼어린이박물관 견학을 다녀온 느낌이 어떠니?
   - 가장 신기하게 느꼈던 점은 무엇이니?
   - 롤러코스터는 어떻게 만드는 것일까?
   - 우리도 직접 만들어 볼 수 있을까?

3. 롤러코스터 놀잇감을 직접 구성해서 놀이해 본다.
   - 롤러코스터를 만들기 위해서 무엇이 준비되어 있니?
   - 공이 잘 굴러가도록 아크릴통은 어떻게 구성해야 할까?
   - 만약 아크릴통을 꺾어 놓는다면 어떻게 될까?
   - 공이 여러 방향으로 굴러갈 수 있도록 재미있게 모양 길을 만들어 보자.

   (유아들과 함께 아크릴통을 배치하고 반복적으로 공을 굴려가면서 롤러코스터를 직접 만들어 놀이해 본다.)

📌 유아들과 함께 만든 롤러코스터

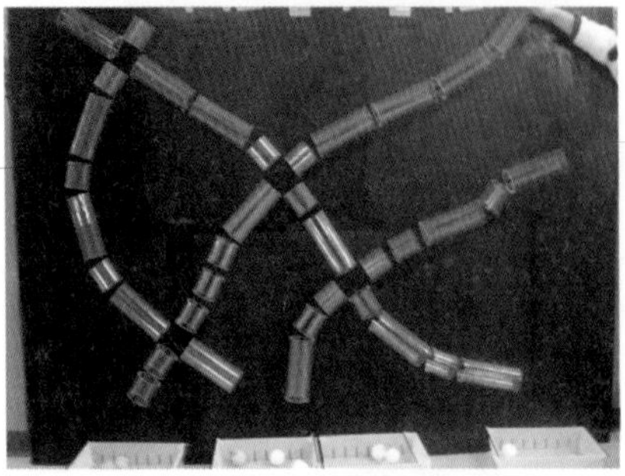

〈커다란 나무판에 구성하여 벽면에 기대어 놓고 활용하기〉

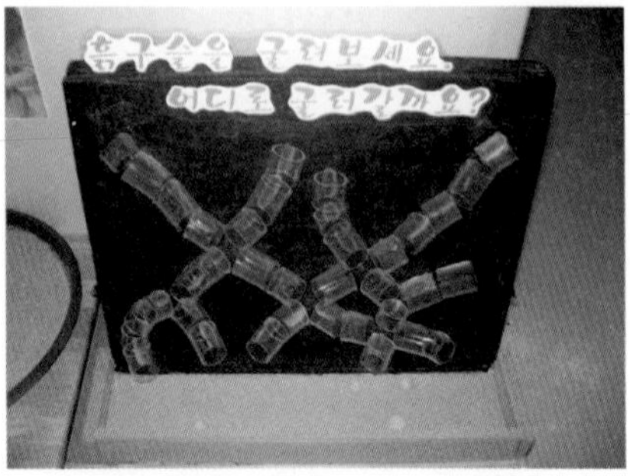

〈우드락이나 나무판을 삼각모양으로 만들어 구성하기〉

4. 활동을 떠올려 본다.
   - 롤러코스터를 직접 만들어서 놀이해 본 느낌이 어떠니?
   - 롤러코스터는 우리에게 어떤 즐거움을 주니?
   - 공이 굴러가는 모습이 무엇처럼 보이니?
   - 만약 공이라면 어느 길로 굴러가고 싶니?

✿ 참고사항

1. 아크릴통 대신에 휴지 속심이나 키친타월 속심을 이용하여 롤러코스터를 만들 수 있다.
2. 모래놀이터에 공이 굴러가는 길을 만들어서 롤러코스터 놀이를 해 볼 수 있다.

활동

2 산책길에서 만난 풀잎이야기

✿ 활동 목표

- 산책길에서 만날 수 있는 여러 자연물의 종류와 그 특성을 관찰해 본다.
- 산책길에서 잡초를 채집하여 즙을 내 본다.

✿ 누리과정 관련 요소

- 자연탐구: 자연과 더불어 살기-주변의 동식물에 관심을 가진다.
- 예술경험: 아름다움 찾아보기-예술적 요소에 관심을 갖고 찾아본다.

✿ 활동 자료

잡초 채집 바구니, 돌과 나무판, 즙 짜는 기계, 흰색 천 등

✿ 활동 방법

1. 산책길에서 보게 되는 여러 종류의 풀들에 대해 이야기해 본다.
   - 산책길에서 이름도 없이 자라고 있는 풀들을 주의 깊게 살피면서 산책하도록 하자.
   - 산책길에서 본 풀에 대해서 이야기해 보자. 어떤 풀들을 보았니?
   - 이름 모를 풀은 무엇이었니?
   - 풀들은 어떤 색깔을 갖고 있었니? 모양은 어땠니?
   - 풀을 보면 어떤 마음이 드니?

2. 산책길에서 잡초를 채집하면서 그 특성을 탐색해 본다.
- 산책길에 어떤 풀들이 있니?
- 그 풀은 어떤 특성을 갖고 있는지 살펴보자.
- 그 풀은 다른 풀과 어떤 점이 다를까?
- 그 풀들에게 이름을 지어 주자.
- 풀을 채집하려고 한단다. 어떤 방법으로 채집해 볼까?
- 주의할 점은 무엇일까?
- 다양한 종류의 풀을 채집해서 함께 풀 탐색놀이를 해 보자.
(유아들과 함께 풀의 색깔, 모양, 크기, 촉감 등을 주의 깊게 살펴본다.)

3. 잡초의 즙을 내 본다.
- 너희가 풀에서 발견한 것은 무엇이었니?
- 풀 속에도 꽃잎처럼 즙이 있을까?
- 즙이 얼마나 있을까?
- 즙 색깔은 어떤 색깔일까? 즙을 내 보려면 어떻게 해야 할까?
('돌로 빻거나 기계로 갈아서 즙을 내 보기' '즙으로 염색하기' '즙으로 그림 그리기' 등의 활동을 해 본다.)

4. 활동을 떠올려 본다.
- 산책길에서 만난 풀은 무엇이었니?
- 산책길에서 풀을 보았을 때 어떤 마음이었니?
- 풀에서 즙이 나올 때 어떤 생각을 하였니?
- 풀잎이나 즙으로 무엇을 더 해 볼 수 있을까?

〈산책길에서 채집한 여러 종류의 풀〉

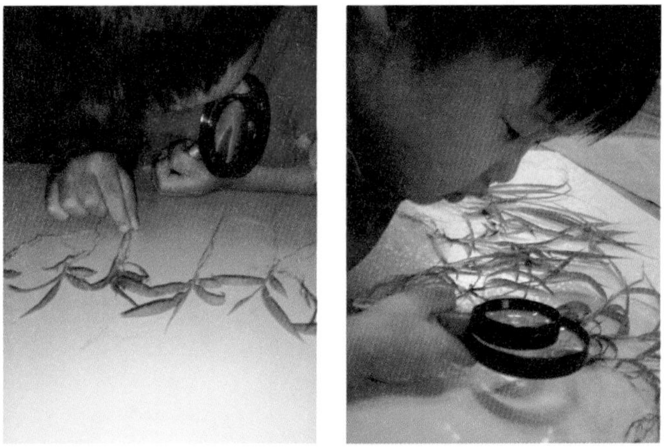

〈산책길에서 채집한 풀을 관찰하는 아이의 모습〉

〈돌멩이로 풀잎을 찧어서 즙을 내는 아이들의 모습〉

✿ 참고사항

풀잎을 잘 말려서 '액자/카드 꾸미기' 재료로 활용할 수 있다.

활동

3 구멍을 찾아라!
(『구멍이 뻥』 이야기)

✿ 활동 목표

- 다양한 구멍들의 특성에 대한 물리적 탐색을 한다.
- 주변에서 볼 수 있는 구멍을 인식하고 그 쓰임에 관심을 갖는다.

✿ 누리과정 관련 요소

- 자연탐구: 생활 속에서 탐구하기-물체의 특성과 변화를 여러 가지 방법으로 탐색한다.
- 의사소통: 듣기와 말하기-자신의 경험, 느낌, 생각을 말한다.

✿ 활동 자료

그림책 『구멍이 뻥』(이자벨 핀 지음, 고우리 옮김, 북하우스), 종이, 가위, 그림 도구 등

✿ 활동 방법

1. 그림책 『구멍이 뻥』을 감상한 후, 그림책 속에 표현된 '구멍'에 대해 이야기해 본다.
   - 그림책에서 어떤 구멍을 볼 수 있었니?
   - 그림책에 표현된 구멍은 어떤 일을 하는 구멍이었니?

- 그림책의 구멍 속으로 어떤 세상을 보게 되었니?
- 그림책의 구멍은 점점 어떻게 달라졌니?
- 그림책에서 본 구멍 중에 가장 신기하게 느껴진 구멍은 무엇이니?
- 가장 재미있게 느껴진 구멍은 무엇이니?

2. 유아들과 함께 '구멍 찾기' 놀이를 해 보고, 구멍이 있는 사물을 주의 깊게 탐색해 본다.
   - 주변을 살펴보면서 '구멍 찾기' 놀이를 해 보자. 어떤 구멍을 찾을 수 있을까?
     예 변기의 구멍, 화장실 실내화의 구멍, 블록의 구멍, 빨대의 구멍, 요구르트 병의 구멍 등
   - 너희가 찾은 구멍들은 어떤 특징을 갖고 있니?
   - 이 구멍의 이름은 뭘까?

〈유아들이 찾고 그림으로 표현한 주변의 여러 구멍〉

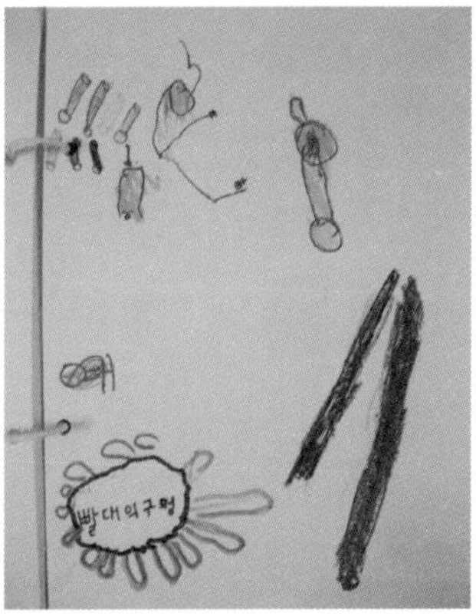

〈유아들이 찾은 구멍을 그림으로 그려서 만든 구멍 책〉

- 이 구멍은 왜 생긴 것일까?
- 만약 여기에 구멍이 없다면 어떻게 될까?
- 주변을 자유롭게 살펴보면서 또 다른 구멍을 찾아보자.

  (유아들이 찾은 구멍을 사진 찍거나 그림으로 그려 '구멍 책'을 만들어 본다.)

3. 여러 가지 방법으로 '구멍 놀이'를 해 본다.
   - 구멍으로 어떤 놀이를 해 볼 수 있을까?
   - 구멍 사이로 보이는 세상은 어떤 모습일까?
   - 너희가 특별히 구멍으로 보고 싶은 세상은 어떤 세상이니?

   (종이 구멍을 제시해 주고 구멍 사이로 보이는 자연 또는 사물의 특성을 주의 깊게 살펴보도록 한다.)

〈구멍으로 보니까 자연물이 다르게 보여요.〉

✿ 참고사항

내 몸에서 구멍을 찾아 각 구멍이 하는 일에 대해 이야기해 보고, '몸의 구멍' 책 만들기 활동을 전개해 볼 수 있다.

〈유아들이 만든 몸의 구멍 책〉

활동

4 삑삑삑! 소리로 알려 줘요

소리 나는 신발-삑삑이

소리 나는 신발은 걸음마를 시작하는 영아들이 걸을 때마다 '삑삑' 하고 나는 소리에 재미를 느끼며 걸을 수 있도록 만들어진 과학기술제품이다. 신발 바닥에 공기주머니가 들어 있는데, 발바닥으로 이 부분이 눌리면 공기주머니 안에 있던 공기가 바깥으로 빠져나가게 된다. 이때 빠져나가는 공기는 공기주머니의 구멍에 끼워져 있는 피리를 통과하게 되는데, 이것이 소리를 만들어 낸다. 만약 공기주머니에 끼워져 있는 피리를 빼낸다면 어떻게 될까? 소리는 더 이상 나지 않는다. 따라서 소리 나는 신발의 소리를 없애고 싶다면 피리를 제거하는 것이 그 해결 방법이 된다. 이러한 원리는 소리 나는 인형, 소리 나는 책 등에 많이 사용된다.

✿ 활동 목표

- 소리가 나는 신발을 탐색하며 작동 원리에 대해 관심을 갖는다.
- 삑삑이 소리가 필요한 때를 생각해 보고, 활용할 수 있는 방법을 설계한다.
- 설계에 따라 직접 제작해 보는 과정에 즐겁게 참여한다.

✿ 누리과정 관련 요소

- 자연탐구: 생활 속에서 탐구하기-도구와 기계에 대해 관심을 가진다.
- 자연탐구: 탐구과정 즐기기-궁금한 것을 탐구하는 과정에 즐겁게 참여한다.

• 사회관계: 더불어 생활하기-친구와 서로 도우며 사이좋게 지낸다.

✿ 활동 자료

동영상, 소리 나는 신발, 삑삑이 공기주머니, 카펫, 설계용 그림 자료, 스티커, 양면테이프, 아세테이트지, 융

✿ 활동 방법

〈상황 제시〉

1. 소리 나는 신발을 신고 걷고 있는 아이의 동영상을 보고 동영상 속 상황에 대해 이야기해 본다.
   - 귀여운 아이의 모습이 담긴 동영상을 가지고 왔단다. 다 같이 살펴보기로 하자.
   - (동영상을 시청한 후) 동영상 속에서 아이가 무엇을 하고 있었니?
   - 동영상 속에서 어떤 소리가 들렸니?
   - 어떤 때에 소리가 났었니?
   - 왜 걸을 때마다 삑삑 하는 소리가 나도록 신발을 만들었을까?
   - 신발 속에서 소리가 나도록 하는 것은 무엇일까?

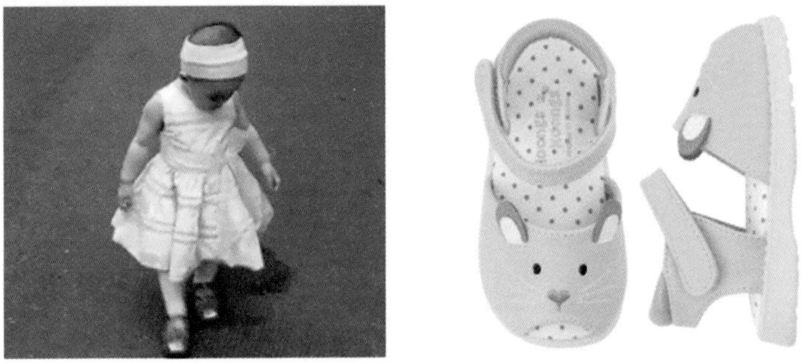

〈소리 나는 신발 동영상 및 삑삑이 신발 예시〉

2. 소리 나는 신발을 직접 탐색해 보며 소리가 나는 원리에 대해 알아본다.
 - 소리가 나는 신발을 가지고 왔단다.
 - (소리 나는 신발을 보여 주며) 직접 소리가 나게 해 볼까?
 - 어떻게 했을 때 소리가 나니?
 - 신발 안에 무엇이 들어 있을 것 같니?
 - (삑삑이 공기주머니를 보여 주며) 바로 이렇게 생긴 것이 신발 안에 들어 있었단다.
 - 무엇인 것 같니?
 - 이것을 이용해서 삑삑 소리가 들리게 해 볼까? 어떻게 하면 될까?
 - 이것을 누를 때마다 소리가 나는 것이었구나.
 - 이것을 얼굴 가까이 가져가서 눌러 보니 어떤 느낌이니?
 - 주머니 안에 있던 바람이 나오면서 소리를 만드는 것 같구나.
 - 누르면 삑삑 소리가 나게 해주는 이 주머니에게 어떤 이름을 붙여 주면 좋을까?
 - ○○(예: 삑삑이, 바람 나팔 등)라고 하면 좋겠구나.

〈소리 나는 신발을 직접 신고 걸어 보는 유아〉

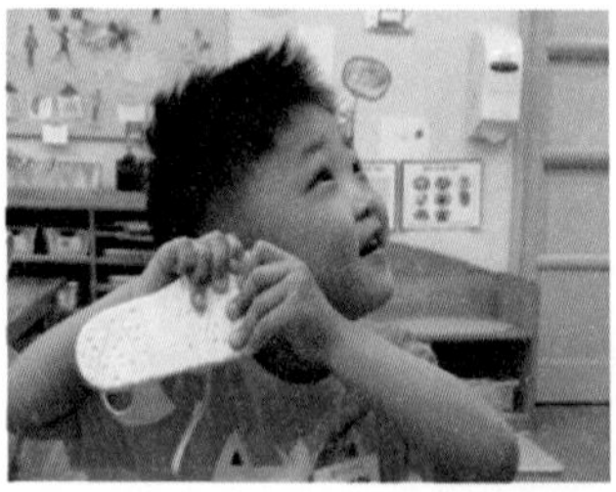

〈신발에서 소리가 나는 이유를 탐색하는 유아〉

〈삑삑이를 탐색하는 유아〉

〈창의적 설계〉

3. 삑삑 소리가 필요한 상황을 떠올리며 설계해 본다.
 - 아장아장 걷기 시작한 동생들에게 걸을 때마다 삑삑 소리가 나게 해 주면 어떨까?
 - 유치원/어린이집에서는 삑삑이 신발을 신고 다닐 수가 없는데, 어떻게 하

면 좋을까?
- 동생반에 삑삑 소리가 나는 길을 만들어 주면 어떨까?
- 소리 나는 길을 만들려면 무엇이 필요할까?
- (카펫을 보여 주며) 이런 카펫에 삑삑이를 붙여 놓는다면 어떻게 될까?
- 삑삑이를 몇 개나 카펫에 붙여 주고 싶니?
- (설계용 그림 자료를 보여 주며) 우리가 이야기한 것을 이곳에 스티커를 이용해서 나타내 보자.
- 카펫의 어떤 곳에 붙일지 누가 나와서 삑삑이 스티커를 붙여 보겠니?

4. 소리 나는 카펫을 직접 제작해 본다.
- 우리가 설계한 것을 보면서 삑삑이 카펫을 완성해 보도록 하자.
- 잘 붙을 수 있도록 어떻게 하면 좋겠니?
- (완성된 카펫을 보여 주며) 너희들이 직접 밟으면서 소리가 잘 나는지 확인해 보자.
- (카펫 위를 걸어 본 후) 동생들이라면 밟으면서 어려움이 없을까?
- 동생들이 삑삑이에 걸려 넘어지지 않도록 하려면 어떻게 하면 좋을까?
- 카펫을 어떻게 더 꾸며 주고 싶니?
- 바꾸고 싶은 부분은 없니?
- 생각했던 것처럼 잘 만들어졌니?

〈삑삑이 붙일 곳을 설계하는 유아들〉

〈설계한 것에 따라 삑삑이를 붙여 보는 유아들〉

〈완성된 소리 나는 카펫을 밟으며 소리를 들어 보는 유아들〉

〈감성적 체험〉

5. 활동을 회상해 본 후 소감을 이야기해 본다.
   - 동생들을 위해 소리 나는 카펫을 설계하고 직접 만들어 보니 어땠니?
   - 생각했던 것처럼 만드는 데 어려움이 있었던 친구가 있니?
   - 소리가 나는 카펫을 만들면서 재미있었던 점은 무엇이니?
   - 동생들에게 소리 나는 카펫을 선물하면서 뭐라고 이야기해 주고 싶니?
   - 동생들이 이 선물을 받았을 때 어떤 느낌일 것 같니?

〈동생들에게 선물하여 걸어 보도록 도와주는 유아들〉

활동 5

도토리묵을 만들어요

✿ 활동 목표

- 도토리로 묵을 만들며 변화 과정을 탐색해 본다.
- 도토리묵의 맛과 촉감을 느껴 본다.

✿ 누리과정 관련 요소

- 자연탐구: 생활 속에서 탐구하기-물체의 특성과 변화를 여러 가지 방법으로 탐색한다.
- 자연탐구: 탐구과정 즐기기-주변 세계와 자연에 대해 지속적으로 호기심을 가진다.

✿ 활동 자료

도토리와 도토리묵(실물), 나무망치, 도토리묵 만들 재료[도토리 가루 1대접, 물(가루의 6~7배), 굵은 소금 1/2큰술, 식용유 1큰술], 냄비, 가스버너, 쟁반, 묵무침을 위한 갖은 양념 등

✿ 활동 방법

1. 도토리 껍질을 까면서 도토리의 여러 특성을 탐색해 본다.
   - 무슨 열매일까?
   - 도토리는 어떤 특징을 갖고 있는지 살펴보자. 도토리는 다른 열매와 어떤 점이 다른 것 같니?
   - 도토리만의 멋진 점은 무엇일까?
   - 도토리 깍정이는 무엇처럼 보이니?
   - 나무망치로 도토리 껍질을 까 보자. 어떻게 될까?

- 딱딱한 껍질 속에서 도토리는 어떤 모습을 하고 있니?
- 도토리처럼 딱딱한 껍질 안에 있는 열매는 무엇일까?

(열매 껍질의 특성에 대한 이야기를 나누어 본다.)

〈도토리 깍정이와 껍질을 벗기면서 도토리의 특성을 탐색하는 아이들〉

2. 도토리묵에 대한 경험을 이야기 나눈 후, 도토리를 이용한 요리에 대해 이야기해 본다.
   - 도토리로 무엇을 할까?
   - 도토리로 어떤 요리를 하니?
   - 도토리묵을 먹어 본 적이 있니?
   - 도토리묵은 어떻게 만드는 것일까?

   (도토리묵을 탐색하며 이야기해 본다.)
   - 도토리묵에서 느껴 보았던 재미있고 신기했던 점은 무엇이니?
   - 도토리묵의 맛은 어땠니?
   - 도토리묵으로 어떤 요리를 해 볼 수 있을까?

3. 유아들과 함께 직접 도토리묵을 만들어 본다(유아들과 함께 도토리묵을 만드는 과정 중에 나타나는 각 재료의 특성을 구체적으로 탐색하고, 비교 및 실험을 해 보는 활동을 경험해 볼 수 있다.)

도토리묵 만드는 방법

① 도토리 껍질 까기

② 도토리를 가루로 만들기

③ 도토리 가루를 물에 담가서 떫은맛 없애기

④ 가라앉은 앙금을 햇볕에 말리기

⑤ 햇볕에 말린 가루에 물을 6~7배 넣어서 가스불에 올려놓은 후 계속 저어 주기

⑥ 끓어도 계속 저어 주어 바닥에 눌어붙지 않게 하기

⑦ 어느 정도 끓으면 소금과 식용유를 넣기

⑧ 잼을 만들 때처럼 주걱으로 떨어뜨려서 위로 쌓이기 시작하는 정도면 도토리묵 완성!!

〈아이들이 도토리묵을 만드는 과정〉

〈도토리묵에 갖은 양념을 해서 묵무침을 만들어 보았어요.〉

도토리묵이 만들어지는 과정에서의 재료 탐색

- 도토리가 가루로 만들어지는 과정 탐색하기
- 마른 도토리 가루와 물에 담가 놓은 도토리 가루의 맛 비교하기
- 도토리 가루가 물에 가라앉는 성질에 대해 알아보기
- 소금이나 식용유를 넣은 것과 넣지 않은 것의 차이 비교하기
- 물의 정도를 달리하면서 변화 차이 비교하기
- 도토리 가루와 도토리묵의 특성 비교해 보기

4. 활동을 떠올려 본다.
   - 도토리묵을 만들면서 새롭게 알게 된 점은 무엇이니?
   - 신기했던 점은 무엇이니?
   - 도토리를 가루로 내지 않고 밤처럼 물에 삶거나 쪄서 먹을 수도 있을까?
   - 도토리가 묵이 되기까지의 과정에서 재료의 변화를 다시 회상해 보자.
   - 이번에는 도토리를 다른 모습으로 변하게 할 수 있는 방법을 생각해 보자.

     (유아들과 함께 '도토리 싹 내기' 활동을 전개해 본다.)

✿ 참고사항

도토리와 같은 여러 종류의 가을 열매(모과, 대추, 밤, 탱자, 꽈리, 잣 등)를 수집하고 탐색한 후, 전통음식인 '약식 만들기' 활동을 전개해 볼 수 있다.

〈대추가 가장 달콤하고 맛있어요. 모과 냄새가 지독해요.
레몬 냄새가 나기도 해요. 탱자는 귤처럼 생겼어요.〉

〈밤이랑 대추랑 들어간 것 같아요. 언제 먹어 봤는데 떡이에요.
된장을 넣었나? 참기름을 넣었나? 쌀도 필요해요.〉

11 우리나라와 세계 여러 나라

접근법	활동명
유아의 일상적 질문에 기초한 탐구활동	녹말가루로 비 놀이를 할 수 있을까요?
자연친화적 접근을 통한 과학교육 - 동식물 기르기, 텃밭 가꾸기, 주제에 관한 자연물 탐구	김장을 담가요
문학 및 과학이야기를 통한 과학교육	나도 허준! ('허준' 이야기)
예술 활동을 통한 과학교육	종이의 예술
요리 활동을 통한 과학교육	찹쌀로 만든 경단

활동

1 녹말가루로 비 놀이를 할 수 있을까요?

✿ 활동 목표

• 녹말가루의 특성에 대해 알아본다.

• 여러 종류의 가루의 특성을 비교하여 그 차이를 알아본다.

✿ 누리과정 관련 요소

• 자연탐구: 생활 속에서 탐구하기-물체의 특성과 변화를 여러 가지 방법으로 탐색한다.

• 의사소통: 듣기와 말하기-자신의 경험, 느낌, 생각을 말한다.

✿ 활동 자료

흰색 가루 물질(설탕, 소금, 밀가루, 녹말), 물, 커다란 통 등

✿ 활동 방법

1. 녹말가루를 탐색하며 그 특성에 대해 이야기해 본다.
   - 무슨 가루일까?
   - 녹말가루는 무엇으로 만든 것일까?
   - 녹말가루는 다른 가루와 어떤 점이 다른 것 같니?

2. 녹말가루에 물을 섞은 후, 그 변화를 관찰해 본다.
   - 녹말가루에 물을 섞으면 어떤 일이 일어날까?
   - 물속에서 녹말가루는 어떻게 변하고 있니?
   - 녹말가루가 물에 녹는 것일까?
   - 녹말가루는 왜 녹지 않고 가라앉을까?

- 물에 녹는 가루는 무엇이 있니?
- 녹말가루처럼 물에 녹지 않는 가루는 무엇일까?

3. 물에 가라앉은 녹말가루로 비 놀이를 해 본다.
   - 손으로 물에 가라앉은 녹말가루를 한 움큼 집어 보자. 어떻게 되었니?
   - 느낌이 어떠니?
   - 녹말가루가 손 위에서 어떻게 되고 있니?
   - 녹말가루를 계속 쥐고 있을 수는 없을까?
   - 녹말가루가 손가락 사이로 흘러내리는 것이 무엇처럼 보이니?
   - 녹말가루로 비 놀이를 해 보자.

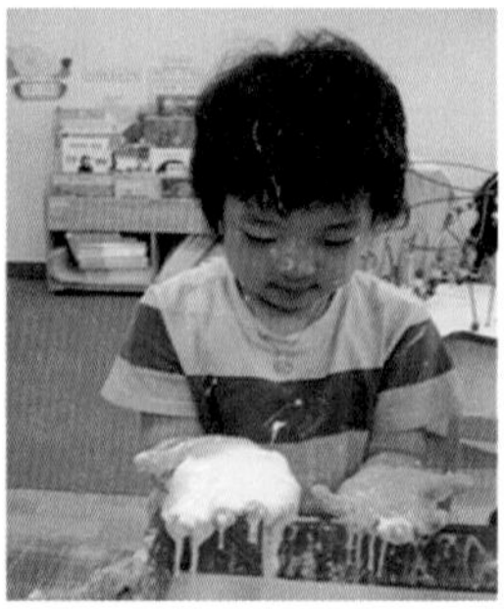

〈처음에는 딱딱하지만 손 위에서 마구 흘러내려요.〉

〈우와~ 정말 비가 온다, 비가 와!〉

4. 활동을 떠올려 본다.
   - 녹말가루로 비 놀이를 해 본 느낌이 어떠니?
   - 가장 신기한 점이 무엇이니?
   - 다른 가루로도 비 놀이를 할 수 있을까?
   - 다른 가루로 놀이를 한다면 어떤 놀이를 해 볼 수 있을까?

✿ 참고사항

1. 흰색 가루 물질(설탕, 소금, 밀가루, 녹말)의 특성을 탐색한 후, 물을 섞었을 때의 차이를 비교해 보는 실험활동을 전개해 볼 수 있다.
2. 유아들과 함께 감자를 갈아서 직접 녹말가루를 만들어 본다.

활동

2 김장을 담가요

✿ 활동 목표

- 김장의 의미에 대해 알아보고 직접 김장을 담가 본다.
- 김장 재료의 종류와 그 변화 특성을 관찰해 본다.

✿ 누리과정 관련 요소

- 자연탐구: 생활 속에서 탐구하기–물체의 특성과 변화를 여러 가지 방법으로 탐색한다.
- 사회관계: 사회에 관심 가지기–우리나라에 대해 자부심을 가진다.

✿ 활동 자료

김장 재료(배추, 소금, 고춧가루, 마늘, 양파, 파, 생강, 무, 갓 등), 요리 도구(도마, 칼, 양푼 등), 김장을 담그는 모습에 대한 그림 자료 또는 관련 그림책, 〈김장을 담그려면〉(김성균 곡) 악보

✿ 활동 방법

1. 우리나라의 겨울 행사인 김장의 의미에 대해 이야기해 본다.
   - 김장이 뭘까?
   - 우리나라는 왜 김장을 담글까?
   - 김장을 담그기 위해서 무엇을 하니? (김장을 담그기 위해 준비하는 여러 사람의 손길과 그 고마움에 대해 이야기해 본다.)

2. 김장을 담그기 위해 배추를 직접 수확해 본다.
   - 우리도 직접 김장을 담그려 한단다. 배추는 어디에서 구할까?

- 텃밭에 가서 직접 배추를 수확해 보자. 어떤 방법으로 수확해야 할까?

  (텃밭에서 다 자란 배추의 특성을 탐색한 후, 배추를 직접 수확해 본다.)

〈배추의 특성을 탐색하면서 수확하는 아이들의 모습〉

3. 준비된 김장 재료를 탐색해 본다.
   - 무엇이 준비되어 있니?
   - 어떤 재료들이 있는지 잘 살펴보자.
   - 이 재료들은 왜 있을까? 이 재료는 어떤 맛을 낼까?
   - 배추는 왜 이렇게 절여져 있을까?
   - 만약 배추를 절이지 않는다면 어떻게 될까?

   ('절인 배추와 절이지 않은 배추의 특성 비교하기' '절인 배추와 절이지 않은 배추의 김치 담그는 방법의 차이 알아보기' '배추가 절여지는 시간 알아보기' '여러 가지 채소들이 소금에 절이면 어떻게 달라지는지 알아보기' 등의 실험, 관찰 활동을 전개해 볼 수 있다.)

4. '김장 담그기' 활동을 해 본다.
   - 김장을 담글 때 준비된 여러 가지 재료는 어떻게 사용해야 할까?
   - 야채는 어떻게 잘라야 할까? 어떤 도구를 사용해야 할까?

   ('김장 담그기' 순서표를 살펴보면서 김장 담그는 순서, 사용되는 재료와 도구 등에 대해 이야기하면서 각자 역할을 맡아 김장을 담가 본다.)

〈부모님과 함께하는 김장 담그기〉

5. 활동을 떠올려 본다.
   - 김장을 담가 본 느낌이 어떠니?
   - 김장을 담그면서 새롭게 알게 된 점은 무엇이니?
   - 야채들은 어떤 모습으로 달라졌니?
   (모양, 크기, 색깔, 촉감, 맛 등의 변화에 대해 이야기해 본다.)
   - 여러 가지 재료들이 들어간 김치는 우리에게 어떤 맛을 주고 있니?
   - 김치는 시간이 지나면 어떤 모습으로 달라질까?
   (김치가 익어 가는 과정을 정기적으로 알아보면서 음식의 변화 과정을 탐색해 보도록 한다.)

✿ 참고사항

단순히 김치 담그기 행사가 아니라, 김치를 담그면서 물질의 변화가 어떠하며, 그 특성은 어떠한지 등을 유아들이 잘 살펴볼 수 있도록 격려한다.

활동 **3**

나도 허준!
('허준' 이야기)

✿ 활동 목표

- 과학자의 삶을 동극으로 표현하면서 과학자의 삶의 특성을 탐구해 본다.
- 과학자가 사용하는 도구와 재료를 탐색해 보고 활용해 본다.

✿ 누리과정 관련 요소

- 자연탐구: 자연과 더불어 살기-주변의 동식물에 관심을 가진다.
- 사회관계: 사회에 관심 가지기-우리나라에 대해 자부심을 가진다.
- 예술경험: 창의적으로 표현하기-극놀이로 경험이나 이야기를 표현한다.

✿ 활동 자료

허준 이야기 자료, 동극에 필요한 도구와 재료(머리띠 가면, 약재와 도구류) 등

열정으로 사랑을 실천하는 허준

허준 선생님이 '혜민서'라고 하는 병원에서 환자들을 돌보아 주시던 어느 날이었어요.

엄마: 똑! 똑! 똑!

허준: 들어오세요.

엄마: 안녕하세요?

허준: 어서 오세요. 이리 와서 앉으세요. 어디가 아파서 왔나요?

엄마: 아이가 어젯밤부터 기침을 너무 해서요.

허준: (맥을 짚으며) 보자. 음……. 많이 아팠겠구나.

엄마: 어떤가요?

허준: 목감기예요. 침을 삼킬 때도 목이 아프지?

아이: 네. 음식을 먹을 수가 없을 정도로 아팠어요.

엄마: 어떻게 해야 빨리 나을 수 있을까요?

허준: 기침을 많이 할 때에는 모과차가 좋아요.

엄마: 저희 집에는 모과차가 없는데 어쩌죠?

허준: 제가 모과를 하나 드릴 테니, 꿀을 넣고 끓여서 먹이면 됩니다. 아주 간단하지요?

엄마: 감사합니다. 선생님은 역시 소문대로 친절하시군요.

허준 선생님은 이렇게 아픈 사람들을 친절하게 보살펴 주셨어요. 그래서 혜민서는 늘 많은 사람들로 붐볐어요.

할아버지: 허리가 계속 아파서 큰일일세.

허준: 제가 침을 놓아 드리지요.

할머니: 나는 왜 이렇게 손이 차갑지?

허준: 피가 잘 돌지 않아서 그래요. 할머님! 평소에 머리 빗질을 자주 하세요. 그러면 손이 따뜻해질 거예요.

아주머니: 허준 선생님! 우리 애가 자주 배가 아프다고 하는데 어떻게 하지요?

허준: 음. 아랫배를 자주 문질러 주세요. “엄마 손은 약 손!” 이렇게 하면서요.

허준 선생님은 이렇게 사람들이 쉽게 따라 할 수 있는 민간요법들을 많이 알려 주셨고, 그 덕분에 조금 아픈 사람들은 병원에 오지 않고도 괜찮아질 수 있었어요.

허준: 약초들이 잘 마르고 있군.

아이: 선생님! 이렇게 많은 약초를 다 어떻게 기억하세요?

허준: 잊어버리지 않으려고 잘 적어 놓았단다.

아이: 그러시군요.

허준: 이제 또 약초를 캐러 가야겠다.

아이: 오늘은 무슨 약초를 캐세요?

허준: 소변을 잘 보게 해 주는 인진쑥을 캐러 간단다.

아이: 네. 잘 다녀오세요.

허준 선생님은 시간이 날 때마다 약초를 캐기 위해 산으로 가셨어요.

나무꾼: 허준 선생님! 안녕하세요!
허준: 안녕하세요! 나무 하러 오셨군요.
나무꾼: 오늘은 어떤 약초를 찾고 계세요?
허준: '인진쑥'이라고 들어 보셨나요?
나무꾼: 그럼요. 제가 나무를 하러 다니다가 많이 보았지요!
허준: 어디서 보셨는지 알려 주세요.
나무꾼: 조금만 더 가면 나무 아래에 있는 인진쑥을 보실 수 있어요.
허준: 감사합니다. 그럼.
나무꾼: 살펴 가세요.
허준: 이것이 인진쑥이구나. 사람들이 잘 알 수 있도록 그림도 그리고, 어디에 좋은지 써 놓아야 겠다.

허준 선생님은 약초들을 구해다가 잘 말려서 아픈 사람들이 먹을 수 있도록 약을 지으셨답니다.

허준: 이 약은 감기에 걸린 사람들한테 좋은 약이지. 생강 말린 것 하나, 모과 말린 것 하나…….

허준 선생님은 평생 연구하고 알게 된 것들을 모두 적어서 책을 만드셨어요.
그것이 바로 『동의보감』이라는 책이랍니다.

실제편

✿ 활동 방법

1. 허준 이야기를 감상해 본 후, 허준에 대한 다양한 생각을 나누어 본다.
   - (허준 이야기를 감상한 후), 누구에 관한 이야기일까?
   - 이야기 속에서 허준 선생님은 어떤 사람이라고 소개되고 있니?
   - 허준 선생님은 감기에 걸린 아이들에게 무엇을 나누어 주셨니?
   - 아파서 찾아온 사람을 치료하는 허준 선생님의 모습이 어떻게 느껴지니?
     (아픈 사람들에게 친절을 베푸는 허준의 인간미에 대해 이야기해 본다.)
   - 허준 선생님은 새로운 약초를 구하기 위해서 어떻게 하셨니?
     (새로운 치료법을 발견하고 개발하는 허준의 적극성과 끈기에 대해 이야기해 본다.)
   - 허준 선생님은 왜 『동의보감』이라는 책을 만드셨을까?

2. 허준이 아픈 사람을 돌보고 치료하는 방법과 허준이 사용하던 약초와 도구를 활용해 본다.
   - 허준 선생님이 아픈 사람을 어떻게 치료하셨을까?
   - 허준 선생님이 사용하셨던 약 재료와 도구는 무엇이었을까?
   - 허준 선생님이 사용하셨던 약재와 도구들을 탐색하면서 놀이해 보자.

놀이(1) 콩닥콩닥 맥박을 느껴요

- 놀이 자료 – 스톱워치, 인체 그림, 스티커
- 놀이 방법 – ① 몸에서 맥박이 뛰는 곳을 찾아보기/인체 그림에 표시해 보기
  ② 맥박 수를 세어 보고, 그 변화를 예측해 보기
  ③ 친구와 맥박의 빠르기를 비교해 보기
  ④ 다양한 상황(달리기를 한 후, 누워 있다가)에서 맥박의 차이 비교해 보기 등

〈맥박을 느껴요.〉

놀이(2) 약초를 탐색해요

- 놀이 자료 - 시금치, 식물도감
- 놀이 방법 - ① 허준이 약초를 캐러 간 모습과 다른 사람들에게 약초를 알려 주기 위해 어떻게 했는지 떠올려 보기
  ② 풀을 채집하고 풀의 특징 살펴보기
  ③ 시금치를 탐색한 후, 식물도감에서 시금치의 특징과 그 효능 알아보기
  ④ 시금치의 효능 및 여러 종류의 민간요법 책 만들어 보기

〈약초 채집해 보기〉

〈시금치의 특징 알아보고 책 만들어 보기〉

〈민간요법 책 만들기와 몸에 좋은 열매 수수께끼 놀이〉

놀이(3) 가루로 만들어요

- 놀이 자료 – 맷돌, 믹서기, 화이트보드, 콩 등
- 놀이 방법 – ① 사전 활동으로 '허준 박물관(http://www.heojun.seoul.kr)' 견학하기

  ② 허준 박물관 견학 경험 떠올리기

  ③ 허준 선생님이 약초를 가루로 만드는 과정과 그 도구에 대해 이야기해 보기

  ④ 맷돌과 믹서기를 탐색해 보고 직접 약초를 가루로 만들어 보기

  ⑤ 맷돌과 믹서기의 차이점 비교해 보기

〈허준 박물관 견학〉

〈약재와 도구류〉

〈믹서기와 맷돌을 탐색하면서 특징 비교하기〉

3. 허준 이야기를 동극으로 표현해 본다.
   - 허준 선생님의 이야기를 동극으로 표현하려고 한단다. 어떤 방법으로 동극을 해 볼까?
   - 역할은 어떻게 정하면 좋을까?
   - 역할을 맡은 사람은 그 역할을 잘 해내기 위해서 어떤 점을 생각해야 할까?
   - 관객이 된 사람이 주의해야 할 점은 무엇일까?
   (동극에 필요한 재료를 살펴본 후, 이야기에 따라 각자 역할을 맡아 동극을 해 본다.)

〈'허준 이야기' 동극의 배경〉

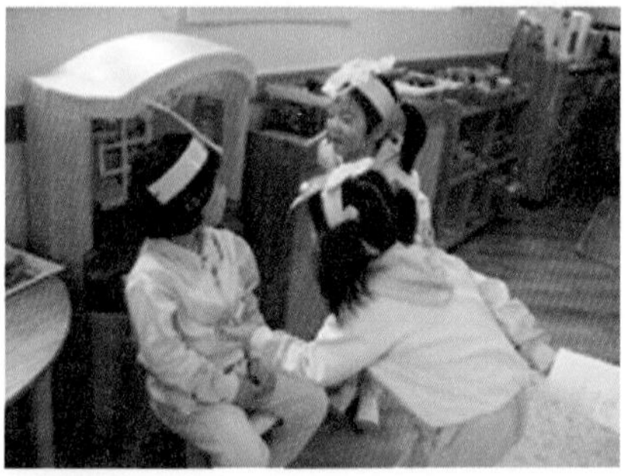

〈허준 이야기를 동극으로 표현하는 아이들의 모습〉

4. 활동을 떠올려 본다.
   - 허준 선생님의 이야기를 동극을 표현해 본 느낌이 어떠니?
   - 자기가 맡은 역할 중에 어떤 부분이 멋져 보였니?
   - 동극으로 표현할 때 어려웠던 점은 무엇이었니?
   - 역할을 맡은 친구들을 어떻게 칭찬해 줄 수 있을까?

✿ 참고사항

허준이 과학자로서 다른 사람들에게 어떤 영향을 미쳤는지를 다음과 같은 세 가지 에피소드에 기초하여 이야기를 들려주도록 한다.

에피소드 1 목감기가 걸려서 허준을 찾아온 아이를 진맥한 후, 목감기에 효과가 좋은 모과차를 끓여 먹이라고 알려 주면서 친절하게 모과를 나누어 준다.

에피소드 2 허리가 아픈 할아버지를 위해 침을 놓아 드리고, 손이 차가운 할머니, 배가 아픈 아이를 위해 쉬운 민간요법을 소개해 준다.

에피소드 3 시간이 날 때마다 몸에 좋은 약초를 구하기 위해 산을 찾아다닌다. 아픈 사람의 병을 치료할 수 있는 방법을 알아내고, 그것을 기록해서 『동의보감』을 만든다.

활동

4 종이의 예술

✿ 활동 목표

- 종이의 여러 특성을 관찰 · 비교해 본다.
- 종이의 특성을 이용하여 작품을 구성해 본다.

✿ 누리과정 관련 요소

- 자연탐구: 생활 속에서 탐구하기-물체의 특성과 변화를 여러 가지 방법으로 탐색한다.
- 예술경험: 창의적으로 표현하기-다양한 미술 재료와 도구로 자신의 생각과 느낌을 표현한다.

✿ 활동 자료

여러 종류의 종이, 종이 재질의 사물들, 작품을 만들 여러 재료

✿ 활동 방법

1. 여러 종류의 종이와 종이로 된 사물들을 탐색하며 그 특성을 비교해 본다.
   - (준비된 재료를 제시하면서) 무엇이 준비되어 있니?
   - 어떤 종이를 찾아볼 수 있을까?
   - 이 종이는 다른 종이와 어떤 점이 다를까?
   - 종이는 어떤 특징을 갖고 있을까? 종이는 다 물에 젖을까?
   - 여러 종이 중에서 물에 젖지 않는 종이를 찾아보자. 다른 종이와 어떤 점이 다를까?
   - 종이로 무얼 할 수 있을까?
   - 종이를 어떻게 사용하는지 이야기해 보자.

2. 종이를 이용한 작품 꾸미기 방법에 대해 이야기해 보고 직접 작품을 만들어 본다.
   - 종이로 작품을 꾸며 보려고 한단다. 어떻게 꾸밀 수 있을까?
   (준비된 활동을 소개한 후, 유아들과 함께 활동을 경험해 본다.)

활동(1) 신문지 찍어서 표현하기

• 활동 자료

그릇, 물, 기름, 세제, 스펀지, 신문지, 도화지, 밀대, 색연필, 사인펜

• 활동 방법

① 물과 기름을 섞고 관찰해 본다. ② 세제를 ①에 넣고 일어나는 변화에 대해 이야기해 본다.

③ ②를 스펀지로 찍어서 신문지 뒷면에 바르고 종이에 찍어 낸다.

④ 신문지가 찍힌 그림을 이용해서 그림을 그린다.

⑤ 서로의 작품을 감상해 본다.

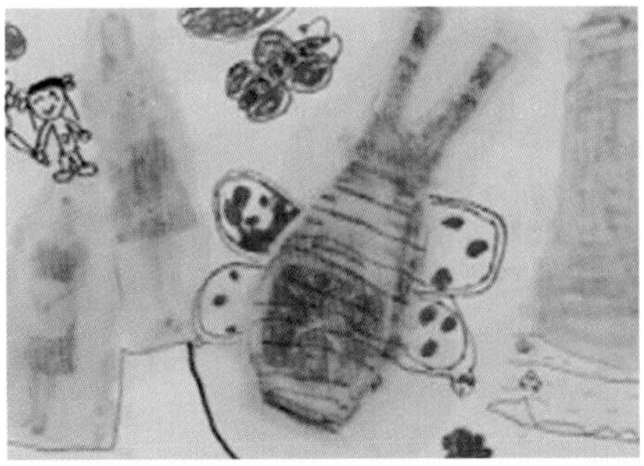

• 생각해 보아요.

신문과 잡지, 잉크젯 출력물, 레이저젯 출력물 등 다양한 변인에 대해 활동을 진행하고 차이를 비교해 본다. 또한 이는 데칼코마니의 변형된 형태로, 신문지로 찍어 낸 이미지는 좌우대칭으로 나타나게 된다.

활동(2) 화선지로 색무늬 꾸미기

• 활동 자료

여러 색깔의 화선지, 물과 솜방망이 또는 붓, 전지

• 활동 방법

① 여러 색깔의 화선지를 찢어서 조각낸다.

② 화선지 조각을 전지에 올려놓고 솜방망이로 물을 묻힌다.

③ 전지에 붙여진 화선지 조각을 다시 떼어 낸다.

④ 전지에 꾸며진 색의 아름다움을 느껴 본다.

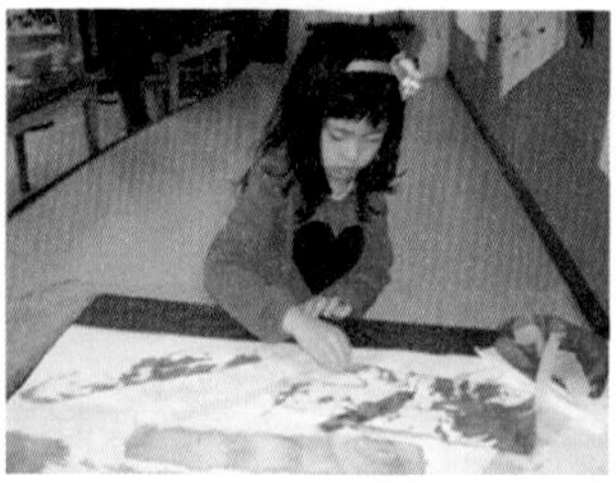

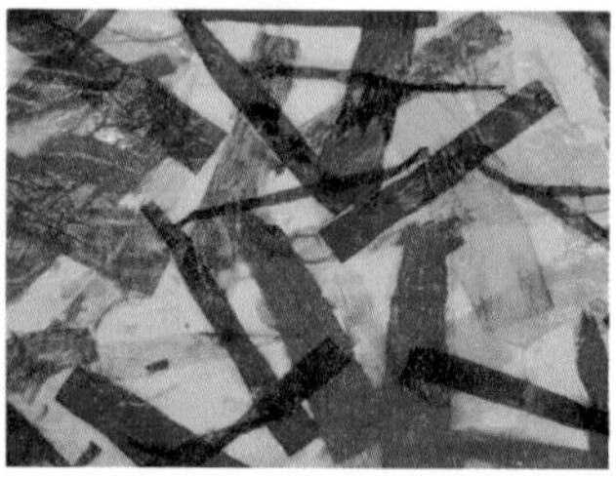

3. 유아들이 꾸민 작품을 감상해 본다.

- 종이로 무엇을 꾸며 보았니?
- 무슨 종이를 이용해서 작품을 꾸몄니?
- 신문지에 있는 그림은 어떻게 종이에 찍혀 나오는 것일까?
- 화선지의 색은 어떻게 종이에 찍혀 나오는 것일까?

  (물과 기름과의 관계, 화선지에 물든 색의 특성 등에 대해 이야기해 본다.)
- 신문지와 화선지의 무늬와 색을 찍어서 표현한 작품을 보니까 느낌이 어떠니?

✿ 참고사항

종이 재질의 여러 재활용품을 이용하여 재생 종이 또는 종이 점토를 만들어 활용하도록 한다.

〈재생 종이로 만든 종이 점토로 액자를 꾸몄어요.〉

활동 5

찹쌀로 만든 경단

✿ 활동 목표

- 경단을 만드는 과정에서 관찰되는 각 물질의 변화 차이를 인식해 본다.
- 경단의 맛을 느껴 보고 그 차이를 변별해 본다.

✿ 누리과정 관련 요소

- 자연탐구: 생활 속에서 탐구하기-물체의 특성과 변화를 여러 가지 방법으로 탐색한다.
- 사회관계: 사회에 관심 가지기-우리나라에 대해 자부심을 가진다.

✿ 활동 자료

경단 사진 자료, 경단 만드는 요리 순서표, 요리 재료(찹쌀가루 2컵, 끓는 물 10큰술, 소금 1/4작은술, 고물용 가루(카스테라, 팥, 땅콩 등)

✿ 활동 방법

1. 우리나라 전통음식인 경단에 대해 이야기해 본다.
   - 경단을 먹어 본 적이 있니?
   - 경단 색깔과 모양은 어떠니?
   - 경단은 다른 음식과 어떤 점이 다를까?
   - 경단은 어떻게 만들어지는 것일까?

2. 준비된 재료를 탐색한 후, '경단 만들기' 방법을 예측해 본다.
   - 경단을 만들려면 어떤 재료가 필요할까?
   - (준비된 재료를 제시하면서) 경단을 만들기 위해서 준비한 요리 재료란다.

무엇이 준비되어 있니?
- 각 요리 재료마다 어떤 특징을 갖고 있는지 잘 살펴보자.
- 이 재료는 무엇에 필요한 것일까?
- 이 재료는 어떻게 사용해야 할까?
- 이 재료를 가루로 만들기 위해서는 어떤 도구가 필요할까?
- 이 재료들이 하나로 뭉쳐지게 하려면 어떻게 해야 할까?

3. 유아들과 함께 직접 찹쌀 경단을 만들어 본다.
- 준비된 요리재료로 직접 경단을 만들어 보자. 각자 어떤 역할을 해야 할까?
- 요리할 때 주의해야 할 점은 무엇일까?
- 우리가 만든 경단은 누구와 함께 나누어 먹고 싶니?

찹쌀 경단 만들기 방법

① 찹쌀을 절구에 빻아 가루로 만들기
② 찹쌀가루에 분량의 소금과 설탕을 섞은 후, 끓는 물을 한 숟가락씩 넣어 손으로 뒤적이면서 익반죽하기
③ 손으로 반죽을 조금씩 떼어서 동글동글 빚기
④ 반죽을 끓는 물에 넣고 떠오를 때까지 삶기
⑤ 물 위로 떠오른 떡을 채로 조심스럽게 건지기
⑥ 흐르는 찬물에 재빨리 한 번 헹구어 내고 물기를 뺀 다음, 넓은 곳에 펼쳐 두기
⑦ 익은 떡을 카스테라, 팥, 땅콩 등의 고물에 묻히면 경단 완성!

〈절구에 쿵떡쿵떡!〉

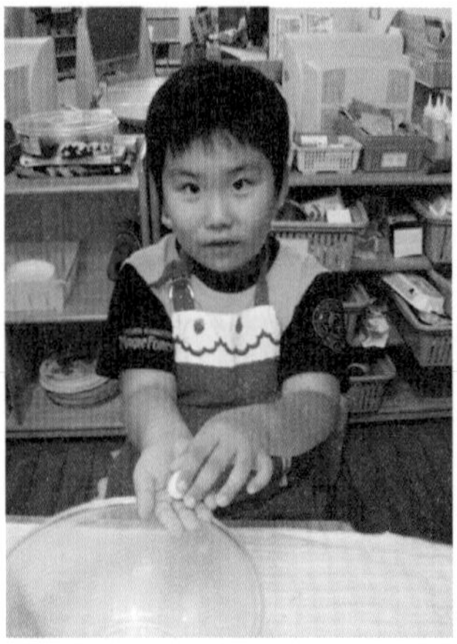

〈동그랗게 빚어서 끓는 물 속에 살짝!〉

〈물 위로 떠오른 떡 반죽을 채로 건져서 고물 속에 넣고 조물조물!
진짜 위로 떠오른다! 이렇게 되면 익은 거죠?〉

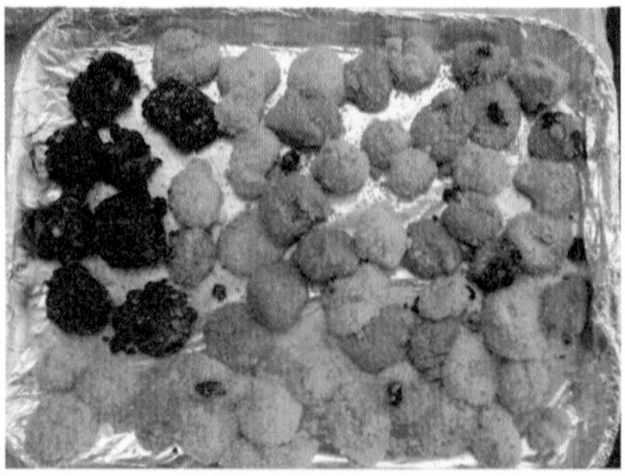

〈찹쌀경단 완성~!
진짜 맛있다! 만들기도 쉽고! 다른 반 친구에게도 나눠 줘요.〉

4. 경단을 맛보며 요리 활동을 떠올려 본다.
   - 너희가 만든 경단에 대해서 이야기해 보자. 어떤 이야기를 나눌 수 있을까?
     예 경단 재료의 종류와 그 변화에 대해
     경단을 만들면서 느껴진 즐거움과 속상함, 신비감 등에 대해
     경단의 색깔과 모양, 맛과 같은 여러 특성에 대해
     경단을 만들었던 옛 조상의 지혜에 대해 등등
   - 경단을 만들면서 더 관찰하거나 궁금해져서 더 알아보고 싶은 것은 무엇이었니?
   - 우리가 요리한 경단을 누구와 함께 나누어 볼까?
     (다른 반 친구들과 함께 경단을 맛보며 즐거움을 나누어 본다.)

✿ 참고사항

'경단 고물 종류에 따른 맛의 차이 변별하기' '경단 크기에 따라 익는 속도의 차이 비교해 보기' '같은 양의 반죽이라도 모양과 두께 차이에 따라 익는 속도의 차이가 어떠한지를 비교해 보기' '끓는 물에 떠오른 반죽과 가라앉은 반죽의 차이 비교해 보기' '찹쌀가루로 만든 경단과 멥쌀가루로 만든 경단의 특성 비교해 보기' 등의 활동을 전개해 볼 수 있다.

12 환경과 생활

접근법	활동명
유아의 일상적 질문에 기초한 탐구활동	폐식용유로 비누를 만들 수 있을까요?
자연친화적 접근을 통한 과학교육 - 동식물 기르기, 텃밭 가꾸기, 주제에 관한 자연물 탐구	지렁이도 환경보호 운동가
문학 및 과학이야기를 통한 과학교육	몸에 좋은 건강물이에요 ('생명의 빨대' 이야기)
예술 활동을 통한 과학교육	아름다운 재활용품 나라
요리 활동을 통한 과학교육	꽃잎으로 화전 부치기

활동 1

폐식용유로 비누를 만들 수 있을까요?

✿ 활동 목표

- 폐식용유와 환경과의 관계에 대해 알아본다.
- 폐식용유로 만든 비누의 특성을 탐색해 본다.

✿ 누리과정 관련 요소

- 자연탐구: 생활 속에서 탐구하기-물체의 특성과 변화를 여러 가지 방법으로 탐색한다.
- 사회관계: 사회에 관심 가지기-내가 살고 있는 곳에 대해 궁금한 것을 알아본다.

✿ 활동 자료

폐식용유가 비누로 만들어지는 과정을 담은 그림이나 사진 자료, 비누 만들기 재료(폐식용유, 나무주걱, 큰 그릇, 가성소다, 물 등)

✿ 활동 방법

1. 폐식용유와 환경과의 관계에 대해 이야기해 본다.
   - 폐식용유는 어떻게 만들어지는 것일까?
   - 폐식용유는 어떻게 버려야 할까?
   - 만약 폐식용유를 아무 곳에나 버리면 환경은 어떻게 될까?
   - 폐식용유를 다시 쓸 수 있는 방법은 무엇일까?

2. '폐식용유로 비누 만들기' 자료를 살펴보면서 만드는 방법에 대해 이야기해 본 후, 유아들과 함께 비누를 직접 만들어 본다.

폐식용유로 비누 만드는 방법

① 기름의 양을 정확히 측정해 놓는다.
② 물의 양은 기름의 33%, 가성소다의 양은 기름 1g당 0.14g을 준비한다.
③ 물에 가성소다를 넣고 녹인다.
④ 물과 가성소다가 반응하면서 유독가스가 발생하므로 마스크를 꼭 쓴다.
⑤ 가성소다를 녹인 물을 기름에 넣고 나무주걱으로 저어 준다.
⑥ 점차 점도가 생기는데, 젓는 자국이 생기면 빨랫비누가 완성된다.
⑦ 용기에 담아 24시간 보온 후에 알맞은 크기로 잘라서 그늘에서 한 달 동안 말린 후 사용한다.

〈폐식용유가 정말 빨랫비누로 변했어요. 집에 가져가서 빨래해야지~〉

3. 유아들이 만든 비누의 특성을 탐색해 본다.
- 너희가 폐식용유로 만든 비누란다. 비누를 본 느낌이 어떠니?
- 비누의 촉감을 느껴 보자.
- 물에 넣으면 비누는 어떻게 될까?
- 딱딱한 비누는 무엇으로 자를 수 있을까?
- 비누에서 어떤 향이 날까?
- 비누로 거품을 만들어 보자. 느낌이 어떠니?

4. 활동을 떠올려 본다.
- 폐식용유로 비누를 만들어 본 느낌이 어떠니?
- 비누를 만들 수 있는 또 다른 재료는 무엇일까?
- 폐식용유는 또 무엇에 사용될 수 있을까?
- 너희가 만든 비누는 누구에게 전해 주고 싶니?

✿ 참고사항

몸에 좋은 웰빙 '천연 야채 비누 만들기' 활동을 연장해서 경험해 볼 수 있다.

천연 야채 비누 만들기

① 시금치, 토마토, 당근 분말을 준비한다.
② 녹인 비누 베이스에 천연 야채 분말과 라벤더 오일을 넣는다.
③ 예쁜 비누 틀에 부어 굳힌다.
④ 천연 비누 완성!

〈야채로 만들어서 더 부드러운 것 같아요. 향기가 좋아요.〉

활동

2 지렁이도 환경보호 운동가

✿ 활동 목표

- 상추 키우기 실험을 통해 지렁이가 상추의 성장에 주는 도움을 알아본다.
- 상추가 잘 자라게 되는 이유를 추론해 본다.
- 지렁이 화분을 관리하면서 환경보호 운동에 참여해 본다.

✿ 누리과정 관련 요소

- 자연탐구: 자연과 더불어 살기-주변의 동식물에 관심을 가진다.
- 자연탐구: 탐구과정 즐기기-궁금한 것을 탐구하는 과정에 즐겁게 참여한다.

✿ 활동 자료

지렁이, 실험통 2개, 흙, 상추씨, 분무기 등

✿ 활동 방법

1. 지렁이에 대한 다양한 생각을 나누어 본다.
   - 지렁이에 대해서 너희들이 알고 있는 것을 자유롭게 이야기해 보자. 지렁이의 어떤 점에 대해 이야기해 볼 수 있을까?
     예 지렁이의 생김새, 먹이, 사는 곳 등
   - 지렁이가 하는 일은 무엇일까?
   - 지렁이는 어떻게 오염된 땅을 좋은 땅으로 만들어 줄까?
   - 지렁이 똥을 뭐라 부를까?
   - 땅속에 지렁이를 키우면서 직접 기름진 땅을 만들어 보면 어떨까?

2. 지렁이 화분을 만들어서 상추의 성장 변화를 관찰, 비교해 본다.

실험 방법

① 2개의 실험통에 각각 같은 양의 흙을 담는다.
② 같은 양의 상추씨를 각각의 실험통에 심는다.
③ 한쪽의 실험통에만 흙 속에 지렁이를 넣어 준다.
④ 다른 조건은 동일하게 상추를 키우며 돌본다.
⑤ 상추씨에서 싹이 나고 성장할 때까지 관찰일지를 기록하며 그 변화를 관찰한다.

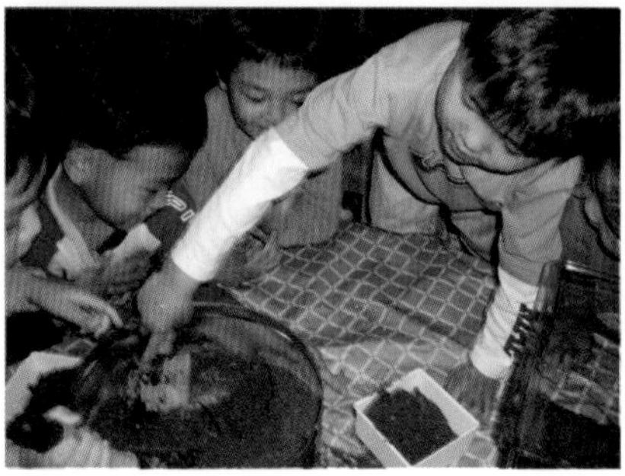

〈같은 양의 흙을 넣고 상추씨를 심은 후, 한 통에만 지렁이를 넣어 주는 아이들의 모습〉

3. 실험결과를 살펴보고 변화의 원인을 추론해 본다.
- 두 개의 화분에서 어떤 일이 일어났니?
- 어느 쪽 화분에 있는 상추가 더 잘 자랐니?
- 왜 이런 일이 일어난 것일까?
- 지렁이가 상추가 자라는 데 어떤 도움을 준 것일까?

실험 결과

상추씨를 심고 관찰한 지 3일째 되는 날, 2개의 실험통에서 동일하게 싹이 나왔다. 하지만 시간이 지날수록 지렁이가 들어 있는 실험통의 싹이 커지기 시작하더니 아래의 사진과 같은 결과를 얻게 되었다. 아이들은 추가 조사 활동을 통해 지렁이의 똥이 식물이 자라는 데 거름이 될 뿐 아니라, 지렁이가 흙 속에서 움직이면서 구석구석에 공기가 들어갈 수 있는 길을 만들어 주어 식물이 성장하는 데 도움을 준다는 것도 알게 되었다.

〈지렁이를 넣어 둔 실험통〉

〈지렁이를 넣지 않은 실험통〉

4. 활동을 떠올려 본다.
   - 실험을 해 본 느낌이 어떠니?
   - 실험으로 새롭게 알게 된 점은 무엇이니?
   - 지렁이가 있는 흙에서 자라면 다른 식물도 다 이렇게 잘 자랄까?
   - 식물이 잘 자라도록 좋은 흙을 만들어 준 지렁이에 대해 어떤 마음이 드니?
   - 지렁이에게 뭐라고 이야기해 주고 싶니?
   - 지렁이 화분을 직접 돌보면서 음식 쓰레기도 없애고 식물을 지속적으로 재배하면서 환경보호에 참여해 보자.

✿ 참고사항

1. 지렁이 화분을 보급하면서 환경보호운동을 하는 사람들의 이야기를 조사해 본다.
2. 지렁이가 좋아하는 음식 실험 활동을 전개해 볼 수 있다.
3. 지렁이에게 편지 쓰기 활동을 전개해 볼 수 있다.
4. 유아들과 함께 단백질, 칼슘, 마그네슘 등의 영양분이 많은 알 껍질과 낙엽이나 잡초 등으로 천연비료를 만들어 야채의 성장 과정을 탐색해 볼 수 있다.

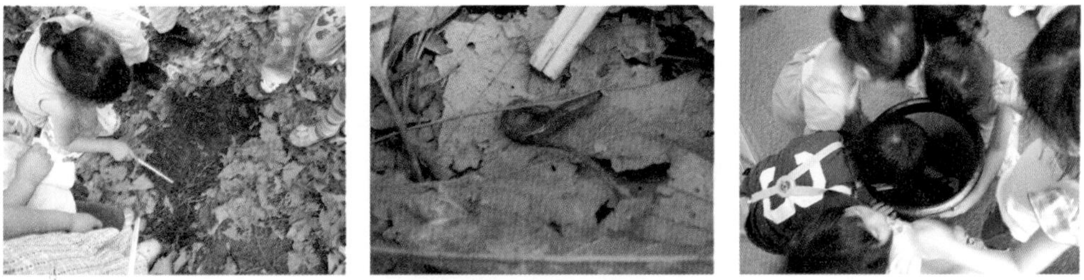

〈지렁이 화분을 만드는 아이들의 모습〉

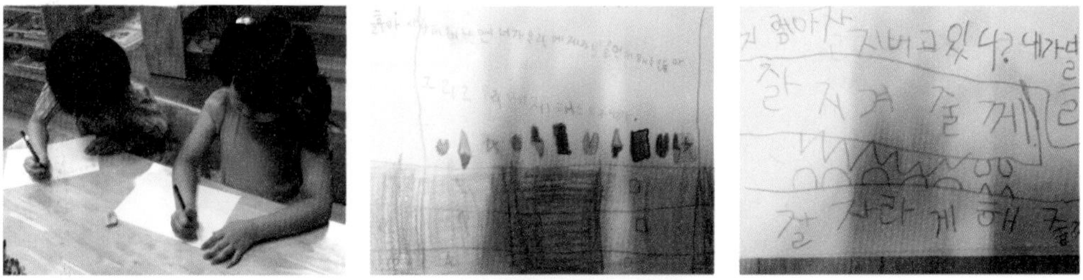

〈지렁이에게 편지를 쓰고 있는 아이들의 모습〉

〈달걀껍질을 빻아서 가루로 만들어 흙에 섞는 아이들의 모습〉

5. 지렁이와는 달리 식물에 해를 입히는 해충에 대해 알아본 후, 해충 잡기 게임 놀이를 전개해 볼 수 있다.

'해충 없애기' 게임놀이방법

① 부직포로 만든 찍찍이 장갑을 한 손에 낀다.

② 여러 곤충 및 해충 그림 카드를 바닥에 늘어놓는다(각 그림은 코팅처리한 후, 해충 그림에만 뒷면에 찍찍이를 붙인다).

③ 주어진 시간 동안 손에 낀 찍찍이 장갑으로 해충을 자유롭게 잡아 본다.

④ 시간이 끝나는 신호가 울리면 놀이를 멈추고, 손에 낀 찍찍이 장갑에 붙은 해충 그림의 종류를 살펴보고 그 수를 헤아려 본다.

활동
3 몸에 좋은 건강물이에요
('생명의 빨대' 이야기)

✿ 활동 목표

- '생명의 빨대'가 만들어진 의미와 가치에 대해 안다.
- 실험을 통해 물의 정화 과정을 경험해 본다.
- 몸을 건강하게 해 주는 물의 특성을 알고 직접 만들어 본다.

✿ 누리과정 관련 요소

- 자연탐구: 생활 속에서 탐구하기-도구와 기계에 대해 관심을 가진다.
- 사회관계: 사회에 관심 가지기-다양한 문화에 관심을 가진다.
- 신체운동 · 건강: 건강하게 생활하기-질병을 예방하는 방법을 알고 실천한다.

✿ 활동 자료

'생명의 빨대' 이야기 자료, 건강에 좋은 물 만들기 재료(둥굴레잎, 주전자, 가스버너, 컵 등)

'생명의 빨대' 이야기

생명의 빨대(lifestraw)란?

생명의 빨대는 그저 평범한 빨대가 아니라 놀라운 기능을 가진 마법의 빨대다. 현재 지구상에는 하루에 6,000명이 넘는 사람들이 각종 병균에 오염된 물을 마시고 있다. 10년의 연구 끝에 개발된 생명의 빨대는 시가 담배 크기 정도로 작지만, 콜레라, 이질, 장티푸스 등을 안전하게 정화할 수 있으며 특별한 전원이나

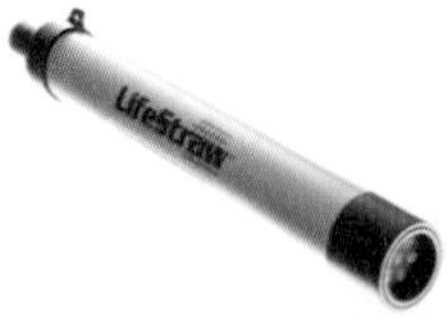

추가 장비 없이 700리터 이상의 물을 정수할 수 있다. 1년간 필터를 교환할 필요도 없다고 한다. 이 빨대에는 박테리아를 살균하는 필터가 부착돼 있어 언제 어디서든 물이 있는 곳에서는 바로 식수를 구할 수 있다.

✿ 활동 방법

1. 각종 병균에 오염된 물을 먹으며 살아가는 사람들에 대해 이야기해 본다.
   - ('생명의 빨대' 이야기를 들려준 후) 무슨 이야기였니?
   - 사람들은 왜 병균에 오염된 물을 먹어야 할까?
   - 사진 속에서 오염된 물을 먹는 사람들을 보니까 어떤 마음이 드니?
   - '생명의 빨대'를 만든 사람들의 마음은 어떤 마음이었을까?
   - '생명의 빨대'로 정수된 물을 먹게 된 사람들은 어떤 마음이었을까?

2. '생명의 빨대' 이야기에 대한 다양한 생각을 나누어 본다.
   - 왜 그 빨대를 '생명의 빨대'라고 했을까?
   - '생명의 빨대'는 어떻게 물을 깨끗하게 만들어 주는 것일까?

   (빨대의 물 정화의 원리에 대해 이야기해 본다.)

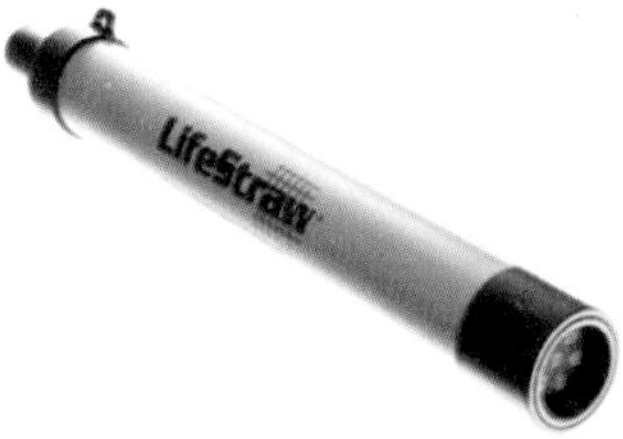

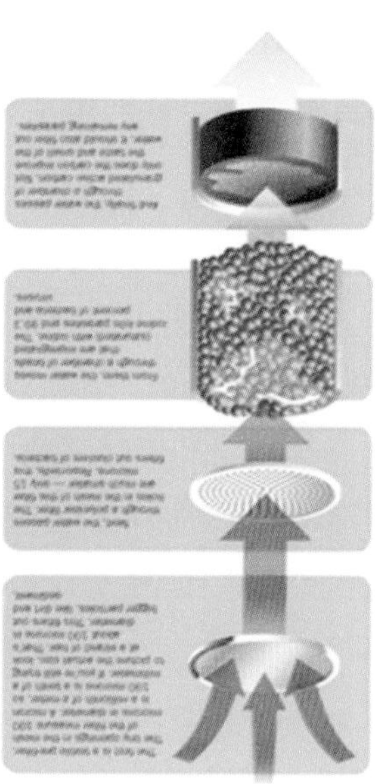

3. 물을 정화시키는 방법에 대한 생각을 그림으로 표현한 후, '물 정화하기' 실험을 함께 해 본다.
   - 물을 깨끗하게 할 수 있는 방법은 어떤 것이 있을까?
   - 너희들의 생각을 그림으로 표현해서 소개해 주겠니?

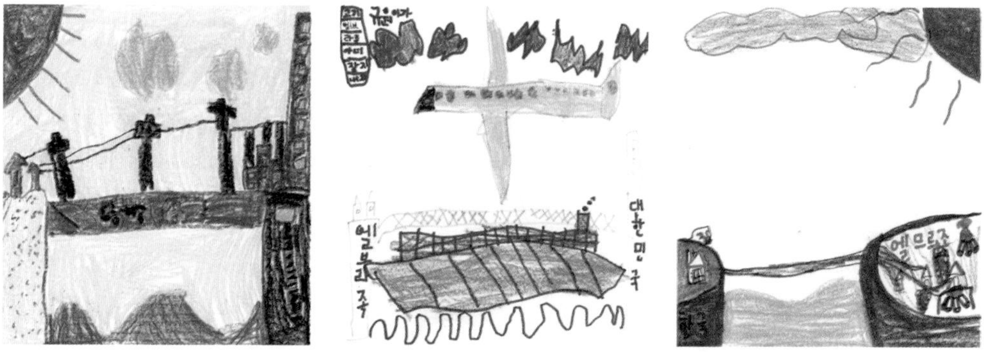

〈유아들이 그림으로 표현한 물 정화 방법〉

   - 이번에는 준비된 도구와 재료로 물이 정화되는 과정을 직접 실험해 보자.
   - 어떤 도구와 재료가 준비되어 있니?

- 이 재료는 무엇에 사용되는 것일까?
- 이 재료와 도구들을 어떻게 사용해야 할까?
- 준비된 재료와 도구들을 탐색하면서 물 정화 방법을 예측해 보자.

물 정화의 실험 과정

① 준비된 실험 재료와 도구 탐색하기(투명 통, 여러 종류의 자갈과 모래, 오염된 물, 숯 등)
② 투명 용기에 재료를 순서대로 놓고 물이 빠져나가는 아랫부분에 거즈손수건이나 삼베천으로 감싸기
③ 더러운 물을 통 속에 쏟기
④ 물이 빠져나오는 모습 관찰하기
⑤ 다 걸러진 물의 깨끗함이 어떠한지 살펴보기

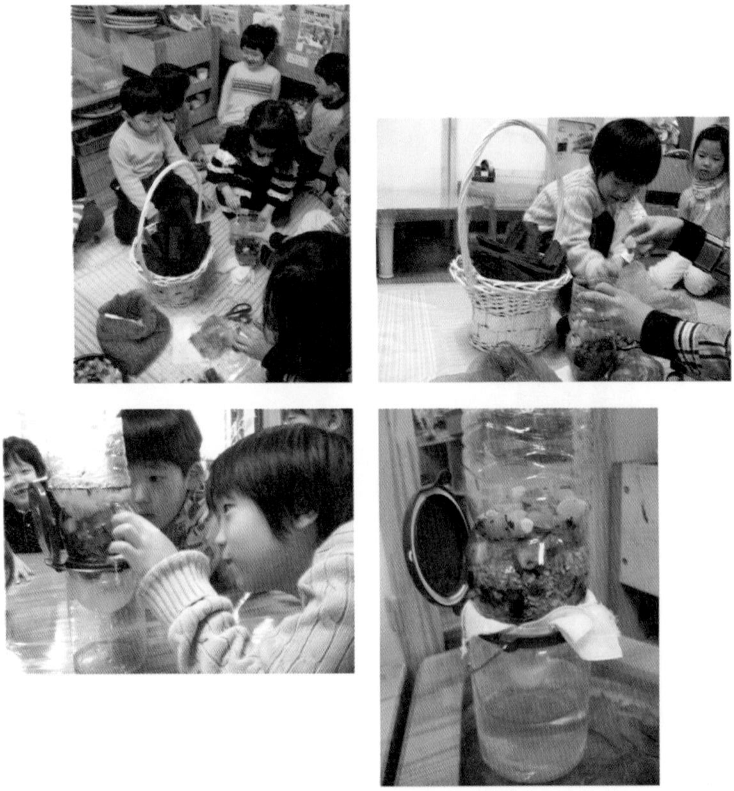

〈더러운 물을 정화하는 과정을 경험하는 아이들의 모습〉

4. 준비된 재료를 이용하여 '몸에 좋은 건강물'을 만들어 본다.
- 우리 몸에 좋은 건강물을 만들어 보려고 한단다. 물을 정화해서 깨끗하게 만드는 방법 이외에 몸에 좋은 건강물은 어떻게 만들 수 있을까?
- (둥굴레잎과 뿌리를 소개하며) 무엇일까?
- 둥굴레차를 마셔 본 적이 있니?
- 둥굴레차는 우리 몸을 어떻게 좋게 만들까?

둥굴레차의 효능

혈압과 혈당을 낮추며, 비만 방지, 피로 회복, 노화 방지, 피부 미용에 탁월한 효과가 있다.

- 둥굴레차를 만드는 둥굴레잎과 뿌리란다. 둥굴레잎과 뿌리에 물을 담아 끓이면 둥굴레차가 되는 거란다. 둥굴레 잎과 뿌리가 물속에서 달여지면서 어떤 색과 맛을 낼까?
- 둥굴레차는 어떤 향을 낼까?
- 둥굴레잎과 뿌리로 몸에 좋은 건강물을 만들어 보자.

둥굴레차 만드는 방법

① 둥굴레는 흐르는 물에 한 번 헹구어 물기를 뺀다.
② 끓는 물에 넣어 15분 정도 중불에서 달인다.
③ 충분히 우러나면 체에 받쳐 둥굴레를 건지고 차게 해서 마신다.
④ 둥굴레차의 맛을 느껴 보고 그 느낌에 대해 이야기해 본다.

〈둥굴레잎〉

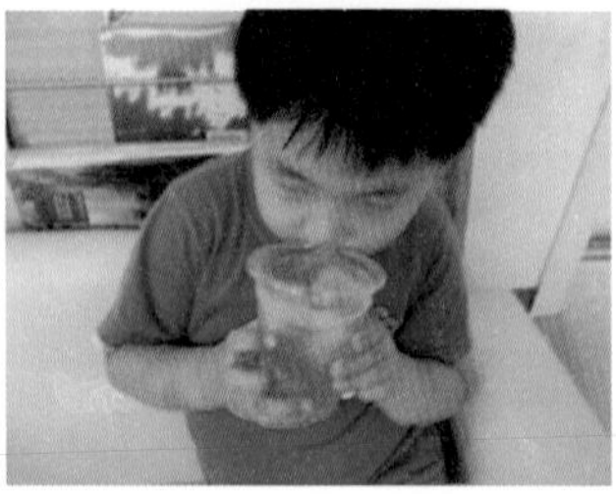

〈둥굴레차 맛이 구수해요!〉

5. 활동을 떠올려 본다.
   - 둥굴레차를 만들어서 마셔 본 느낌이 어떠니?
   - 우리 몸을 건강하게 해 주는 물은 또 무엇이 있을까?
   - 만약 우리가 마시는 물이 계속 더러워진다면 어떻게 될까?
   - 물이 더러워지는 것을 막기 위해서 우리가 해야 할 일은 무엇일까?

✿ 참고사항

물 정화 기능에 대해 알려 줄 수 있는 전문가를 초대해서 질의응답을 통해 궁금한 점에 대해 알아보는 활동을 전개해 볼 수 있다.

활동 4

아름다운 재활용품 나라

✿ 활동 목표

- 재활용의 의미와 재활용품의 다양한 쓰임에 대해 알고 적절히 활용해 본다.
- 유아들이 구성하고 표현한 재활용 이야기를 다른 사람과 공유하면서 기쁨을 느껴 본다.

✿ 누리과정 관련 요소

- 자연탐구: 생활 속에서 탐구하기-물체의 특성과 변화를 여러 가지 방법으로 탐색한다.
- 사회관계: 사회에 관심 가지기-내가 살고 있는 곳에 대해 궁금한 것을 알아본다.

✿ 활동 자료

여러 종류의 재활용품(계란판, 끈, 상자, 우유갑, 믹서기, CD, 병뚜껑, 여러 종류의 통과 병, 폐식용유 등)과 꾸미기 재료들

✿ 활동 방법

1. '재활용 주식회사' 아르코 미술관을 견학한 후, 견학 경험 이야기와 재활용의 의미에 대해 이야기해 본다.
   - 미술관을 다녀온 느낌이 어떠니?
   - 미술관에서 본 작품들을 이야기해 보자.
   - 미술관에서 신기하게 느꼈던 것들에 대해 이야기해 보자.
   - 미술관에서 직접 만져 보면서 놀이했던 것들에 대해 이야기해 보자.
   - 미술관의 작품과 놀이들은 다 무엇으로 만든 것이니?
   - 재활용이 뭘까?

- 사람들은 왜 재활용품으로 작품을 만들고, 여러 가지 방식으로 사용할까?
- 우리가 사용하는 재활용품은 무엇이 있니?
- 재활용품을 사용해서 좋은 점은 무엇일까?

2. 주변에서 재활용할 수 있는 여러 사물을 수집해 본다.
   - 주변을 주의 깊게 살펴보면서 우리가 재활용할 수 있는 여러 사물을 찾아 보자.
   - 무엇을 찾을 수 있었니?
   - 그 재활용품은 무엇에 사용될 수 있을까?
   - 재활용품으로 만들고 싶은 물건은 무엇이니?
   - 재활용품으로 꾸미고 싶은 작품은 무엇이니?
   - ○○ 재활용품으로 가장 잘 표현할 수 있는 것은 무엇일까?

3. 수집한 재활용품을 이용하여 다양한 놀이를 경험해 본다.
   - 우리가 수집한 재활용품으로 가장 하고 싶은 놀이는 무엇이니?
     (유아들과 함께 재활용품의 크기, 모양, 색깔, 재질 등의 특성을 탐색하면서 그 특성에 적합한 놀이 또는 표현방법에 대해 이야기를 나누고, 직접 활동해 본다.)

재활용품을 이용한 여러 놀이

〈계란판 조각으로 발 만들기〉

〈우유갑이나 신문지로 재생 종이 만들기〉

〈페트병으로 난타놀이하기〉

〈뚜껑과 CD로 사람 꾸미기〉

〈상자로 자동차 만들기〉

〈폐식용유로 비누 만들기〉

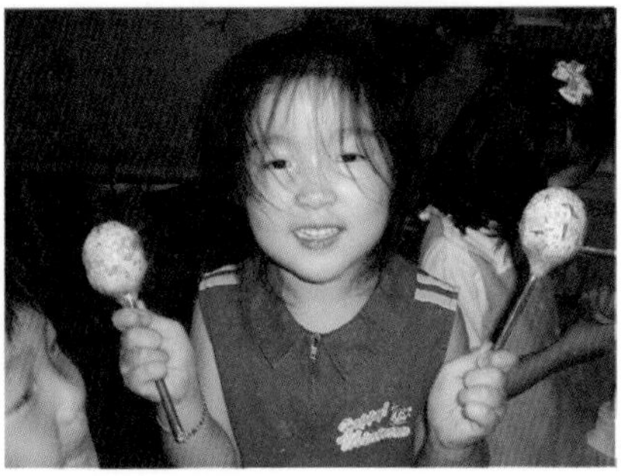

〈재활용품으로 소리 나는 악기 만들기〉

4. 재활용 활동과 표현물을 전시해 두고, 다른 반 친구들을 초대하여 재활용 축제 또는 전시회를 열어 본다.
   - 재활용품으로 우리가 어떤 놀이를 해 보았니?
   - 우리가 만든 작품은 무엇이니?
   - 재활용품으로 놀이하고 무엇인가를 만들어 본 느낌이 어떠니?

- 재활용품에 대해서 어떤 생각이 드니?
- 우리가 놀이하고 표현한 재활용품 이야기들을 다른 사람에게 전하려면 어떻게 해야 할까?
- 재활용 전시회와 재활용 악기 축제놀이를 하기 위해서 우리가 준비해야 할 것은 무엇일까?

  (전시회 또는 악기축제놀이 준비 과정에 대해 이야기를 나누고 준비한 후, 다른 반 유아들을 초대하여 함께 재활용품 나라 이야기를 공유해 본다.)

재활용 악기 축제놀이

재활용 전시회 놀이

✿ 참고사항

재활용과 관련된 전시회 관람 활동은 재활용품 가게 견학 활동으로 대체하여 경험할 수도 있다.

활동

5 꽃잎으로 화전 부치기

✿ 활동 목표

- 꽃잎을 이용한 요리의 종류와 요리 과정을 알고 직접 경험해 본다.
- 꽃잎으로 장식된 음식의 아름다움을 느껴 본다.

✿ 누리과정 관련 요소

- 자연탐구: 자연과 더불어 살기-주변의 동식물에 관심을 가진다.
- 자연탐구: 생활 속에서 탐구하기-물체의 특성과 변화를 여러 가지 방법으로 탐색한다.
- 예술경험: 아름다움 찾아보기-예술적 요소에 관심을 갖고 찾아본다.

✿ 활동 자료

먹을 수 있는 여러 종류의 꽃잎, 찹쌀가루, 소금, 치자물, 프라이팬, 국자, 거품기, 가스버너 등

✿ 활동 방법

1. 꽃잎의 활용에 대해 이야기해 본다.
   - (꽃잎을 관찰하면서) 꽃잎들을 보니까 어떤 느낌이 드니?
   - 꽃잎에서 발견할 수 있는 것들을 자유롭게 이야기해 보자.
   - 사람들은 이런 꽃잎으로 무엇을 하니?
   - 아름다운 꽃잎으로 너희는 무엇을 표현하고 싶니?

2. 꽃잎 맛을 예측해 보고, 직접 맛을 느껴 본다.
   - 꽃잎은 어떤 맛일까?

- (쓴)맛이 나는 꽃잎도 있을까?
- (노란) 꽃잎은 어떤 맛을 낼까?
- (빨간)색의 맛은 어떨까?
- 각각의 꽃잎이 어떤 맛인지 자유롭게 느껴 보자.

〈이 꽃은 무슨 맛일까?〉

〈레몬색의 꽃은 레몬 맛이 날 것 같아요. 주황색 꽃은 오렌지 맛이 날 것 같아요.〉

3. 꽃잎 화전을 요리해 본다.
   - 꽃잎으로 전을 만들면 그 전의 이름은 뭐라고 할까?
   - 화전 맛이 어떨 것 같니? 꽃잎으로 전을 어떻게 장식하고 싶니?
   - 화전을 만들면서 우리가 새롭게 알아볼 수 있는 것들은 무엇일까?
     (화전의 재료와 요리과정에서의 변화 등을 유아들이 오감으로 느껴 보면서 그 차이를 인식해 보게 한다.)
   - 화전을 멋지게, 그리고 맛있게 만들어 보자.

실제편

화전 만드는 방법

① 찹쌀가루에 치자물을 넣고 묽게 반죽한 후, 소금으로 간을 한다.
② 프라이팬에 기름을 두른 후, 찹쌀가루 반죽을 동그랗게 납작하게 눌러 전 모양으로 만든 후, 프라이팬에 올려놓는다.
③ 알록달록한 꽃잎으로 반죽 위를 멋지게 장식한다.
④ 반죽을 지져서 다 익으면 채반에 담는다.

〈화전을 만드는 아이들의 모습들〉

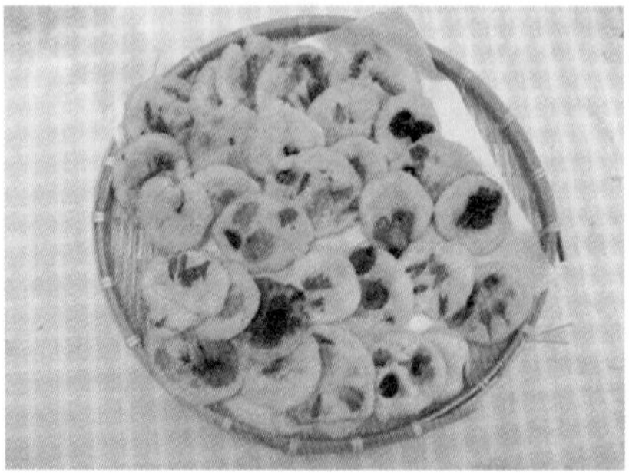

〈우리가 만든 꽃잎 화전 완성!!〉

4. 화전의 변화를 관찰해 보고 직접 맛보며, 활동을 떠올려 본다.
- 화전을 만들어 본 느낌이 어땠니?
- 너희가 만든 화전을 감상해 보자. 꽃잎이 음식 속에 장식된 모습을 보니까 느낌이 어떠니?
- 화전에 꽃잎 대신 과일이 들어간다면 어떻게 될까?
- 화전이 만들어지기까지 재료는 어떤 모습으로 달라졌니?

✿ 참고사항

1. 꽃잎 대신 쑥갓이나 깻잎 등으로 화전 만들기 활동을 전개해 볼 수도 있다.
2. 물 색깔에 따라 화전의 색깔 변화가 어떠한지 그 차이를 비교해 볼 수도 있다.
3. 화전의 두께에 따라 익는 속도의 차이가 어떤지 비교해 보는 실험을 해 볼 수 있다.

13 겨울

접근법	활동명
유아의 일상적 질문에 기초한 탐구활동	무엇으로 손난로를 만들 수 있을까요?
자연친화적 접근을 통한 과학교육 - 동식물 기르기, 텃밭 가꾸기, 주제에 관한 자연물 탐구	우렁이의 겨울잠 이야기
문학 및 과학이야기를 통한 과학교육	얼음이 녹아요 (『눈 오는 날』 이야기)
예술 활동을 통한 과학교육	라이트 박스 위의 모래그림
요리 활동을 통한 과학교육	따뜻한 귤차를 만들어요

활동
1 무엇으로 손난로를 만들 수 있을까요?

✿ 활동 목표

- 몸을 따뜻하게 보온하는 방법을 안다.
- 버려지는 귤껍질을 활용하여 손난로를 만들어 자원의 재활용을 경험해 본다.

✿ 누리과정 관련 요소

- 자연탐구: 생활 속에서 탐구하기-물체의 특성과 변화를 여러 가지 방법으로 탐색한다.
- 신체운동 · 건강: 건강하게 생활하기-질병을 예방하는 방법을 알고 실천한다.

✿ 활동 자료

손난로, 귤 손난로 재료(귤, 랩, 전자레인지)

✿ 활동 방법

1. 추운 겨울에 우리의 몸을 따뜻하게 해 주는 것에 대해 이야기해 본다.
   - 추운 겨울에 우리를 따뜻하게 해 주는 것에는 어떤 것들이 있을까?
     예 보일러, 히터, 난로 등
   - 전기나 석유 같은 연료를 사용하지 않으면서 따뜻하게 해 줄 수 있는 것은 무엇일까?
     예 두꺼운 옷, 부츠, 손난로

2. 우리 몸을 따뜻하게 해 주는 손난로에 대해 알아본다.
   - 어디든 들고 다니면서 우리의 몸을 따뜻하게 해 주는 것은 무엇일까?
     예 손난로: 가루 손난로, 액체 손난로

- (준비한 손난로를 제시하면서) 손난로가 있단다. 손난로를 만져서 따뜻함을 느껴 보자. 느낌이 어떠니?
- 손난로 속에는 무엇이 있어서 이렇게 따뜻할까?
- 손난로를 만들 수 있는 또 다른 재료는 무엇이 있을까?

3. 귤로 손난로를 만들어 본다.
   - (귤 손난로를 보여 주며) 만져 보겠니? 무엇으로 만든 것 같니?
   - 귤 손난로는 어떻게 만들었을까?
   - 너희도 직접 귤로 손난로를 만들어 보겠니?

귤 손난로 만드는 방법

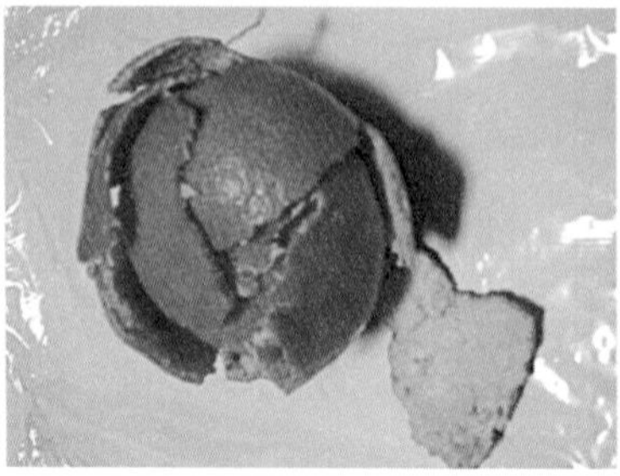

① 귤껍질을 모아 동그랗게 뭉쳐 주세요.

② 동그랗게 뭉친 귤껍질을 랩으로 씌워 주세요.

③ 전자레인지에 1~2분 데워 주세요.

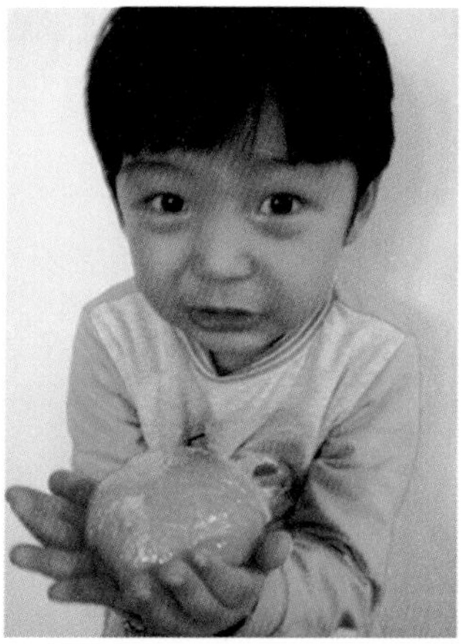

④ 귤 손난로 완성!

전자레인지에 귤껍질을 싸서 넣으면, 귤 자체에 있는 수분이 열을 얻게 된다. 이 때, 귤껍질에는 고분자 섬유소(셀룰로오스, 세미셀룰로오스, 펩틴)가 많아 열이 밖으로 빠져나가는 것을 막아 주기 때문에 1~2시간 정도 온도를 유지하게 된다.

4. 귤 손난로의 보온 시간을 실험하여 알아본다.
   - 우리가 만든 귤 손난로는 얼마나 오랫동안 따뜻할까?
   - 여기 있는 손난로(가루 손난로, 액체 손난로, 귤 손난로) 중에 어떤 것이 가장 오랫동안 따뜻할까?
   - 어떤 손난로가 가장 오랫동안 따뜻한 채로 있었니?

〈가루 손난로〉

〈액체(똑딱이) 손난로〉

〈귤 손난로〉

5. 귤 손난로를 만들어 본 느낌에 대해 이야기해 본다.
 - 손난로를 직접 만들어 본 느낌이 어떠니?
 - 귤 손난로의 좋은 점은 무엇인 것 같니?
 예 누구나 쉽게 만들 수 있어요, 돈을 주고 사지 않아도 돼요, 가난한 사람도 따뜻하게 겨울을 보낼 수 있어요, 음식물 쓰레기를 줄여 줘요, 전기나 석유 같은 에너지를 절약할 수 있어요 등
 - 직접 만든 귤 손난로를 누구에게 주고 싶니?
 예 시장에서 장사하시는 분들, 교통경찰 아저씨, 아빠 등
 - 왜 그분들에게 선물해 주고 싶니?
 - 그분들은 너희가 만든 귤 손난로를 선물로 받으면 어떤 마음을 갖게 될까?

✿ 참고사항

유아들과 함께 환경오염이 되지 않는 '순식물성 손난로 만들기' 활동을 전개해 볼 수 있다.

'순식물성 손난로' 만들기 방법

① 감자(고구마, 무)의 껍질을 벗겨 지퍼백에 넣는다.
② 산소표백제를 1:1 비율로 넣는다.
③ 3~5분 정도 흔들어 준다.

활동 2

우렁이의 겨울잠 이야기

✿ 활동 목표

- 우렁이의 생태적 특성에 대해 관심을 갖고 알아본다.
- 우렁이를 기르면서 나타나는 여러 궁금증을 해결해 본다.
- 실험을 통해 겨울잠을 자는 우렁이의 특성에 대해 알아본다.

✿ 누리과정 관련 요소

- 자연탐구: 자연과 더불어 살기-생명과 자연환경을 소중히 여긴다.
- 자연탐구: 탐구과정 즐기기-궁금한 것을 탐구하는 과정에 즐겁게 참여한다.

✿ 활동 자료

우렁이(실물), 우렁이 관련 책, 우렁이 집 구성 재료(큰 고무통, 물, 화초 또는 야채 식물 등), 우렁이 실험 재료(우렁이, 얼음, 투명통, 기록지 등)

✿ 활동 방법

1. 우렁이를 탐색하며 그 특성에 대해 알아본다.
   - (우렁이를 제시하면서) 무엇일까?
   - 너희는 우렁이에 대해서 무엇을 알고 있니?
   - 직접 관찰하거나 책을 찾아보면서 우렁이에 대해 궁금한 점을 더 알아보자.
   - (우렁이를 관찰하면서) 우렁이는 어떤 촉감이니?
   - 우렁이가 너희에게 어떤 이야기를 전해 주는 것 같니? 몸의 생김새에서 발견할 수 있는 것은 무엇일까?
   - 이 부분의 이름이 뭘까? 우렁이는 더듬이로 무엇을 할까?

- 책을 통해서 우렁이에 대해 알게 된 점은 무엇이니?

〈오감으로 우렁이를 관찰하고 자료를 통해서 궁금한 점들을 찾아보는 아이들의 모습〉

2. 서식지의 특성에 맞게 우렁이 집을 구성하여 우렁이를 지속적으로 돌보며 관찰해 본다.
   - 교실에서 우렁이와 함께 지내려면 어떤 준비가 필요할까?
   - 우렁이는 어떤 곳에서 살고 싶어 할까?
   - 우렁이 집을 꾸미기 위해서 준비해야 할 것과 해야 할 일은 무엇일까?

우렁이 집 만들기

① 커다란 고무통 안에 작은 고무통을 한가운데 놓는다.
② 작은 고무통에는 마사토를 넣고 물을 채운 후, 모를 심는다.
③ 큰 고무통과 작은 고무통 사이에 물을 채우고 수초나 크고 작은 돌로 장식한 후, 우렁이와 미꾸라지 등의 생물체들을 넣는다.
④ 커다란 고무통 주변에는 미나리 화분과 다른 식물로 주변을 장식한다. 미나리 화분에서 자란 미나리는 우렁이와 다른 생물체들의 먹이가 될 수 있다.

〈우렁이 집 완성!〉

3. 우렁이를 키우면서 궁금한 점들을 관찰 또는 실험하여 알아본다.

아이들의 과학적 질문의 예

- 우렁이는 어떤 먹이를 좋아할까?
- 우렁이는 먹이를 잘게 썰어 준 것과 그냥 준 것 중에서 무엇을 더 잘 먹을까?
- 우렁이도 자신이 먹은 음식 색깔과 같은 색깔의 똥을 쌀까?
- 우렁이는 왜 빛을 싫어할까?

〈우렁이가 좋아하는 먹이실험 이야기〉

4. 유아들과 함께 '우렁이의 겨울잠 재우기' 실험을 직접 해 본다.
   - 우렁이는 추운 겨울에 무엇을 한다고 했니?
   - 우렁이는 왜 겨울잠을 잘까?
   - 어떤 모습으로 겨울잠을 잘까?
   - 우렁이처럼 겨울잠을 자는 동물은 무엇이 있을까?
   - 우렁이가 겨울잠을 자는 모습을 보고 싶은데, 직접 실험을 해 볼 수는 없을까?
   - 우렁이가 겨울잠을 자도록 우리가 준비해야 하는 것은 무엇일까?
   - 준비된 재료를 이용하여 직접 '우렁이 겨울잠 재우기' 실험을 해 보자.

'우렁이 겨울잠 재우기' 실험 방법

① 우렁이를 작은 투명통 속에 넣고, 그 통을 수조 한가운데에 놓는다.

② 우렁이를 담은 통과 수조 사이에 얼음을 채운다.

③ 우렁이의 움직임을 관찰해 본다.

④ 다시 얼음을 뺀 후, 우렁이의 움직임을 관찰해 본다.

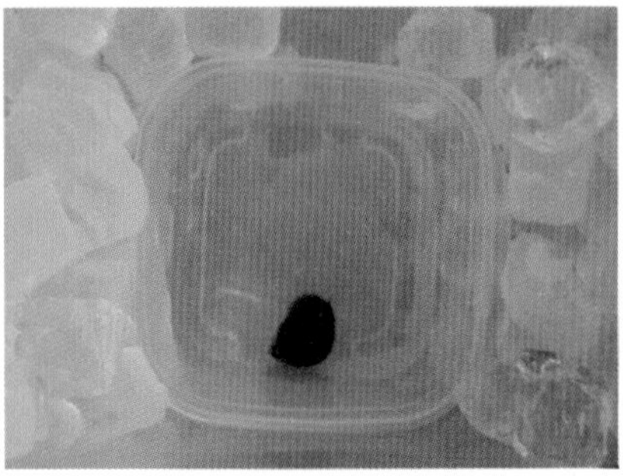

〈우렁이의 겨울잠 재우기 실험〉

5. 활동을 떠올려 본다.

- 우렁이가 겨울잠을 자도록 실험해 본 느낌이 어땠니?
- 추운 곳에서 잠자는 우렁이는 어떤 모습이었니?
- 추운 겨울에 우렁이는 어디에서 잠을 잘까?

✿ 참고사항

우렁이를 키우는 과정에서 죽게 된 우렁이의 껍질을 이용하여 '우렁이 꾸미기' 활동을 전개해 볼 수도 있다.

활동 3

얼음이 녹아요 (『눈 오는 날』 이야기)

✿ 활동 목표

- 물질의 변화에 관심을 갖고 탐색해 본다.
- 얼음 녹이기 활동을 통해 변인을 고려한 실험구성의 경험을 한다.

✿ 누리과정 관련 요소

- 자연탐구: 자연과 더불어 살기-날씨와 계절의 변화를 생활과 관련짓는다.
- 자연탐구: 생활 속에서 탐구하기-물체의 특성과 변화를 여러 가지 방법으로 탐색한다.
- 예술경험: 창의적으로 표현하기-다양한 미술 재료와 도구로 자신의 생각과 느낌을 표현한다.

✿ 활동 자료

그림책『눈 오는 날』(에즈라 잭키즈 글 · 그림, 김소희 옮김, 비룡소), 각얼음, 소금, 쿠킹호일, 손수건, 털장갑 또는 목도리, 기록지

✿ 활동 방법

1. 그림책『눈 오는 날』내용에 대해 이야기를 나누며 눈이 녹은 이유에 대해 생각해 본다.

- 어떤 날씨의 이야기니?
- 너희들도 눈이 올 때 비슷한 놀이를 해 본 적 있니?
- 차가운 눈밭에서 놀다가 따뜻한 물에 들어가면 어떤 기분일까?
- 주머니에 있던 눈뭉치는 어떻게 되었니?
- 왜 눈은 녹으면 물이 되는 걸까?
- 밖에 있는 눈은 여전히 눈인데, 집안에 갖고 들어온 눈은 왜 물이 되는 걸까?

2. 녹는 것 중에서 얼음의 특성을 탐색해 본다.
   - 눈 말고 녹는 것에는 또 뭐가 있니?
   - 아이스크림과 얼음은 어떻게 다르니?
   - 얼음도 집안에 두면 녹고, 밖에 두면 안 녹을까?
   - 어디에 둔 얼음이 가장 빨리 녹을까?
   - 얼음 녹이기에 대해 더 알아보고 싶은 것이 있니?

3. 상황에 따른 얼음 녹이기 실험을 구성한다.

'얼음의 종류'에 따른 비교실험

- 소금을 넣은 얼음은 더 빨리 녹을까?
- 또 무엇을 넣어 볼 수 있을까?

• 소금을 넣어서 얼린 얼음과 물만 넣어서 얼린 얼음은 녹는 속도가 다를까?
• 어떻게 알아볼 수 있을까?
• 무엇이 있어야 할까?
(같은 크기의 소금을 넣은 얼음과 그냥 얼음을 동일한 장소에 두고 녹는 속도를 관찰한다.)
• 얼음이 녹는 과정을 기록할 수 있는 방법에는 뭐가 있을까?
• 정해진 시간마다 사진을 찍는 방법도 있겠구나.
• 결과를 보니까 어떻게 되었니?
• 왜 그 얼음이 더 빨리 녹았을까?

'얼음을 둔 장소'에 따른 비교실험

• 어디에 있는 얼음이 더 잘 녹을 것 같니?
• 왜 햇빛에 있는 얼음은 더 빨리 녹고, 그늘에 둔 얼음은 늦게 녹을 것 같아?
• 그럼 냉장고에 넣은 얼음과 계단 아래 둔 얼음은 어떤 게 늦게 녹을까?
• 우리가 궁금한 걸 알아보려면 어떻게 해야 할까?
• 무엇이 필요할까?
• 어떤 약속이 필요할까?
• 얼음이 있는 장소에 따라 녹는 속도를 비교하려면 어떤 방법으로 기록해야 할까?
• 시간은 얼마나 걸릴 것 같니? 여기 그래프에 표시해 볼까?
• 결과를 보니까 어디에 있는 얼음이 가장 빨리 녹았니? 가장 늦게 녹는 얼음은?
• 우리가 생각했던 것과 얼마나 차이가 있었니?

'얼음에 대한 처지'에 따른 비교실험

• 얼음을 다른 걸로 싸 두면 어떤 차이가 있을까?
• 쿠킹호일을 만져 보니까 어떠니? 털장갑을 끼고 있으니까 어때?
• 쿠킹호일에 싼 얼음과 털장갑에 넣은 얼음 중 더 빨리 녹는 얼음은 무엇일까?
• 왜 털장갑에 넣은 얼음이 더 빨리 녹을 것 같니?
• 정말 그런지 함께 실험으로 알아보자. 실험을 할 때 주의해야 할 점은 뭐가 있을까?

- 얼음은 어디에 두는 게 좋을까?
- 얼마 정도의 시간이 지난 뒤에 확인해 볼까?
- 햇빛에서 10분 간격으로 열어 보기로 하자.
- 결과가 어떻게 되었니?
- 우리의 생각과는 다르게 왜 쿠킹호일에 싼 얼음이 더 빨리 녹았을까?
- 털장갑은 밖의 더위나 추위를 잘 전달하지 않고, 호일은 잘 전달해서 그렇게 된 거구나.

4. 실험결과에 대해 이야기 나누고, 활동을 떠올려 본다.
   - 어떤 활동을 해 보았니?
   - 새롭게 알게 된 것은 무엇이니?
   - 동화 속의 친구가 눈덩이를 어디에 보관했다면 더 늦게 녹았을까?
   - 왜 그렇게 생각하니?
   - 더 알아보고 싶은 것은 무엇이니?

✿ 참고사항

1. 고기불판이나 오븐에 쿠킹호일을 넣고, 추울 때 모직으로 보온을 하는 원리가 모두 '열전도'에 관한 것이다.
2. 색 얼음 굴려서 그림 그리기, 색 얼음 녹여서 빨대 불어 그림 그리기 등의 활동으로 확장할 수 있다.

〈얼음이 굉장히 빨리 작아졌어요. 뜨거운 물 속의 얼음이 더 빨리 녹았어요.〉

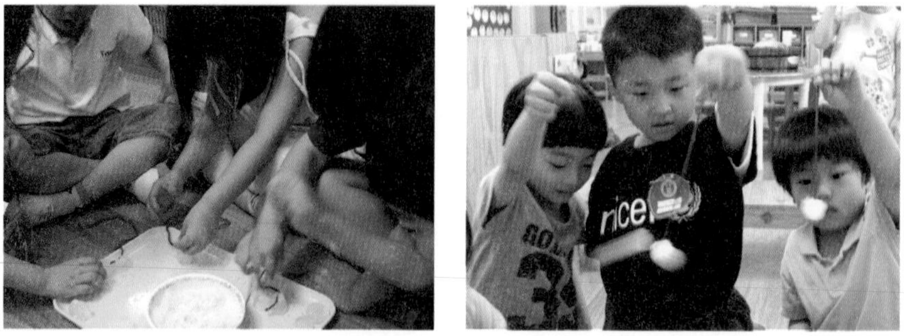

〈조심조심 소금을 뿌리고, 조금 기다렸다가 실을 올리면 얼음이 같이 올라와요.〉

〈나만의 얼음 만들기 활동〉

〈얼음!! 누가 가장 멋진 얼음으로 변했을까?〉

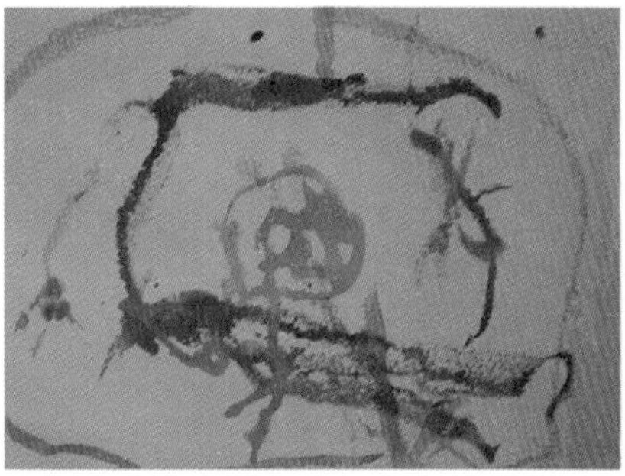

〈색깔 얼음 막대로 그린 그림!! 왠지 시원해 보이죠?〉

활동

4 라이트 박스 위의 모래그림

✿ 활동 목표

- 모래가 라이트 박스 위에서 그려 내는 선의 아름다움을 느껴 본다.
- 모래와 빛이 만나 새로운 이미지를 만드는 현상에 호기심을 갖고 탐색해 본다.

✿ 누리과정 관련 요소

- 자연탐구: 생활 속에서 탐구하기–도구와 기계에 대해 관심을 가진다.
- 예술경험: 창의적으로 표현하기–다양한 미술 재료와 도구로 자신의 생각과 느낌을 표현한다.

✿ 활동 자료

고운 모래, 라이트 박스, 비닐주머니, 송곳, 가위, 비닐 등

✿ 활동 방법

1. 모래를 자유롭게 탐색하면서, 모래로 그림을 그리는 방법을 예측해 본다.
   - 모래를 자유롭게 탐색해 보자. 느낌이 어떠니?
   - 모래는 또 어떤 특성을 갖고 있을까?
     - 예 알갱이의 굵기가 다양하다, 촉감이 다양하다, 흘러내린다, 물을 섞으면 뭉쳐진다, 풀에 붙기도 한다 등
   - 모래로 그림을 그린다면, 어떻게 그림을 그릴 수 있을까?
   - 모래로 그린 그림을 뭐라고 할까?

2. 모래로 그림을 그리는 화가를 소개한다.

- 모래로 그림을 그리는 화가에 대해서 너희들은 알고 있니?
- 어디에서 찾아볼 수 있을까?
  (인터넷 검색창에 '샌드아트'로 검색해서 유아들과 함께 동영상 자료를 감상해 본다.)
- 화가는 어떤 방법으로 그림을 그렸니?
- 화가의 모래그림을 본 느낌이 어떠니?
- 손가락으로 그림을 그릴 때 화가는 어떤 촉감을 느낄까?
- 샌드아트의 멋진 점은 무엇인 것 같니? 특별히 어떤 점이 아름답게 느껴지니?
- 이 화가처럼 모래로 그림을 그린다면, 너희는 어떻게 그림을 그리고 싶니?

3. 라이트 박스 위에 비닐을 깐 후, 자유롭게 모래그림을 그린다.
  - 화가처럼 우리도 모래로 그림을 그려 보자. 어떤 방법으로 그림을 그릴까?
  - 모래로 그림을 그릴 때 우리가 주의해야 할 점은 무엇일까?
    (준비된 재료를 이용하여 자유롭게 모래그림을 그려 본다.)

그림 그리는 방법

① 라이트 박스 위에 모래를 올려놓고 손으로 펼쳐 놓은 후, 손가락으로 그림 그리기
② 비닐봉지에 모래를 넣은 후, 송곳으로 구멍을 뚫어서 구멍 사이로 빠져나오는 모래로 그림 그리기
③ 모래를 한 줌씩 라이트 박스 위에 올려놓으면서 그림 그리기

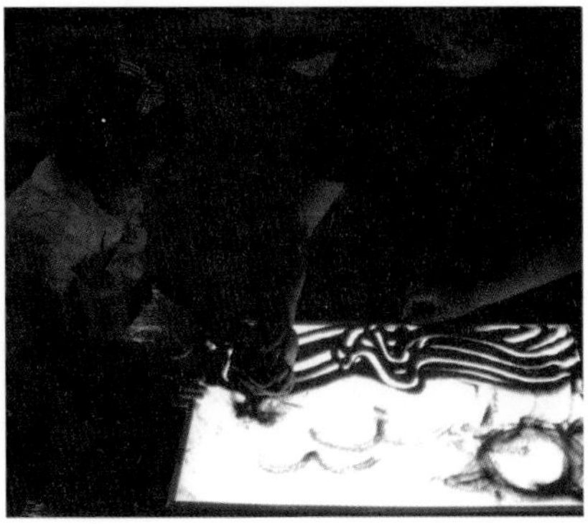

3. 유아들이 표현한 모래그림을 사진으로 찍어서 감상해 본다.
   - 모래로 그림을 그려 본 느낌이 어떠니?
   - 다른 그림과 느낌이 어떻게 다른 것 같니?
   - 모래로 무엇을 가장 잘 표현할 수 있었니?
   - (유아들의 그린 모래그림 사진을 제시하면서) 친구들이 모래로 무슨 그림을 그렸니?
   - 이 그림을 보니까 어떤 생각이 떠오르니? 어떤 부분이 아름답게 느껴지니?
   - 모래그림을 그리던 상황을 떠올려 보면서 친구들의 그림을 다시 감상해 보자.

✿ 참고사항

1. 라이트 박스로 빛을 비출 때와 비추지 않을 때 그림의 느낌 차이가 어떠한지 비교해 본다.
2. 유아들이 그린 모래그림을 라이트 박스 주변에 전시해 주어, 모래그림에 대한 유아들의 감각과 감성을 지속적으로 일깨워 준다.
3. 모래 사용 안전에 대해 충분히 이야기를 나눈 후에 활동하도록 한다.
4. 흙과 돌, 모래 등을 투명 병이나 통, 아크릴 상자에 순서대로 채워 가면서 파르페 만들기 활동을 전개해 볼 수 있다.

〈흙으로 지층 꾸미기 활동〉

활동

5 따뜻한 귤차를 만들어요

✿ 활동 목표

- 귤이 차로 만들어지는 과정을 탐구해 본다.
- 귤차의 효능을 알고 맛을 느껴 본다.

✿ 누리과정 관련 요소

- 자연탐구: 생활 속에서 탐구하기-물체의 특성과 변화를 여러 가지 방법으로 탐색한다.
- 신체운동 · 건강: 건강하게 생활하기-질병을 예방하는 방법을 알고 실천한다.

✿ 활동 자료

요리 재료(귤 6개, 꿀 200ml, 설탕 300ml, 물 300ml), 요리 도구류(투명 병, 칼, 도마 등), 요리 순서표

✿ 활동 방법

1. 겨울에 따뜻하게 먹을 수 있는 차 종류에 대해 이야기해 본다.
   - 추운 겨울에 어떤 차를 많이 마시니?
   - 따뜻한 차는 우리 몸을 어떻게 해 줄까?
   - 차는 어떻게 만들어지는 것일까?
   - (귤을 보여 주며) 귤로도 차를 만들 수 있을까?

2. 귤차의 맛과 그 효능에 대해 알아본다.
   - 귤로 차를 만들면 그 맛은 어떨까?
   - 귤은 맛이 어떠니?

- 귤이 차로 만들어져도 같은 맛을 낼까?
- 왜 귤로 차를 만들까?
- 귤차가 우리 몸에 어떤 도움을 줄까?

(귤이나 유자를 설탕에 재워 두었다가 차로 마시면 비타민 C가 풍부하여 겨울철 감기 예방에 좋다.)

3. 귤의 여러 가지 특성을 탐색해 본다.
   - 귤은 어떤 특성을 갖고 있는지 자유롭게 탐색하면서 이야기해 보자. 귤에서 무엇을 발견할 수 있니?
   - 귤 모양은 어떠니? 귤은 모두 같은 색깔일까?
   - 색깔은 어떻게 달라지니?

   (종류와 성장에 따른 색깔 차이와 변화에 대해 이야기해 본다.)
   - 귤과 같은 특성을 갖고 있는 과일은 무엇일까?
   - 귤의 껍질을 까 보자. 어떻게 되었니?
   - 껍질을 모두 벗겨 놓으면 귤은 어떻게 될까?
   - 귤을 손으로 꾸욱 눌러 보자. 어떻게 되었니?
   - 귤 속의 즙량은 얼마나 될까?

   (유아들과 함께 귤의 모양과 색깔, 촉감, 맛, 껍질과 속의 차이, 변화 등을 자유롭게 탐색해 본다.)

4. 유아들과 함께 요리 순서표를 보며 귤차를 직접 만들어 본다.
   - 귤차는 어떻게 만들까?
   - 요리 순서표에는 귤차를 만드는 방법이 어떻게 소개되어 있니?
   - 귤은 왜 식초물에 담가 두어야 할까?
   - 귤을 썰지 않고 그대로 병 속에 시럽을 넣고 담가 둔다면 어떻게 될까?
   - 귤차를 만들 때 껍질을 함께 넣는 이유는 무엇일까?
   - 껍질을 함께 넣은 차와 껍질을 빼고 속만을 넣은 차는 어떤 차이가 있을까?
   - 귤차를 맛있게 만들어 보자.

📌 '따뜻한 귤차' 만드는 방법

① 귤을 식초물에 30분간 담가 두어 농약 성분을 없앤다.
② 흐르는 물에 귤을 깨끗이 씻는다.
③ 설탕과 물을 넣고 설탕이 다 녹을 때까지 휘젓지 않고 끓이고, 차갑게 식힌 후에는 꿀을 섞어 시럽을 만든다.
④ 귤을 얇게 썰어 준다.
⑤ 소독하여 물기를 제거한 병에 얇게 썬 귤을 채워 넣는다[귤과 설탕(꿀)의 비율은 1:1.5].
⑥ 꿀 시럽을 병에 따라 주고 뚜껑을 꼭 닫으면, 감귤차 완성!
⑦ 2~3일 정도 서늘한 곳에 넣어 두었다가 차로 마신다.

〈귤을 얇게 썰고 꿀 시럽을 넣어 섞은 후,〉

〈병 속에 넣어 뚜껑을 닫은 후 2~3일이 지나면, 귤차 완성!!〉

5. '귤차 만들기' 활동을 떠올려 본다.
   - 귤차를 만들어 본 느낌이 어떠니?
   - 귤차를 만들면서 새롭게 알게 된 점은 무엇이니?
   - 더 궁금해진 것은 무엇이니?
   - 귤이 차로 만들어지면서 달라진 점은 무엇이니?
   - 귤차의 맛과 향을 느껴 보자.

   (귤차의 맛과 향을 느껴 본 후, 유아들이 귤차를 만들면서 궁금해진 질문거리들을 수집해서 탐구해 보도록 한다.)

✿ 참고사항

'귤의 맛과 귤차의 맛 비교해 보기' '재워진 시간 차이에 따라 맛의 차이가 어떠한지 비교하기' '귤을 통째로 만든 것과 썰어서 만든 것의 차이 비교하기' 등의 활동을 확장하여 전개해 볼 수 있다.

저자 소개

조형숙(Cho Hyungsook)

중앙대학교 유아교육과 학사 및 동 대학원 석사

펜실베이니아 주립대학교 철학박사(유아교육전공)

전 킹스보로 대학교 Adjunct Assistant Professor

한국행동과학연구소 연구원

현 중앙대학교 유아교육과 교수

김선월(Kim Sunwol)

중앙대학교 유아교육과 학사 및 동 대학원 석 · 박사

전 상명대학교 부속유치원 원장

현 배화여자대학교 유아교육과 겸임교수

꿈나라유치원 원장

김지혜(Kim Jihye)

중앙대학교 유아교육과 학사 및 동 대학원 석 · 박사

전 의명유치원 교사

현 상지대학교 유아교육학과 교수

김민정(Kim Minjung)

중앙대학교 유아교육과 학사 및 동 대학원 석 · 박사

전 한국교육문제연구소 연구원

현 창원대학교 유아교육과 교수

김남연(Kim Namyun)

중앙대학교 유아교육과 학사 및 동 대학원 석 · 박사

전 화인유치원 원감

현 장안대학교 유아교육과 교수

2019 개정 누리과정 반영

유아과학교육(3판)

Science Education for Young Children (3rd ed.)

2010년 9월 10일 1판 1쇄 발행
2013년 1월 25일 1판 4쇄 발행
2014년 3월 7일 2판 1쇄 발행
2020년 3월 10일 2판 12쇄 발행
2021년 3월 25일 3판 1쇄 발행
2022년 1월 20일 3판 3쇄 발행

지은이 • 조형숙 · 김선월 · 김지혜 · 김민정 · 김남연

펴낸이 • 김 진 환

펴낸곳 • (주) 학지사

04031 서울특별시 마포구 양화로 15길 20 마인드월드빌딩 5층

대표전화 • 02) 330-5114 팩스 • 02) 324-2345

등록번호 • 제313-2006-000265호

홈페이지 • http://www.hakjisa.co.kr
페이스북 • https://www.facebook.com/hakjisabook

ISBN 978-89-997-2356-8 93370

정가 25,000원

저자와의 협약으로 인지는 생략합니다.
파본은 구입처에서 교환하여 드립니다.